김정은시대 법제 연구
: 인민대중제일주의와의 관련성을 중심으로

김정은시대 법제 연구
: 인민대중제일주의와의 관련성을 중심으로

초판 1쇄 인쇄 2025년 04월 11일
초판 1쇄 발행 2025년 04월 18일

지은이 선병주
펴낸이 윤관백
펴낸곳 선인

등 록 제5-77호(1998.11.4)
주 소 서울시 양천구 남부순환로 48길 1(신월동 163-1) 1층
전 화 02)718-6252/6257
팩 스 02)718-6253
E-mail suninbook@naver.com

정가 34,000원

ISBN 979-11-6068-968-6 93360

· 이 책에 실린 글과 사진 등 내용에 무단 전재와 복제를 금합니다.
· 잘못된 책은 바꾸어 드립니다.

김정은 시대 법제연구

인민대중제일주의와의 관련성을 중심으로

선병주 지음

선인

들어가는 글

    3대 세습을 통해 권력을 승계한 김정은 정권은 선대의 기본 노선을 계승하면서도 대내외 상황을 고려하여 여러 변화를 모색했습니다. 이미 시장화와 외부사조로 민심은 이반되고, 비정상국가라는 국제사회 낙인 속에서 인민의 지지와 국제사회의 인정을 유도하기 위해 사회주의 정상국가를 지향한 것입니다. 이를 위해 '인민중시', '인민존중', '인민사랑'을 모토로 한 인민대중제일주의를 표방하고, 법치를 통해 당 우선의 정상국가를 구현하고자 했습니다. 북한의 노동당은 최고지도자 김정은 위원장의 통치이념을 기조로 당 활동과 사업을 수행하므로 입법을 영도함에 있어서도 인민대중제일주의를 반영하려는 노력을 기울입니다.
    하지만 이러한 김정은 체제와 북한법에 대해 일반과 학계의 비판적 인식이 존재합니다. 북한은 법보다는 최고지도자의 교시에 의한 통치가 이루어지고 수령 유일체제를 유지하는 것이 우선적인 관심사이므로 인민을 하늘처럼 받든다는 인민대중제일주의 자체가 허구이고, 법치 주장도 허상이라는 것입니다.
    이 같은 통상적 관념에 머물지 않고 필자는 김정은 체제가 인민대중제일주의를 내세운 이유가 무엇인지 의문을 가지고 석사과정에서 인민대중제일주의 통치이념 자체를 연구했습니다. 그리고 후속 연구로 김정은시대 2012년부터 2024년 2월까지의 법제를 인민대중제일주의와의 관련성을 중심으로 분석하여 박사논문을 작성했습니다. 본서는 그 박사논문에서 시간적 범위를 2024년 말까지 확장하여 발전·보완한 것입니다. 사회주의체제 북한에서 법을 정치의 표현형식으로 간주하므로 필자는 김정은시대의 통치이념과 법제가 어떤 관련성을 갖는지 즉, 김정은시대 인민대중제일주의 정치 흐름 속에 법제는 어떻게 구현되고 있는지 밝히고 싶었습니다.

본서는 김정은시대 제·개정된 법률 594건을 귀납적으로 고찰했습니다. 이에 대한 선행연구가 미미한 상황에서 김정은 정권을 둘러싼 '대내외 환경-전략적 노선-통치이념-법제도' 변화로 이어지는 메커니즘을 살펴보는 한편, 연도별·단계별 입법량과 법제의 내용을 분석했습니다. 또한 저자가 개발한 7점 척도를 척도분석방법에 적용하는 등 방대한 작업을 수행했습니다. 대내외 환경변화에 따른 인민대중제일주의 통치이념과 이를 현실화하는 기제인 법제의 조응관계를 북한학·법학·사회학적 시각에서 다각적으로 파악한 것입니다.

그 결과 김정은시대 법제가 '인민대중제일주의 통치이념이 투영된 법제'로서 '친인민성'을 반영한 법제라는 점을 규명할 수 있었습니다. 김정은시대 초기에 상향적 친인민성이 법제에 들어갔다면, 2019년 말 '정면돌파전' 선언 이후에는 친인민성에 '비사회주의·반사회주의' 투쟁의 성격이 결합되어 재구조화된 인민대중제일주의적 특성이 법제에 투영되고 있습니다. 여기에서 친인민담론과 인민대중제일주의는 초기에 인민을 하늘처럼 떠받들고 인민을 위하는 것에서, 이제는 외부의 위협요인으로부터 인민을 보호하고 내부의 일심단결을 해치는 저해요인을 제거하여 인민의 이익을 보장하는 내용으로 확장됩니다. 결국 '비사회주의·반사회주의 투쟁법'은 '체제와 인민을 지키는 보위법'이 되는 논리구조로 연결됩니다. 이러한 연구는 다섯 가지 결과로 구체화됩니다.

첫째, 인민대중제일주의의 발전단계와 법제도의 발전단계가 조응관계에 있지만 완전히 일치하지는 않습니다. 법제도가 기본적으로 당의 전략적 노선에 따르나 당 노선의 공식화에 앞서 준비하는 역할도 수행하고 있습니다.

둘째, 김정은시대의 제·개정법은 큰 틀에서 인민생활향상을 위한 법률에 가장 높은 비중을 할애하면서도 법치를 위한 사법제도 정비와 개방에 대비한 대외경제부문 법률을 꾸준히 마련하고, 지역균형·지역발전과 특수계층·취약계층을 지원하는 다각적인 법률을 정비하는 등 사회통합·친인민적 특성을 보입니다.

셋째, 13건의 비사회주의·반사회주의 투쟁법 중에는 인민들의 사상을 포함한 사적영역까지 규제하는 「반동사상문화배격법」, 「평양문화어보호법」과 같은 통제적 법률뿐 아니라, 지도층의 기득권 척결과 범죄를 방지하기 위한 「단위특수화, 본위주의 반대법」, 「구타행위방지법」과 같은 통합적 법률도 존재합니다.

넷째, 인민대중제일주의와 법제도는 긴밀한 연관성을 갖습니다. 제·개정법의 양, 연도별·단계별 부문법의 비중 등에서 김정은 정권의 통치이념(인민대중제일주의), 최고원칙(인민의 물질문화생활향상), 통치방식(법치)이 법제에 반영되는 것을 확인할 수 있습니다.

다섯째, 김정일시대에 '사회주의법치국가건설론'이 주창되어 법제에 기반한 통치를 본격화하기 시작했다면, 김정은시대는 사회주의법치를 전면화하고 나아가 인민대중제일주의와 법건설을 결합하여 '김정은식'의 사회주의법치국가건설론, 인민대중제일주의법건설사상을 확립하고 있습니다.

본서는 북한에서 인민대중제일주의를 반영한 법이 현실에서 얼마나 적용되는가를 평가하는 것이 아니라, 법제 자체를 양적·질적 방법으로 연구하여 인민대중제일주의와 법제의 관계를 분석한 것입니다. 사회주의국가 북한의 법을 연구하는 것은 단순한 법제도 파악에 머무는 것이 아니라, 북한사회의 본질을 규명하게 합니다. 앞으로 본서가 북한사회와 북한법 연구의 기초자료로 활용되어 북한을 실체적으로 파악하고 이해하는 데 도움이 되길 희망합니다.

본서는 기획부터 출간에 이르기까지 많은 분들의 도움이 있었기에 빛을 볼 수 있었습니다. 북한을 보는 통합적 시각을 갖게 해주신 이우영 스승님께 한없는 존경을 표합니다. 북한의 정치, 경제, 사회, 문화 등 북한학 전반에 걸쳐 치우치지 않는 생각을 정립하도록 이끌어 주신 북한대학원대학교의 신종대·김광운·구갑우 교수님을 비롯한 선생님들께 고개 숙여 감사드립니다. 북한법 학계의 선배로서 늘 조언해 주신 박정원 교수님, 한명섭 변호사님께 깊이 감사드립니다. 주경야독하는 만학도에게 활력과 지혜를 주신 당대의 연금술사 임귀열 교수님께 존경과 흠모의 마음을 보냅니다. 인생의 선배로서 큰 울타리가 되어 주신 한백경제협력포럼 김영달 이사장님께 진심으로 감사드립니다. 또한 저의 연구활동을 여러 가지로 격려·지원해 주고 때로 편의를 봐주신 박사 동기들, 북한대학원대학교 교학실과 도서관의 임직원분들께도 감사드립니다. 자료 정리에 발 벗고 도움을 주신 최인학 박사님의 노고를 잊을 수 없습니다. 한편 제가 생업을 위해 몸담고 있는 법무법인 임직원의 지원과 격려가 없었다면 학위논문과 원고 작성을 할 수가 없었습니다. 늘 소리 없이 저의 작업을 지켜보며 지원해 준 노용균 변호사님, 김성복 실장님, 박인규 국장님께 감사의 마음 전합니다. 무엇보다도 저에게 30년 넘게 변호사로 활동하였으니 이제는 이 땅의 평화와 통일을 위해 북한학을 공부하라고 등 떠밀고 자칭 박사조교를 자원한 영원한 동지이자 동반자 박현선 원장께 무한한 사랑을 보냅니다. 늘 늦은 밤까지 작업하는 저를 걱정하고 격려해 주신 장모님과 처제에게도 감사의 마음 전합니다. 그리고 북한연구의 어려운 환경 속에서도 흔쾌히 발간을 허락해주신 윤관백 선인출판사 대표님과 성심성의껏 원고를 교정해 주신 김민정님께 깊이 감사드립니다.

마지막으로 본서를 한반도 분단의 아픔을 오롯이 견뎌내시면서 양심을 지키고 살다 가신 아버님께 바칩니다.

차 례

들어가는 글   5

제I장 서론

1. 문제제기 및 연구목적   15
2. 선행연구 검토   21
3. 연구대상 및 연구내용   25

제II장 이론적 논의 및 연구방법

1. 북한의 입법이론   37
   1) 사회주의 법이론과 북한법   37
   2) 북한의 사회주의법치국가론과 법의 지배   58

2. 연구방법 및 분석틀   63
   1) 연구방법   63
   2) 분석틀   70

차 례

제Ⅲ장 인민대중제일주의와 법제도

1. 인민대중제일주의 형성단계와 법제도 … 99
   1) 정당성 확보와 인민대중제일주의 형성 … 99
   2) 김정은식 사회주의법치국가건설론의 토대구축과 법제정 증대 … 110

2. 인민대중제일주의 발전단계와 법제도 … 124
   1) 국제사회 대화준비와 인민대중제일주의 발전 … 124
   2) 김정은식 사회주의법치국가건설론의 발전과 법제정 정체 … 127

3. 인민대중제일주의 재구조화단계와 법제도 … 130
   1) 정면돌파전과 인민대중제일주의 재구조화 … 130
   2) 인민대중제일주의법건설사상의 확립과 비사·반사적 법제정 … 137

제Ⅳ장 인민대중제일주의 법제도 분석

1. 제·개정법 양적 현황 … 155
   1) 제·개정법 양적 현황 … 155
   2) 제·개정법 양적 현황 비교 … 159

2. 연도별 부문법 비중 … 162
   1) 연도별 부문법 비중 … 162
   2) 연도별 부문법 비중 비교 … 220

3. 단계별 부문법 비중 … 229
   1) 단계별 부문법 비중 … 229
   2) 단계별 부문법 비중 비교 … 236

제V장 인민대중제일주의 법제도 평가

1. 법제도 친인민방향성과 처벌수위 척도분석   243
    1) 척도분석   243
    2) 분포도   256

2. 친인민담론과 비사·반사적 법률관계   268
    1) 비사·반사적 법률의 친인민적 특성   268
    2) 비사·반사적 개념의 융합과 친인민담론의 재개념화   299

3. 인민대중제일주의와 법제의 연관성 평가   302
    1) 인민대중제일주의와 법제도 평가   302
    2) 인민대중제일주의 제·개정법 평가   306

제VI장 결론   327

참고문헌   336

제 I 장

서론

1
문제제기 및 연구목적[1]

　김정은 총비서는 권력을 상속받은 전통적 리더십을 가진 조건에서 지속가능한 통치방식을 모색해야 했다. 이미 1990년대 중반부터 확산된 시장화와 외부사조의 유입 속에서 민심은 멀어지고, 대외적으로도 비정상국가라는 낙인 속에서 경제발전을 위한 개방도 쉽지 않은 상황에 직면했다. 이러한 대내외 환경에서 인민들의 지지와 국제사회의 인정을 받을 수 있는 정상국가를 지향한 것이다.

　선대의 선군정치, 선군체제에서 벗어나 보편적인 사회주의 당 우선, 당-국가체제를 구축하여 나갔다. 당 우선의 정상국가화는 제6차 당대회 이후 36년 만인 2016년 제7차 당대회를 개최하는 등 당 회의의 정상화를 통한 영도체계 확립을 도모하는 것으로 나타났다. 이러한 당 중심의 정상국가화는 통치이념으로는 인민대중제일주의를, 통치수단으로는 법치를 통해 구현해 나갔다. 즉, '김일성-김정일주의'의 본질을 '인민대중제일주의'[2]로 정식화하여 이를 통치이념으로 표방하였고, 법제도를 통한 국가관

---

1 본 저서는 북한대학원대학교 사회문화언론전공 박사학위논문을 기초로 저술함.
　선병주, 「김정은시대 법제 연구: 인민대중제일주의와의 관련성을 중심으로」, 북한대학원대학교 박사학위논문, 2024.
2 「김정은동지 당 세포비서대회에서 연설」, 『朝鮮通信』, 2013년 1월 29일; https://www.kcna.co.jp〉2013/01(검색일: 2024년 2월 22일).

리 즉 '우리식의 사회주의법치'를 표명하였다. 이러한 지향은 2021년 제8차 당대회를 계기로 결실을 거둔다. 제8차 당대회에서 사회주의 기본정치방식을 기존의 '선군정치'에서 '인민대중제일주의정치'로 변경하고, 5년 주기 당대회 개최 등을 당규약에 명문화하였다.[3] 이어 2022년에는 법건설 방식이 '주체의 사회주의법치국가건설론'에서 '인민대중제일주의법건설론'으로 발전된다.

김일성시대는 김일성 주석이라는 한 사람의 카리스마적 지배의 형태로 통치하였다면, 김정일시대는 세습으로 이양받은 권력을 군에 의존하는 형태로 통치하면서도 권력의 분산을 통한 제도화를 모색하였다. 김정은시대는 비록 세습은 받았으나 제도화된 통치를 법치로 심화·발전시켜 나간 것이다.

북한이 말하는 법치는 곧 사회주의법치를 의미한다. 사회주의법치는 당의 영도 아래 제정(개정)한 사회주의법을 기본수단으로 국가와 사회를 관리하는 것이다. 법을 '정치의 한 표현형식'으로 인식하는 북한에서 당의 입법영도는 인민대중제일주의 통치이념을 기초로 한다. 즉 통치이념을 반영한 입법이 이뤄지고, 이러한 법제에 입각한 통치가 행해지는 것이다. 따라서 법제에 인민대중제일주의의 특성이 반영될 것이므로 인민대중제일주의정치가 현실에서 구현되는 모습은 그 법제의 성격에도 드러나게 된다. 특히 김정은 체제는 스스로 법치가 우수한 점이라고 공언할 정도로 법제를 통한 통치를 중요하게 여기기에 정책과 입법에 있어 인민대중제일주의를 투영하려는 노력을 기울였다.

그런데 인민대중제일주의라는 통치이념·통치담론이 법제에 반영될 때, 단순한 적용의 수준을 넘어 질적 변화 내지는 근본적인 성격 변화를 초래한다. 이는 '인민대중제일주의법건설'이라는 목표 아래 그간의 법제

---

3 『조선로동당 규약 전문』, 2021년 1월.

도의 성격, 내용 등을 인민대중제일주의라는 프리즘으로 재규정하는 것을 의미한다.

특히 2022년 9월 14~15일에 개최된 제7차 전국법무일군대회에 보낸 김정은 총비서의 '대회참가자들에 대한 서한'에서 "독창적인 인민대중제일주의법건설사상을 전반적 법무사업에 철저히 구현"[4]할 것을 천명하고 있다. 관련하여 북한의 노동신문은 '인민대중제일주의 이념이 빛발치는 우리의 공화국법전'이라는 제목의 글에서 "법이 인민을 지키고 인민이 법을 지키는 진정한 인민의 나라"[5]를 건설할 것을 강조한다. 이는 북한 법제에 드러난 인민대중제일주의적 특성을 잘 설명한 것으로, 북한 정권은 그러한 법제에 입각한 통치를 하고 있다고 밝힌 것이다.

과거 김정일시대는 '사회주의법치국가건설'을 중요시하여 "인민대중의 의사와 요구가 반영되여있는 사회주의 법이 집행되고 실현되는 과정이 사회주의적민주주의가 실시되는 과정"[6]이라며, 인민의 의사 및 요구가 반영된 사회주의 법을 강조했다. 이같은 사회주의법치주의에서 인민은 주체가 아니라 의사와 요구를 피력하는 존재에 머물렀다. 반면 김정은시대는 인민대중제일주의법건설사상에서 인민대중이 법의 목적('법이 인민을 지키고')이자 법 집행의 주체('인민이 법을 지키는')로 자리 잡으며, 인민은 법 제정의 근원이자 준법의 주체가 된다.

이러한 북한의 인민대중제일주의와 법제의 관계에 대한 국내 북한 전문가들의 반응은 크게 두 가지로 갈린다. 하나는 인민대중제일주의를 부정하는 것이다. 북한은 법보다는 최고지도자 마음대로 통치하기에 인민

---

4 「제7차 전국법무일군대회, 김정은 총비서 대회참가자들에 서한」, 『조선중앙통신』, 2022년 9월 16일.
5 「인민대중제일주의 이념이 빛발치는 우리의 공화국법전」, 『로동신문』, 2022년 9월 18일.
6 진유현, 「사회주의법치국가건설에 대한 주체의 리론」, 『김일성종합대학학보 력사 법학』 제51권 제1호, 2005, 46쪽.

을 하늘처럼 받든다는 인민대중제일주의 자체가 허구이고, 당연히 인민대중제일주의법건설도 별다를 것 없는 허상이라는 것이다. 혹은 인민대중제일주의법건설이 허상까지는 아니더라도 김정일 위원장이 만든 사회주의법치국가건설론의 새로운 이름일 뿐이라며 인민대중제일주의법건설과 관련한 성격 변화를 인정하지 않는다.

다른 하나는 김정은 총비서 시기에 인민대중제일주의를 내세운 것은 대내외 변화를 반영한 친인민 이념이자 정치방식이라고 평가하는 것이다. 하지만, 이런 입장에서 법제화를 연결시킨 선행연구는 찾아보기 어렵다. 인민대중제일주의를 인정하더라도 인민대중제일주의와 법제와의 관계를 규명하는 연구는 이뤄지지 않았다.

이같이 북한 체제 연구, 북한 법제 연구에서 인민대중제일주의 변화와 그에 따른 법제의 변화를 인정하지 않고 관심도 없는 이론적·현실적 상황에 대한 문제제기에서 본 연구는 출발한다. 본 연구는 인민대중제일주의가 북한체제에서 차지하는 중요성을 인정하고, 이를 반영한 법제의 근본적인 변화를 추적하는 것이 북한 체제 및 북한 법제의 성격을 규명하는 데 있어 중요하다는 문제의식에서 시작한다.

본격적으로 김정은 체제가 시작된 2012년 1월부터 2024년 12월까지 13년 동안 131건의 법이 제정되고, 463건의 법이 개정되어 총 594건의 법이 제·개정되었다. 이전 시기와의 비교를 위해 2012년 7월 30일 발행된 『조선민주주의인민공화국 법전』(제2판)[7]에 수록된 187개 법률(부문법)을 분석하면, 김일성 집권기인 해방 후부터 1994년 7월 8일까지 39년 11개월여 동안 제정 40건과 개정 9건이 있고, 김정일 집권기인 1994년 7월 8일부터 2011년 12월 17일까지 17년 6개월여의 기간에 제정 147건과 개정 340건이 있다. 1년 평균으로 계산하면 김일성 집권기에 1년 평균 제정 1.0건, 개

---

7 법률출판사, 『조선민주주의인민공화국 법전』 제2판, 평양: 법률출판사, 2012.

정 0.2건으로 총 1.2건에 불과하고, 김정일 집권기에는 1년 평균 제정 8.4건, 개정 19.4건으로 총 27.8건이 제·개정되었다. 반면, 김정은 집권기 13년 동안(2024년 12월 기준) 1년 평균 제정 10.1건, 개정 35.6건으로 제·개정이 45.7건에 달한다. 연평균으로 비교하면 김정은시대는 김일성시대에 비해 제정 1,010.0%(10.1배), 개정 17,800.0%(178.0배), 제·개정 3,808.3%(38.1배) 증가되고, 김정일시대에 비해 제정 120.2%(1.2배), 개정 183.5%(1.8배), 제·개정 164.4%(1.6배) 증가된 셈이다.

김정은 체제에서 왜 이렇게 많은 법률을 제·개정한 것일까? 이러한 법률의 제·개정이 인민대중제일주의 실현과는 어떤 관계에 있을까? 「반동사상문화배격법」으로 대표되는 비사회주의·반사회주의(이하 '비사·반사'로 약칭)와의 투쟁 관련 법률을 왜 김정은시대에 와서 만들었을까? 바로 김정은시대에 인민대중제일주의의 궁극적 실현은 법체계를 완비하고 국가 및 사회에서 법의 역할을 강화하는 것이라고 보았기 때문이다.[8] 다시 말해 인민대중제일주의를 법제도에 적용한 김정은식 사회주의법치국가건설을 추구하기 때문이다. 이는 김정은시대 법제를 연구하는 것이 단순한 법률 연구가 아니라, 법제를 통해 북한사회의 성격을 규명할 수 있다는 의미를 지닌다.

그런데 '인민대중제일주의 정치의 변화 = 법제도 변화'로 등치되지는 않는다. 보통 법률이란 이미 보편화된 현실을 반영하는 보수적 특성이 있어 현실보다 늦게 제·개정되기에 상식적으로는 정치적 변화가 앞서고 이를 법제도에 반영하는 형태로 가야 한다. 하지만 김정은시대 당·국가 전략적 노선과 인민대중제일주의 정치의 변화를 반영한 단계 변화보다 법

---

[8] "공화국정부는 국가의 법체계를 완비하고 국가사회생활에서 법의 역할을 강화하도록 하여야 합니다." 김정은, 『현 단계에서의 사회주의건설과 공화국정부의 대내외정책에 대하여: 조선민주주의인민공화국 최고인민회의 제14기 제1차회의에서 한 시정연설(2019년 4월 12일)』, 평양: 조선로동당출판사, 2019, 9쪽.

제도의 성격 변화가 앞서 진행되었다. 이러한 시점의 간극에 주목해야 한다. 정치와 법제 변화 간의 간극은 그만큼 김정은 체제에서 법치, 법제를 통한 통치를 중요하게 여기고 있다는 반증이 되기 때문이다.

이와 같은 인민대중제일주의 정치와 법제 변화 시점의 간극을 고려하여 정치의 변화와 법제화의 조응관계를 살펴본다면, 북한이 추구하는 인민대중제일주의 이념이 법제도로 어떻게 현실화되는지 동시에 법제도가 인민대중제일주의 실현에 어떻게 기여하고 있는지를 분석할 수 있을 것이다. 이에 인민대중제일주의 정치 위상 변화와 법제도의 조응관계를 밝힐 연구의 필요성이 제기된다.

따라서 본 연구의 목적은 대내외 환경변화에 따른 인민대중제일주의 통치이념과 이를 현실화하는 기제인 법제의 조응관계를 분석함으로써 김정은시대 법제의 인민대중제일주의적 특성을 규명하는데 있다. 이는 곧 인민대중제일주의 법제의 성격을 파악하는 것이다. 본 연구는 인민대중제일주의가 어떻게 법제에 반영되었는가를 연역적으로 증명하려는 것이 아니라, 법제의 성격과 내용을 다각적으로 분석함으로써 법제에 나타난 인민대중제일주의의 특성을 귀납적으로 밝혀내고자 한다.

이러한 연구목적은 세 개의 하위목표로 구성된다. 첫째, 인민대중제일주의 통치이념의 발전과정과 법제의 변화과정이 조응관계에 있지만 완전히 일치하지는 않음을 밝히는 것이다. 둘째, 김정은시대에 제·개정된 부문법의 구성과 내용에서 나타나는 친인민적, 인민대중제일주의적 특성을 찾아내는 것이다. 셋째, 비사·반사 투쟁법과 인민대중제일주의와의 관계를 분석하는 것이다. 이러한 연구목적의 실현은 곧 인민대중제일주의 법제의 성격 규명을 통해 북한 체제의 본질을 파악할 수 있게 한다.

2 선행연구 검토

김정은 총비서의 통치담론인 인민대중제일주의라는 용어가 등장한 지 10여 년이 지났고 인민대중제일주의정치는 노동당의 사회주의 기본정치 방식으로 공식화되었다. 그동안 인민대중제일주의에 관한 연구가 있었지만, 인민대중제일주의 자체에 대한 연구보다는 김정은시대에 등장한 통치담론의 변화 내지 통치전략이라는 측면에서 접근한 연구가 더 많았다. 그 이유는 인민대중제일주의 통치이념·통치담론이 당의 지도사상인 김일성-김정일주의에 포섭되는 것으로 보기 때문이다.

선행연구를 구체적으로 살펴보면, 김정은시대 친인민담론인 인민대중제일주의의 특성을 규명하고자 한 선병주의 "김정은시대 '인민대중제일주의' 연구"[9]는 인민대중제일주의 통치담론에 관한 최초의 연구라고 할 수 있다. 설용수[10]는 김정은 정권 10년 동안 제기되거나 모색된 담론들이 명멸하거나 부상하게 된 전개 과정을 인민대중제일주의를 중심으로 분석하

---

[9] 선병주, 「김정은시대 '인민대중제일주의' 연구」, 북한대학원대학교 석사학위논문, 2018, 1~126쪽.
[10] 설용수, 「김정은 시대 통치이데올로기 연구: '인민대중제일주의'의 등장과 전개를 중심으로」, 경남대학교 대학원 박사학위논문, 2023, 1~124쪽.

였고, 정예슬[11]은 주체사상을 토대로 인민대중제일주의의 특징을 분석하면서 주체사상의 계승을 넘어선 독자성을 찾아내고 있다. 또한 김효은[12]은 제8차 당대회에서 당규약 개정을 통해 사회주의 기본정치방식으로 정식화한 인민대중제일주의정치의 의미와 특징을 분석하고 있다. 김종수·김상범[13]은 김정은시대 위기에 대한 대응이라는 관점에서 인민대중제일주의정치를 살펴보고 있다. 즉, 북한이 소위 '인간의 얼굴을 한 수령'이라는 혁명적 수령론의 변용과 인민대중제일주의정치를 통해 김정은시대의 위기에 대처하고 있음을 밝히고 있다.

이러한 연구들은 모두 인민대중제일주의 통치담론의 특성, 위상이나 인민대중제일주의정치의 통치전략에 국한하여 분석하고 있다. 이 점에서 인민대중제일주의 이념·통치담론이 대내외적 상황변화에 따라 어떻게 법제적으로 구현되고 있는지를 규명하는 본 연구와는 차이가 있다.

북한에서 등장한 정치사상이 법제화로 연결된 대표적인 사례는 1972년 사회주의헌법 제정이다. 그 외에 조선민족제일주의나 애국주의 담론이 제도화된 사례는 문화유산 관련 정책의 법제화, 교육 관련 정책의 제도화를 들 수 있다.

그런데 인민대중제일주의라는 김정은시대 통치이념과 법제를 연계하여 분석한 기존연구는 박서화의 "인민대중제일주의와 법건설"[14]이 유일하다. 박서화는 인민대중제일주의가 당과 국가활동에 구현되어야 할 정치이념·방식으로 공식화되면서 법제정 또한 인민대중제일주의가 구현되

---

11 정예슬, 「인민대중제일주의의 철학적 기원과 특징 연구」, 이화여자대학교 대학원 석사학위논문, 2023, 1~95쪽.
12 김효은, 「북한의 사상과 인민대중제일주의 연구」, 『통일정책연구』 제30권 제1호, 2021, 31~67쪽.
13 김종수·김상범, 「북한 김정은 시대 위기와 대응: '인간의 얼굴을 한 수령'과 '인민대중제일주의'의 소환·발전」, 『국가안보와 전략』 제21권 1호(통권81호), 2021, 193~226쪽.
14 박서화, 「인민대중제일주의와 법건설」, 『북한학연구』 제19권 제1호, 2023, 175~211쪽.

어야 할 영역으로 여겨지게 되었다고 한다. 그리고 이러한 생각을 집약한 인민대중제일주의법건설사상은 기존의 사회주의법치국가건설사상의 새로운 이름으로 둘 사이의 내용적 차이는 크지 않다고 본다. 또한 박서화는 김정은 통치기에 여러 분야에서 새로 채택(제정)되거나 수정·보충(개정)된 법들은 인민대중의 다양한 이익 유형을 폭넓게 보장하는 것으로 의도되었다고 하면서, 그 이익 유형을 크게 인민의 신체적 이익(방역과 재해예방 분야의 법), 재산적·물질적 이익(국토관리·인민봉사 등의 분야), 정신적·비물질적 이익(군사분야의 법)으로 나눈다. 이를 통해 인민대중제일주의가 포괄적이고 탄력적인 범주로 이해되고 있다고 한다. 박서화는 북한의 사회주의법치국가건설사상이 인민대중제일주의법건설사상으로 새롭게 이름만 바꿨다고 평가하고 있다.

박서화의 연구는 김정은시대 인민대중제일주의 통치이념이 법제를 통해 다양하게 구현되고 있음을 처음으로 분석하였다는 점에서 의의가 있다. 하지만 인민대중제일주의법건설사상을 기존의 사회주의법치국가건설사상과 별반 차이가 없다고 평가함으로써 인민대중제일주의법건설사상의 질적 변화를 포착하지는 못하였다. 동시에 박서화는 인민대중제일주의 통치이념 법제화를 인민의 다양한 이익이라는 측면에서만 분석함으로써 김정은시대에 대내외 환경변화에 따른 법제적 대응 문제, 예컨대 비사·반사 관련 법률을 다루지 않은 한계가 있다. 또한 김정은시대 법제를 다양한 이익의 유형으로 분류할 때 그 분석기준을 따로 제시하지 않았다.

한편 강혜석의 연구[15]는 김정은시대 법제도를 사회주의법치로 인식하며, 인민대중제일주의적 특성을 분석하지는 않았다. 또한 사회주의법치의 양면성을 제시하고 있는데 '통제'의 강화(인민에 대한 법치)와 '제도화'를 통

---

15 강혜석, 「'사회주의법치국가'론과 김정은 시대의 통치전략: 북한식 법치의 내용과 특징」, 『국제지역연구』 제26권 제1호, 2022, 275~306쪽.

한 예측가능한 국가시스템 구축(인민을 위한 통치)을 강조하고 있다. 여기서 통제와 제도화라는 분석개념을 도출할 수 있다. 분석기준은 정치제도화론을 기반으로 하고 있다.

황의정의 연구[16]는 자유민주주의 체제의 통치원리인 '법의 지배(rule of law)' 관점에서 김정은시대 북한의 사회주의법치에 대하여 비판적 분석을 하고 있다. 법의 지배는 법의 권력에 대한 우위, 법 앞의 평등, 권력분립과 사법권의 독립 등을 기본적 원리로 하므로 국가권력의 법에 의한 제한, 권력행사에 대한 사법심사를 통하여 인권을 보호하는 것이 당연한 가치라고 본다. 이런 관점에서 북한의 사회주의법치는 기존의 당 조직을 통한 통제·관리 방식에서 법제를 통한 통제로 통치방식을 전환한 것에 불과하고, 여전히 법은 정치의 도구로서 작용하고 있어 기본권 보장이 실질적으로 실현되기 어렵다고 비판한다. 그래서 북한의 사회주의법치는 중국의 의법치국(依法治國)과 마찬가지로 형식적 법치주의가 아닌 법제주의(法制主義)에 불과하다고 평가한다. 그러면서도 더 진일보한 법제주의나 형식적 법치주의로 발전하기를 기대하고 있다. 이처럼 황의정의 연구는 김정은시대 사회주의법치를 남한의 시각에서만 비판적으로 접근하고, 인민대중제일주의와의 관계에서 김정은시대 사회주의법치론과 법제를 고찰하지 않은 한계가 있다.

본 연구는 김정은시대 대내외 환경변화에 따라 인민대중제일주의가 어떻게 법제로 구현되고 있는가를 추적하여 법제의 질적 성격 변화를 분석하였다는 점에서 선행연구와는 차별화된다.

---

[16] 황의정, 「김정은 시대 북한식 사회주의법치의 의미와 한계: 법의 지배(rule of law)의 일반론적 시각을 중심으로」, 『동북아법연구』 제12권 제3호, 2019, 109~139쪽.

3
연구대상 및 연구내용

본 연구의 주요대상은 김정은시대 '인민대중제일주의'와 '법제도'이다. 인민대중제일주의·인민대중제일주의정치라는 통치이념·기본정치방식이 법제에 어떻게 영향을 주는가를 분석하여 인민대중제일주의 법제의 특징을 파악하는 것이다. 구체적으로 대내외 환경에 따른 인민대중제일주의 정치의 변화와 그 발전단계별 법률 제정 현황, 인민대중제일주의와 법제도의 조응관계 등이 하위 연구대상이다.

시간적 연구범위는 김정은시대로, 김정일 위원장이 사망한 2011년 12월 17일부터 2024년 12월 현재까지이나 실질적으로는 2012년부터 연구범위에 들어간다. 그 이유는 김정일 위원장의 사망 4일 후인 12월 21일 최고인민회의 상임위원회에서 26건의 법률이 개정되는데,[17] 이는 김정일

---

17 26개 법률은 외국인투자기업재정관리법(정령 제2044호), 외국인투자기업회계법(정령 제2046호), 외국인투자기업로동법(정령 제2047호), 외국투자기업 및 외국인세금법(정령 제2048호), 외국투자기업등록법(정령 제2049호), 외국인투자기업파산법(정령 제2050), 외국투자은행법(정령 제2051호), 석탄법(정령 제2052호), 배등록법(정령 제2052호), 해사감독법(정령 제2052호), 축산법(정령 제2052호), 품질감독법(정령 제2052호), 지진, 화산피해방지 및 구조법(정령 제2052호), 재정법(정령 제2052호), 과학기술법(정령 제2052호), 유전자전이생물안전법(정령 제2052호), 발명법(정령 제2052호), 상표법(정령 제2052호로 수정), 공업도안법(정령 제2052호), 전파관리법(정령 제2052호), 명승지, 천연기념물보호법(정령 제2052호), 식료품위생법(정령

시대에 준비된 법률이기에 연구대상에서는 제외했기 때문이다. 그런데 김정일 위원장 애도기간(12월 29일까지 13일 동안)임에도 불구하고 예정된 법 개정이 단행된 것은 김정은 총비서의 권력승계가 선대의 유훈을 이어받는 동시에 법제도를 비롯한 모든 영역을 계승했음을 의미한다.

　법제는 제정법과 개정법으로 분류했다. 김정은시대 제정법 131건, 개정법 463건으로 총 594건이 제·개정되는데, 이를 분석대상으로 삼았다. 594건의 법률은 국가정보원에서 헌법 포함 302건의 법률을 게재하여 2024년 8월에 발행한 『北韓法令集』上·下`[18](이하 『北韓法令集』이라 약칭)를 기본자료로 삼고, 북한의 법률출판사에서 출간한 2004년의 『조선민주주의인민공화국 법전(대중용)』(제1판),[19] 2012년의 『조선민주주의인민공화국 법전』(제2판),[20] 2016년의 『조선민주주의인민공화국 법전(증보판)』[21] 외에 북한 내부자료와 남한 보도자료 등을 활용하여 확인했다. 위 자료에 드러나지 않아 594건의 제·개정법에 포함되지 못한 법률이 있을 수 있다.

　북한 법체계에서 헌법과 부문법만 분석대상으로 설정하였다. 상기 594건의 법률 중 헌법은 개정 7건,[22] 부문법은 제·개정 587건이다. 북한 법체계에서 위계는 헌법, 부문법, 규정, 세칙의 순이고, 남한의 경우는 헌

　　제2052호), 무역법(정령 제2052호로 수정), 세관법(정령 제2052호로 수정), 부동산관리법(정령 제2052호), 공무원자격판정법(정령 제812호)이다. 26건의 법률은 개정일은 김정일 사후이나, 김정일시대로 포함하였다. 즉, 김정일시대 개정법은 314건이나 26건을 추가하여 340건으로 계산하였다.
18　국가정보원, 『北韓法令集』上·下, 국가정보원, 2024.
19　법률출판사, 『조선민주주의인민공화국 법전(대중용)』제1판, 평양: 법률출판사, 2004.
20　법률출판사, 『조선민주주의인민공화국 법전』, 평양: 법률출판사, 2012.
21　법률출판사, 『조선민주주의인민공화국 법전(증보판)』, 평양: 법률출판사, 2016.
22　2025년 1월 22일~23일 개최된 최고인민회의 제14기 제12차 회의에서는 김정은시대 8번째 헌법 개정이 있었는데, 기존의 중앙검찰소와 중앙재판소 명칭을 최고검찰소와 최고재판소로 수정한 것으로 알려졌다. 본 연구는 2024년까지의 법률을 대상으로 하기에 8차 개정은 연구대상에 포함시키지 않았다. 「북, 최고인민회의 제14기 제12차회의 진행」, 『자주시보』, 2025년 1월 24일; https://www.jajusibo.com(검색일: 2025년 1월 30일).

법, 법률, 명령(법시행령-법시행규칙), 행정규칙 순으로 정리된다. 북한에서 '채택'과 '수정·보충'이라 불리는 개념이, 남한에서는 각각 '제정'과 '개정'에 해당한다. 본 연구에서는 북한에서 사용하는 부문법, 채택, 수정·보충 개념을 남한식 표현인 법률, 제정, 개정으로 사용하였고, 경우에 따라 북한식 표현도 하였다.

그런데 법률의 성격 및 질적인 내용분석은 제정법으로 제한하였다. 그 이유는 제정법은 '전문'을 볼 수 있지만, 개정법의 경우 개정 내용을 별도로 표시하거나 제시하지 않기에 어떤 내용이 수정되었는지 확인할 수 없기 때문이다.

연구대상 및 연구내용을 단계별 인민대중제일주의정치와 법제도 중심으로 제시하면 다음과 같다. 인민대중제일주의 단계구분 기준은 대내외 환경변화와 전략적 노선·국가목표의 변화, 그에 따른 인민대중제일주의의 특성 변화로 설정했다. 법제도 단계구분 기준은 법제도 정책 변화와 제·개정법의 비중 변화인데, 그중에서도 제·개정법의 증감을 우선기준으로 삼았다. 그 이유는 제·개정법의 증감이 법정책을 보여주는 최종 구현물인 동시에 법정책을 가장 잘 보여주는 표식이기 때문이다.

먼저, 대내외 환경변화에 따른 인민대중제일주의 발전과정은 세 단계로 구성된다. 1단계 '인민대중제일주의 형성단계'[23](2012.1.1.~2018.4.19.)는 김정은 총비서가 권력 이양의 정통성과 인민 지지의 정당성을 확보하기 위해 친인민담론으로서 인민대중제일주의를 제기한 후 공식화하는 시기까지이다. 구체적으로 2012년 4월 6일 김정은 총비서의 "위대한 김정일동지를 우리 당의 영원한 총비서로 높이 모시고 주체혁명위업을 빛나게 완성해

---

[23] 인민대중제일주의 정착단계는 선병주의 석사논문 「김정은시대 '인민대중제일주의' 연구」에서 제시한 발아단계, 체계화단계, 공식화단계의 시기구분과 내용을 그대로 적용하였다.

나가자"²⁴라는 담화(이하 '4·6담화'로 약칭)에서 '3대중시'를 제기하여 인민대중제일주의가 발아된 시점부터, 2013년 1월 29일 노동당 제4차 세포비서대회에서 인민대중제일주의가 정식화된 시기를 거쳐, 2016년 5월 9일 제7차 당대회의 당규약 개정 결정서에 인민대중제일주의 구현을 당 사업과제로 제시²⁵함으로써 공식화된 시기로 전개된다. 전략적 노선을 기준으로 단계를 구분하면 2013년 3월 31일 당 중앙위원회 전원회의에서 '경제·핵무력 병진노선'을 채택하여 경제건설과 핵무력건설을 동시에 발전시키는 병진노선 제시 시점부터 1단계가 시작되나, 김정은 정권 시작부터 이러한 노선을 표방한 것으로 인식하여 1단계 시작을 정권 출범으로 설정하였다.

2단계 '인민대중제일주의 발전단계'(2018.4.20.~2019.12.31.)는 2018년 4월 20일 노동당 중앙위원회 제7기 제3차회의에서 사회주의경제건설총력집중노선을 채택하며 경제건설과 인민생활향상에 모든 힘을 집중시키고 국제사회와 대화를 진전시킬 것을 결정한 시점부터 시작된다. 병진노선에서 경제건설총력집중노선으로 전략적 노선을 전환한 것 자체가 강력한 인민생활 개선 의지를 보여준 것이며, 이는 곧 인민대중제일주의의 발전이라 할 수 있다. 아울러 경제건설총력집중노선은 전략적 노선에서 '핵무력'이라는 용어를 제외시킴으로써 북미협상 촉진을 위한 전망적 성격²⁶을 띤다. 이 시기에 남북정상회담과 북미회담 등을 준비·진행하는데 집

---

24 「김정은동지의 담화 "위대한 김정일동지를 우리 당의 영원한 총비서로 높이 모시고 주체혁명위업을 빛나게 완성해나가자"」, 『朝鮮通信』, 2012년 4월 19일; https://www.kcna.co.jp〉2012/04(검색일: 2024년 2월 22일).
25 「[전문]김정은 제1비서 7차당대회 중앙위원회 사업총화보고」, 『오마이뉴스』, 2016년 5월 8일; https://m.ohmynews.com〉at_pg(검색일: 2024년 2월 22일).
26 통일연구원 북한연구실, 「북한의 제7기 제5차 당중앙위원회 전원회의 분석 및 향후 정세 전망」, 『Online Series』, CO20-1(2020.1.2.), 3쪽; https://repo.kinu.or.kr/bitstream/2015. oak/10861/1/%EC%98%A8%EB%9D%BC%EC%9D%B8%20 20-01%28%EC%B5%9C%EC%A2%85%29.pdf(검색일: 2024년 2월 18일)

중한다. 그러나 2018년 3차례에 걸친 남북정상회담의 합의는 실현되지 않은 채, 2019년 2월 27~28일 하노이 2차 북미정상회담이 결렬되고, 같은 해 6월 30일 판문점 남북미정상 회동도 성과 없이 끝난다. 이런 상황에서 북한 체제는 기존의 대내외 정책을 수정해야 하는 과제에 직면하고 새로운 정책과 전략을 준비하게 된다.

3단계 '인민대중제일주의 재구조화단계'(2020.1.1.~2024.12.31.현재)는 2019년 12월 28~31일에 개최된 노동당 중앙위원회 제7기 제5차 전원회의의 결과가 실질적으로 적용되는 2020년 1월 1일부터 시작되는 것으로 본다. 대외관계 개선에서 성과를 거두지 못한 채 대북제재 강화 등의 외적 조건이 악화된 상태에서 동 전원회의는 정면돌파전 방침을 결정한다. 이러한 정면돌파전은 제재를 기정사실화하고 이에 대응하여 각 방면에서 내부적 힘을 보다 강화할 것을 강조해, 결국 제재에 대한 자력갱생 프레임을 설정한 것이다.[27] 이런 조건에서 2021년 1월 5일~12일까지 제8차 당대회를 개최하여 인민대중제일주의정치를 '사회주의 기본정치방식'으로 당규약에 명시한다. 또한 당대회에서 주체적 역량과 내적 동력 증대에 의한 경제향상과 인민생활 개선을 추구하고 동시에 비사·반사와의 투쟁을 강조한다. 김정은 정권은 초기부터 장담한 경제발전, 인민이 최고로 잘사는 물질문화가 번영하는 사회주의문명국을 건설하겠다던 약속을 지키지 못한 채, 자본주의 문화의 영향력이 전체 사회에 걸쳐 확산된다면 사회주의 존속 자체가 어려울 것이라는 위기감에 봉착한다. 이에 두 가지의 대응, 하나는 인민대중제일주의의 재구조화, 다른 하나는 비사·반사와의 투쟁 법제 마련으로 대처한다. 이상의 내용을 정리하면 다음 〈표 Ⅰ-1〉과 같다.

---

27 위의 글.

〈표 Ⅰ-1〉 김정은시대 인민대중제일주의의 발전단계

단계		시기	정치사상적 기반
1단계 형성단계	1. 발아과정	2012.1.1.~2013.1.28.	- 김정일애국주의+김정은3대중시 공존의 과도기 - 2012.4.6. 당 중앙위원회 책임일군들과 한 담화(4·6담화): 3대중시 출현
	2. 체계화과정	2013.1.29.~2016.5.8.	- 2013.1.29. 4차 당세포비서대회 '인민대중제일주의' 정식화 - 2013.3.31. 당중앙위전원회의, 경제, 핵무력병진노선 - 2015.10.10. 당창건70주년 '인민대중제일주의' 전면화
	3. 공식화과정	2016.5.9.~2018.4.19.	- 2016.5.9. 당규약 개정 결정서에 '인민대중제일주의' 구현을 당사업 과제로 제시 (2016.5.7.7차당대회 보고)
2단계 발전단계		2018.4.20.~2019.12.31.	- 2018.4.20. 당중앙위 7기 3차전원회의, 경제건설총력집중노선 채택: 인민생활 향상, 국제사회와 대화
3단계 재구조화단계		2020.1.1.~ 2024.12.31. 현재	- 2019.12.28.~31. 당 당중앙위7기 5차 전원회의, 내부역량 강화 '정면돌파전'결정 - 2021.1.9. 8차당대회, 인민대중제일주의 정치를 '사회주의기본정치방식'으로 당규약에 명시

* 출처: 1단계는 선병주, 「김정은시대 '인민대중제일주의' 연구」, 북한대학교대학원 석사학위논문, 2018, 12쪽에서 본 연구자가 작성함. 2단계와 3단계는 본 연구자가 작성함.

    다음으로, 앞의 인민대중제일주의 발전단계와 관련한 법제도화 과정을 분석한다. 인민대중제일주의 발전단계와 법제도 발전단계가 정확히 조응하지 않아 1년 정도의 편차를 보인다. 첫 번째 '김정은식 사회주의법치국가건설론의 토대구축단계'(2012.1.1.~2016.12.31.)는 김정은 총비서의 '법치' 실현을 위한 법제도 정비와 함께 친인민적 제·개정 법률이 증대한다. 북한은 2012년 4월 11일 개최된 제4차 당대표자회에서 당규약을 개정하여 '김일성-김정일주의를 유일한 지도사상'으로 규정한다. 이어 2012년 4월 13일 열린 최고인민회의 제12기 제5차회의에서 헌법을 개정하여 서문에 '핵보유국'을 명시한다. 그리고 같은 해 11월 26일 '전국사법검찰일군열성자대회'가 30년 만에 열리고, 연이어 9일 후인 12월 5일에 제5차

'전국법무일군대회'가 개최되며, 12월 19일 「법제정법」이 제정된다. 「법제정법」의 제정으로 사회주의법제사업의 전기를 맞는다. 김정은 총비서의 승계 1년여 만에 법제사업의 주요 법률들을 채택하고, 이를 실천할 전국 검찰소·재판소를 비롯한 법무업무에 종사하는 간부들을 독려하는 등 김정은식의 사회주의법치국가건설을 위한 기초를 다진다. 또한 이 시기는 2012년 「광천법」, 2013년 「우주개발법」, 2014년 「편의봉사법」, 2015년 「민족유산보호법」, 2016년 「형사소송법」 등 주로 산업 발전, 복지제도 확립, 사법제도 정비 분야의 법률 제·개정이 주축을 이룬다.

두 번째 '김정은식 사회주의법치국가건설론의 발전단계'(2017.1.1.~2018.12.31)는 제·개정 법률의 양 자체가 현저히 떨어지는 정체기이기도 하다. 주목할 사실은 2018년 4월 20일 당 중앙위원회 제7기 제3차 전원회의에서 국제사회와의 대화 진전을 결정하기 이미 1년 전부터 법 제·개정이 대폭 감소되었다는 것이다. 이는 정책 발표 이전인 2017년부터 남한과 미국과의 정상회담을 염두에 두고, 내부 법률 정비를 유보하였기 때문이라고 유추할 수 있다. 그런 상황에서 그나마 2년 동안 제정된 법 6건은 「정보보안법」, 「샘물관리법」, 「기상수문법」, 「직업기술교육법」, 「인삼법」, 「국가장의법」으로 내부적으로 국가장의제도와 정보보안제도 마련 외에는 산업 분야에 집중되었다. 개정법 20건은 「경제개발구법」, 「세관법」, 「외국투자은행법」, 「무역법」과 같이 대외경제 관련법이 높은 비중을 차지한다.

그렇지만 법정책적 측면에서는 중요한 변화가 포착된다. 2017년 10월 25일 열린 제6차 '전국법무일군대회'에 보낸 김정은 총비서의 서한에서 "법이 인민을 지키고 인민이 법을 지키는 진정한 인민의 나라"[28]를 만들자

---

[28] 박서화, 「북한법질서에서의 법치 개념」, 경남대학교 극동문제연구소, 2023, 95쪽. 다만 박서화는 이 책에서 김정은 총비서의 서한 전문을 확인하기는 어렵고 '우리민족강당(연도미상)'에서 일부 공개된 내용을 통하여 알 수 있는 내용이라고 밝히고 있다.

고 요구함으로써 김정은식 사회주의법치국가론을 구체화하고 있다. 아직은 인민대중제일주의와 법건설을 연결하는 단계까지는 가지 않았다.

세 번째 '인민대중제일주의법건설사상 확립단계'(2019.1.1.~2024.12.31. 현재)는 2019년부터 시작된다. 인민대중제일주의 재구조화단계가 2020년부터 시작된데 반해 법제도적 근본 변화는 2019년부터 시작된다. 2019년 4월 최초의 비사·반사 관련 법률로「군중신고법」이 제정된다. 이전에 비사회주의나 반사회주의와의 투쟁을 강조하는 정책 결정이나 교시는 많았지만, 단독 부문법, 특별법으로 이 문제를 다룬 것은 없었기에「군중신고법」의 의미가 그만큼 크다. 이후 2020년「세외부담방지법」,「반동사상문화배격법」,「이동통신법」, 2021년「단위특수화, 본위주의반대법」,「마약범죄방지법」,「구타행위방지법」,「청년교양보장법」, 2022년「허풍방지법」, 2023년「평양문화어보호법」,「적지물처리법」,「국가비밀보호법」,「인민반조직운영법」 등이 제정된다. 이 시기에 13건의 비사회주의와 반사회주의 척결 법률을 제정함으로써 강력한 비사회주의, 반사회주의와의 법적투쟁을 전개한다. 2019년 이래 2023년까지 매년 꾸준히 관련법을 제정한다. 비사·반사 관련 제정법 13건은 3단계 2019년 1월부터 2024년 12월까지 제정된 90건의 14.4%에 해당한다. 비사·반사 투쟁 법률의 비중은 낮지만, 13건의 법률은 사실상 모든 사상과 행동을 망라할 정도로 파급력이 크고 강력하다. 그러면서도 대상별 고려와 대내외의 반응을 감안한 처벌규정을 두는 등 일방적인 규제에 머물지는 않는다. 이와 같은 보수적인 법률들은 '일군'과 공민들의 비사회주의·반사회주의적인 행태와 시장을 통한 자본주의 사상문화의 침습에 대해 전면적인 투쟁·통제를 실시하여 사회주의제도를 수호하겠다는 체제의 강력한 의지를 담고 있다.

법제도적으로 2019년 4월 12일 최고인민회의 제14기 제1차회의 시정연설에서 김정은 총비서가 정면돌파전에 맞춘 법건설 전반에 관한 논리를 제시한다. 2022년 9월 14~15일에 개최된 제7차 전국법무일군대회에서는 '인민대중제일주의법건설사상' 용어가 등장한다. 동 대회에서 "법이 인민을 지키고 인민이 법을 지키는 진정한 인민의 나라를 건설할데 대한 사상"을 '인민대중제일주의법건설사상'으로 명명한다.[29] 전단계에서 김정은식 사회주의법치국가건설론이 구체화되었다면, 현단계에서는 인민대중제일주의 통치이념이 법건설에 투영된 새로운 용어가 창출된 것이다. '김정은식' 사회주의법치국가건설이 이제 '김정은 총비서의' 인민대중제일주의법건설로 정립된 것이다. 이러한 성과와 더불어 앞서 지적한 최초의 비사·반사적 법률 제정, 친인민적 법률의 확대가 이시기에 달성된다. 그 결과 2023년 12월 26~30일 열린 당 중앙위원회 제8기 제9차 전원회의에서 김정은 총비서는 법제사업의 성과를 긍정적으로 평가하기도 한다.

현 단계인 '인민대중제일주의 재구조화단계'와 '인민대중제일주의법건설사상 확립단계'를 통합하여 정리하면 다음과 같다. 김정은 정권 초기인 인민대중제일주의 정착단계에서 인민들에게 문화적으로 개방을 선사하였다면, 이제는 내부 정비와 외부사상문화를 차단하여 사회주의 체제를 단속하겠다는 의지를 분명히 한 것이다. 따라서 인민대중제일주의의 성격도 변화한다. 인민대중제일주의는 기존의 인민을 섬기는 상향식 통합전략에 하향식 통제전략을 결합함으로써 인민의 의무와 복무를 새삼 강조하는 방향으로 변화한다. 이상과 같은 인민대중제일주의 발전단계와 법제도 변화단계의 조응관계를 표로 정리하면 다음 〈표 Ⅰ-2〉와 같다.

---

[29] 박서화, 위의 책, 101쪽. 박서화에 의하면, 김정은 총비서가 '제7차 전국법무일군대회'에 보낸 서한에서 "법이 인민을 지키고 인민이 법을 지키는 진정한 인민의 나라를 건설할데 대한 사상"을 "인민대중제일주의법건설사상"으로 명명하였다고 기술하고 있다.

〈표 Ⅰ-2〉 김정은시대 인민대중제일주의와 법제도의 단계별 조응관계

년도	2012	2013	2014	2015	2016	2017	2018	2019	2020	2021	2022	2023	2024.12 현재
인민대중제일주의	인민대중제일주의 형성단계						인민대중제일주의 발전단계		인민대중제일주의 재구조화단계				
법제도: 정책 이론 입법	김정은식 사회주의법치국가건설론 토대구축단계						김정은식 사회주의법치국가건설론 발전단계		인민대중제일주의법건설사상 확립단계				

* 출처: 본 연구자가 작성함.

본 연구는 Ⅱ장에서 이론적 배경으로 북한의 법이론을 파악한다. 이론적 검토를 기초로 연구방법, 분석틀, 분석개념을 제시한다. Ⅲ장에서는 김정은시대 대내외 환경에 따라 인민대중제일주의정치의 대응과 법제도의 변화가 어떻게 진행되었는가를 단계별로 검토한다. Ⅳ장에서는 인민대중제일주의 법제도를 양적 현황, 연도별 부문법 비중, 단계별 부문법 비중 등을 비교분석하여 법제도의 계량적인 특성을 파악한다. Ⅴ장에서는 척도분석과 분포도로 법제를 분석하고, 질적 내용분석방법으로 법제의 성격을 해석하였다. 이상의 양적·질적 분석에 기반하여 인민대중제일주의 법제를 평가한다. Ⅵ장에서 결론을 내린다.

제Ⅱ장

이론적 논의 및 연구방법

1
북한의 입법이론

1) 사회주의 법이론과 북한법

가. 사회주의 법이론

사회주의법은 자본주의 법과 상이한 이념 및 체제 때문에 법체계와 법원리에서 현격한 차이를 보인다.[1] 이는 사회주의법 자체가 공산당이 사회주의 혁명을 통해 자본주의적 질서를 뒤엎고 프롤레타리아독재를 수립한 결과물로서 공산주의 사회로의 이행을 위한 조건 창출에 필요한 법[2]이라는 특성에 기인한다.

맑스—레닌주의에 의하면 사회주의국가는 주도권을 쥔 프롤레타리아무산계급, 즉 근로인민 계급이 부르주아유산계급를 복종시키기 위한 기구[3]이고, 사회주의국가의 법은 부르주아의 반동적 저항을 억압·제거하는 수단이

---

[1] 박정원·정철·남기명, 『북한 사회주의헌법 기초 연구』, 한국법제연구원, 2019, 74쪽.
[2] V. 치르킨·Yu. 유딘·O. 지드코프 지음, 송주명 역, 『맑스주의 국가와 법 이론』, 도서출판 새날, 1990, 293쪽.
[3] 헌법재판소 헌법재판연구원, 『사회주의 이론을 통해 본 북한 헌법』, 헌법재판소 헌법재판연구원, 2017, 26쪽.

다. 법은 국가 의지로 표현되는 지배계급의 의지를 담고 있으므로 사회주의국가의 법은 근로인민 의지의 표현[4]이 된다. 이 법은 상부구조의 일부로서 경제적 관계뿐만 아니라 정치적 관계를 반영·옹호한다. 어떠한 사회적 관계라도 정치 영역을 구성하는 국가의 활동을 통해 법에 반영되기 때문에[5] 레닌(Vladimir Ilich Lenin)은 "법은 정치의 수단이면서 그것이 곧 정치("Laws are political measures, politics")"[6]라고 규정했다. 또한 법규정은 국가의 규범적 활동이나 기존의 사회규범을 승인한 결과로 확립되는 것이기에 법은 국가에 의존한다. 그래서 국가의 존재를 상정하지 않는 즉, 국가의 외부에 있는 법은 생각할 수 없다.[7] 그러므로 법이 국가권력에 대해 우위를 가지면서 국가권력을 제한한다는 '법치국가' 내지 '법의 지배' 관념에 대해서는 법의 계급적 속성을 무시한 허구적인 논리라고 거부한다.[8] 법은 국가정책의 도구들 중 하나[9]가 되며, 사회주의 이론으로 무장한 공산당은 인민의 의지를 법규정으로 표현하는 데 있어 지도적이고 조직자적인 역할을 한다.[10] 다시 말해 사회주의국가의 법은 인민의 이해에 복무하고 인민의 적을 공격하기 위한 당의 도구[11]로 작용한다.

구소련의 법학 교과서에서도 법을 국가정책의 도구로 보았다.[12] 마오쩌둥(Mao Zedong) 시기 중국의 법이론은 구소련의 영향을 받았으며, '법을

---

[4] 위의 책, 38쪽.
[5] 위의 책.
[6] Vladimir Ilich Lenin, 「A Caricature of Maxism and Imperialist Economism」, *Lenin Collected Works* 23(London: Progress Publishers, 1981), p. 48.
[7] V. 치르킨·Yu. 유딘·O. 지드코프 지음, 송주명 역, 앞의 책, 217쪽.
[8] 헌법재판소 헌법재판연구원, 앞의 책, 37쪽.
[9] V. 치르킨·Yu. 유딘·O. 지드코프 지음, 송주명 역, 앞의 책, 216쪽.
[10] 위의 책, 296쪽.
[11] Randall Peerenboom, *China's Long March Toward Rule of Law*(New York: Cambridge University Press, 2002), p. 10.
[12] V. 치르킨·Yu. 유딘·O. 지드코프 지음, 송주명 역, 앞의 책, 9쪽.

정치과업에 복무하는 지배계급의 도구'로 보다.[13] 문화대혁명 이전의 중국에서도 법은 규율을 정식화하는 수단[14]이었다.

한편 사회주의는 국가권력을 근로인민의 수중으로 옮겨 인민민주주의독재 실시를 본질로 한다. 따라서 부르주아 법체계와 달리 국가와 사회, 국가와 개인의 대립을 전제로 한 상호 적대가 배제된다고 본다. 이러한 연유로 사회주의 법체계는 궁극적으로 공법과 사법이 분리되지 않는 특성이 있다.[15] 또한 사회주의국가는 근로인민 주권의 계급지배 아래 권력통합을 출발점으로 하여 '민주주의중앙집권제 원칙'을 전개할 수 있기 때문에 사회주의헌법에서 권력분립 원칙에 따른 권력의 제한에 대하여 회의적이다.[16] 따라서 사회주의 정치구조는 권력의 삼권분립이 아닌 국가권력의 기능적 배분을 그 본질로 한다. 이에 따른 정치지도원리로서 사회주의헌법에서 공통적으로 규정하는 것은 민주적 중앙집중제, 공산당의 우월적 지위, 프롤레타리아독재, 사회주의적 적법성, 프롤레타리아 국제주의 등이다.[17]

나. 사회주의법으로서의 북한법

북한법은 역사적으로 사회주의제도 형성기부터 구소련법의 영향 아래 있었고, 1948년 인민민주주의헌법은 스탈린헌법을 모방한 것으로 알려져 있다. 1958년에서 1960년 사이에 중국의 당 영도 강화 등에 관한 법

---

13 이준식,「북한 로동당 규약과 헌법의 관계 연구」, 북한대학원대학교 박사학위논문, 2023, 47쪽.
14 Stanley B. Lubman, *Bird in a Cage: Legal Reform in China After Mao*(Stanford: Stanford University Press, 1999), pp. 88~123.
15 V. 치르킨·Yu. 유딘·O. 지드코프, 송주명 역, 앞의 책, 305쪽.
16 버틀러, W. E 저, 박홍규 역,『자본주의법과 사회주의법』, 일월서각, 1988, 80쪽.
17 박정원·정철·남기명, 앞의 책, 147쪽.

제를 모방했지만, 구소련법의 영향은 지속되었다. 이후 1960년대 중반부터 북한이 '주체'를 내세워 독자노선을 추구하면서, 주체가 법제에도 반영된다. 1972년 사회주의헌법 제4조에서 "맑스-레닌주의를 우리 나라의 현실에 창조적으로 적용한 조선로동당의 주체사상"이 자기 활동의 지침으로 명시된 것이 대표적 사례이다.[18]

다시 말해 북한법은 사회주의법으로서의 보편성과 북한법만의 특수성을 가진다. 북한법은 기본적으로 사회주의 법문화권에 속하면서도 주체사상에 입각한 특수한 법문화와 법이론을 형성하고 있다.[19] 그래서 북한법은 경제개방 관련 법제가 있기는 하지만 기본적으로 '주체의 법이론'에 입각하여 주체사상을 실천하는 제도적 장치가 법으로 되어 있는 구조[20]로 볼 수 있다. 따라서 북한법이 가지는 사회주의법으로서의 보편적인 성격을 그 개념과 역할, 기능, 헌법의 정치지도원리를 중심으로 살펴보면 다음과 같다.

북한 『법학사전』에 의하면 법 개념에 대해 "법은 지배계급의 이익을 옹호하고 지배계급에게 유리한 사회경제관계를 유지공고화하기 위하여 국가가 제정공포하고 국가권력에 의하여 그 준수가 담보되는 행동준칙의 총체이다."라고 정의한다.[21] 따라서 법은 국가가 지배계급의 의사를 반영하여 제정하고 의무적으로 준수가 요구되는 강제적인 행위준칙[22]이라는 데 그 본질이 있다. 또한 "법은 사회경제제도의 반영이며 정치의 한 표현형식"이고, "일정한 사회경제제도와 계급투쟁을 떠난 법"[23]은 있을 수 없다. 이러한 관점은 북한법이 가지는 일반적 성격 이외에 역사적 유물론의

---

18 강구진, 「북한법에 대한 중국과 소련의 영향」, 『북한법연구』 제7호, 2004, 53~104쪽.
19 최종고, 『북한법(증보신2판)』, 박영사, 2001, 555쪽.
20 위의 책, 555~556쪽.
21 사회과학원 법학연구소, 『법학사전』, 평양: 사회과학출판사, 1971, 276쪽.
22 김억락·한길, 『국가와 법의 이론』, 평양: 김일성종합대학출판사, 1985, 24~25쪽.
23 김일성, 「우리 당 사법정책을 관철하기 위하여: 전국 사법, 검찰 일군대회에서 한 연설 (1958년 4월 29일)」, 『김일성전집』 제21권, 평양: 조선로동당출판사, 1998, 482쪽.

관점과 이데올로기성, 계급성을 내포[24]하고 있음을 의미한다. 북한법은 "사회주의 사회의 법이며 프롤레타리아독재의 기능을 수행하는 국가주권의 법"[25]이라는 속성을 띤다.

법의 역할 내지 기능과 관련하여 북한에서도 '도구로서의 법'의 역할을 강조한다. 김일성 주석은 "사회주의제도와 사회주의전취물을 지키는 무기"이자 '프로레타리아독재의 무기'[26]로서의 법 역할을 강조하였고, 김정일 위원장은 주권을 잡은 노동계급 당의 '계급투쟁의 무기'[27]임을 언급한 바 있다. 북한법의 기능과 관련하여 북한의 『법학사전』은 다음과 같이 설명한다.

> 우리나라의 법은 로동계급을 비롯한 근로인민의 의사와 리익을 옹호하며 생산수단에 대한 사회주의적 소유와 사회주의제도를 보호하며 전복된 착취계급의 반항을 진압하고 사회주의 전취물을 수호하며 모든 근로자들을 교양개조하여 혁명화, 로동계급화하며 온갖 계급적 차이를 점차적으로 없애며 사회주의, 공산주의를 건설하는데 복무한다. 사회주의법은 로동계급이 자기의 력사적사명을 완수할때까지 반드시 필요하며 프로레타리아독재의 무기로 복무한다.[28]

『법학사전』의 정의에 따라 북한법의 기능을 첫째, 반혁명세력에 대한 억압과 체제방어 기능, 둘째, 경제활동에 대한 통제수단, 셋째, 모든 인민을 공산주의적 인간으로 개조하는 수단으로 요약할 수 있다.[29] 북한에서는 사회주의국가를 근로인민대중의 자주성과 창조성을 옹호·보장하는

---

24 이준식, 앞의 글, 126쪽.
25 김일성, 『김일성전집』 제21권, 평양: 조선로동당출판사, 1998, 484쪽.
26 위의 책, 483쪽.
27 김정일, 「사회주의법무생활을 강화할데 대하여」, 『조선중앙년감』, 평양: 조선중앙통신사, 1983, 175쪽.
28 사회과학원 법학연구소, 『법학사전』, 278쪽.
29 법무부, 『통일법무 기본자료 2003』, 법무부, 2002, 347쪽.

'정치적 무기'[30]로 본다.

북한법의 본질과 기능에 관한 사회주의헌법 규정을 살펴보면 다음과 같다. 1972년 사회주의헌법 제17조는 "조선민주주의인민공화국의 법은 로동자, 농민을 비롯한 근로인민의 의사와 리익을 반영하고 있으며 모든 국가기관, 기업소, 사회협동단체 및 공민들에 의하여 자각적으로 준수된다."고 규정하고 있다. 이후 1992년 개정헌법 제18조는 "조선민주주의인민공화국의 법은 근로인민의 의사와 리익의 반영이며 국가관리의 기본무기이다. 법에 대한 존중과 엄격한 준수집행은 모든 기관, 기업소, 단체와 공민에게 있어서 의무적이다. 국가는 사회주의법률제도를 완비하고 사회주의법무생활을 강화한다."[31]고 적시하고 있다. 1992년 개정헌법 제18조는 현행 헌법에서도 동일하다. 1992년 개정헌법에서는 법이 "국가관리의 기본무기"라는 문구를 추가하였다. 1972년 제정헌법이 법에 대한 준수를 '자각적'인 것으로 규정했다면, 개정헌법은 "법에 대한 존중과 엄격한 준수집행"[32]이 '의무적'임을 강조한다. 동시에 국가에게도 "사회주의법률제도를 완비하고 사회주의법무생활을 강화"[33]할 책무를 부여하고 있다.

1992년 개정헌법에서 법이 "국가관리의 기본무기"라는 문구를 추가한 것은 국가가 법을 정책 구현의 수단으로 활용하겠다는 의지를 표명한 것이다. 또한 법을 '자각적으로 준수'되는 것에서 '존중과 의무적인 준수'의 대상임을 명시한 것은 법의 규범성을 강화하는 쪽으로 변화했음을 의미한다.[34]

---

[30] 백성일, 『헌법사연구』, 평양: 김일성종합대학출판사, 2015, 173쪽.
[31] 북한의 사회주의헌법은 1992년 4월 9일 최고인민회의 제9기 제3차 회의에서 처음 수정·보충되었고, 종전의 제17조가 제18조로 변경되었다. 장명봉 편, 『2018 최신 북한법령집』, 북한법연구회, 2018, 31쪽, 40~41쪽.
[32] 위의 책, 40쪽.
[33] 위의 책, 41쪽.
[34] 이은영, 『북한의 법이론 및 법체계 고찰』, 한국법제연구원, 2018, 3~4쪽.

한편 북한의 현행 사회주의헌법도 다른 사회주의국가 헌법과 같은 정치지도원리를 규정하고 있다. 구체적으로 민주주의중앙집권제원칙(제5조), 조선노동당의 영도(제11조), 인민주권(제4조)과 인민민주주의독재(제12조), 법에 대한 존중과 엄격한 준수집행(제18조), 공민의 국법과 사회주의적 생활규범 준수의무(제82조), 자주성을 옹호하는 세계인민들과 단결, 자주권과 민족적, 계급적 해방을 실현하기 위한 모든 나라 인민들의 투쟁 지지성원(제17조) 등이다.

다. 입법의 기본이론

(1) 김일성시대

김일성시대에는 법의 본질 및 역할에 관한 '주체의 법이론'이 확립되고, 이 이론에 입각하여 사회주의법제사업의 기본원칙 등이 정립되며, 사회주의법무생활론이 제기되어 체계화된다.

① 주체의 법이론 확립

주체의 법이론은 주체사상에 기초한 법이론으로 근로인민대중을 중심에 놓고 전개되고 체계화된 새로운 학설로 북한에서는 김일성 주석이 창시하고 김정일 위원장이 전일적으로 체계화했다고 말한다.[35] 당시 김정일 위원장은 후계자로서 주체사상 외에 법이론 등을 체계화하는 역할을 수행했다. "주체의 법이론은 법의 본질과 그 발전의 일반적 합법칙성과 함께 인민대중의 주동적인 역할에 의하여 이루어지는 사회주의법건설의 합

---

35 심형일, 『주체의 법리론』, 평양: 사회과학출판사, 1987, 7쪽.

법칙성을 연구하는 새롭고도 독창적인 법이론"[36]이라는 것이다.

주체의 법이론에서 '법건설'이라는 단어가 등장한다. 법건설은 법을 제정·완성하는 활동과 법을 실현하는 활동으로 구분되는데, 법을 실현하는 활동형식은 '법의 준수'와 '법의 해석적용'으로 구성된다.[37]

② 사회주의법제사업의 기본원칙과 방도 정립

사회주의법제사업은 사회주의법건설의 가장 중심적이며 선차적인 사업이다.[38] 즉 사회주의법제사업은 사회주의법건설의 '첫 공정'[39]인 것이다. 이러한 사회주의법제사업의 기본원칙과 중요방도는 다음과 같다.

먼저 사회주의법제사업의 기본원칙에 관한 것이다. 김일성 주석은 1947년 11월 20일 이른바 인민민주주의헌법 작성과 관련하여 '주체'의 원칙을 강조한 바 있다.[40] 김정일 위원장도 사회주의헌법 제정 이전에 법제정사업에 대한 몇 가지 원칙적 입장을 제시한다. 즉 첫째, 법은 수령의 교시, 당의 노선과 정책에 기초하여 작성될 것, 둘째, 현실의 요구를 잘 반영할 것, 셋째, 법은 의무적으로 지켜야 할 구체적인 행동규범이므로 법제정사업에서 기술실무적 요구를 철저히 지킬 것, 넷째, 사회생활 모든 분야의 법률과 규정을 만들 것 등이다.[41] 사회주의헌법 제정 이후 김정일

---

[36] 위의 책, 55쪽.
[37] 위의 책, 187~188쪽.
[38] 위의 책, 278쪽, 320쪽.
[39] 김정일, 「사회주의사회관리에서 법과 도덕의 역할을 높일데 대하여: 김일성종합대학 학생들과 한 담화(1963년 6월 13일)」, 『김정일전집』 제6권, 평양: 조선로동당출판사, 2014, 351쪽. 김정일 위원장은 이 담화에서 법제정사업은 법질서를 세우기 위한 '첫 공정'이라고 하였다.
[40] 김일성, 「민주주의적이며 인민적인 헌법을 작성하자: 조선림시헌법위원회 제1차회의에 참가한 일군들과 한 담화(1947년 11월 20일)」, 『김일성전집』 제6권, 평양: 조선로동당출판사, 1993, 478쪽.
[41] 김정일, 『김정일전집』 제6권, 평양: 조선로동당출판사, 2014, 351쪽.

위원장은 법제사업에서 국가의 기본법인 사회주의헌법에 기초하여 법률과 규정을 제대로 작성할 것과 법률과 규정 작성에 있어 시대와 혁명의 요구 및 발전하는 현실적 요구를 정확히 반영하는 것이 매우 중요함을 강조한다.[42] 김일성 주석과 김정일 위원장이 밝힌 법제정사업에 대한 원칙들은 『주체의 법리론』에서 법제정사업 기본원칙으로 정립된 것으로 보인다.

『주체의 법리론』은 법제정사업의 기본원칙을 다음의 세 가지로 제시한다. 첫째, 법규를 제정하고 완성함에 있어 주체적 입장을 확고히 견지하는 것이다. 이 원칙은 사회주의법제정사업의 운명을 결정하는 근본문제, 가장 중요한 원칙적 요구이며 사대주의와 교조주의 배격을 강조한다. 둘째, 당의 노선과 정책에 기초해 법을 제정하고 완성하는 것이다. 이것은 법률과 규정들에 당정책을 정확히 반영하며 모든 입법사업과 활동을 법제정에 대한 당의 정책적 요구에 따라 진행한다는 것을 말한다. 셋째, 모든 법률과 규정들을 사회주의헌법에 기초하여 만드는 것이다. 이는 헌법에 규정되어 있는 해당 사회생활 분야의 제 원칙을 구현하고 전개하며 법제정에 관한 헌법 절차에 따라 모든 법률과 규정들을 만든다는 것을 의미한다.[43]

다음으로 사회주의법제사업의 중요방도에 관한 것이다. 사회주의법제정사업의 원칙이 정해지더라도 그 성과는 실무적으로 어떤 방도에 의거하는지에 따라 전적으로 결정된다. 그 중요방도는 다섯 가지로 집약된다. 첫 번째, 국가 사회생활의 모든 부문, 모든 단위들에 걸쳐 법규를 구체적이고도 치밀하게 만드는 것이다. 두 번째, 법규들에 현실의 요구를 옳게 반영하며 법률과 규정을 활용성 있게 만드는 것이다. 세 번째, 법규를 알

---

[42] 김정일, 「사회주의헌법에 기초한 법규범과 규정작성사업을 잘할데 대하여: 정무원제2사무국 일군들과 한 담화(1973년 3월 19일)」, 『김정일전집』제19권, 평양: 조선로동당출판사, 2017, 431~432쪽.
[43] 심형일, 앞의 책, 282~289쪽.

기 쉽고 정확하며 명료하고 간결하게 만드는 것이다. 네 번째[44], 인민대중을 발동하고 그들의 힘에 의거하여 이 사업을 진행하는 것이다. 다섯 번째, 법규를 제정하고 완성함에 있어 준법성의 요구를 엄격히 지키는 것이다. 여섯 번째, 법규정리 및 체계화 사업을 잘하는 것이다.[45]

이상의 『주체의 법리론』에서 정리한 사회주의법제사업의 기본원칙은 주체사상과 수령의 유일영도에 따라야 한다는 것으로 귀착된다. 북한에서 사회주의헌법은 수령의 직접적인 영도에 따라 작성되며 이러한 수령의 결정적 역할은 수령 후계자의 결정적 역할로 이어진다.[46]

사회주의법제사업과 관련해 북한은 1992년 개정헌법 제18조 제3항에 '사회주의법률제도를 완비'한다는 조항을 신설했다. 사회주의법률제도 완비의 강조는 북한에서 김일성 주석 사후 법제정비가 활발해진 것과 깊은 연관이 있다.[47]

③ 사회주의법무생활론의 제기 및 체계화

'사회주의법무생활'이란 용어는 김일성 주석이 1977년 2월 28일 노동당 중앙위원회 정치위원회에서 한 연설에 등장한다. 이 연설에서 김일성 주석은 인민정권의 법적 통제[48]기능을 강화하기 위한 법무생활지도체계

---

[44] 네 번째 방도는 입법사업에서 군중노선을 관철하는 형식과 방법의 하나로 집행단위의 일군들이 해당 법규를 만들 때 널리 참여하도록 한다는 것이다. 법률과 규정들에 인민대중의 요구와 이익을 제대로 반영하고 인민대중 자신의 것으로 만들어 그들이 법의 준수집행에 자각적으로 동원되게 할 수 있다는 것이다(위의 책, 297쪽).
[45] 위의 책, 289~300쪽.
[46] 오진혁, 「사회주의헌법 제정에서 수령이 차지하는 역할」, 『정치법률연구』 제2호, 2013, 42~44쪽.
[47] 박정원, 「북한의 입법이론과 체계 분석」, 『법학논총』 제26권 제2호, 2013, 221쪽.
[48] '주체의 법이론'에 의하면, 사회주의사회에서의 법적 통제는 본질상 근로인민대중 속에 있는 낡은 사상잔재와 생활인습을 극복하기 위한 것으로서 국가주권과 모든 법적수단을 장악하고 있는 근로인민대중을 위한 근로인민대중 자신의 통제라고 한다. 그래서 이러한 법적 통제는 철저히 인민대중의 자주성을 옹호하는 수단으로 된다는 것이다(심형일, 앞의 책, 379~388쪽).

수립과 이를 위한 중앙인민위원회와 도인민위원회에 사회주의법무생활지도위원회 조직 신설을 지시한다.[49] 이어 같은 해 12월 15일 최고인민회의 제6기 제1차 회의에서 김일성 주석은 관료주의 타파를 위해 국가, 경제기관 지도일군들 속에서 사회주의법무생활 강화를 요구하고 아울러 사회주의법무생활지도위원회의 역할 제고를 강조한다.[50] 이러한 기조는 1982년 8월 30일에 열린 노동당 중앙위원회 제6기 제6차 전원회의에서 김일성 주석이 내린 결론[51]으로 확고해진다.

사회주의법무생활에 관한 이론 및 사회주의법무생활지도위원회의 임무와 기능은 김정일 위원장[52]이 1982년 12월 15일 발표한 논문[53]을 통해

---

49 김일성, 「인민정권을 더욱 강화하며 사회주의법무생활을 잘 지도할데 대하여: 조선로동당 중앙위원회 정치위원회에서 한 연설(1977년 2월 28일)」, 『김일성전집』 제61권, 평양: 조선로동당출판사, 2005, 401~402쪽.

50 김일성, 「인민정권을 더욱 강화하자: 최고인민회의 제6기 제1차회의에서 한 연설(1977년 12월 15일)」, 『김일성전집』 제65권, 평양: 조선로동당출판사, 2006, 397~417쪽. 김일성 주석은 이 연설에서 인민정권기관들이 관료주의를 없애야 인민들의 이익을 옹호할 수 있으며 근로인민대중을 위하여 충실하게 복무할 수 있다고 하였다. 그는 그 이유로 "인민정권기관은 프로레타리아독재기관이며 정권기관 일군들은 국가권력을 가지고 사업"을 하는데, 정권기관 일군이 관료주의를 부리면 첫째, 인민대중의 자주성과 창발성을 마비시키고, 둘째, 인민대중과 근로대중을 이탈시켜 인민정권에 대한 대중의 신뢰 약화를 초래하며, 셋째, "공화국정부의 두리에 광범한 군중을 묶어세우는데 지장"을 준다고 한다. 그는 이에 대한 대책으로 사회주의법무생활지도위원회가 지도일군들에게 준법교양을 강화하고 법규범과 규정들을 널리 해설하여 그들의 준법의식을 제고함으로써 그들이 자각적으로 법규범과 규정을 지키도록 해야 한다고 역설하였다.

51 김일성, 「유색금속 150만t고지를 점령하며 기계공업부문에서 프레스화, 형단조화, 용접혁명, 절연물혁명을 실현할데 대하여: 조선로동당 제6기 제6차 전원회의에서 한 결론(1982년 8월 30일)」, 『김일성전집』 제76권, 평양: 조선로동당출판사, 2008, 191~225쪽.

52 "김정일은 1973년 당 조직부와 선전부를 장악하고 1974년 정치국원에 임명됨으로써 내부적으로 후계자로 결정되었고, 6년간의 후계검증기간을 거쳐 1980년 당 정치국 상무위원과 당 중앙군사위원에 피선됨으로써 공식적 후계자임이 대외적으로 공표되었다. 군 관련 직책은 1990년대에 들어 갖게 되었는데 1990년 국방위원회 제1부위원장, 1991년 최고사령관, 1992년 공화국 원수, 1993년 국방위원장에 취임"한다. 이상을 고려하면, 1982년 김정일의 공식 직함은 상무위원이지만, 본 연구에서는 편의상 호칭을 '위원장'으로 통일한다. 김갑식, 「김정은 정권의 출범과 정치적 과제」, 『통일정책연구』 제21권 1호, 2012, 2쪽.

53 김정일, 『조선중앙년감』, 평양: 조선중앙통신사, 1983, 174~183쪽.

서 체계화된다.[54] 이 논문에 따르면, 사회주의법무생활이란 "모든 사회성원들이 사회주의국가가 제정한 법규범과 규정의 요구대로 생활하는 것"[55]이다. 즉 "국가의 법질서에 따르는 근로인민대중의 자각적인 규률생활이며 법규범과 규정에 기초하여 사람들을 통일적으로 움직이고 공동행동을 실현해나가는 국가적인 조직생활"[56]이다. 김일성 주석이 국가기관 일군들의 관료주의에 대한 대책으로 사회주의법무생활론을 제기하여 일군들의 준법에 중점을 두었다면, 김정일 위원장은 준법에 기초한 국가적인 조직생활로 범위를 확장시킨 것이다.

사회주의법무생활을 강화하기 위해 '혁명적준법기풍'을 철저히 세울 것이 요구되는데, 이것은 사회의 모든 구성원들이 국가의 법을 존엄 있게 대하며 법을 제대로 지키고 집행하는 것을 생활화, 습성화한다는 것을 의미한다.[57] 이를 위해 법의 자각적 준수집행, 준법교양과 사상투쟁, 법적 통제 강화가 필요하다.[58] 인민정권기관들에게는 법규범과 규정이 사회주의법무생활의 기초이므로 법제정사업을 잘하고, 법을 해석하고 적용함에 있어 당적·노동계급적·국가적 입장을 철저히 견지할 것이 요구된다.[59]

이와 같이 김일성 주석과 김정일 위원장을 거치면서 창시되고 체계화된 사회주의법무생활론은 1992년에 개정된 사회주의헌법 제18조 중 "국가는 사회주의법률제도를 완비하고 사회주의법무생활을 강화한다."는 규정을 통하여 헌법에 수용된다. 이에 대해 북한이 사회주의법무생활의 강화를 통해서 사법적 통제 이전에 준사법적 행정 통제에 의해 주민을 통제해 왔다고 평가된다.[60]

---

54 한명섭, 『통일법제 특강(개정증보판)』, 한울, 2019, 95쪽.
55 김정일, 『조선중앙년감』, 평양: 조선중앙통신사, 1983, 174쪽.
56 위의 책.
57 위의 책, 177쪽.
58 위의 책, 177~179쪽.
59 위의 책, 180~181쪽.
60 박정원(2013), 앞의 글, 217쪽.

(2) 김정일시대

김정일시대에는 선군정치와 관련하여 사회주의법무생활이 더욱 강조되고, 사회주의법제사업에 관한 이론이 체계화되는 한편 사회주의법률제도 완비를 위한 입법이 활발해지며, 사회주의법치국가건설론이 제기된다.

① 사회주의법무생활 강화

김정일 위원장의 선군정치 시대에 오면 사회주의법무생활을 더욱 강화할 것을 강조하였고, 그것이 '선군시대'의 중요한 요구라고 했다.[61]

② 사회주의법제사업에 관한 이론 체계화

김정일시대에는 사회주의법제사업에 관한 논의가 보다 체계화된다. 사회주의법제사업의 개념이 인민대중의 의사와 요구를 국가적인 의사로 전환시켜 전사회적인 생활규범, 행동규범으로 만드는 사업을 의미한다[62]고 정의된다. 그리고 사회주의법제사업의 본질은 "사회주의국가가 사회의 주인으로서의 인민대중의 지위와 역할을 제도적으로 고착시키고 공고화하며 보호하기 위한 사람들의 행위규범, 활동준칙을 제정하는 활동이라는데 있다."[63]고 한다. 결국 북한에서 말하는 사회주의법제사업은 인민대중의 지위와 역할을 높이기 위한 법적 보장을 마련하는 국가의 활동으로 설명되며, 이것이 법제사업의 본질과 특징으로 강조되고 있다.[64]

---

61 김경현, 「사회주의법무생활을 강화하는것은 선군시대 혁명과 건설의 중요한 요구」, 『김일성종합대학학보: 력사 법학』 제55권 제2호, 2009, 104~107쪽.
62 진유현, 「사회주의법제사업의 본질과 기본내용」, 『김일성종합대학학보: 력사 법학』 제43권 제3호, 1997, 49쪽.
63 위의 글, 49~50쪽.
64 박정원(2013), 앞의 글, 220~221쪽.

사회주의법제사업은 새로운 법률을 만들고 그것을 변화하는 현실과 조건에 맞게 수정보충하거나 개정 또는 폐정하는 것을 기본내용으로 한다.[65] 법률의 수정, 보충, 개정의 공통점과 차별성에도 불구하고, 본 연구에서는 구분하지 않고 개정으로 통일하여 사용할 것이다. 그 이유는 본 연구에서 각각의 구분이 큰 의미를 갖기 보다는 제정 혹은 개정 여부가 중요한 분석개념이기 때문이다.

③ 사회주의법치국가건설론의 제기와 체계화

북한에서 '사회주의법치국가'라는 용어는 2003년에 등장한다.[66] 2000년대 초반에 '사회주의법치국가건설사상'이 체계화되는 것과 궤를 같이한다.[67] 북한은 김정일 위원장이 주체사상에 기초하여 당의 영도 아래 사회주의국가를 법치국가로 건설할 데 대한 사상을 역사상 최초로 제시했다며, 이전의 견해와 근본적으로 다른 새롭고 독창적인 사상이라고 강조한다.[68] '우리식의 사회주의법치국가'는 당의 영도 아래 인민대중의 의사와 요구가 행위규범으로 표현된 사회주의법을 기본수단으로 하여 사회관리·국가관리를 해나가는 것[69]이라고 정의한다. 또한 국가기관 일군들이 법에 규정된 권한과 법이 정한 절차와 방법에 따라 권력행사를 한다는 바로 여기에 사회주의법치국가의 본 의미가 있다.[70]

이 시기의 사회주의법치국가론은 '인민'보다는 법을 집행하는 국가기관 '일군'에 더 방점을 두고 있다. 사회주의법치국가건설의 필연성에 대해

---

65 진유현(1997), 앞의 글, 50쪽.
66 강혜석, 앞의 글, 285쪽.
67 박서화, 앞의 책, 75쪽.
68 진유현(2005), 앞의 글, 45쪽.
69 강철남, 「사회주의법치국가의 본질」, 『사회과학원학보』 2007년 제1호, 2007, 21쪽.
70 위의 글, 22쪽.

북한은 다음의 세 가지로 설명한다. 첫째, 사회주의법이 국가관리와 사회관리의 기본수단이므로 법에 따라 국가와 사회관리를 잘하려면 법치국가를 건설해야 한다. 둘째, 사회주의국가가 법치를 하여야 사회주의적 민주주의를 실현하여 인민대중을 위하여 원만히 복무할 수 있다. 사회주의법은 인민대중의 의사와 요구가 반영되어 있으며 이 법이 집행되고 실현되는 과정이 사회주의적 민주주의가 실시되는 과정이기 때문이다. 셋째, 사회주의법치국가로 되어야 강성대국건설도 성과적으로 수행해나갈 수 있다[71]는 것이다.

이와 같은 사회주의법치국가건설사상은 "법제정사업의 개선 작업을 지도하고 촉진하는 기능을 수행"[72]하고, 그러한 정비과정을 거쳐 김정은 시대에 들어와 2012년 「법제정법」이 제정된다. 「법제정법」의 입법 배경으로 첫째, 1980년대 중반에 주체사상을 기반으로 법제정을 포함한 법건설에 관한 이론 즉 '주체의 법이론'이 정립된 점, 둘째, 1992년 헌법 개정으로 국가에 사회주의법률제도 완비의 책무가 주어졌고, 이를 전후하여 많은 법제정의 경험이 축적된 점, 셋째, 사회주의강성대국건설과 같은 실천적 목표의 달성 수단으로 사회주의법의 완비가 요구된 점, 넷째, 중국이 1999년 헌법에 의법치국(依法治國)의 실행과 사회주의법치국가건설을 명기(제5조)하고 2000년에 '입법법'을 제정한 경험으로부터 영향을 받았을 것으로 보이는 점 등을 들 수 있다.[73]

---

71 진유현(2005), 앞의 글, 46~47쪽.
72 박서화, 앞의 책, 81쪽.
73 위의 책.

(3) 김정은시대

김정은시대에는 사회주의법무생활에서 인민대중제일주의 구현이 강조되고,「법제정법」의 제정으로 사회주의법제사업이 제도화된다. 또한 사회주의법치국가건설론이 인민대중제일주의법건설론으로 발전한다.

김일성시대의 교시에 의한 통치에서 김정일시대에 시스템화, 제도화를 통한 통치로 발전하였다면, 김정은시대는 선대의 사회주의법무생활론과 사회주의법치국가건설론이 각각 인민대중제일주의 통치이념과 결합하여 한 단계 발전한다. 한편 김정은시대에 오면 일군들의 관료주의와 세도에 대한 통제 방식이 선대와 확연히 다르다는 차별성을 보인다. 선대에는 관료주의와 세도에 대한 통제가 주로 사회주의법무생활론과 준법 강조 등을 통해 이뤄졌다면, 인민대중제일주의정치를 시행하는 김정은시대에는 관료주의와 세도, 그리고 이에 수반하는 단위특수화와 본위주의 등을 반사회주의 내지 반혁명적 행태로 규정하고 이를 법률, 즉 비사·반사투쟁 법률을 통해 강력하게 통제·처벌한다.

① 사회주의법무생활에서 인민대중제일주의 구현 강조

김정은시대에는 사회주의법무생활의 조직과 지도에서 인민대중제일주의를 철저히 구현할 것이 요구된다. 사회주의법무생활을 조직하고 지도함에 있어 첫 번째 기준을 인민의 요구와 이익으로 정하고 법무생활의 모든 계기와 공정들을 철저히 인민의 요구와 이익을 옹호보장하고 실현하는데로 지향시키고 복종시켜나가는 인민대중제일주의를 철저히 구현해 나갈 때 사회의 모든 성원들이 법무생활의 주인이라는 자각을 깊이 간직할 수 있다고 한다. 인민대중은 자신들의 이익과 동떨어진 법무생활에 대

해서는 외면하게 된다는 것이 그 이유이다.[74]

이를 해석하면, 사회주의법무생활에서 인민의 이익 보장 측면을 강화하여 인민의 자발적인 준법을 유도하라는 논리인데, 이는 북한 인민들이 법규범을 대함에 있어 그만큼 개인 이해관계에 민감해졌다는 것을 반증한다.

② 사회주의법제정사업의 법제도화

북한은 2012년 12월 「법제정법」을 제정하여 사회주의법제사업의 원칙과 절차 등을 법제화한다. 동법 제1조는 「법제정법」의 사명에 대하여 "법제정법은 헌법과 부문법, 규정, 세칙 제정사업에서 제도와 질서를 엄격히 세워 사회주의법체계를 완비하는데 이바지한다."고 규정하고 있다. 사회주의법제사업을 강화하여 법체계를 완비하는 것은 사회주의법치국가 건설의 방도[75]가 되므로 법제사업과 사회주의법치국가 건설은 서로 밀접한 관계를 갖는다. 한편 주체의 법이론에서 정립된 사회주의법제정사업의 기본원칙은 「법제정법」에 입법의 기본원칙으로 반영된다.

③ 사회주의법치국가건설론의 확립과 발전

김정은 총비서는 2012년 11월 26일 전국사법검찰일군열성자대회에 보낸 서한에서 '우리식의 사회주의법치국가건설'을 주장한다. 이 서한은 수령보위, 정책보위, 제도보위, 인민보위를 사법검찰일군의 기본혁명임무로 제시한다. 또한 경제지도기관 등 국가기관 일군들에 대한 감시와 법적투쟁, 공민의 권리·생명·재산을 침해하는 현상과의 법적투쟁 강화, 비

---

[74] 최일복, 「인민대중제일주의를 철저히 구현하는 것은 사회주의법무생활조직과 지도에서 틀어쥐고나가야 할 근본원칙」, 『법률연구』 제1호, 2019, 8~9쪽.
[75] 진유현(2005), 앞의 글, 48쪽.

사·반사 현상과의 법적투쟁 강화를 제시하는 한편 사법검찰 일군에게 인민을 사랑하고 인민을 위해 헌신하는 인민의 충복이 될 것을 강조한다. 법치에서 '인민'을 전면에 부각시킨다. 이러한 기조는 현재까지 이어진다.

다만 사회주의법치국가건설의 논리는 인민대중제일주의정치가 심화됨에 따라 변화된다. 2012년의 상기 서한에서 법적통제기능 강화를 통한 혁명적 법질서 확립을 강조하였는데, 2017년 제6차 법무일군대회 서한에서는 "법이 인민을 지키고 인민이 법을 지키는 진정한 인민의 나라"를 '주체의 사회주의법치국가'로 표현하였다. 그리고 2019년 4월 최고인민회의 제14기 제1차 회의 시정연설에서는 "법이 인민을 지키고 인민이 법을 지키는 가장 우월한 사회주의법치국가" 건설 의지를 표명한다. 2022년 제7차 법무일군대회에 보낸 서한에서 '인민대중제일주의법건설사상'이란 용어가 등장한다. "법이 인민을 지키고 인민이 법을 지킬데 대한 사상"을 이렇게 명명한 것이다.

이는 '인민'이 법의 존재 목적이자 법 준수의 주체라는 것을 의미한다. "법이 인민을 지킨다"는 것은 법치의 본질상 당연한 명제이다. 다만 현재 북한의 통치구조상 법치를 통해 국가일군의 권력남용을 제한하는 것을 넘어 수령의 통치권 자체의 제한을 의미하는 것으로 보기는 어렵다. 그래서 "인민이 법을 지킨다"는 명제가 더 부각된다. 인민을 법치의 주인공으로 내세운 것은 인민의 준법에 대한 책임강화를 의도한 것으로 평가된다. 경제제재 아래 자력갱생이 더욱 강조되고 있는 북한 사회에서 인민의 자발적인 참여는 매우 중요하다. 따라서 "법이 인민을 지키고 인민이 법을 지킨다"는 구호는 국가일군들에 대한 사정을 통해 민심을 안정시키고 인민들의 자발적 의사에 의한 동원을 통해 내부동력을 최대화하려는 정책적 의도의 산물로 본다. 최근 비사·반사적 행태를 규제하는 입법이 다수 이루어지는 것도 이와 무관하지 않다.

결국 김정은 총비서가 정권 초기에 언급한 '우리식의 사회주의법치국가' 건설론은 인민대중제일주의 통치이념에 기초한 '김정은식 사회주의법치국가' 건설론, 인민대중제일주의법건설사상으로 정립되었다.

라. 「법제정법」에서 정한 입법원칙

북한에서는 남한에서 사용하는 '법원(法源)'이라는 용어 대신 '법의 원천'이나 '법의 존재형식'으로 표현한다.[76] 북한법의 기본형식인 규범적 문건은 성문화된 것을 말하는데, 그것은 국가로부터 권한을 부여받은 국가기관이 제정한다.[77] 여기에는 헌법, 부문법, 규정, 세칙 등이 있다. 그 이외에 「개성공업지구법」 등 경제특구 관련법에서 규정하는 '준칙'도 법원에 해당한다.[78]

「법제정법」은 『주체의 법리론』에서 정리한 법제정사업의 기본원칙에 변화된 현실을 반영하여 입법의 원칙으로 다음의 네 가지를 규정하고 있다. 즉, 당의 노선과 정책을 구현할데 대한 원칙(제3조), 인민의 의사를 반영할데 대한 원칙(제4조), 현실성, 과학성 보장원칙(제5조), 준법성 보장원칙(제6조) 등이다. 그 조문 내용은 아래와 같다.

> 제3조 (당의 로선과 정책을 구현할데 대한 원칙) 국가는 법제정사업에서 조선로동당의 로선과 정책을 정확히 구현하도록 한다.
> 제4조 (인민의 의사를 반영할데 대한 원칙) 국가는 광범한 군중을 법제정사업에 적극 참가시키며 법에 인민의 의사를 정확히 반영하도록 한다.

---

[76] 한명섭, 앞의 책, 97쪽.
[77] 박정원, 「북한의 법제정(입법) 체계의 분석 및 전망: '법제정법'을 중심으로」, 『법제연구』 제53호, 2017, 21쪽.
[78] 한명섭, 앞의 책, 100쪽.

제5조 (현실성, 과학성보장원칙) 국가는 법을 현실에 맞게 세분화, 구체
화하여 과학적으로 제정완성하고 제때에 수정보충하도록 한다.
제6조 (준법성보장원칙) 국가는 정해진 권한과 절차에 따라 사회주의
헌법의 요구에 맞게 법제정사업을 진행하며 법체계의 통일을 보
장하도록 한다.[79]

법제정법 제3조에서 법제정시 당의 노선과 정책을 '정확히' 구현하여야 한다는 것은 법제정사업에 대한 당의 영도(헌법 제11조)에 철저히 따라야 한다는 것을 의미한다. 당의 노선과 정책은 노동당의 지도사상인 김일성-김정일주의와 인민대중제일주의정치 노선 및 정책을 포함하는 의미이다. 따라서 선대 수령의 사상과 현재의 당노선 및 정책은 법제정의 기초이고 법제정 전체과정의 지침이며 법안심의의 기준이 된다. 그러므로 북한에서는 법률 초안 작성 단계에서 선대 수령의 사상, 인민대중제일주의 통치이념과 당의 정책부터 연구해야 한다. 즉 당 문헌연구는 법초안 작성의 첫 공정이 된다.[80] 참고로 북한 법제정법에서 정한 입법의 체계, 법령 존재형식과 채택(공포)형식을 표로 정리하면 다음 〈표 Ⅱ-1〉과 같다.

〈표 Ⅱ-1〉「법제정법」의 입법체계, 법령 존재형식 및 채택형식 비교

효력 순위	입법기관 [법제정기관]	법령존재형식 [법령 해석]	법령 채택[공포] 형식 [법해석 채택 형식]	비고
1	최고인민회의	헌법	최고인민회의 법령	최고인민회의 상임위원회에서 헌법 해석 [최고인민회의 상임위원회 지시로 채택][81]
2		부문법		최고인민회의 상임위원회가 채택한 중요부문법 승인

79 「법제정법」조항.
80 리경철, 『사회주의법제정리론』, 평양: 사회과학출판사, 2010, 123~124쪽.
81 제25조 (최고인민회의 상임위원회에서 법해석의 심의채택) 헌법과 부문법, 규정에
대한 해석초안은 최고인민회의 상임위원회 상무회의에서 심의하고 채택한다. 이 경

효력순위	입법기관 [법제정기관]	법령존재형식 [법령 해석]	법령 채택[공포] 형식 [법해석 채택 형식]	비고
2	최고인민회의 상임위원회	부문법	최고인민회의 상임위원회 정령	최고인민회의 휴회 중
		[부문법 해석]	[최고인민회의 상임위원회 지시]	
3		규정	최고인민회의 상임위원회 결정	
		[규정 해석][82]	[최고인민회의 상임위원회 지시]	
4	내각	규정	내각 결정	
		[규정 해석]		
5	내각위원회, 성	세칙	내각위원회, 성의 지시	
		[세칙 해석][83]		
6	도[직할시] 인민회의	세칙	도[직할시] 인민회의 결정	
		도[직할시] 인민위원회가 세칙 해석[84]		
7	도[직할시] 인민위원회	세칙	도[직할시] 인민위원회 결정	도[직할시] 인민회의 휴회 중[85]
		[세칙 해석]		

* 출처: 이준식, 「북한 로동당 규약과 헌법의 관계 연구」, 북한대학원대학교 박사학위논문, 2023, 153쪽을 참고하여 본 연구자가 작성함.

우 헌법과 부문법에 대한 해석초안은 사전에 법제위원회의 심의를 받는다. 최고인민회의 상임위원회에서 채택된 법해석은 최고인민회의 상임위원회 지시로 낸다.

82 제32조(규정에 대한 해석) 내각에서 채택된 규정에 대한 해석은 내각이 한다. 이 경우 그 해석은 해당 규정과 동등한 효력을 가진다.

83 제39조(세칙에 대한 해석) 내각위원회, 성의 세칙에 대한 해석은 해당 내각위원회, 성이 한다. 이 경우 그 해석은 해당 세칙과 동등한 효력을 가진다.

84 제44조(도(직할시)인민회의와 인민위원회의 세칙에 대한 해석) 도(직할시)인민회의와 인민위원회의 세칙에 대한 해석은 도(직할시)인민위원회가 한다. 이 경우 그 해석은 해당 세칙과 동등한 효력을 가진다.

85 제40조(도(직할시)인민회의와 인민위원회 세칙제정권한) 도(직할시)인민회의와 그 휴회중에 인민위원회는 부문법과 규정집행을 다음과 같은 사항을 세칙으로 제정 및 수정보충할수 있다. 1.자기가 관할하는 특수경제지대와 관계되는 사항. 2.부문법이나 규정에서 위임한 사항으로서 그것을 자기관할지역의 실정에 맞게 구체화할 필요가 있는 사항.

2) 북한의 사회주의법치국가론과 법의 지배

가. 사회주의법치국가와 당의 영도

북한 사회주의법치국가론의 개념과 본질은 "당이 령도하는 법치국가," "법을 가지고 나라를 다스리는 국가," "인민을 위하여 복무하는 국가"이다.[86] 이러한 사회주의법치국가건설의 방도는 세 가지로 집약된다. 첫째, 법제사업을 강화하여 사회주의법체계를 완비하는 것이다. 둘째, 준법교양을 강화하고 사회의 모든 성원들의 준법의식을 높여 전체 사회에 혁명적 준법의식을 세우는 것이다. 셋째, 국가사회생활의 모든 분야에서 법적 통제를 강화하여 법질서를 철저히 세우는 것이다.[87] 여기에서 핵심은 '당의 영도'이다. 당의 영도는 사회주의법치국가건설의 근본원칙이고 사회주의법치와 자본주의법치를 가르는 시금석으로 해석된다.[88]

다만 사회주의법치국가론이 북한의 주장처럼 김정일시대에 독창적으로 형성된 것은 아니며, 구소련과 중국 등 이미 다른 사회주의국가 발전과정에서 형성되어 법제화되었음을 알 수 있다. 구소련은 1936년 헌법 이래 1990년 3월 헌법 개정 전까지 공산당의 영도에 관한 규정을 두었고, 1988년 12월 개정헌법에 '사회주의법치국가'에 관한 조문을 신설하였다.[89] 중국은 1975년 헌법 이후 현재까지 헌법에 공산당의 영도를 규정[90]하고, 1999년 헌법 제5조에 의법치국(依法治國)[91]의 실행과 사회주의법치

---

[86] 진유현(2005), 앞의 글, 47쪽.
[87] 위의 글, 48~49쪽.
[88] 최일복, 『법치사상사』, 평양: 백과사전출판사, 2016, 214쪽.
[89] 이준식, 앞의 글, 70쪽.
[90] 위의 글, 111~113쪽.
[91] '의법치국'이란 "광대한 인민 군중이 공산당의 지도하에 헌법과 법률의 규정에 의거하여 각종 통로와 형식을 통해 국가사무, 경제·문화 사업, 사회사무를 관리하고 국가 각 영역의 업무가 모두 법에 의거하여 진행되도록 하여 점차로 사회주의 민주가 법제화 및 제도화되도록 보장하는 것"을 의미하는 개념이다(강혜석, 앞의 글, 278쪽).

가건설을 명시한다. 중국은 2014년 10월 23일 중국공산당 제18기 중앙위원회 제4차 전체회의(4중전회)에서 "의법치국 전면 추진에 관한 몇 가지 중요 문제에 관한 결정"을 채택한다. 이 결정에 의하면, 의법치국은 중국공산당이 국가를 통치하는 기본수단이다. 당의 영도는 사회주의법치주의의 기본적 요소이며, 당의 영도와 사회주의법치주의는 동일한 것이다.[92]

구소련이 1990년 헌법에서 공산당 일당독재를 포기하는 헌법 개정에 이어 1991년 12월 해체된 직후인 1992년 4월에 북한은 사회주의헌법 개정을 통해 노동당의 영도원칙에 관한 제11조를 신설하였다. 북한이 1972년 사회주의헌법을 제정할 때 없던 조항을 구소련 해체 직후 개정헌법에서 도입한 이유에 의문을 제기할 필요가 있다. 원래 사회주의국가에서 공산당의 영도적 지위는 사회주의 혁명의 전위라는 당의 성격 때문에 당연히 인정되므로 헌법에 당의 영도원칙을 규정하는 것은 확인적인 의미를 가지는 것이고 필수적인 사항이 아니다.[93] 다만 북한은 구소련을 포함한 동유럽 사회주의국가 몰락의 원인이 공산당의 영도조항 삭제 때문이라는 심각한 문제의식을 갖고 있었다.[94] 그래서 동유럽 사회주의국가의 붕괴를 목도한 북한이 당 영도의 중요성을 재삼 실감하고 이를 강조하고 강화하기 위한 차원에서 헌법에 명문화했을 것으로 해석된다.[95]

나. 사회주의법치국가론에 대한 비판: '법의 지배'의 관점에서

북한의 사회주의법치론에 대해 '법의 지배(rule of law)'를 옹호하는 입장에서 형식적 법치주의도 아닌 '법에 의한 지배(rule by law)'[96]나 '법제주의(法制

---

[92] 이준식, 앞의 글, 83~84쪽.
[93] 이준식, 「사회주의 당의 영도원칙과 헌법 준수 의무의 관계」, 『현대북한연구』 26권 3호, 2023, 69쪽.
[94] 백성일, 앞의 책, 188~189쪽.
[95] 이준식, 위의 글, 69쪽.
[96] 강혜석, 앞의 글, 280쪽.

主義)'⁹⁷ 혹은 '법률주의(legalism)'⁹⁸에 불과하며 자유민주주의에서 말하는 법치주의와는 거리가 있다는 비판이 있다.

법의 지배는 통치권력의 법에 대한 자기구속⁹⁹을 본질로 한다. 다이시(Albert Venn Diecy)에 의하면 법의 우위로 표현되는 법의 지배 의미는 세 가지로 정리된다. 첫째, 자의적 권력에 대립되는 의미로서 '일반법의 절대적 우위와 최고성' 즉, 자의적 권력에 의해 개인의 지위가 불안한 처지에 놓여서는 안 된다. 둘째, 법 앞의 평등 즉, 지위고하와 신분에 관계없이 누구나 일반법을 준수해야 한다. 셋째, 헌법은 국가의 일반법의 결과물 즉, 사법판결들이 누적된 결과라는 것이다.¹⁰⁰ 사법권 독립의 중요성을 의미한다.

보편적으로 인정되는 법치주의의 기본원리를 보면, 모든 법률은 장래의 행위를 규율해야 하며 공개적이고 명확할 것, 모든 법률은 가능한 한 안정적일 것, 법제정이 공개적이고 안정적이며 명확하게 일반적인 규칙에 따라 이루어질 것, 사법부의 독립이 보장될 것, "법은 공평무사하게 적용되어야 한다"는 자연적 정의의 원리들이 지켜질 것, 사법부는 입법부의 입법작용과 행정부의 행정작용에 대해 심사할 수 있는 권한을 보유할 것, 시민들이 법원에 쉽게 접근할 수 있을 것, 범죄예방 및 처벌기관의 재량은 법을 왜곡할 정도로까지 인정되지 않을 것 등이다.¹⁰¹

---

97 황의정, 앞의 글, 130쪽; 정연부, 「법치주의 기준에서 바라본 의법치국의 의미: 중국의 법치국 형성배경과 의미를 중심으로」, 『헌법학연구』 제15권 제4호, 2009, 465쪽. 법제주의는 국민의 권리 및 이익의 보장보다는 국가 및 사회 등 전체의 질서, 안전, 이익을 중시함으로써 법을 통치수단으로 여겨 통치가가 법을 사용하여 국민을 다스리는 것을 의미한다(황의정, 위의 글).
98 김도균, 「북한 법체계에서의 법개념론과 법치(法治)론에 대한 고찰」, 『서울대학교 法學』 제46권 제1호, 2005, 512쪽.
99 아담 쉐보르스키·호세 마리아 마라발 외 지음, 안규남·송호창 옮김, 『민주주의와 법의 지배』, 후마니타스, 2008, 35쪽.
100 김종철, 「다이시의 법사상과 정치사상: 그 상호관련성에 주목하여」, 『법철학연구』 제7권 제2호, 2004, 49쪽.
101 J. Raz, *The Authority of Law*(Oxford, 1983), p. 214; Michael S. Moore, "A

따라서 법 지배의 본질과 의미, 기본원리에 관한 논의를 종합하면, 법의 지배는 국민의 자유와 기본권을 보장하고 국가권력을 헌법에 구속하는 통치원리인 입헌주의(Constitutionalism), 법의 국가권력에 대한 우위, 사법권의 독립 등이 핵심요소로 작용한다. 법에 의해 제한되는 정부, 형식적 합법성 즉 정부에 의하여 규정되고 유지되는 규정기속적規定羈束的 질서, 인치人治가 아닌 법에 의한 지배[102]가 필수적이다.

이러한 '법의 지배'론에 대하여 북한은 사회주의법이론에 기초하여 법의 계급성을 강조하고, 법을 정치의 표현형식이자 국가관리의 무기(헌법 제18조) 즉, 수단으로 보며, '법의 지배'론은 국가 밖에 법이 있다는 허구적인 논리라고 비판한다.

그런데 북한 헌법은 다른 사회주의헌법과 같이 권력의 분립이 아닌 권력통합의 기초 아래 국가권력의 기능적 분배를 본질로 하며('민주주의중앙집권제' 실시), 노동당의 우월적 지위 즉 당의 영도, 인민민주주의독재, 집단주의에 기초한 공민의 권리와 의무의 동일성 등의 특성이 있다는 점에서 자유민주주의 체제의 헌법과 북한 헌법을 동일선상에서 평가하는 것은 어렵다.

다만, 노동당의 노선과 정책은 수령의 혁명사상을 따르고, 수령이 직접 헌법 제정을 영도하며, 헌법 서문에 '김일성헌법, 김일성-김정일헌법'으로 명명함으로써 권력세습의 정당화와 헌법 사유화를 초래했다고 볼 수 있는 점, 노동당의 헌법과 법률 준수의무를 헌법에서 명시하지 않아 통치권력에 대한 법적통제가 공식화되지 않은 점, 체제유지·경제건설·사회통제를 위한 입법이 주류를 이뤄 김정은시대에 "법이 인민을 지킨다"는 사회주의법치 명제와 국가일군들을 견제하기 위한 일부 입법(일군들의 관료주의, 부정부패, 세외부담·단위특수화와 본위주의, 인민들의 권익침해 행위 견제를 위한 비사·반사 투쟁 입

Natural Law Theory of Interpretation", *Southern California Law Review*, 58(1985), pp. 313~318.
[102] Brian Z. Tamanaha 저, 이헌환 역, 『법치주의란 무엇인가』, 박영사, 2014, 5~7쪽.

법)에도 불구하고, '법의 지배' 관점에서 볼 때는 '법에 의한 지배' 내지 '법제주의'에 불과하다는 평가도 가능하다.

다. 북한 사회주의법치의 의의와 발전방향

북한이 교시에 의한 통치에서 법에 의한 통치로 전환하여 김정은시대에 법치 기조를 강화하고 있는 사실은 자의적 명령에 의한 지배보다는 법에 의한 지배가 낫다[103]는 점에서 긍정적 측면이 있다. 또한 비록 북한의 사회주의법치와 법의 지배에서 말하는 법치의 개념이 다르지만 법치주의 발전과 경제발전 사이에 정비례 관계[104]가 있다는 연구결과에 비춰 볼 때, 북한이 경제발전을 위하여 법치를 강화하는 것은 법제를 통해 정책의 예측가능성과 안정성이 담보될 여지를 보여준다.

그러나 북한은 사회주의법치를 헌법에서 공식화하지 않고, 노동당의 활동이 헌법과 법률의 테두리 내에서 이뤄져야 한다는 점을 명시하지 않았다. 따라서 권력층 사정 차원의 비사·반사 투쟁법을 제정하는 것도 필요하나, 적어도 최고규범으로 법치와 노동당의 헌법 및 법률 준수의무를 명시하는 것이 우선적으로 이뤄져야 할 것이다. 나아가 북한이 '법이 인민을 지킨다'는 인민대중제일주의법건설사상에 충실하려면 국가기관이 정책을 집행함에 있어 형식적인 합법성을 넘어 정당성을 담보하기 위한 제도적 장치가 필요하다. 행정절차법과 행정소송법의 제정이 필요한 것이다. 참고로 중국은 1989년 행정소송법을 제정하였다.

---

[103] Albert V. Dicey, *Introduction to the State of the Law of the Constitution*, 9th edition(London: Macmillan, 1948), p. 188.
[104] 박철, 「경제발전을 위한 법치주의: 사회적 신뢰와 협조의 기초인 법과 법치주의를 중심으로」, 『저스티스』 통권 제106호, 2008, 39~79쪽.

2
연구방법 및 분석틀

1) 연구방법

본 연구는 문헌분석방법, 양적분석방법, 질적 내용분석방법 등을 적용하였다. 첫째, 문헌분석방법은 북한 및 남한에서 출간한 북한 법전, 국내외 연구논문과 법률자료, 북한의 공식문건 등을 대상으로 진행되었다. 문헌분석방법으로 선행연구 검토, 북한 공식 자료 분석, 북한내 법학자의 논문 검토 등을 수행하였다.

둘째, 양적분석방법(Quantitative Analysis)은 두 가지 방법으로 진행하였다. 하나는 계량화된 자료 분석방법으로 김정은시대 제정 131건, 개정 463건, 총 594건의 제·개정법의 양적 현황과 특성을 분석했다. 양적분석방법으로 연도별, 단계별로 나눠 제·개정법의 비중, 부문별 비중 등을 검토했다. 김정은시대에 주력한 법률분야를 연도별·단계별로 분석하여 김정은 정권의 정책 지향과 법적 실현 방안의 추이를 파악했다. 다른 하나는 척도분석방법이다. 김정은시대 제정된 131건의 법률을 양적자료로 변환하기 위해 '통합/통제 방향성'과 '처벌수위'를 7점 척도로 분석했다. 구체적인 내용은 다음의 '2) 분석틀'에서 상세히 제시할 것이다.

셋째, 질적 내용분석(Qualitative Content Analysis)방법으로 제정법 131건의 질적인 특성을 파악하였다. 내용분석(Content Analysis)방법은 양적 내용분석(Quantitative Content Analysis)방법과 질적 내용분석방법으로 구분된다. 양적 내용분석은 "단어의 빈도를 계량화하고, 단어를 대표하는 범주를 추출하여 범주 간의 관련성을 확인"[105]하는 연구방법으로 정의된다. 양적 내용분석이 단어의 빈도수에만 초점을 맞춰 자료의 의미를 파악한다는 한계를 극복하기 위해 질적 내용분석이 등장하는데, 질적 내용분석은 "주어진 자료에 대한 총체적인 이해를 바탕으로 체계적인 분류 방법인 코딩 과정을 통해 내용의 패턴과 주제를 밝히는 연구방법"[106]으로 정의된다. 본 연구에서는 질적 내용분석방법을 적용하여 제정법 131건의 목적(사명), 적용 대상, 내용, 책임 및 처벌조항 등을 파악하였다.[107] 이러한 분석 결과를 다시 연도별, 부문별(주권, 행정, 형·민사, 보건 등 19개 부문), 특성별(친인민, 체제유지, 비사·반사 등)로 분류하여 범주화하였다.

본 연구에서 사용하는 북한법 분류는 국가정보원에서 2024년 8월에 발행한 『北韓法令集』[108]의 기준에 따른다.[109] 상기 『北韓法令集』의 북한법

---

[105] 최성호·정정훈·정상원, 「질적 내용분석의 개념과 절차」, 『질적탐구』 제2권 제1호, 2016, 132쪽.
[106] 위의 글.
[107] 제정법 131건 중 전문이 입수되지 않은 경우가 32건으로 전체의 24.4%에 달한다. 이 경우 법률의 목적, 적용 대상 등을 파악하기 위해 두 가지 방법으로 보완했다. 첫째, 남한과 북한의 관련 보도내용을 참조하였다. 둘째, 보도내용으로도 분석이 어려우면 해당 법률과 유사한 성격의 법률을 참조하여 법률의 방향성과 처벌수위를 유추하였다.
[108] 국가정보원, 『北韓法令集』上·下, 국가정보원, 2024.
[109] 본 연구의 법령 정리방식은 다음과 같다. ①2024.8. 국가정보원에서 발간한 『北韓法令集』을 기본으로 하고, 2024.12.까지의 남북한 언론보도 등을 참고하여 정리하였다. ②최고인민회의에서 채택(제정)된 법령, 최고인민회의에서 수정보충(개정)된 사회주의헌법을 포함하고, 최고인민회의 상임위원회 전원회의(또는 상무회의)에서 채택 혹은 수정보충된 부문법을 위주로 정리하였다. ③주권부문이나 주요 정책 관련 정령은 제외했다. ④최고인민회의 상임위원회 정령으로 인사, 조직변경, 각종 모범단위 칭호 부여, 상훈 수여 등 조직, 신분, 상훈 관련된 것이 있는바 이것은 모두 제외했

분류체계는 2012년 7월 30일 평양의 법률출판사에서 발행한 『조선민주주의인민공화국 법전』[110]의 분류에 근거한다고 유추된다. 이는 국가정보원의 상기 『北韓法令集』에는 발간사, 서문, 게재 방법 등이 생략되어 법분류의 근거를 찾을 수 없지만, 북한에서 출간한 법전 중 2012년 법전만이 부문별 법률을 게재하고 있는데 이 분류가 국가정보원의 분류체계와 동일하다는 것이다. 북한에서는 2004년, 2012년, 2016년에 걸쳐 법전을 출판했는데, 출간 현황을 보면 다음 〈표 Ⅱ-2〉와 같다.

〈표 Ⅱ-2〉 북한의 법전 출간 현황

출판년월	법전 제목	수록 법률수	배열	출판사	특이사항
2004. 6.	『조선민주주의인민공화국 법전(대중용)』(제1판)	112	자모순 배열	법률출판사	북한 최초 법전 2006년, 2008년 증보판 발행
2012. 7.	『조선민주주의인민공화국 법전』(제2판)	187	19부문별 배열	법률출판사	
2016. 7.	『조선민주주의인민공화국 법전(증보판)』	137	연도별 배열	법률출판사	2012년 법전의 연속으로 2012.7.~2015.12.의 제·개정법

* 출처: 본 연구자가 작성함.

2012년의 『조선민주주의인민공화국 법전』의 법률 분류체계는 '헌법과 18개 부문'으로 구성된다. 구체적으로 △조선민주주의인민공화국 사회주의헌법 △주권부문 △행정부문 △형민사부문 △재판, 인민보안부문 △계획, 로동, 재산관리부문 △에네르기, 금속, 지하자원부문 △교통운수부문

다. ⑤동일 법령이 같은 연도에 수차 수정보충된 경우 그 횟수를 수정보충된 법령 옆 괄호 안에 표기하고 수정보충 회수 집계시 포함했다. ⑥2024.8. 이전에 채택 혹은 수정보충된 법령 중 위 『北韓法令集』에 미수록된 것이 있다. 미수록된 법령이 남북한 언론보도 등을 통해 확인된 경우 본 연구에 포함시켰다. ⑦위 법령집이나 언론보도에 언급되지 않은 법령이 있을 수 있고, 언론보도에 언급되었으나 본 연구자가 찾지 못한 법령이 있을 수 있다.

110 법률출판사, 『조선민주주의인민공화국법전』 제2판, 평양: 법률출판사, 2012.

△농업, 수산부문 △계량, 규격, 품질감독부문 △인민봉사, 건설, 도시경영부문 △국토, 환경보호부문 △재정, 금융, 보험부문 △과학기술, 지적소유권, 체신부문 △교육, 문화, 체육부문 △보건부문 △사회복리부문 △북남경제협력부문 △외교, 대외경제부문 등이다.[111]

국가정보원의 2024년 『北韓法令集』은 기본적으로 위 분류체계를 따르고 있지만, 세 가지 차이점이 있다. 첫째, 2개 분야가 추가된다. 2012년 북한 법전의 '에네르기, 금속, 지하자원부문'에서 화학·기계를 추가하여 '에네르기·금속·화학·기계·지하자원부문'으로, 북한의 '농업, 수산부문'에 임업을 추가하여 '농업·임업·수산부문'으로 분류하고 있다. 둘째, 북한에서는 모든 헌법과 부문법 앞에 '조선민주주의인민공화국'이 들어가지만, 국가정보원 분류에는 생략된다. 예를 들어 '조선민주주의인민공화국 사회주의헌법'은 '헌법'으로, '조선민주주의인민공화국 국장법'은 '국장법'으로 적시한다. 셋째, 예를 들어 북한의 '재판, 인민보안부문'을 국가정보원에서는 '재판·인민보안부문'으로 표기하는 것처럼 ','대신 '·'로 표기한다. 이상의 남북한의 북한법률 분류체계를 비교하면 다음 〈표 Ⅱ-3〉과 같다.

19개 부문별 분류체계를 적용하면서, 이를 4개 구분(부분), 6개 분야로 통합했다. 4개의 구분(부분)은 '정치, 경제, 사회문화, 국제관계'이다.

이러한 구분(부분)의 기준은 보통 사회학에서 '사회제도'를 분류하는 기준의 하나인 정치, 경제, 사회, 문화 분류를 원용한 것으로, 여기에 국제관계를 추가했다. 즉, '사회, 문화'를 '사회문화'로 합친 이유는 북한에서 사회문화를 구별하지 않고 '문화'[112] 영역에 포함시키기 때문이고, 국제

---

111 법률출판사(2012), 앞의 책. 동 법전의 분류에 '△' 표시가 없지만, 분야 이름에 ','가 들어가 있어 혼돈을 줄 수 있기에 본 연구자가 편의상 '△'로 표시했다.
112 북한에서는 문화를 학술, 예술, 민속, 체육, 언론, 교육 등 모든 것을 포괄한 총체적 개념으로 인식한다. 문화예술활동을 사회주의 건설을 위해 주민들을 교육하는 수단이자 방편으로 여기고 있다.

〈표 II-3〉 북한과 남한의 북한법령 분류체계 비교

번호	2012년 출간 『조선민주주의인민공화국 법전』 분류	2024년 출간 국가정보원 『北韓法令集』 분류	『北韓法令集』에 추가된 내용
1	조선민주주의인민공화국 사회주의헌법	헌법	
2	주권부문	좌동	
3	행정부문	좌동	
4	형민사부문,	형·민사부문	
5	재판, 인민보안부문	재판·인민보안부문	
6	계획, 로동, 재산관리부문	계획·로동·재산관리부문	
7	에너르기, 금속, 지하자원부문	에너르기·금속·화학·기계·지하자원부문	화학·기계 추가
8	교통운수부문	좌동	
9	농업, 수산부문	농업·임업·수산부문	임업 추가
10	계량, 규격, 품질감독부문	계량·규격·품질감독부문	
11	인민봉사, 건설, 도시경영부문	인민봉사·건설·도시경영부문	
12	국토, 환경보호부문	국토·환경보호부문	
13	재정, 금융, 보험부문	재정·금융·보험부문	
14	과학기술, 지적소유권, 체신부문	과학기술·지적소유권·체신부문	
15	교육, 문화, 체육부문	교육·문화·체육부문	
16	보건부문	좌동	
17	사회복리부문	좌동	
18	북남경제협력부문	좌동	
19	외교, 대외경제부문	외교·대외경제부문	

* 출처: 본 연구자가 작성함.

관계를 정치제도에 포함하지 않고 분리한 것은 북한에서 법 분류를 할 때 '북남경제협력, 외교·대외경제'를 따로 분리하기 때문이다. 참고로 자본주의 법 분류는 헌법, 행정법, 민법, 상법, 형법, 민사소송법, 형사소송법, 노동법, 국제법으로 구성되기에, 이러한 분류를 북한법 분석에 적용하기에 부적절하였다.

또한 상기 4개 구분(부분)에서 정치제도를 행정과 사법으로 나누고, 경제제도를 산업1과 산업2로 분리하여 6개 분야로 만들었다. 이렇게 정치

(행정/사법), 경제(산업1/산업2), 사회문화, 대외관계 등의 분류체계가 구성된다. 이처럼 4개 구분(부분), 6개 분야로 분류한 뒤, 명칭은 본 연구자가 김정은시대 법의 성격을 반영할 수 있도록 부여하였다. 4개 구분(부분)의 명칭은 김정은 체제에서 법제도를 만들 때 추구하는 목표 내지 지향점을 담아 만들었다. 6개 분야의 명칭은 19개 부문에 해당하는 법률들의 공통성격을 대표할 수 있게 작명하였다. 구체적으로 4개 구분(부분)은 정치 → '체제·사법정비'(체제 및 사법 정비), 경제 → '인민생활향상', 사회문화 → '인민복지확대', 국제관계 → '국제화'로 변경했다.

특히 경제제도를 '인민생활향상'으로 명명한 것은 김정은 정권이 초기부터 인민생활향상을 당과 국가활동의 최고원칙으로 강조했기 때문이다. 이는 2016년 5월의 제7차 당대회 당규약에 당 활동의 최고원칙이 '인민생활을 끊임없이 높이는 것'이라고 명시한 것에서도 확인된다. 2021년 1월의 제8차 당대회에서 개정한 당규약에는 당 활동의 최고원칙이 '인민의 물질문화생활을 끊임없이 높이는 것'이라 하여 '물질문화'라는 개념을 추가했다. 여기서 물질문화 개념은 '사회주의문명국건설'에서 문명국을 물질과 문화가 번창하는 국가로 규정하는 것과 연결된다.

또한 국제화와 관련해 김정은 정권은 초기부터 인민생활 향상을 도모하기 위해 대북제재를 풀고 외자를 유치하여 경제발전을 이뤄야 한다는 것을 인식하고, 관광개방을 비롯한 대외관계 개선을 추진하였기에 이 부분도 주목해야 한다. 구체적으로 2013년 3월 당 중앙위원회 전원회의에서 경제·핵 병진노선을 채택하면서 주요 경제정책 방향을 결정하는데, 그 방향이 대외무역 다각화 및 다양화, 관광 활성화, 각 도의 실정에 맞는 경제개발구 개발에 맞춰짐으로써 국제화의 중요성을 확인할 수 있다.

6개 분야 명칭은 행정, 사법, 산업1, 산업2, 교육복지, 대외관계이다. 경제제도를 산업1과 산업2로 나눈 것은 북한 및 국가정보원의 북한법 분류가 북한경제의 산업별 분류체계와 매칭되지 않기 때문이다. 즉, 보통

북한경제를 산업별(농림어업, 광업, 제조업, 전기가스수도업, 건설업, 서비스업), 부문별(에너지, 식량, 대외무역)로 구별하는데, 19개 부문 중 경제에 해당하는 6~14의 부문은 산업별과 부문별 구별이 혼재되어 있어, 분석 편의상 산업1과 산업2로 분류했다. 또한 북한법 분류에서 '외교·대외경제'는 외교면에서는 정치에 포함되고, 대외경제 측면에서는 경제에 포함되나, 본 연구에서는 별개로 분류한다. 이상의 내용을 정리하면 다음 〈표 Ⅱ-4〉와 같다.

〈표 Ⅱ-4〉 북한법령의 분야별 분류체계

구분	분야	번호	법률 (국가정보원 『北韓法令集』 분류)
(정치) 체제·사법정비	행정	1	헌법
		2	주권부문
		3	행정부문
	사법	4	형·민사부문
		5	재판·인민보안부문
(경제) 인민생활향상	산업1	6	계획·로동·재산관리부문
		7	에네르기·금속·화학·기계·지하자원부문
		8	교통운수부문
		9	농업·임업·수산부문
		10	계량·규격·품질감독부문
(경제) 인민생활향상	산업2	11	인민봉사·건설·도시경영부문
		12	국토·환경보호부문
		13	재정·금융·보험부문
		14	과학기술·지적소유권·체신부문
(사회문화) 인민복지확대	교육복지	15	교육·문화·체육부문
		16	보건부문
		17	사회복리부문
(국제관계) 국제화	대외관계	18	북남경제협력부문
		19	외교·대외경제부문

* 출처: 본 연구자가 작성함.

2) 분석틀

본 연구는 분석을 위해 분석경로, 분석틀, 분석모형 등을 만들어 적용하였는데, 구체적으로 일곱 가지 과정으로 제시된다. 첫 번째, 인민대중제일주의 법제도화 과정 분석경로이다. 북한의 국내외 환경과 현실, 그에 따른 과제(전략적 노선)와 통치이념(인민대중제일주의)의 변화, 통치이념의 법제화 등으로 이어지는 일련의 경로를 제시하면 다음 〈그림 Ⅱ-1〉과 같다.

〈그림 Ⅱ-1〉 인민대중제일주의 법제도화 과정 분석경로

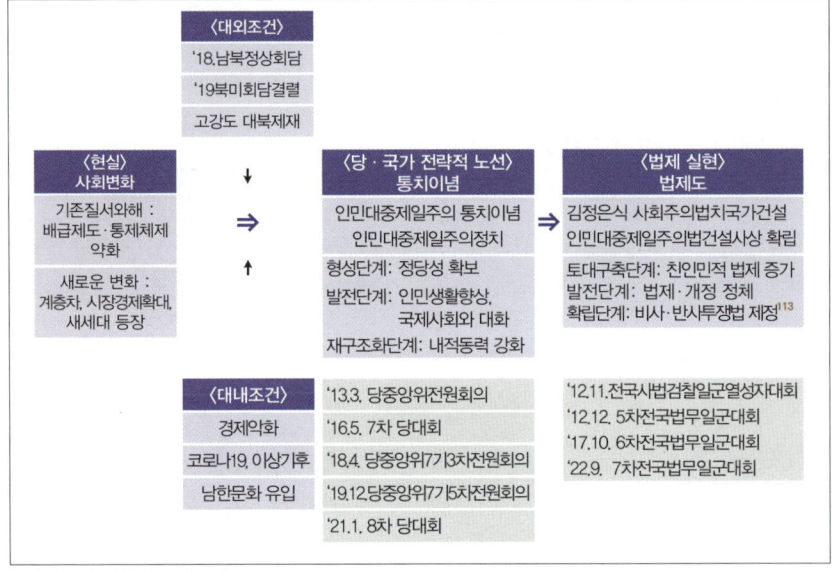

* 출처: 본 연구자가 작성함.

두 번째, 인민대중제일주의와 법제도의 단계별 조응관계이다. 전략적

---

113 북한에서는 '비사회주의·반사회주의' 개념과 관련하여 '반사회주의·비사회주의'라고도 적시하여, 두 가지를 혼용해 사용한다. 본 연구에서는 '비사회주의·반사회주의'로 통일하였고, 경우에 따라 축약하여 '비사·반사'로도 기술한다.

노선의 공식적 변화보다 법제도의 변화가 1년여 앞서고 있다. 대내외 정세와 전략적 노선에 따른 인민대중제일주의와 법제도 변화는 다음 〈표 Ⅱ-5〉와 같이 정리된다.

〈표 Ⅱ-5〉 '정세-전략적노선-인민대중제일주의-법제도'의 단계별 조응관계

연도	국내외정세	전략적 노선	인민대중제일주의	법제도: 정책 이론 입법
2012	3대중시 제시 제4차 당대표자회 전국사법검찰일군열성자대회	〈제1기〉 '13.3. 당중앙위 6기 23차 전원회의: 경제, 핵무력 병진노선	인민대중제일주의 형성단계 (2012.1.1. ~2018.4.19)	김정은식 사회주의법치국가건설론 토대구축단계: 법 제·개정 증대
2013	인민대중제일주의 정식화 3차 핵실험/제재 2094			
2014	5.30 담화 새세기 교육혁명담화			
2015	인민대중제일주의 전면화 (당창건70돐연설)			
2016	인민대중제일주의 공식화 (7차 당대회) 4, 5차핵실험/제재 2270, 2321			
2017	6차법무일군대회 국가핵무력완성선포 6차핵실험/제재 2356, 2371, 2375, 2397			김정은식 사회주의법치국가건설론 발전단계: 법 제·개정 정체
2018	남북정상회담 북미정상회담	〈제2기〉 '18.4. 당중앙위 7기 3차 전원회의: 경제건설총력집중노선, 국제사회와 대화결정	인민대중제일주의 발전단계 (2018.4.20.~ 2019.12.31)	
2019	북미정상회담 결렬			
2020	코로나19, 기상악화, 대북제재 3난	〈제3기〉 -'19.12. 당중앙위 7기 5차 전원회의: 내부 역량 강화해 정면돌파전, 내부동원 경제집중 -'21.1. 8차 당대회, 규약에 '경제, 핵 병진노선' 문구 삭제, "자력갱생 기치밑에 경제건설", '공화국무력' 부단히 강화 추가	인민대중제일주의 재구조화단계 (2020.1.1.~ 2024.12.31. 현재)	인민대중제일주의법 건설사상 확립단계: 법 제·개정 증대, 비사·반사 투쟁법 제정
2021	인민대중제일주의정치 기본정치방식화(8차 당대회), 비사·반사 투쟁 공식화			
2022	코로나19 종식 선언 7차 법무일군대회			
2023	핵무력정책 헌법화			
2024	지방발전20×10정책 제시 남북협력법령, 관련 합의서 폐지			

* 출처: 본 연구자가 작성함.

앞의 표에서 나타난 것과 같이 제·개정법 증감을 법제도 단계 구분의 기준으로 삼았다. 김정은시대 제·개정법을 연도별로 보면 아래의 〈표 Ⅱ-6〉과 같다.

〈표 Ⅱ-6〉 김정은시대 연도별 제·개정법 현황   (단위: 건)

구분\년도	'12	'13	'14	'15	'16	'17	'18	'19	'20	'21	'22	'23	'24	합계
제정	9	8	8	6	4	2	4	4	16	24	16	21	9	131
개정	26	38	25	43	39	12	16	28	73	52	55	39	17	463
계	35	46	33	49	43	14	20	32	89	76	71	60	26	594

* 출처: 본 연구자가 작성함.

세 번째, 법제를 분류하고 평가하는 분석기준 비교이다. 선행연구에서는 김정은시대 인민대중제일주의 법제도를 진화된 사회주의법치[114]로 보거나 사회주의법치국가건설의 다른 이름[115]으로 보았다.

하지만 본 연구는 인민대중제일주의와 법제가 긴밀한 관계로, 인민대중제일주의 통치이념이 법제에 반영된다고 본다. 그래서 인민대중제일주의법건설사상은 기존의 사회주의법치국가건설론과는 차별화된 김정은 총비서의 사상으로 인식한다. 특히 「반동사상문화배격법」과 같은 비사·반사 투쟁법을 '인민대중제일주의 재구조화' 맥락에서 해석한다. 즉, 인민대중제일주의 이념이 후퇴하거나 퇴색된 것이 아니라, 비사·반사 현상으로부터 인민을 보호해야 한다는 원칙이 인민대중제일주의에 추가되면서 인민대중제일주의 통치이념이 재해석되고 조정되는 것으로 평가한다.

본 연구의 분석개념은 친인민담론 및 비사·반사, 상향식 사회통합 및 하향식 사회통제, 처벌수위로 구성된다. 이러한 분석개념을 기반으로 분

---

114 강혜석, 앞의 글, 275~306쪽.
115 박서화, 앞의 책, 94~102쪽.

석기준은 '친인민담론 vs 비사·반사 투쟁', '상향식 사회통합 vs 하향식 사회통제', '처벌조항 있음 vs 처벌조항 없음'으로 설정한다. 이상의 내용을 앞서 김정은시대 인민대중제일주의와 법제도를 다룬 강혜석과 박서화의 선행연구와 비교하면 다음 〈표 Ⅱ-7〉과 같다.

〈표 Ⅱ-7〉 김정은시대 법제도 분석기준 비교

논자	인민대중제일주의와 법제도 인식	논지	분석개념	분석기준	평가
강혜석	김정은 시대에 진화된 사회주의법치국가론	사회주의법치는 통제강화와 제도화(경제,정치) 통해 구축	통제 강화 정치 제도화	분석기준은 정치제도화론이며, 법체계 전반을 시계열적으로 분석함	인민대중제일주의와 사회주의 법치의 관계 밝히지 않음
박서화	인민대중제일주의 통치이념이 법제화를 통해 인민의 이익을 다양하게 구현	인민대중제일주의법건설사상은 기존의 사회주의법치국가건설사상의 이름만 바뀐 것	인민대중의 다양한 이익 유형: 신체적 이익, 재산적·물질적 이익, 정신적·비물질적 이익	분석기준 없음	인민대중제일주의법건설사상의 차별성 불인정
본연구	국내외 정세, 전략적 노선에 따라 인민대중제일주의 통치이념이 법제화되는 과정과 법제의 특성	인민대중제일주의법건설사상은 사회주의법치국가건설론과 차별화된 김정은 총비서의 사상 (새로운 용어)	- 친인민담론, 비사·반사투쟁 - 상향식 사회통합, 하향식 사회통제 - 처벌조항 유무, 처벌수위	- 친인민담론 vs 비사·반사 투쟁 - 상향식사회통합 vs 하향식 사회통제 - 처벌조항無 vs 처벌조항(수위)有	환경적 요인추가 동적 변화과정 분석

* 출처: 강혜석, 「'사회주의법치국가'론과 김정은 시대의 통치전략: 북한식 법치의 내용과 특징」, 『국제지역연구』 제26권 제1호, 2022, 275~306쪽; 박서화, 「인민대중제일주의 법건설」, 『북한학연구』 제19권 제1호, 2023, 175~211쪽을 토대로 본 연구자가 작성함.

네 번째, 척도분석방법을 적용하여 김정은시대 제정법 131건을 7점 척도 등간척도(interval scale)의 양적 자료로 변환하여, 친인민성의 정도를 측정한다. 척도분석이 필요한 이유는 131건의 법제를 유형화하여 김정은시대 법제의 친인민적 특성 여부를 분석하기 위한 것이다. 제정법 131건의 목적, 내용, 처벌수위 등을 질적으로 내용분석하더라도 각 법률의 인민대중제일주의적 특성(사회통합/사회통제, 친인민성/비사반사투쟁)과 그 정도를 구분해 내는 것은 쉽지 않다. 예컨대 131건의 제정법을 특성별, 부문별, 내용별, 처벌수위별로 구분하면 각각의 법률이 다 달라 131개로 나열될 것이다. 이러한 분석의 한계를 극복하기 위해 분류기준을 친인민성의 방향성과 처벌수위로 선정하고 각 분류기준을 7개 구간으로 구분하여 유사한 법제를 유형화하는 작업을 수행했다. 이는 법제라는 질적 자료를 척도점수라는 양적 자료로 전환하는 작업을 의미한다. 전환 작업을 통해 법제를 객관적, 실증적으로 측정하고 비교분석할 수 있는 도구를 만든 것이다. 이러한 척도분석방법에 의한 평가척도 적용은 북한 법제 연구에서 최초의 방법론적 시도라 할 수 있다.

평가척도는 법률의 사회통합/사회통제 방향성에 대한 평가척도와 법률의 처벌수위에 대한 평가척도로 구성된다. 먼저 사회통합/사회통제 방향성 평가척도를 구성하기 위해 질적인 내용분석방법을 적용하여, 김정은시대에 제정된 131개 법률 내용을 파악하였다. 내용 파악 후에는 제정법의 방향성을 7점 척도로 분석하여 법의 성격을 추정하였다. 이는 법 성격의 방향을 통합적·중립적·통제적으로 구분하고, 해당 법률이 그 중 어떤 범주에 속하는지를 판단하여 점수화하는 것이다. 사회통합적(친인민적) 방향의 법률은 +1~+3점으로, 중도적·중립적(제도정비) 법률은 0점으로, 사회통제적(비사반사적) 방향의 법률은 -1~-3점으로 점수화했다. 상향식 사회통합에 해당하여 김정은시대 친인민담론의 원래 의미대로 인민대중을 하늘처럼 떠받드는, 다시 말해 인민의 이익과 요구를 반영하고 인민생활 향상을 위하는 강도가 가장 높은 법률의 경우 상향식 사회통합 +3점이고, 반대로 하향식 사회통제에 해당하여 비사회주의·반사회주의 투쟁의 일환으로 규제의 강도가 가장 높은 법률은 사회통제 -3점으로 분류했다. 구체적으로 사회통합적, 친인민적 방향의 플러스 평가척도는 크게 인민의 직접적 이익(+3), 인민의 간접적 이익(+2), 인민생활개선 관련 토대구축(+1)

으로 구분된다. 반면에 사회통제적, 비사·반사 투쟁 방향의 마이너스 평가척도는 크게 정권유지(-1), 부분적 통제(-2), 전반적 통제(-3)로 나뉜다. 행정적이거나 중립적인 제도정비에 관한 법률은 0점으로 분류했다. 제정법 131건은 +3점에서 −3점까지 7점의 점수 중 한 곳에 자리매김한다.

이러한 평가척도 분류의 근거와 내용을 제시하면 다음과 같다. 먼저, 사회통합과 관련하여 △+3점은 '인민의 이익·요구와 직접적인 관련'이 있는 법률 점수이다. 인민의 이익은 물질적/비물질적 이익으로 구성된다. 그 근거는 사회주의헌법 제8조에 국가는 "근로인민의 리익을 옹호하며 인권을 존중하고 보호한다."[116]고 규정되며, 김정은시대에 채택되거나 수정 보충된 모든 법률에는 인민의 존엄과 권익을 최우선, 절대시[117]한다고 북한 스스로 강조하는 것이다. 김정은시대 법제정의 절대적 기준이 인민의 이익과 요구라는 것이다. 이와 같은 북한의 인민대중제일주의와 인민대중제일주의가 반영된 법률의 최우선, 절대적 조건이 '인민의 이익과 요구'라는 점을 고려하여 점수화했다. 인민의 이익과 요구 중 '물질적·비물질적 직접적인 이익'과 관련된 법률을 +3점으로 분류했다. 직접적인 이익이 인민들에게 가장 큰 이익을 주며, 이것이 인민대중제일주의의 최고의 가치라 보기 때문이다. △+2점은 '인민의 간접적 이익'과 관련된 법률 점수이다. 예컨대 「도시미화법」은 건물과 시설물의 미화, 청소 등을 알뜰히 하여 위생적인 생활환경을 마련해 주는 것이며, 「공원, 유원지관리법」은 공원과 유원지를 인민들 수요에 맞게 현대적으로 개선하고, 인민들이 마음껏 즐기도록 관리운영하고, 국가 투자를 늘리는데 관한 법이다. 동법에 의해 공원과 유원지가 정비되면 인민들이 여가생활을 편안히 누릴 수 있기에 간접적 이익으로 분류된다. △+1점은 '인민생활개선 조건, 토대구축'

---

116 「사회주의헌법」 제8조.
117 「법전을 통해 보는 조선로동당의 인민대중제일주의정치」, 『로동신문』, 2022년 7월 18일.

과 관련한 법률 점수이다. 경제발전, 문화육성, 대외관계 증진 관련법이 이에 해당한다. 북한에서 인민에게 문명한 생활조건과 환경조건을 보장하는 것도 법제정의 주요기준이 된다. 북한에서 말하는 '문명'이란 물질문화와 문화의 총체로서 경제적인 풍요 속에서 문화생활을 향유하는 것이다.

다음으로, 0점은 '중립적인 제도정비'로서 인프라·제도·시스템 정비 및 개선에 관한 법률 점수이다. 기간산업, 행정, 사법 등 제도 마련 및 개선에 관한 법률로「철도화물수송법」,「법제정법」,「공무원법」등이 있다.

끝으로, 사회통제와 관련하여 -1점은 '정권유지'에 해당하는 법률의 점수이다. 이는 최고지도자의 우상화와 정권유지에 집중하는 것으로, 이 주제는 인민의 이익 및 인민생활과 직접적 연관성이 약하다고 판단했다. 또한 비사·반사적 투쟁의 배경에 정권유지라는 지도자와 지배계급의 이익과 요구도 있다고 인식하였기에 이 주제를 평가척도에 포함하였다. -2점은 위법행위자[118]나 특정 계층을 대상으로 한 제한적, 부분적 통제를 할 때의 점수이다. 예를들어「마약범죄방지법」처럼 마약범죄를 미연에 방지하고, 마약범죄를 저지른 자에 대해 징벌원칙을 적용한다는 것이다. -3점은 전체 인민을 대상으로 생활 전반에 대한 강력한 통제를 규정하는 비사·반사 투쟁 법률의 점수이다.

한 가지 지적할 것은 방향성에 관한 7점 척도에 19개 부문이 기계적으로 적용되지 않아 행정 → 0점, 사법 → 0점, 문화 → 1점 등으로 점수화되는 것이 아니라는 점이다. 예컨대「국가비밀보호법」은 행정부문이나 비사·반사 투쟁법에 해당하여 방향성점수가 -3점으로 분류된다. 이상의 내용을 정리하면 다음 〈표 Ⅱ-8〉과 같다.

---

[118] 북한에서 나타나고 있는 비사회주의적인 행위들을 일탈행위, 위법행위, 범죄행위, 반사회주의행위로 유형을 분류한 연구도 있다. 최대석·박희진,「비사회주의적 행위유형으로 본 북한사회 변화」,『통일문제연구』23(2), 2011, 76쪽.

〈표 Ⅱ-8〉 법률의 사회통합/사회통제 방향성에 대한 평가척도

구분		평가근거 및 평가기준	내용	예시	평가 척도
사회통합 친인민성	이익	인민의 이익과 요구가 법제정의 절대적 기준	인민에게 직접적인 이익과 편의를 주는 법률	「육아법」, 「사회보험 및 사회보장법」	+3
			인민에게 간접적인 이익과 편의를 주는 법률	「도시미화법」, 「공원,유원지관리법」	+2
토대구축	조건	인민에게 문명한(물질과 문화) 생활조건과 환경보장이 법제정의 주요 기준	경제발전, 문화육성, 대외관계증진 등 궁극적으로 생활(환경)개선 관련 법률	「시.군건설세멘트보장법」, 「민족유산보호법」, 「외국투자기업회계검증법」	+1
제도정비	중립적 제도	제도·시스템·인프라 정비 및 개선	행정, 사법, 기간산업 등 제도 마련·개선과 관련된 법률	「법제정법」, 「공무원법」, 「수속질서위반행위방지법」, 「철도화물수송법」	0
정권유지	지도자	최고지도자 우상화, 정권유지에 집중	최고지도자와 정권유지 주제는 인민생활과 연관성 약함	「금수산태양궁전법」	-1
사회통제 비사·반사 투쟁	부분적 통제	특정 계층을 대상으로 범위와 통제수위가 제한적	위법행위자를 대상으로 한 법률	「마약범죄방지법」, 「구타행위방지법」	-2
	전반적 통제	전체인민 대상으로 생활전반(범위)을 강력(수위) 통제	비사·반사적,반당적,반혁명적,반국가적 현상과 행위통제	「반동사상문화배격법」	-3

* 출처: 본 연구자가 작성함.

그런데 평가척도 기준에서 +3점과 +2점은 인민의 이익이라는 북한식 기준을 적용한 것이다. 이 외에도 북한식 논리에 따르면, 김정은시대에 제정되거나 개정된 법 모두가 인민대중제일주의를 실현하는 법이기에 모든 법은 플러스 점수에 해당할 것이다. 하지만, 본 연구는 사회과학적·객관적 분석을 위해 사회통제와 관련한 법률은 마이너스 점수를 주었다. 구체적으로 2013년 제정된 「금수산태양궁전법」의 예를 들면 다음과 같다. 북한식 기준이란 북한에서 특정 법률에 대해 설명하는 목표 및 의미를 그대로 따라서 점수화하는 것이다. 북한은 동법의 의의를 김일성 주석과 김정일 위원장을 "주체의 태양으로 영원히 받들어모시려는 우리인민과 인

류의 소망을 풀어"¹¹⁹준 것으로 표현한다. 이를 북한식 기준에 적용하면 동법은 +3점에 해당한다. 반면, 사회과학적 기준이란 위의 〈표 Ⅱ-8〉에서 제시한 평가척도 평가기준에 맞춰 점수화하는 것이다. 이 기준에 따르면 위 「금수산태양궁전법」은 최고지도자의 이른바 우상화에 해당해 -1점이 된다. 주관적(북한식 해석) 방식이 아닌 객관적(사회과학적 접근)으로 척도화를 완성하면, 김정은시대 법률의 성격을 객관적이고 사회과학적으로 평가할 수 있다.

이처럼 평가척도에 의한 분석은 사회과학 기준으로 실시하되, 그에 대한 해석에는 북한식 관점도 고려했다. 즉, 북한은 비사·반사를 사회주의 원칙에 어긋나며, 체제에 위협을 주는 반당적, 반국가적 현상과 행위로 보고 이러한 비사·반사로부터 인민을 보호하기 위해 비사·반사와의 투쟁에 한 치의 오차도 허용하지 않으며, 비사·반사 투쟁법도 당연히 인민대중제일주의법이라고 인식한다. 이러한 북한의 인식에 대해 본 연구는 '인민대중제일주의의 재구조화'라고 규정한다.

다섯 번째, 법률의 처벌 유무와 처벌수위에 대한 평가척도이다. 앞의 방향성에 관한 척도분석이 가로축(x축, 횡적)의 연구라면, 여기 처벌수위에 관한 척도분석은 세로축(y축, 종적)의 연구에 해당한다. 처벌조항이 없는 법률은 +3점으로 하고, 처벌조항 중 사형이 규정된 법률은 -3점으로 하였다. 처벌수위를 분석하는 이유는 처벌조항의 유무나 정도가 해당 법률의 목적이 궁극적으로 '인민을 위한 것'인지 아니면 '인민을 통제하기 위한 것'인지를 가늠할 수 있기 때문이다. 본 연구에서 '처벌'이란 용어는 '책임'을 포함한 용어로 통일하여 사용한다. 따라서 처벌조항 유무를 평가할 때 형사처벌, 행정처벌과 함께 민사책임이라는 '책임'에 관한 조항 유무도 포함한다. 북한에서 말하는 '책임'에는 민사적 책임, 행정적 책임, 형사적 책

---

119 「우리식 국가특유의 우월성을 담보하는 인민의 법전」, 『로동신문』, 2022년 12월 27일.

임이 들어간다.

　북한 형법이나 특별법에 의한 처벌수위는 형법 제36조의 기본형벌인 사형, 무기로동교화형, 유기로동교화형, 로동단련형을 기준으로 한다. 단, 기본형벌에 대한 면책여부, 가중감경 사유나 양형조건은 따로 고려하지 않고 해당 범죄에 대한 법정형을 기준으로 하였다. 이때 사형은 -3점, 로동교화형(무기/유기)은 -2점, 로동단련형은 -1점으로 분류하였다. 사형은 육체적 생명을 박탈한다는 점에서 처벌수위가 가장 높은 -3점으로 평가하였다. 로동교화형(무기/유기)은 구금하여 자유를 박탈한다는 점에서 사형 다음으로 강력한 처벌로 인식하여 -2점으로 평가하였다. 그리고 형벌 중 로동단련형은 구금과 강제노동을 한다는 점에서 로동교화형(무기/유기)과 비슷하지만 교화소가 아닌 로동단련대에 구금하며, 구금보다는 노동을 통한 교정에 중점이 있고, 기간이 상대적으로 짧은 점을 고려하여 로동교화형(무기/유기)의 아래 수위인 -1점으로 평가했다.

　행정법에 의한 처벌수위는 ①경고, 엄중경고처벌, ②무보수로동처벌, ③로동교양처벌, ④강직, 해임, 철직처벌, ⑤벌금처벌, ⑥변상처벌, ⑦몰수처벌, ⑧중지처벌, ⑨자격정지, 자격강급, 자격박탈처벌을 기준으로 한다. 행정법의 척도점수는 세 가지로 분류된다. 첫째, ②무보수로동처벌과 ③로동교양처벌은 -1점으로 평가했다. 로동교양처벌은 로동교양대에 구금하고, 무보수로동교양처벌은 "자기 단위가 아닌 힘들고 어려운 부문"에 보낸다는 점에서 로동교양대에 구금하는 것과 다를 바 없다고 본다. 또한 두 가지 처벌이 강제로 노동을 시킨다는 점에서 구금 및 노동기간은 다르나 처벌의 실질이 노동에 있다는 공통점만 우선적으로 고려하여 형벌의 로동단련형과 동일한 -1점으로 분류했다. 둘째, ①경고, 엄중경고처벌, ④강직, 해임, 철직처벌, ⑧중지처벌 ⑨자격정지, 자격강급, 자격박탈처벌은 현 업무에 대한 무형의 처벌인데, 사회주의에서 재산적·경제적 처벌보다 직무상 직위에 대한 처벌이 더 무겁다고 인식하여 로동처벌보다 한 단계 낮은 0점으로 평가했다. 북한에서는 사회정치적 생명이 중요하기에, 직무상 처벌은 재산적·경제적 처벌보다 엄중한 벌에 해당한다고 판단했다. 셋째, ⑤벌금처벌, ⑥변상처벌, ⑦몰수처벌은 재산적·경제적 처벌에 해당하여 직무상 처벌보다 한 단계 낮은 +1점으로 분류했다. 여기서 몰수처벌은 금전적 처벌 중 가장 수위가 높지만 경제적 처벌의 실질을 우선 고려하여 벌금 내지 변상처벌과 구분하지 않고 동일 점수를 주었다.

한편 민사적 책임만 규정한 경우는 +1점으로 평가하였다. 민법에 정한 민사적 책임과 위 행정처벌법에 정한 재산적·경제적 처벌이 재산적 처벌(책임)에 실질을 두고 있다는 점을 우선 고려했다.

민사적·행정적·형사적 책임(혹은 행정적·형사적 책임, 또는 형사적 책임)을 구체적으로 특정하지 않고 포괄적으로 규정한 경우 책임 내용이 불특정 된 점을 우선 고려하여 +2점, 처벌 등 책임에 관한 조항이 없는 법률은 +3점으로 평가했다.

한 개의 법률에서 처벌조항이 다수인 경우 즉 민사책임, 행정처벌과 형사처벌에 관한 조항이 함께 있는 경우 가장 처벌수위가 높은 것을 기준으로 하였다. 여기서 처벌수위가 높다는 것은 마이너스(-) 수치가 높다는 것을 말한다. 사형이 -3점으로 처벌수위가 가장 높고, 다음 -2, -1, 0, +1, +2, 처벌조항이 없는 +3점이 가장 낮다. 이처럼 처벌수위와 점수를 정(正, +)적인 관계가 아닌 부(負, -)적인 관계로 설정한 것은 앞의 방향성 척도와 처벌수위 척도의 '플러스 성격(통합성 높고 처벌수위 낮은)'과 '마이너스 성격(통제성 높고 처벌수위 높은)'을 통일시키기 위해서이다. 이상의 처벌수위와 평가 척도를 정리하면 다음 〈표 Ⅱ-9〉와 같다.

〈표 Ⅱ-9〉 법률의 처벌근거 및 처벌내용

구분	처벌근거	내용	평가척도
형사처벌: 형법	사형[120]	육체적 생명 박탈(범죄 당시 18세 미만 사형선고 불가, 임신부 사형집행 불가)	-3
	무기로동교화형[121]	교화소 구금+강제로동(기한 없음)	-2
	유기로동교화형	교화소 구금+강제로동(1년 이상~15년 이하)	-2
	로동단련형[122]	로동단련대[123] 구금+강제로동(6개월 이상~1년 이하)	-1
행정처벌: 행정처벌법 (제15조~ 제24조)	①경고, 엄중경고처벌[124]	경고: 3개월/엄중경고: 6개월	0
	②무보수로동처벌[125]	어렵고 힘든 타부문+강제로동(1개월 이상 6개월 이하)	-1
	③로동교양처벌[126]	로동교양대 구금[127]+강제로동(5일 이상 6개월 이하)	-1

---

120 형법 제37조 (사형) 사형은 범죄자의 육체적생명을 박탈하는 최고의 형벌이다. 범죄를 저지를 당시 18살에 이르지 못한자에 대하여서는 사형을 줄 수 없으며 임신한 녀성에 대하여서는 사형을 집행할수 없다.

121 형법 제38조 (무기로동교화형, 유기로동교화형) 무기로동교화형, 유기로동교화형은 범죄자를 교화소에 넣어 로동을 시키는 형벌이다. 무기로동교화형, 유기로동교화형 집행기간에는 공민의 권리의 일부가 정지된다. 유기로동교화형기간은 1년부터 15년까지이다. 범죄자가 구속되여있은 기간 1일을 유기로동교화형기간 1일로 계산한다.

122 형법 제39조 (로동단련형) 로동단련형은 범죄자를 로동단련대에 보내여 로동을 시키는 형벌이다. 로동단련형집행기간에는 공민의 권리가 보장된다. 로동단련형기간은 6개월부터 1년까지이다. 범죄자가 구속되여있은 기간 1일을 로동단련형기간 1일로 계산한다. 통일부에서 발간한 2023년 북한인권보고서에는 형법 제39조 제1항에 정한 노동단련대를 노동단련형을 집행하는 구금시설로 규정하고 있다. 통일부, 『2023 북한인권보고서』, 통일부, 2023, 98~100쪽.

123 통일부에서 발간한 2023년 북한인권보고서에는 형법 제39조 제1항에 정한 노동단련대를 노동단련형을 집행하는 구금시설로 규정하고 있다. 통일부, 『2023 북한인권보고서』, 통일부, 2023, 98~100쪽.

124 행정처벌법 제16조 (경고, 엄중경고처벌) 경고, 엄중경고처벌은 직무수행과 관련하여 가벼운 위법행위를 한 일군에게 주는 행정법적제재이다. 경고처벌기간은 3개월, 엄중경고처벌 기간은 6개월이다.

125 행정처벌법 제17조 (무보수로동처벌) 무보수로동처벌은 직무수행과 관련하여 무거운 위법행위를 한 일군을 자기 단위가 아닌 어렵고 힘든 부문에 보내여 육체적로동을 시키는 행정법적제재이다. 무보수로동처벌기간은 1개월 이상 6개월 이하이다.

126 행정처벌법 제18조 (로동교양처벌) 로동교양처벌은 무거운 위법행위를 한 공민을 로동교양대에 보내여 로동을 시키는 행정법적제재이다. 로동교양처벌 기간은 5일 이상 6개월 이하이다.

127 통일부에서 발간한 2023년 북한인권보고서에는 행정처벌법 제18조에 정한 노동교양대를 구금시설로 규정하고 있다. 통일부, 앞의 책, 98~100쪽.

구분	처벌근거	내용	평가척도
행정처벌: 행정처벌법 (제15조~제24조)	④강직, 해임, 철직처벌[128]	해당 직위에서 내려놓거나 뗌	0
	⑤벌금처벌[129]	벌금규정에 따라 절차, 방법, 액수 정함	+1
	⑥변상처벌[130]	손해액 전부 또는 일부, 배수 물림(집행기간: 3개월)	+1
	⑦몰수처벌[131]	비법적으로 조성 또는 위법행위에 이용한 재산 국고귀속	+1
	⑧중지처벌[132]	위법한 경영,건설,영업 중지는 결함 퇴치시까지, 운행 중지는 10일 이상 2개월 이하	0
	⑨자격정지, 자격강급, 자격박탈처벌[133]	기술기능자격소유자 자격 일정기간 정지 또는 급수 강등 혹은 자격박탈/자격정지는 1개월 이상 6개월 이하	0
민사책임[134]: 민법, 손해보상법	타인의권리(재산,인신) 침해, 자기 의무 위반	재산의 반환, 원상복구, 손해보상과 위약금, 연체료 등 제재금 지불, 청구권 제한 또는 상실/책임 병합 가능	+1
민사, 행정, 형사적 책임포괄규정법	–	민사적책임, 행정적 책임, 형사적 책임을 구체적으로 특정하지 않고 포괄적으로 규정한 법률	+2
처벌조항 없음	–	처벌조항 없음	+3

* 출처: 본 연구자가 작성함.

128 행정처벌법 제19조 (강직, 해임, 철직처벌) 강직, 해임, 철직처벌은 직무수행과 관련하여 보다 무거운 위법행위를 한 일군을 해당 직위 또는 직무에서 내려놓거나 떼는 행정법적제재이다.
129 행정처벌법 제20조 (벌금처벌) 벌금처벌은 위법행위를 한 기관, 기업소, 단체 또는 공민에게 물질적 자극을 주는 행정법적제재이다. 벌금적용절차와 방법, 액수는 벌금 규정에 준한다.
130 행정처벌법 제21조 (변상처벌) 변상처벌은 국가 및 사회협동단체의 재산에 손해를 준 기관, 기업소, 단체 또는 공민에게 해당 손해액의 전부 또는 일부, 배수를 물게 하는 행정법적제재이다. 변상처벌은 3개월 안으로 집행한다.
131 행정처벌법 제22조 (몰수처벌) 몰수처벌은 비법적으로 이루어졌거나 위법행위에 리용된 재산을 몰수하여 국고에 넣는 행정법적제재이다.
132 행정처벌법 제23조 (중지처벌) 중지처벌은 위법적인 경영, 건설, 영업, 운행을 중지시키는 행정법적제재이다. 경영, 건설, 영업중지처벌기간은 결함을 퇴치하였을 때까지 운행중지처벌기간은 10일이상 2개월 이하이다.
133 행정처벌법 제24조 (자격정지, 자격강급, 자격박탈처벌) 자격정지, 자격강급, 자격박탈처벌은 위법행위를 한 기술기능자격소유자의 자격을 일정한 기간 정지시키거나 급수를 낮추거나 빼앗는 행정법적제재이다. 자격정지처벌기간은 1개월 이상 6개월 이하이다.
134 북한 민법 제240조에 의하면 기관, 기업소, 단체와 공민은 원칙적으로 "남의 민사상권리를 침해하였거나 자기의 민사상의무를 위반하였을 경우 민사책임을 진다." 이러한 민사책임의 형태에 대하여 동법 제242조는 "민사책임은 재산의 반환, 원상복구, 손해보상과 위약금, 연체료 같은 제재금의 지불, 청구권의 제한 또는 상실의 형태로 지운다. 이 경우 서로 다른 민사책임형태를 병합하여 지울수 있다"고 규정한다.

위 표는 해당 법률의 구분표 순서대로 제시한 것인데, 이를 분석의 편의를 위해 평가척도 점수순으로 배치하면 다음 〈표 Ⅱ-10〉과 같다.

〈표 Ⅱ-10〉 법률의 처벌수위에 대한 평가척도

구분	처벌근거	평가척도 평가기준	평가척도
형사처벌	사형	〈생명박탈〉 육체적 생명 박탈	−3
	무기로동교화형	〈교화소〉 구금+강제로동(기한 없음)	−2
	유기로동교화형	〈교화소〉 구금+강제로동(1년 이상~15년 이하)	−2
	로동단련형	〈로동단련대〉 구금+강제로동(6개월 이상~1년 이하)	−1
행정처벌	②무보수로동처벌	〈어렵고힘든타부문〉+강제로동(1개월 이상~6개월 이하)	−1
	③로동교양처벌	〈로동교양대〉 구금+강제로동(5일 이상~6개월 이하)	−1
	①경고, 엄중경고처벌	〈직무〉 경고: 3개월/엄중경고: 6개월	0
	④강직,해임,철직처벌	〈직무〉 해당 직위에서 내려놓거나 뗌	0
	⑧중지처벌	〈직무〉 위법한 경영, 건설, 영업중지는 결함 퇴치시까지, 운행중지는 10일 이상 2개월 이하	0
	⑨자격정지, 자격강급, 자격박탈처벌	〈직무〉 기술기능자격소유자 자격 일정기간 정지 또는 급수 강등 혹은 자격박탈/자격정지는 1개월 이상 6개월 이하	0
	⑤벌금처벌	〈재산〉 벌금규정에 따라 절차, 방법, 액수 정함	+1
	⑥변상처벌	〈재산〉 손해액 전부 또는 일부, 배수 물림(집행기간: 3개월)	+1
	⑦몰수처벌	〈재산〉 비법적 조성 또는 위법행위에 이용한 재산 국고귀속	+1
민사책임	타인의 권리(재산,인신)침해, 자기의무위반	〈재산〉 재산의 반환, 원상복구, 손해보상과 위약금, 연체료 등 제재금 지불, 청구권 제한 또는 상실/책임 병합 가능	+1
민·행·형사책임 포괄규정	−	〈포괄성〉 민사적책임, 행정적 책임, 형사적 책임을 구체적으로 특정하지 않고 포괄적으로 규정한 법률	+2
처벌조항없음	−	〈처벌조항 無〉	+3

* 출처: 본 연구자가 작성함.

북한의 형벌체계는 기본형벌과 부가형벌로 나뉜다. 먼저, 기본형벌은 사형과 자유형으로 나뉜다. 사형은 육체적 생명을 박탈하는 것이나, 범죄 당시 18세 미만은 사형선고가 불가하며, 임신부의 사형집행도 불가하다. 자유형은 무기로동교화형, 유기로동교화형, 로동단련형으로 구성되는데, 교화소나 로동단련대에 구금되어 강제노동을 한다는 공통점이 있는 반면 기간의 장단에 차이가 있다. 다만 같은 구금시설인데 교화소와 로동단련대의 운영방식에는 차이가 있을 것으로 본다. 다음으로, 부가형벌은 재산형과 자격형으로 나뉜다. 재산형에는 물질적 제재로 금전적 자유를 제한하는 벌금형과 범죄의 경제적 기초를 박탈하는 재산몰수형이 있다. 자격형에는 선거권박탈형·자격박탈형·자격정지형이 있다. 이러한 내용을 정리하면 다음 〈표 Ⅱ-11〉과 같다.

〈표 Ⅱ-11〉 북한의 형벌체계[135]

구분	형벌종류	개요
사형(기본형벌[136])	사형	육체적 생명 박탈(범죄 당시 18세미만과 임신부 사형집행 불가)
자유형(기본형벌)	무기로동교화형	구금+강제로동(기한 없음)
	유기로동교화형	구금+강제로동(1년 이상~15년 이하)
	로동단련형	구금+강제로동(6개월 이상~1년 이하)
재산형(부가형벌)	벌금형[137]	물질적제재로 금전적 자유 제한(반국가 및 반민족범죄 대상/액수는 범죄 엄중성 정도 고려 재판소가 결정)

[135] 북한 형법 제35조에 정한 형벌의 종류는 1.사형, 2.무기로동교화형, 3.유기로동교화형, 4.로동단련형, 5.선거권박탈형, 6.재산몰수형, 7.벌금형, 8.자격박탈형, 9.자격정지형 등 9가지이다. 이에 비해 남한 형법 제41조에 정한 형벌의 종류는 1.사형, 2.징역, 3.금고, 4.자격상실, 5.자격정지, 6.벌금, 7.구류, 8.과료, 9.몰수 등의 9가지인데, 남북한의 법이론 등이 달라 양쪽의 형벌 체계를 단순 비교하는 것은 어렵다.
[136] 형법 제36조 (기본형벌과 부가형벌) 사형, 무기로동교화형, 유기로동교화형, 로동단련형은 기본형벌이다. 선거권박탈형, 재산몰수형, 벌금형, 자격박탈형, 자격정지형은 부가형벌이다.
[137] 형법 제42조 (벌금형) 벌금형은 반국가 및 반민족범죄를 저지른자에게 물질적제재를 가하는 형벌이다. 벌금형에 따르는 벌금액수는 범죄행위의 엄중성정도에 따라 재판소가 정한다.

구분	형벌종류	개요
재산형(부가형벌)	재산몰수형[138]	범죄의 경제적 기초 박탈(은닉, 불신고, 방임의 죄를 제외한 모든 반혁명범죄, 극단적 이기적 범죄 특히 대량의 국가 및 사회협동단체 재산약취죄, 강도죄에서 사형 선고시 적용[139]/ 최저생활에 필요한 식량, 일용필수품, 돈을 제외한 전 재산 무상으로 국가 귀속)
자격형(부가형벌)	선거권박탈형[140]	사회적 위험성 예방처분(반국가 및 반민족범죄 대상/유기로동교화형 집행 종료일부터 5년간)
자격형(부가형벌)	자격박탈형[141]	자격행사로 인한 위험성 예방처분(자격을 이용한 고의범죄 대상)
자격형(부가형벌)	자격정지형[142]	자격행사로 인한 위험성 예방처분(자격을 가진 자의 과실범죄 대상)

* 출처: 본 연구자가 작성함.

여섯 번째, 인민대중제일주의 법제도의 방향성과 처벌수위에 대한 종합적인 평가척도 분석틀이다. 위 〈표 Ⅱ-8〉에서 제시한 제정법 방향성의 척도와 〈표 Ⅱ-10〉에서 정리한 처벌수위 척도를 함께 분석하는 것이다.

예를 들어 김정은시대 들어 최초로 제정된 「대기오염방지법」의 경우를 분석하면 다음과 같다. 2012년 7월 11일 정령 제2520호로 제정되었고, 국토·환경보호 부문에 속하며, 법의 방향성과 관련하여 제1조(대기오염방지

---

[138] 형법 제41조 (재산몰수형) 재산몰수형은 유죄판결을 받은자의 재산을 무상으로 국가에 넘기는 형벌이다. 재산몰수형판결을 집행할 경우에는 유죄판결을 받은자의 가족이 최저생활을 하는데 필요한 식량과 일용필수품, 돈을 남겨놓는다.
[139] 박학모 외, 『통일시대의 형사정책과 형사사업 통합 연구(Ⅰ): 동서독 형사사법통합 25주년의 평가와 통일시대의 형사사법통합 과제』, 한국형사정책연구원, 2015, 306~307쪽.
[140] 형법 제40조 (선거권박탈형) 선거권박탈형은 반국가범죄를 저지른자로부터 일정한 기간 선거할 권리와 선거받을 권리를 빼앗는 형벌이다. 선거권박탈형기간은 5년이며 로동교화형집행이 끝난 날부터 계산한다.
[141] 형법 제43조 (자격박탈형) 자격박탈형은 유죄판결을 받은자의 자격을 완전히 빼앗는 형벌이다. 자격박탈형은 자격을 가진자가 그것을 리용하여 고의적으로 범죄를 저지른 경우에 적용한다.
[142] 형법 제44조 (자격정지형) 자격정지형은 유죄판결을 받은자의 자격을 일시적으로 빼앗는 형벌이다. 자격정지형은 자격을 가진자가 그것을 리용하여 과실로 범죄를 저지른 경우에 적용한다. 자격정치형기간은 3년이며 유기로동교화형, 로동단련형의 집행이 끝난 날부터 계산한다.

법의 사명)에서 "조선민주주의인민공화국 대기오염방지법은 대기오염의 감시, 대기오염물질의 배출 및 정화, 대기환경의 보호에서 제도와 질서를 엄격히 세워 인민들의 생명과 건강을 보호하고 생태환경을 개선하는데 이바지"하며, 제3조(대기오염방지사업에 대한 투자원칙)에서 "대기오염방지사업은 대기환경을 개선하여 인민들의 생명과 건강을 보호하고 그들에게 위생문화적인 생활환경과 조건을 마련하여주기 위한 중요한 사업"이라 적시되어 있고, 처벌수위는 민사적·행정적·형사적 책임이 포괄적으로 규정되어 있다. 이를 분석틀에 적용하면 연번 1번, 제정년도 2012년, 방향성 +1점, 처벌수위 +2점이다. 이상의 내용을 정리하면 다음 〈표 Ⅱ-12〉와 같다.

〈표 Ⅱ-12〉 인민대중제일주의 법제도의 방향성과 처벌수위 평가척도 분석틀

번호	제정일	법명	척도 점수	평가내용	비고
1	2012. 7.11	대기오염 방지법	방향성 +1	- 제1조(대기오염방지법의 사명) 조선민주주의인민공화국 대기오염방지법은 대기오염의 감시, 대기오염물질의 배출 및 정화, 대기환경의 보호에서 제도와 질서를 엄격히 세워 인민들의 생명과 건강을 보호하고 생태환경을 개선하는데 이바지한다. - 제10조(법의적용대상) 이 법은 기관, 기업소, 단체와 공민에 적용한다. 우리나라에 주재하는 다른 나라 또는 국제기구의 상주대표기관, 외국투자기업과 외국인에게도 이 법을 적용한다.	
			처벌 수위 +2	- 법 위반시 책임(제5장 대기오염방지사업에 대한 지도통제) ① 민사상 책임: 손해보상(제44조) 대기오염 일으켜 인명 및 재산상 피해를 주거나 생태환경 파괴시 ② 행정적 책임(제45조): 기관, 기업소, 단체의 책임 일군, 공민이 제45조에 정한 8가지 사유에 해당하는 대기오염방지질서 위반행위를 한 경우 ③ 형사적 책임(제46조): 제45조의 위반행위가 범죄에 이를 경우 위반한 기관, 기업소, 단체의 책임 일군, 공민에게 형법 해당 조문에 따라	
				…	
131	2024. 12.5.	소음공해 방지법			

* 출처: 본 연구자가 작성함.

일곱 번째, 인민대중제일주의 법제도 '분포도(산점도)'로서 분석모형에 해당한다. 위 분석틀에서 법제도의 방향성 척도점수를 가로축(x축, 횡적)으로, 처벌수위 척도점수를 세로축(y축, 종적)으로 설정한 후, 131개 법률을 점수별로 배치하는 것이다. 이러한 분포도는 김정은시대 인민대중제일주의 법제도가 어떤 성격을 갖는지를 실증적, 다면적으로 보여줄 것이다. 이와 같은 분포도(산점도)를 제시하면 다음 〈그림 Ⅱ-2〉와 같다.

〈그림 Ⅱ-2〉 인민대중제일주의 법제도의 분포도 분석모형

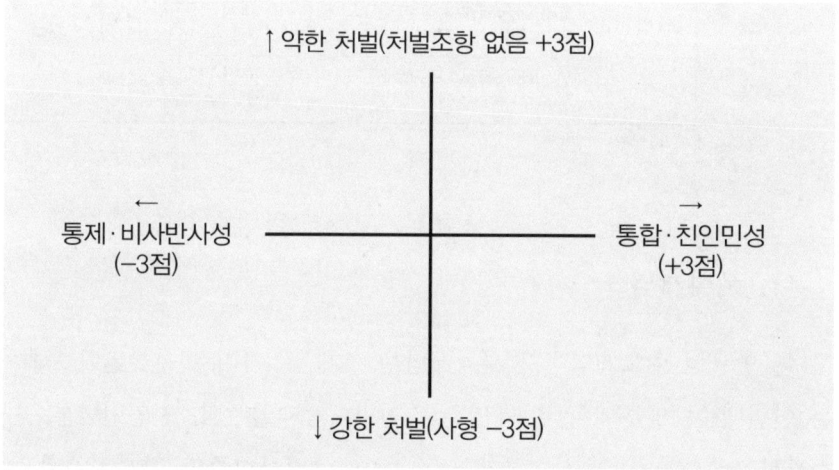

* 출처: 본 연구자가 작성함.

이상 제시한 분석경로, 분석틀, 분석모형을 정리하면 다음 〈표 Ⅱ-13〉과 같다.

〈표 Ⅱ-13〉 인민대중제일주의 법제도의 분석경로, 분석틀, 분석모형 현황

분류	표 번호	표 제목	주요 개념
분석경로	〈그림 Ⅱ-1〉	인민대중제일주의 법제도화 과정 분석경로	대내외조건, 전략적 노선, 통치이념과 법제도
분석기준 비교	〈표 Ⅱ-7〉	김정은시대 법제도 분석기준 비교	사회통합, 사회통제, 친인민담론, 비사·반사투쟁, 처벌조항, 처벌수위
통합 방향성 평가척도	〈표 Ⅱ-8〉	법률의 사회통합/사회통제 방향성에 대한 평가척도	사회통합과 사회통제, 개방과 보수, 약자보호와 정권보호, 중립성
처벌수위 평가척도	〈표 Ⅱ-10〉	법률의 처벌수위에 대한 평가척도	형사처벌, 행정처벌, 민사책임, 민사적·행정적·형사적 책임 포괄 규정
분석틀	〈표 Ⅱ-12〉	인민대중제일주의 법제도의 방향성과 처벌수위 평가척도 분석틀	법 제정 연도, 부문, 법률명, 법 통합/통제 방향성, 처벌 정도
분석모형	〈그림 Ⅱ-2〉	인민대중제일주의 법제도의 분포도 분석모형	법 통합/통제 방향성과 처벌 정도 종합

* 출처: 본 연구자가 작성함.

나. 분석개념

본 연구의 주요개념이자 분석개념은 크게 두 가지로 분류된다. 하나는 인민대중제일주의 관련 개념으로 인민대중제일주의, 친인민담론, 사회통합(상향식 사회통합)과 사회통제(하향식 사회통제), 비사회주의·반사회주의 등이다. 다른 하나는 법제와 관련한 개념으로 사회주의법치, 법제화·법제도화, 법건설, 사회주의법건설, 인민대중제일주의법건설, 인민대중제일주의법건설사상 등이다.

첫째, 인민대중제일주의와 관련한 분석개념은 다음과 같다. 먼저 '인민대중제일주의'를 김정은시대에 만들어진 '인민을 제일로 여기는 관점'[143]이자 인민에게 의거하고 인민을 위한 통치이념·정치이념으로 규정

---
143 김현환, 『인민대중제일주의에 대한 리해』, 평양: 평양출판사, 2016, 35~51쪽.

한다. 본 연구는 인민대중제일주의를 김정은식 친인민담론으로 인식한다. 북한에서는 인민대중제일주의를 "인민을 숭배하고 인민을 위해 봉사하는 사상"[144]으로 본다. 김정은시대 초기인 2013년에 출간된『철학연구』에서는 인민대중제일주의를 "인민을 하늘처럼 숭배하고 떠받들며 모든 것을 인민대중을 위하여 복무시키고 모든 문제를 인민대중에게 의거하여 풀어나가는 위대한 혁명사상"[145] 으로 정의한다. 그로부터 10년 후인 2023년 10월 10일자 노동신문에서는 "인민대중제일주의는 인민대중을 혁명과 건설의 주인으로 보고 인민대중에게 의거하며 인민을 위하여 멸사복무할데 대한 정치리념"으로 규정하며 "인민대중제일주의는 우리 국가의 정치풍토, 영원한 국풍"[146]이라고 강조한다.

다음으로 본 연구는 '친인민담론'을 인민을 섬기는 지배담론으로 본다. 이러한 친인민담론은 군중노선을 의미하며, 군중노선은 가능한 많은 사람을 포섭하여 사회정치적으로 동원하는 포용전략으로 정의된다.[147] 군중노선은 "군중이 사회주의혁명과 건설의 주인이라는 입장에서 그들이 역할을 할 수 있도록 당이 도우면서 성과를 내도록 추동하는 방식"[148] 이기도 하다. 북한에서는 친인민담론이라는 용어 대신 군중노선이라는 개념을 사용한다. 북한에서 규정하는 군중노선은 "인민대중을 위하여 충실히 복무하며 대중속에 들어가 대중을 교양개조하여 묶어세우며 대중에

---

144 선병주, 앞의 글, 3쪽.
145 림춘관,「김일성-김정일주의는 본질에 있어서 인민대중제일주의」,『철학연구』, 2013년 4호, 2013, 4쪽.
146 「인민대중제일주의는 우리 국가의 정치풍토, 영원한 국풍이다」,『로동신문』, 2023년 10월 11일.
147 선병주, 앞의 글, 25쪽.
148 문장수,「김정은 시대의 군중노선」,『대한정치학회보』26(4), 2018, 1쪽; https://m.riss.kr/search/detail/ssoSkipDetailView.do?p_mat_type=1a0202e37d52c72d&control_no=af49373495cb6182b36097776a77e665(검색일: 2024년 3월 25일).

게서 힘과 지혜를 얻으며 광범한 대중을 동원하여 혁명과업을 수행하는 것"[149]이다. 군중노선은 시대에 따라 변화한다. 김일성-김정일시대에는 통치자의 시혜적 시각에서 인민을 포섭하는 전략의 군중노선이었다면, 김정은시대에는 봉사자적 받듦의 시각에서 인민을 섬긴다는 전략의 군중노선이다.[150] 전자가 하향식 통치전략이라면, 후자는 상향식 통합전략인 것이다.

인민대중제일주의와 친인민담론의 관계를 보면 인민대중제일주의는 김정은식 친인민담론에 해당한다. 이는 친인민담론의 하위개념이 인민대중제일주의라는 것이다.[151]

또한 '사회통합과 사회통제'의 의미를 보면 다음과 같다. 사회통합(social integration)은 사회구성원의 자기 사회에 대한 애착을 기반으로 사회질서 및 사회통제가 유지되는 상태를 의미한다.[152] 구체적으로 사회통합 개념에 대해 "일반적으로 사회가 통합되어 있다는 것은 사회구성원들 상호간에 공동체에 대한 애착과 헌신몰입을 확보하고 공동체적 질서를 확립하여 사회통제를 유지하는 상태를 의미한다."[153]고 본다. 그런데 통합연구는 단일국가 내부의 통합을 의미하는 '국가통합(national integration)' 과 둘 이상의 국가들간의 통합인 '지역통합(regional integration)'으로 분류된다.[154] 본 연구는 국가통합의 관점에서, 김정은식 친인민담론이 북한에서

---

149 김일성, 「조선로동당창건 스무돐에 즈음하여: 조선로동당 스무돐경축대회에서 한 보고 (1965년 10월 10일)」, 『김일성 저작선집 4』, 평양: 조선로동당출판사, 1968, 298쪽.
150 선병주, 앞의 글, 23쪽.
151 위의 글, 26쪽.
152 위의 글, 27쪽.
153 이우영, 「사회통합」, 체제통합연구회, 『한반도의 평화와 통일』, 백산, 2004, 267쪽.
154 위의 글, 266쪽.

사회통합기제로 작동한다[155]는 입장을 견지한다. 이는 곧 김정은식 친인민담론인 인민대중제일주의가 인민들로 하여금 체제의 지배정당성을 인정하고 수용하게 만들려는 통치이념이라는 것을 말한다. 결국 본 연구는 인민대중제일주의 친인민담론은 상향식 사회통합기제라고 규정한다. 사회과학적 용어로 풀이하면 유화적 사회통합전략에 해당한다.

반면에 사회통제(social control)는 "사회가 인정하고 있는 규범에 반하는 사회구성원의 일탈행위(deviant behavior)에 대한 공식적·비공식적 제재"[156]로 정의된다. 북한의 사회통제체제를 물리적 통제와 사회적·이념적 통제로 구분한다.[157] 물리적 통제는 당을 통한 조직적 통제, 억압기구에 의한 통제, 사법제도 및 처벌제도에 의한 통제 등을 의미하며, 사회적 통제는 계층별로 차별적 대우를 하는 계층정책·배급제도 등으로 구성되며, 사상적 통제는 김일성·김정일시대에 주체사상·선군사상을 바탕으로 김일성 주석·김정일 위원장에 대한 추종을 강제[158]하는 것이다. 김정은시대에 주체사상이 인민대중제일주의로 대체된 것은 아니지만, 인민대중제일주의를 강조하며 김정은 총비서에게 충성할 것을 요구하고 있다.

본 연구에서는 사회통합을 상향식 사회통합기제로, 사회통제를 하향식 사회통제기제라고 인식한다. 사회통합과 사회통제 개념 모두에 인민대중제일주의라는 통치이념이 들어가 있다. 인민대중제일주의의 친인민적 특성은 상향식 사회통합기제에 해당하며, 인민대중제일주의의 사상적 통제 특성은 하향식 사회통제기제에 포함된다. 전자가 자발적 이데올로기 기제에 해당한다면, 후자는 수동적 이데올로기 기제가 될 것이다. 하

---

[155] 선병주, 앞의 글, 27쪽.
[156] 이우영, 『전환기의 북한 사회통제체제』, 통일연구원, 1999, 2쪽.
[157] 위의 책.
[158] 위의 책, 2~3쪽.

향식 사회통제기제는 비사회주의, 반사회주의 투쟁 개념과 연결된다. 앞에서 지적한 것처럼 비사·반사와의 투쟁은 인민보위, 즉 인민대중을 지키기 위한 인민대중제일주의의 재개념화로 본다.

그리고 '비사회주의·반사회주의'에서 '비사회주의' 개념은 사회주의 원칙에 어긋나는 현상과 행위를 의미하며, '반사회주의' 개념은 체제에 위협을 주는 반당적, 반혁명적, 반국가적 현상과 행위를 의미한다. 북한에서 사용하는 개념으로 보면, 비사회주의는 "사회주의 원칙에 어긋나는 온갖 불건전한 것"[159]을 의미한다. 사회주의 체제에 반하는 생활방식, 사회주의적 생활양식에 어긋나는 현상·행위를 비사회주의로 본다. 시기별로 비사회주의와 반사회주의의 의미와 구분이 달라지고 있다. 김정은시대에 오면 생계문제와 직결된 경제부문 비사회주의에 대해서는 묵인하면서도, 한국 영상물 시청·마약 등 체제 위협으로 간주되는 비사회주의, 반사회주의에 대해서는 통제·단속·처벌을 강화하고 있다.[160] 2017년 12월 21~23일까지 열린 노동당 제5차 세포위원장 대회에서 김정은 총비서는 "전당의 모든 당 조직들과 당 일꾼들이 비사회주의적 현상을 뿌리 뽑기 위한 섬멸전을 강도 높이 벌여"[161] 비사회주의적 현상 척결을 요구하였다. 2019년 하노이회담 결렬 후 비사·반사에 대한 투쟁의 강도가 높아진다. 2021년 1월 제8차 당대회 보고에서 "비사회주의, 반사회주의적 현상을 쓸어버리고 온 나라에 사회주의생활양식을 철저히 확립하기 위한 사업"을 전국가적 차원에서 전개할 것을 강조하여, 제8차 당대회 기점

---

[159] 사회과학출판사 편, 『조선말대사전 2』, 평양: 사회과학출판사, 2007, 425쪽; 조윤영, 「김정은 체제의 반사회주의·비사회주의 대응전략 분석」, 『국가안보와 전략』 23권 1호, 2023, 1~34쪽.
[160] 조윤영, 위의 글, 6쪽.
[161] 「조선로동당 제5차 세포위원장대회에서 연설」, 『朝鮮通信』, 2017년 12월 24일; http://www.kcna.co.jp〉2017/12(검색일: 2024년 2월 24일).

으로 투쟁의 수위를 한층 강화한다. 김정은 총비서는 2022년 10월 12일 만경대혁명학원, 강반석혁명학원 창립 75주년 기념행사에 참석하여 "당에서 가장 타매(연구자주: 唾罵·더럽게 여기고 경멸)하는 비당적이고 비혁명적이며 비사회주의적인 요소가 바늘끝만큼도 스며들지 못하도록 투쟁과 교양의 도수를 높여나가야"[162] 한다며 비사회주의에 대한 최고의 경계를 보였다.

둘째, 법제와 관련한 분석개념을 제시하면 다음과 같다. 먼저 '사회주의법치'는 북한 개념으로 당의 영도 아래 인민대중의 의사와 요구가 반영된 사회주의법을 기본수단으로 사회 및 국가를 관리하는 것을 의미한다. 여기서 자본주의법치 즉 부르주아(유산계급)법치와 구분하여 사회주의법치라고 한다.

다음으로, '법제화' 개념은 "법률로 정하여 놓음"이다. '법제화하다'는 '법률로 정하여 놓다'라는 뜻이다. '법화(法化)'는 북한말로 "법으로 전환하는 일 또는 법적인 효력을 가지게 하는 일"을 말한다. 북한 사전에 '법제도화'라는 단어는 없으나, 본 연구는 '법률로 제도를 정하여 놓음'이란 의미로 해석한다. 즉, 법을 제도로 만드는 과정이라고 본다.

'법건설'도 북한식 표현이자 사회주의법에만 해당하는 개념으로, 법의 제정과 집행에서 진보가 이루어지는 과정과 결과를 주로 인민대중의 목적의식적인 활동과 투쟁의 견지에서 파악된 것을 논리적으로 일반화한 개념[163]이라고 한다. 법건설은 법을 제정·완성하는 활동과 법을 실현하는 활동(법의 준수와 법의 해석적용)으로 구분된다. 북한에서 규정하는 '사회주

---

[162] 「만경대혁명학원과 강반석혁명학원은 주체위업의 억년 청정함을 담보하는 핵심육성의 원종장이 되라: 김정은원수님께서 만경대혁명학원과 강반석혁명학원 창립 75돐 기념행사에서 하신 연설(2022년 10월 12일)」, 『조선신보』, 2022년 10월 13일; https://chosonsinbo.com〉2022/...(검색일: 2024년 2월 19일).
[163] 심형일, 앞의 책, 187~188쪽.

의법건설' 개념은 "목적의 견지에서 보면 인민의 법을 인민자신이 건설하는 사업이며 징표의 견지에서 보면 법제정과 법질서를 세우는 사업을 포괄"[164]하는 것이다.

끝으로 '인민대중제일주의법건설사상'은 "법이 인민을 지키고 인민이 법을 지키는 진정한 인민의 나라를 건설할데 대한 사상"[165]으로 정의된다. 따라서 '인민대중제일주의법건설'은 법이 인민을 지키고 인민이 법을 지키는 진정한 인민의 나라를 건설하는 것을 의미한다. 인민대중제일주의법건설은 인민대중제일주의 통치이념과 법건설을 결합한 용어이다. 북한의 법학자 최홍락은 법이 인민을 지키고 인민이 법을 지키는 참다운 인민의 나라라는 것은 "나라의 모든 법이 인민의 의사와 요구에 맞게 제정되고 법집행일군들이 법을 옳게 해석적용하여 온갖 비법적인 요소와 위법현상으로부터 인민을 철저히 보호하며 인민들의 목적의식성과 높은 자각성에 의하여 법이 준수되는 나라"[166]를 의미한다고 피력하고 있다. 이상의 분석개념을 표로 정리하면 다음 〈표 Ⅱ-14〉과 같다.

---

164 진유현, 「사회주의법건설의 본질」, 『정치법률연구』 제1호, 2010, 35쪽.
165 「제7차 전국법무일군대회, 김정은 총비서 대회참가자들에 서한」, 『조선중앙통신』, 2022년 9월 16일.
166 최홍락, 「우리나라는 법이 인민을 지키고 인민이 법을 지키는 참다운 인민의 나라」, 『사회과학원학보』 2020년 제4호, 2020, 48쪽.

〈표 II-14〉 인민대중제일주의 법제도의 분석개념

분류	분석개념	정의	본 연구 관점 / 비고
인민대중제일주의 관련 개념	인민대중제일주의	인민을 제일로 여기는 관점이자 인민에게 의거하고 인민을 위한 통치이념·정치이념	인민대중제일주의는 김정은식 친인민담론
	친인민담론	인민을 섬기는 지배담론. 친인민담론은 군중노선을 의미. 군중노선은 가능한 많은 사람을 포섭하여 사회정치적으로 동원하는 포용전략	친인민담론은 군중노선
	사회통합	사회구성원의 자기 사회에 대한 애착을 기반으로 사회질서 및 사회통제가 유지되는 상태. 상향식 사회통합을 의미	인민대중제일주의는 상향식 사회통합기제
	사회통제	사회가 인정하고 있는 규범에 반하는 사회구성원의 일탈행위에 대한 공식적·비공식적 제재. 하향식 사회통제를 의미	비사·반사와의 투쟁은 하향식 사회통제기제
	비사회주의	사회주의 원칙에 어긋나는 현상과 행위	비사·반사와의 투쟁은 인민보위로 인민대중제일주의의 재개념화에 해당
	반사회주의	체제에 위협을 주는 반당적, 반혁명적, 반국가적 현상과 행위	
법제 관련 개념	사회주의법치	당의 영도 아래 인민대중의 의사와 요구가 반영된 사회주의법을 기본수단으로 사회 및 국가를 관리하는 것	북한의 개념정의
	법화	법으로 전환하는 일 또는 법적인 효력을 가지게 하는 일	북한의 개념정의
	법제도화	법률로 제도를 정하여 놓음. 법을 제도로 만드는 과정	본 연구에서 사용
	법건설	법을 제정·완성하는 활동과 법을 실현하는 활동(법의 준수와 해석적용)으로 구성된 포괄적 개념	북한의 개념정의
	사회주의법건설	목적의 견지에서 보면 인민의 법을 인민자신이 건설하는 사업이며, 징표의 견지에서 보면 법제정과 법질서를 세우는 사업	북한의 개념정의
	인민대중제일주의법건설	법이 인민을 지키고 인민이 법을 지키는 진정한 인민의 나라를 건설하는 것	북한의 개념정의
	인민대중제일주의 법건설사상	법이 인민을 지키고 인민이 법을 지키는 진정한 인민의 나라를 건설할데 대한 사상	북한의 개념정의

* 출처: 본 연구자가 작성함.

제Ⅱ장

인민대중제일주의와 법제도

1
인민대중제일주의 형성단계와 법제도

1) 정당성 확보와 인민대중제일주의 형성

가. 정당성 확보의 과제

김정은 총비서는 김정일 위원장 사후 20대 후반의 나이에 권력을 세습한다. 김정일 위원장 사망 후 열린 2011년 12월 17일 당 정치국회의에서 김정은 총비서는 인민군 최고사령관에 추대되고, 2012년 4월 11일 개최된 제4차 당대표자회에서 제1비서가 된다. 이어 같은 달 13일 열린 최고인민회의 제12기 제5차회의에서 국방위원회 제1위원장에 추대되고, 2012년 7월 17일에는 '공화국 원수' 칭호를 받는다. 이같이 김정은 총비서는 김정일 위원장 사후 단기간에 당·정·군 모두를 장악하면서 북한의 최고지도자로 등극한다.

혈연에 의한 권력의 이양은 북한에서 선대의 노선과 사상을 전승함으로써 정치적 정통성을 확보하게 된다. 이에 김정은 총비서는 선대 김정일 위원장이 김일성 주석 사후에 김일성의 사상을 '김일성주의'로 정식화하고 '당의 유일적 영도체계'를 강조한 전례[1]에 따른다.

김정은 총비서는 집권 후 첫 '로작'으로 알려진 2012년 4월 6일의 "위대한 김정일동지를 우리 당의 영원한 총비서로 높이 모시고 주체혁명위업을 빛나게 완성해나가자"라는 제하의 4·6담화에서 기존의 김일성주의에 김정일의 선군(先軍)혁명사상 심화발전 업적 등을 부가한 '김일성-김정일주의'를 당의 지도사상으로 천명하고 이의 승계를 추구하면서, '당의 유일적 영도체계' 확립을 제일의 정치과제로 제시하였다.[2] 이어 같은 달 11일 열린 제4차 당대표자회에서 당규약 개정을 통해 노동당의 지도사상을 김일성-김정일주의로 명시함으로써 노동당이 김일성-김정일주의 당임을 공식화한다. 김일성 주석의 주체사상에 입각한 혁명사상[3]과 이를 계승·발전시킨 김정일 위원장의 사상을 김일성-김정일주의로 규정하고, 이를 김정은시대의 새로운 상징으로 삼는다.[4]

그러나 권력승계의 정통성만으로는 충분하지 않다. 권력(power)은 인민으로부터의 지지에 의한 정당성(legitimacy)을 확보해야만 비로소 권위(authority)를 갖는 것이다. 더욱이 시장화 진전에 따른 계층의 분화와 사회적 불평등을 경험한 북한 인민들로부터 동의를 얻기 위해서는 기존의 인민포섭전략과는 차원이 다른 접근이 요구되는 것이다.[5]

---

1 김정일, 「위대한 수령님을 영원히 높이 모시고 수령님의 위업을 끝까지 완성하자: 조선로동당 중앙위원회 책임일군들과 한 담화(1994년 10월 16일)」, 『김정일선집 13』, 평양: 조선로동당출판사, 1998, 420~441쪽; 김정일, 「위대한 수령님의 뜻을 받들어 내 나라, 내 조국을 더욱 부강하게 하자: 조선로동당 중앙위원회 책임일군들과 한 담화(1994년 12월 31일)」, 『김정일선집 13』, 평양: 조선로동당출판사, 1998, 489~497쪽. 이 문헌에서는 김일성의 사상을 '김일성주의'로 정식화하고 당의 유일영도체계를 강조하고 있다.
2 선병주, 앞의 글, 31~32쪽.
3 '김일성주의'는 김정일 위원장이 1974년 2월 19일 '전국 당 사상사업 부문일군 강습회'에서 "온 사회를 김일성주의화하기 위한 당 사상사업이 당면한 몇 가지 문제에 대하여"라는 연설을 통해 공식적으로 제기되었다. 『김정일선집(증보판) 6』, 평양: 조선로동당출판사, 29~88쪽.
4 선병주, 앞의 글, 32쪽.
5 위의 글, 32~33쪽.

북한은 공식적으로 사회주의 체제로 평등을 지향하지만, 현실적으로는 정경유착형 시장화에 의한 불평등 사회이다. 국가는 더 이상 인민생활을 책임지지 않고 인민은 더 이상 국가를 믿지 않는다. 개인의 생활을 국가가 책임지는 '배급제'에서 개인이 스스로 책임지는 '시장'으로 전가된 것이다.

북한에서 시장화는 외부문화 유입을 촉발하고, 외부사조 도입에 따라 사회계층 재구조화, 제2사회 내지는 사회주의 비공식사회[6]의 형성으로 인한 지배담론 즉 공적담론 약화와 사회통합력의 완화 문제로 연결된다. 구체적으로 시장화 확산을 통한 당적 차원의 역할 축소, 경제적 차원의 배급제 붕괴로 인한 국가 능력 저하, 사회적 차원의 새세대 등장과 개인 중심의 가치관 변화, 외부정보 유입 등의 요인이 복합적인 원인으로 작용한다.[7] 시장을 매개로 한 사적영역과 사적 네트워크가 형성되고 물질과 풍요를 열망하는 사적담론[8]이 형성되고 확산되는 것을 의미한다. 이러한 공적영역의 약화와 사적영역의 확대는 곧 김정은 체제를 불안하게 만드는 요인[9]이라고 할 수 있다.

이러한 상황에서 인민들의 지지를 이끌어내기 위해서는 인민생활 향상 및 불평등 문제 해소와 함께 인민대중의 마음을 얻는 통치전략이 필요하다. 이미 정경유착형 시장화에 따른 부익부빈익빈이라는 불평등을 경험하고 외부 문화와 정보 유입으로 더 이상 기존의 군중노선, 대중노선만으로는 인민들의 마음을 얻을 수 없기 때문에 새로운 군중노선·친인민담

---

6 정영철, 「북한에서의 시장 그리고 사회의 발견」, 『한국과 국제정치』 제30권 제1호, 2014, 128~132쪽.
7 이우영, 「북한체제 내 사적 담론 형성의 가능성: 공적 담론 위기를 중심으로」, 『현대북한연구』 제11권 제1호, 2008, 128~133쪽.
8 위의 글, 141~143쪽.
9 이우영, 「김정은 체제 북한 사회의 과제와 변화 전망」, 『통일정책연구』 제21권 제1호, 2012, 83~85쪽; 이우영, 「북한의 사회정책과 인민 생활」, 『통일경제』 제47권, 2012, 26~27쪽.

론과 정책이 필요하다고 보는 것이다.[10] 다시 말해 이제는 사회구조가 변화되어 '인민의 정치적 중요성'이 부각되고 있는 것이다. 바로 이 점이 인민대중제일주의라는 섬김의 친인민담론의 발생 배경이 된다.[11]

나. 인민대중제일주의의 형성

2011년 12월 17일 김정일 위원장이 사망하고 김정은 총비서의 공식 노작인 4·6담화가 나오기 전에는 북한의 대표적인 대중매체인 노동신문을 통해 세습의 정통성과 함께 김정은 총비서의 애민지도자 이미지를 강조한다.[12]

김정은식 친인민담론이 인민대중제일주의 통치이념으로 공식화되기까지 세 단계의 과정을 거친다. 세 과정은 친인민담론 발아, 체계화(정식화/전면화), 공식화 과정으로 이루어져 있고, 그 개요는 앞서 제시한 〈표 Ⅰ-1〉과 같다.

---

10 선병주, 앞의 글, 39쪽.
11 위의 글, 33쪽.
12 위의 글, 40쪽; 「전체 당원들과 인민군장병들과 인민들에게 고함」, 『로동신문』, 2011년 12월 20일; 「〈정론〉영원한 우리의 김정일동지」, 『로동신문』, 2011년 12월 20일; 「〈사설〉위대한 김정일동지는 선군조선의 영원한 백전백승의 기치이시다」, 『로동신문』, 2011년 12월 24일; 「〈정론〉장군님의 영원한 동지가 되자」, 『로동신문』, 2011년 12월 25일; 「선군조선의 오늘, 래일」, 『로동신문』, 2011년 12월 26일; 「조선인민군 최고사령관 김정은동지께서 새해에 즈음하여 오중흡7련대칭호를 수여받은 조선인민군 근위 서울류경수제105땅크사단을 방문하시고 인민군장병들을 축하하시였다」, 『로동신문』, 2012년 1월 2일; 「〈정론〉김정일동지의 전사, 제자들이여!」, 『로동신문』, 2012년 1월 4일; 「〈정론〉지구가 깨여진대도」, 『로동신문』, 2012년 1월 7일; 「〈사설〉일심단결의 위력으로 백두의 행군길을 끝까지 이어나가자」, 『로동신문』, 2012년 1월 9일; 「전민학습을 위하여 끊임없이 베풀어지는 어버이사랑」, 『로동신문』, 2012년 1월 13일; 「영원히 한길을 가리라!」, 『로동신문』, 2012년 1월 14일; 「〈사설〉위대한 장군님의 유훈관철에 당사업의 화력을 총집중하자」, 『로동신문』, 2012년 2월 21일; 「〈정론〉불바람 휘몰아쳐와도」, 『로동신문』, 2012년 3월 23일; 「중앙추모대회에서 한 조선로동당 중앙위원회 정치국 상무위원회 위원이며 조선민주주의인민공화국 내각 총리인 최영림동지의 추모사」, 『로동신문』, 2012년 3월 26일 등 참조.

(1) 인민대중제일주의 발아과정

1단계의 첫 시기는 '발아과정'으로 김정은 총비서의 '3대중시'와 김정일애국주의가 공존하는 시기이다. 김정은 총비서의 첫 '로작'으로 알려진 4·6담화는 김정은 총비서의 권력세습을 노동당 차원에서 공식화하는 제4차 당대표자회를 앞두고 김정은 총비서가 2012년 4월 6일 노동당 중앙위원회 간부들과 한 담화이다. 이 4·6담화는 선대의 노선을 계승하여 권력세습의 정통성을 추구하는 한편 자신의 친인민담론을 선보여 인민의 지지를 유도한다는 정권 이양기 초기의 과제를 그대로 담고 있다.[13] 김정은 총비서는 김일성 주석과 김정일 위원장의 이민위천(以民爲天)[14] 사상을 계승해야 한다고 하여 자신의 친인민담론의 근거를 선대 사상에서 찾고 있다. 김정은 총비서가 인식한 김일성 주석과 김정일 위원장의 이민위천 사상은 다음과 같이 표현된다.

> 우리는 인민을 끝없이 존중하고 인민의 이익을 절대시하며 인민들을 참다운 어머니 심정으로 보살펴주어야 합니다. …(중략)… 이민위천을 좌우명으로 삼으신 수령님과 장군님의 숭고한 뜻을 받들어 인민을 하늘과 같이 여기고 무한히 존대하고 내세워주며 인민의 요구와 이익을 첫 자리에 놓고 모든 사업을 진행하여야 합니다. …(중략)… 우리사회를 화목하고 단합된 일심단결의 대가정으로 만들어야 합니다. …(중략)… 민심을 떠난 일심단결이란 있을수 없습니다. 당조직들은 군중의 소리를 귀담아

---

13 위의 글, 47쪽.
14 김일성 주석이 강조한 이민위천(以民爲天)의 개념은 "나는 인민을 하늘처럼 여겨왔고 인민을 하느님처럼 섬겨오고 있다. 나의 하느님은 다름아닌 인민이다. 세상에 인민대중처럼 전지전능하고 위력한 힘을 가진 존재는 없다. 그래서 나는 〈이민위천〉을 평생의 좌우명으로 삼고 있다"(『김일성저작집』 49권, 372쪽). "백성을 하늘처럼 여긴다는 뜻으로 인민을 가장 소중히 여기는 것을 이르는 말"로 정의된다. 『조선말대사전(증보판)』 제3권』, 평양: 사회과학출판사, 2007, 1661쪽. 즉, 이민위천은 "백성을 하늘처럼 여긴다는 뜻으로 인민을 가장 소중히 여김을 이르는 말"을 의미한다. 『조선말사전』, 평양: 과학백과사전출판사, 2010, 1646쪽; 김현환은 '이민위천'이 "인민대중제일주의의 사상정신적원천"이라고 한다. 김현환, 앞의 책, 7쪽.

듣고 군중속에서 제기되는 문제들을 제때에 풀어주어야 하며 민심을 소홀히 하거나 외면하는 현상들과 강한 투쟁을 하여야 합니다."[15]

이처럼 4·6담화는 인민을 존중하고 인민의 이익을 절대시하며, 민심을 살펴야 한다는 것으로 '인민중시' 사상을 적시하고,[16] 이와 함께 '군사중시'와 '청년중시'를 포함한 3대중시를 강조한다. 군사중시는 선군혁명노선의 연장선상에 있는 것으로, 관련하여 "온 사회에 군사중시기풍을 철저히 세우고 전 인민적, 전국가적방위체계를 튼튼히 다져 온 나라를 난공불락의 요새로 만들어야 합니다."[17]라고 표현된다. 청년중시는 청년단체의 중요성과 선대에서 그들이 해오던 역할의 계속적인 수행을 당부하는 것으로, "당조직들은 당의 청년중시사상을 높이 받들고 청년들을 적극 내세워주며 청년들과의 사업에 언제나 깊은 관심을 돌려야 합니다."[18]라고 하여 '청년중시사상'으로 언급된다.[19] 김정은 총비서는 이 담화의 결론부분에서 일군들이 '인민의 참된 복무자'가 될 것을 강조한다.

이상 4·6담화의 3대중시사상은 발아과정의 사상적 기반으로 작용한다. 아직은 권력을 이양받은지 1년도 되지 않은 시기라 계승성을 강조한다.

2012년 5월 12일자 『로동신문』 사설에[20] '김정일애국주의'라는 용어가 등장[21]하고, 같은 달 21일자 『로동신문』에는 "김정일애국주의 교양을 강

---

[15] 김정은, 『위대한 김정일동지를 우리 당의 영원한 총비서로 높이 모시고 주체혁명위업을 빛나게 완성해나가자: 조선로동당 중앙위원회 책임일군들과 한 담화(2012년 4월 6일)』, 평양: 조선로동당출판사, 15~17쪽.
[16] 선병주, 앞의 글, 48쪽.
[17] 김정은, 앞의 책, 22쪽.
[18] 위의 책, 30쪽.
[19] 선병주, 앞의 글, 48쪽.
[20] 「절세위인의 한생의 리념」, 『로동신문』, 2012년 5월 12일.
[21] 구갑우는 북한의 '김정일애국주의'에 대해 2010년 언젠가의 생산물로 본다. 이 주장은 2010년 12월 북한의 사회과학원 출판사가 간행한 단행본, 최원철·리성환·박길성

화하자"라는 제목의 사설이 실린다. 그리고 김정은 총비서는 2012년 7월 26일에 당 중앙위원회 책임일군들과 한 담화 "김정일애국주의를 구현하여 부강조국건설을 다그치자"[22]에서 김정일애국주의를 가장 "숭고한 애국주의", "사회주의적 애국주의의 최고 정화"라고 하면서, 김정일 위원장이 지닌 숭고한 "조국관," 인민을 하늘처럼 여기는 숭고한 "인민관"을 바탕으로 한다고 규정한다.[23]

이후 김정은 총비서는 김일성 주석 탄생 100주년 기념 열병식에서 한 연설에서 "우리 인민군대에서는 위대한 장군님께서 제시해주신 《인민을 돕자!》라는 구호를 계속 들고 나가야 합니다. 인민군장병들은 자기 부모형제들을 위하고 자기 집뜰안을 꾸리는 심정으로 인민을 위한 좋은 일을 더 많이 하여 인민의 군대로서의 본분을 다해나가야 하겠습니다."[24]라고 한다. 김정일시대의 선군을 계승하지만, 김정일시대에 인민들이 군대를 돕는 원군(援軍)이었다면, 김정은시대에는 군대가 인민을 위해 봉사하는 원민(援民)으로 방향을 전환한 것이다. 이는 김정은시대의 친인민담론을 보여주는 대표적 사례이다.

의 『철학연구론문집 14』가 「김정일애국주의란 무엇인가」, 「조국번영의 위대한 기치 김정일애국주의」로 구성되어 있는 점과 이 책의 후기에 인용된 "'김정일애국주의'는 김일성민족의 영원한 넋이고 숨결이며 부강조국건설의 원동력입니다"라는 '김정은동지'의 말 등 서지사항을 근거로 하고 있다. 구갑우, 「북한의 '우리 국가제일주의' 담론의 계보학」, 『현대북한연구』 27권 1호, 2024, 10쪽. 이에 따라 '김정일애국주의'가 2012년 5월 12일 노동신문 사설에서 처음 등장하였다는 기존 견해는 수정되는 것이 타당하다고 생각한다.

22 김정은, 「김정일애국주의를 구현하여 부강조국건설을 다그치자: 조선노동당 중앙위원회 책임일군들과 한 담화(2012년 7월 26일)」,; http://www.naenara.com.kp/ko/book/reading.php?12+1(검색일: 2017년 6월 14일).
23 선병주, 앞의 글, p. 50.
24 김정은, 「선군의 기치를 더 높이 추켜들고 최후승리를 향하여 힘차게 싸워나가자: 위대한 수령 김일성대원수님 탄생 100돐경축 열병식에서 한 연설(2012년 4월 15일)」,; http://www.naenara.com.kp/ko/book/reading.php?12+1(검색일: 2017년 6월 14일).

(2) 인민대중제일주의 체계화과정: 정식화와 전면화

앞선 발아과정의 3대중시사상이 체계화과정에 와서 '인민대중제일주의'로 발전한다. '인민대중제일주의'라는 용어가 김정은 총비서의 2013년 1월 29일 조선노동당 제4차 세포비서대회 연설에서 처음 등장한다.[25] 김정은 총비서는 이 연설에서 "김일성-김정일주의는 본질에 있어서 인민대중제일주의이며 인민을 하늘처럼 숭배하고 인민을 위하여 헌신적으로 복무하는 사람이 바로 참다운 김일성-김정일주의자입니다."[26]라고 규정한다. 즉 '김일성-김정일주의=인민대중제일주의'라고 정식화하며 자신의 통치이데올로기를 제시한다. 여기서 선대의 지도사상을 계승하면서도 자기식으로 발전시키겠다는 의지를 보여준다. 김정은 총비서는 이 연설에서 일군들이 '인민의 참된 충복'이 되어야 함을 강조하면서 "《모든것을 인민을 위하여, 모든것을 인민대중에게 의거하여!》[27]"라는 구호를 제시했다. 이 구호는 링컨의 '국민의, 국민에 의한, 국민을 위한'이라는 유명한 게티스버그 연설의 일부를 연상하게 하는데, 링컨 연설 중 '국민의'라는 주체에 관한 언급이 빠져 있음에 주목[28]할 필요가 있다.[29] 김정은 총비서는 이 연설에서 관료주의 척결의지와 함께 인덕정치, 광폭정치의 사례를 거론한다. 특히 김정은 총비서는 일군들의 세도와 관료주의를 '인민대중중심의 사회주의화원에 돋아난 독초'에 비유하면서 발본색원할 의지를 강력하게 피력한다.

이후 김정은 총비서가 2015년 10월 10일 노동당 창건 70주년을 기념

---

[25] 선병주, 앞의 글, 48쪽.
[26] 김정은, 「경애하는 김정은동지께서 조선로동당 제4차 세포비서대회에서 하신 연설」, 『로동신문』, 2013년 1월 30일.
[27] 위의 신문.
[28] 선병주, 앞의 글, 51~52쪽.
[29] 이는 김정은 총비서가 민주시민사회에서 말하는 주권자로서의 인민을 상정하고 있지 않다는 점을 보여주는 것이다.

하는 열병식에서 평양시민에게 한 연설에서 인민에 대한 경의와 섬김을 표함으로써 자신만의 친인민담론을 보다 구체화하고 체계화한다.[30] 김정은 총비서는 '존경하는 평양시민 여러분'으로 연설을 시작하고, 연설문 중간에 '사랑하는 인민'이라고 표현한다. 또한 "전체 인민들에게 당 창건 일흔돐을 맞으며 조선로동당을 대표하여 깊이 허리숙여 뜨거운 감사의 인사를 삼가 드립니다."[31]라고 하여 인민에 대한 최고의 경의를 표했다. 김정은 총비서는 당 70년사의 총화가 3대중시에 있다고 하면서 "우리 당은 앞으로도 인민중시, 군대중시, 청년중시의 3대전략을 제일가는 무기로 틀어쥐고 최후의 승리를 향하여 힘차게 매진할 것"이라고 하여 3대중시를 3대중시 '전략'으로 자리매김한다.[32]

김정은 총비서는 "나라의 근본인 인민보다 더 귀중한 존재는 없으며 인민의 리익보다 더 신성한 것은 없습니다."라며 "인민의 이익이 최고이며 인민의 가치가 최고"[33]라고 한다. 이러한 3대중시 중 인민이 군대보다 앞으로 나간 것은 선민(先民)을 의미한다. 이 연설에서 김정은 총비서는 "김일성-김정일주의는 본질에 있어서 인민대중제일주의이며 우리 당의 존재방식은 인민을 위하여 복무하는 것입니다."[34] 라며 인민대중제일주의가 김정은시대의 통치이념이며, 그 통치전략이 3대중시임을 전면화하였다.

---

30 위의 글, 53쪽.
31 김정은, 「인민대중에 대한 멸사복무는 조선로동당의 존재방식이며 불패의 힘의 원천이다: 조선로동당창건 70돐경축 열병식 및 평양시군중시위에서 한 연설(2015년 10월 10일)」; http://www.naenara.com.kp/ko/book/reading.php?12+1(검색일: 2017년 6월 14일).
32 선병주, 앞의 글, 54쪽.
33 김정은, 앞의 글(2015년 10월 10일).
34 위의 글.

(3) 인민대중제일주의 공식화과정

북한에서는 1980년 10월 10일 제6차 당대회가 열린 후 36년 만인 2016년 5월 6일부터 9일까지 제7차 당대회가 개최된다. 2016년 5월 7일 김정은 총비서의 사업총화보고와 이틀 뒤인 9일 노동당 규약 개정 결정서 채택 등에 "당건설과 당활동을 인민대중제일주의로 일관하자"는 김정은 총비서 주장의 논지가 그대로 반영되어, '인민대중제일주의 구현'이 당 사업의 과제로 제시된다. 김정은 총비서가 사업총화보고에서 온 사회의 김일성-김정일주의화와 당의 유일적 영도체계 확립을 강조한 것은 김일성-김정일주의의 본질이 인민대중제일주의이므로 당의 영도를 인민대중제일주의로 일관하겠다는 선언과 같다. 김정은 총비서가 사업총화보고에서 밝힌 인민대중제일주의 실현과제는 다음과 같다.

> 당사업전반에 인민대중제일주의를 철저히 구현하여야 하겠습니다. 인민대중제일주의를 구현하는것은 인민대중을 위하여 투쟁하며 인민대중에게 의거하여 활동하는 우리 당의 본성적요구입니다. 모든 당 사업과 당 활동을 인민대중을 중심에 놓고 진행하여야 합니다. 전당에 인민의 힘을 믿고 인민에게 의거하는 기풍이 차넘치게 하며 당사업의 주되는 힘을 인민들의 복리증진에 돌려야 합니다. 전당이 위대한 인민을 위하여 멸사복무하자! 이것이 오늘 우리 당이 들고 나가야 할 투쟁구호입니다. 우리는 인민을 존중하고 인민들의 운명을 지켜주며 인민들의 리익과 편의를 최우선, 절대시하는 것을 철칙으로 삼아야 합니다. 당일군들과 당원들은 당의 인민중시, 인민존중, 인민사랑의 뜻을 심장에 새기고 인민앞에 무한히 겸손하여야 하며 생눈길을 앞장에서 헤치면서 인민이 바라는 일, 인민이 덕을 볼수 있는 일을 한가지라도 더 찾아하는 인민의 참된 충복이 되어야 합니다.[35]

---

[35] 김정은, 「김정은 제1비서 7차 당대회 중앙위원회 사업총화보고(2016년 5월 7일)」, 『오마이뉴스』, 2016년 5월 8일; www.ohmynews.com/NWS_Web/View/at_pg.aspx?CNTN_CD=A0002207576(검색일: 2017년 9월 5일).

이 사업총화보고에서 김정은 체제는 김일성 주석의 주체사상과 김정일 위원장의 선군사상을 동급으로 인식하고 하나로 통합[36]하여 '김일성-김정일-김정은'으로 이어지는 체제의 연속성을 강조한다. 여기서 김정일주의 선군사상은 이데올로기로 자리바꿈하는 것이다. 이 같은 정치적 과제와 함께 경제적으로 '경제강국' 건설[37]을 위한 과제가 제시되면서 인민생활 향상이 강조된다.[38]

제7차 당대회 마지막 날인 5월 9일 노동당 규약 개정에 대한 결정서가 채택되며, 이 결정서에서 당건설과 당활동에서 인민대중제일주의를 구현하여 인민을 위해 멸사복무한다는 요지의 내용이 보충된다.[39] 사회주의국가에서 당대회는 국가의 최고의사결정기구이다. 그래서 당대회에서 인민대중제일주의 실현이 주요 과제로 결정되고 당규약에 포함되었다는 것은 인민대중제일주의가 김정은시대의 친인민담론으로서 명실상부한 지도이념, 통치이념으로 공식화되었음을 의미한다.[40]

이후 2016년 10월 10일 김정은 총비서는 당 중앙위원회 책임일군들과 한 "우리 식 사회주의에 대한 확고한 신념을 간직할데 대하여"[41]라는 제목의 담화에서 우리식 사회주의의 인민적인 성격을 강조하면서 "주체의 인민관, 인민철학의 최고정화는 인민대중제일주의"라고 역설한다. 우리식 사회주의에서는 인민을 위한 것, 인민적인 것이 가장 정의로운 것으

---

[36] 김근식, 「김정은시대의 김일성-김정일주의: 주체사상과 선군사상의 추상화」, 북한연구학회 기획, 우승지 편저, 『김정은 시대의 정치와 외교: 선군인가 선경인가』, 한울아카데미, 2014, 40~44쪽.
[37] 양문수, 「제7차 당 대회로 본 김정은 체제의 북한: 경제 분야」, 2016 제1차 민화협 통일정책포럼 발표문(2016. 5. 13), 15~26쪽.
[38] 선병주, 앞의 글, 57쪽.
[39] 『조선로동당 규약』(2017.5.9); 이에 대한 보도는 『조선로동당 제7차대회에서 《조선로동당규약》개정에 대한 결정서 채택』, 『로동신문』, 2016년 5월 10일.
[40] 선병주, 앞의 글, 57~58쪽.
[41] 김정은, 『우리식 사회주의에 대한 확고한 신념을 간직할데 대하여: 조선로동당 중앙위원회 책임일군들과 한 담화(2016년 10월 10일)』, 조선로동당출판사, 2017, 1~7쪽.

로 되며 최우선시되고, 정치·군사·경제 모두 인민을 위한 것이 되며, 문화·도덕도 인민적인 것만 장려된다는 것이다. 이 부분 담화 내용은 인민대중제일주의 통치이념에 대한 구체적인 해석으로 평가된다.

이상과 같이 세 개의 과정으로 이뤄진 1단계 인민대중제일주의 형성 단계는 김정일 위원장 사후 김정은 총비서가 권력 이양의 정통성과 지도자로서의 정당성 확보를 위해 친인민담론으로 인민대중제일주의를 제기한 후 이를 공식화하는 시기이다. 이는 2012년 4·6담화에서 인민대중제일주의가 '3대중시'로 '발아'한 후, 2013년 1월 29일 제4차 당세포 비서대회에서 '정식화'되고 당 창건 70주년 기념 연설에서 '전면화'되는 체계화 과정을 거쳐, 2016년 제7차 당대회에서 당규약 개정을 통해 인민대중제일주가 당건설과 당활동 전반에서 구현되어야 할 과제로 제시되어 '공식화'하는 전개 과정이다. 이 단계는 북한이 경제·핵 병진노선을 지속하던 시기로 2018년 4월 20일 당 중앙위원회 전원회의에서 새로운 전략적 노선으로 사회주의경제건설총력집중노선을 채택하기 전까지 이어진다.

2) 김정은식 사회주의법치국가건설론의 토대구축과 법제정 증대

2012년 11월 26일 김정은 총비서는 30년 만에 열린 '전국사법검찰일군열성자대회'에 "혁명발전의 요구에 맞게 사법검찰사업에서 새로운 전환을 일으킬데 대하여"라는 제목의 서한을 보낸다. 그 서한에서 '우리식의 사회주의법치국가건설'[42]을 직접 언급하는데 그 내용은 아래와 같다.

---

42 북한 법학자 최일복은 김정은 총비서가 당의 영도 밑에 우리식의 사회주의법치국가를 건설할데 대한 사상을 제시하였다며 이를 '주체의 사회주의법치국가건설사상'이라 칭하면서 독창적이고 정당한 사상이라고 주장하였다. 최일복, 「주체의 사회주의법치국가건설사상의 독창성과 정당성」, 『김일성종합대학학보 력사, 법률』 제61권 제2호, 2015, 73~76쪽.

나라의 법질서를 세우며 사회주의법치국가를 건설하는데서 사법검찰
기관의 역할이 매우 중요합니다. 검찰기관과 재판기관의 법적통제기능을
강화하여야 온 나라에 혁명적법질서를 튼튼히 세우고 당의 령도밑에 우
리 식의 사회주의법치국가를 건설해나갈수 있습니다.[43]

이 서한에서는 사법검찰기관들에게 수령보위, 정책보위, 제도보위, 인민보위 네 가지의 사명을 수행하는데서 혁명적 전환을 일으킬 것을 요구한다. 선대의 선군혁명위업을 계승하여 사회주의강성국가를 건설하는데 장애가 되는 적대적이며 비사회주의적인 현상들을 사법검찰기관이 제압하고 혁명적 법질서를 확립하여야 한다는 것이다. 그 첫째 사명이 '수령보위' 즉 혁명수뇌부 결사옹위이다. 혁명수뇌부를 일심단결의 '근본핵'으로 표현하면서 목숨 걸고 옹호보위하여야 한다고 강조한다. 둘째 사명은 '정책보위'이다. 이에 대해 선대의 업적이 깃든 국방공업발전을 위한 법적 감시와 통제 강화, 인민생활과 경제강국건설에서 결정적 전환을 일으키기 위한 법적 통제 강화를 제시한다. 후자와 관련하여 첨단돌파와 생산의 과학기술적 발전 지원, 국토관리와 환경보호, 사회주의교육제도와 보건제도에서 국가의 인민적 시책 지원 등을 강조한다. 셋째 사명인 '제도보위'와 관련하여 비사회주의적 현상[44]에 대해 법적으로 엄격히 다스리고, 준법교양과 법적투쟁을 벌여 사회의 세포인 가정의 공고화에 이바지할 것을 강조한다. 넷째 사명인 '인민보위'에 대하여 공민의 권리와 인민의 생명재산을 침해하는 현상과의 법적투쟁 강화를 요구한다. 서한은 법집행사업의 방향은 일심단결 강화임을 강조하면서 죄인도 인덕정치, 광폭정

---

43 「김정은원수님, 전국사법검찰일군열성자대회 참가자들에게 서한 전달」, 『조선신보』, 2012년 11월 27일; https://chosonsinbo.com/2012/...(검색일: 2024년 3월 14일).
44 김정은 총비서 서한에서는 비사회주의적 현상의 위험성에 대하여, "사람들이 비사회주의에 물젖게 되면 혁명의식, 계급의식이 마비되고 돈밖에 모르는 타락분자, 정신적불구자로 되며 나중에는 당과 조국을 배반하는 반혁명의 길로 굴러떨어질수 있다"고 지적한다.

치에 포섭하고 교양·개조할 것을 당부하고, 법집행에서 과학성, 객관성, 신중성, 공정성 보장을 강조한다. 또한 범죄와 위법현상의 예방을 위한 준법교양을 강화하여 인민의 사회주의적 준법의식을 제고하고 인민들이 법에 대한 인식을 바로 가지고 법을 자각적으로 지키도록 해야 한다고 지적한다.

결론적으로 이 서한은 사법검찰기관이 4가지 사명을 완수하여 법질서를 확립하고, 준법교양을 통해 인민들의 법에 대한 인식 함양과 자각적인 준법을 이끌어야 한다는 요지이다. 이 서한에서는 사법검찰일군의 인민사랑, 인민의 이익을 위한 헌신, 법세도를 부리지 말고 인민의 충복이 될 것을 강조하고 있다. 다만 수령보위를 첫 번째 사명으로 하고 인민보위는 네 번째에 위치하는 점은 인민대중제일주의의 3대 중시전략에서 인민중시를 첫째로 하고 있는 점과 비교된다.

전국사법검찰일군열성자대회가 열리고 9일 후인 12월 5일 '전국법무일군대회'가 개최되는데 이때 김정일 위원장이 지난 2007년 2월 28일 전국법무일군대회 참가자에게 보낸 서한이 전달된 것으로 알려졌다.[45] 그리고 12월 19일 「법제정법」이 채택됨으로써 김정은식 사회주의법치의 기본수단이 될 법제사업의 제도화가 처음으로 이뤄진다. 2012년은 「법제정법」 하나만으로도 김정은식 사회주의법치국가건설을 위한 토대를 구축했다 할 만큼 법률체계 개선의 한 획을 긋는 의미가 크다.

한편 이 단계는 김정은 정권 초기 지도사상과 친인민적 주요 정책의 골간이 형성된 시기이며, 관련 입법도 활발하게 이뤄졌다. 그 개요와 흐름을 살펴보면 다음과 같다. 김정은 총비서는 2012년 4.6담화와 4월 15일 김일성 탄생 100주년 기념 열병식 연설을 통해 자신의 전반적인 국정 기

---

[45] 「북 '온 사회에 혁명적 법질서 확립해야'」, 『연합뉴스』, 2012년 12월 5일; https://www.yna.co.kr/view/AKR20121205202600014 (검색일: 2024년 4월 25일).

조를 밝힌다. 정치부문에서는 김일성-김정일주의를 당의 지도사상으로, 온 사회의 김일성-김정일주의화를 당의 최고강령으로 정한다. 또한 당의 유일영도체계 확립을 제시하고, 선대 수령이 안치된 금수산태양궁전의 성역화 의지를 표명한다. 국정의 세 가지 핵심전략으로 인민중시, 군대중시, 청년중시를 제시하고, 선군혁명노선과 국방공업의 주체화·현대화·과학화 방침을 천명한다.

경제부문에서는 '새 세기 산업혁명'을 통한 '지식경제강국건설', 경제운영에서 내각중심제, 내각의 통일적 지휘를 강조한다. 또한 뒤에 '사회주의기업책임제'로 명명되는 경제관리체계 기본구상도 밝힌다. 즉 경제사업에서 사회주의원칙을 고수하며 생산과 건설의 담당자인 근로자의 역할과 책임을 높여 생산을 최대한 늘려야 한다는 것이다. 사회문화부문에서는 '사회주의문명국'을 건설하고, 국토관리사업에 힘써 아름답고 살기 좋은 인민의 낙원으로 가꾸어야 한다고 한다.

이러한 정책구상은 선대의 유업인 '사회주의강성국가건설'의 국가목표를 지향한다. 다만 정책은 법제화되어 구현되어야 하므로 사법검찰기관을 비롯한 법기관들에 대한 당적지도 강화를 주문한다.

그리고 2012년 4월 11일 개최된 제4차 당대표자회는 당규약을 개정하여 '김일성-김정일주의를 유일한 지도사상'으로, '온 사회의 김일성-김정일주의화'를 최고강령으로 규정한다. 이어 4월 13일 열린 최고인민회의 제12기 제5차회의에서 헌법을 개정한다. 개정헌법은 서문에 '핵보유국'임을 명시하고, 김정일 위원장을 '영원한 국방위원장'으로 추대하며, '김일성-김정일헌법'이라 명명한다. 또한 국가기구에 기존의 '국방위원회 위원장' 대신 '국방위원회 제1위원장' 직제를 신설하고 국방위원회 제1위원장을 최고영도자로 규정(제100조)하며, '국방위원회'는 존치한다. 헌법 서문에 핵보유국을 명시한 것은 김정일시대 2006년 1차 핵실험에 이어

2009년 2차 핵실험의 성과를 헌법에 반영한 것이다.

이후 김정은 총비서는 자신의 정책구상을 구체화하는 행보를 이어간다. 대표적인 사례를 들면, 2012년 4월 27일 당, 국가경제기관, 근로단체 책임일군들과의 담화 "사회주의강성국가건설의 요구에 맞게 국토관리사업에서 혁명적전환을 가져올데 대하여"[46]를 노작으로 발표한다. 이 노작에서는 첫째, 금수산태양궁전지구 성역화, 만경대혁명사적지 단장, 둘째, 평양시를 혁명의 수도, 선군문화의 본보기로 가꿀 것, 셋째, 지방도시와 농촌마을 특성에 맞게 꾸리기, 넷째, 토지관리와 보호, 다섯째, 온 나라 수림화, 원림화, 여섯째, 강하천과 물관리사업 강화, 일곱째, 도로건설과 관리, 여덟째, 연안, 영해관리, 아홉째, 환경보호, 자연보호관리, 열째, 수산자원 보호, 열한째, 지하자원 보호, 열둘째, 국토건설총계획의 수립과 건설 등에 대하여 전반적으로 언급하고, 국토관리와 관련된 과학기술의 발전도 강조한다. 이 담화는 김정은시대 국토관리정책 입법의 '강령적' 지침으로 작용한다.

같은 해 6월 10일 당 중앙위원회 책임일군들과 한 담화 "중등일반교육을 개선강화할 데 대하여"[47]에서 시대가 변하고 과학기술이 발전하는데 맞춰 중등일반교육 전반의 개선과제를 제시한다. 7월 30일에는 대중용 법전인 『조선민주주의인민공화국 법전(제2판)』이 출간된다. 9월 25일 열린 최고인민회의 제12기 제6차 회의에서는 중등일반교육 개선에 관한 담화를 반영하여 '전반적 12년제 의무교육을 실시함에 대하여'가 최고인민회의 법령으로 채택된다.

---

[46] 「北 김정은, 국토관리사업과 관련한 '노작' 발표(전문)」, 『통일뉴스』, 2012년 5월 9일; http://www.tongilnews.com(검색일: 2024년 3월 14일).

[47] 김정은, 「중등일반교육을 개선강화할데 대하여: 조선로동당 중앙위원회 책임일군들과 한 담화(2012년 6월 10일)」, 『시장통』; https://minzokjaju.wayful.com〉2...(검색일: 2024년 3월 14일).

다음 해인 2013년 북한은 대외적으로 1월 23일 유엔안보리의 대북제재결의 2087호 채택과 함께 한 해를 시작한다. 2012년 12월 12일 인공위성 광명성3호 2호기를 운반체 장거리로켓 은하3호로 발사한 사건이 그 원인이다. 북한은 이에 아랑곳하지 않고 2월 12일 3차 핵실험을 강행하고, 3월 7일에는 강화된 대북제재결의 2094호가 공표된다. 대내적으로 2013년은 1월 29일 김정은 총비서가 제4차 당세포비서대회 연설에서 김일성-김정일주의 본질이 인민대중제일주의라고 정식화하여 인민대중제일주의정치의 서막을 알린 것과 함께 3월 31일 당 중앙위원회 전원회의에서 경제·핵병진노선을 채택한 것이 큰 의미를 지닌다.

상기 3월 전원회의에서 제시된 경제정책의 개요는 다음과 같다. 즉 △인민경제선행부문(전력, 석탄, 금속, 철도운수)과 기초공업부문에서 경제강국 돌파구 마련 △경제강국의 주 타격방향인 농업, 경공업발전에서 새로운 전환 △과학기술에 기반한 지식경제강국 건설 △원료와 연료, 자재 국산화 △기간공업부문 주체화 실현 △과학기술과 경제를 유기적으로 결합하여 공장, 기업소 현대기술로 개건 △실용위성을 개발·발사 △대외무역의 다각화, 다양화 △관광 활성화 △각 도의 실정에 맞게 경제개발구 개발 △주체사상을 구현한 '우리 식의 경제관리방법[48]'인 '사회주의기업관리방법'의 연구·완성 등이다. 한편 핵무력건설의 과제로 제시된 것은 정밀화, 소형화된 핵무기와 운반수단 개발, 핵무기 기술의 발전, 원자력공업의 현대화·과학화, 핵억제력 문제의 법제화 등이다.

이 3월 전원회의 바로 다음 날 최고인민회의 제12기 제7차 회의가 열렸다. 이 회의에서는 헌법 개정을 통해 서문에 금수산태양궁전을 '영원한

---

48 2013년 3월 31일 전원회의에서 김정은 총비서는 우리식 경제관리방법에 대하여 "주체사상을 구현한 우리 식의 경제관리방법은 생산수단에 대한 사회주의적소유를 확고히 고수하면서 국가의 통일적 지도 밑에 모든 기업체들이 경영활동을 독자적으로, 창발적으로 해나감으로써 생산자대중이 생산과 관리에서 주인으로서의 책임과 역할을 다하도록 하는 사회주의기업관리방법으로 되여야 할 것입니다."라고 언급하였다.

성지'로 표기하고, '전반적 12년제 의무교육'을 명시(헌법 제45조[49])한다. 또한 최고인민회의 법령으로 「금수산태양궁전법」과 「우주개발법」, 「자위적핵보유국의 지위를 더욱 공고히 할데 대하여」가 제정되었다. 5월 29일에는 「경제개발구법」을 제정하여 각 도에 경제개발구를 설치하기 위한 법적 근거를 마련한다.

2013년에는 법률 제정 8건, 개정 38건으로 총 46건의 입법이 이뤄졌다. 2013년 입법이 당의 정책과제를 법제화한 것은 말할 나위가 없지만 특이한 것은 국토·환경보호부문 관련 입법이 무더기로 이루어진 점이다. 1년 전 김정은 총비서의 국토관리 관련 담화 이후 관련 정책이 법제화되고 있음을 알 수 있다.

또한 북한은 2013년 4월 2일 영변원자로 재가동을 발표하고, 신의주 경제특구와 13개 지방급 경제개발구를 지정해 공표한다. 2014년 6월 11일 북한은 원산-금강산 국제관광지대를 발표하고, 7월 23일 경제개발구 6곳을 추가로 지정 공표한다.

김정은 총비서는 2014년 2월 6일 열린 '전국농업부문분조장대회'에 "사회주의농촌테제의 기치를 높이 들고 농업생산에서 혁신을 일으키자"는 제목의 서한[50]을 보낸다. 서한의 핵심 주제는 인민들의 식량문제 해결이다. 김정은 총비서는 문제 해결을 위해 새 세기 농촌건설에서 새로운 전환을 일으켜야 한다고 강조한다. 농업이 사회주의경제강국의 주 타격 방향인데 농업생산에서 획기적인 변화가 있어야 먹는 문제 해결이 가능하다는 것이다. 문제 해결과 관련하여 농경지 보호를 위한 행정적·법

---

49 헌법 제45조 "국가는 1년동안의 학교전의무교육을 포함한 전반적12년제의무교육을 현대과학기술발전추세와 사회주의건설의 현실적요구에 맞게 높은 수준에서 발전시킨다."
50 「김정은원수님의 서한 《사회주의농촌테제의 기치를 높이 들고 농업생산에서 혁신을 일으키자》」, 「조선신보」, 2014년 2월 7일; https://chosonsinbo.com〉2014/...(검색일: 2024년 3월 14일).

적 통제 강화와 간석지 개발, 협동농장에서 분조관리제 안의 포전담당제 실시, 사회주의분배원칙에 따라 일한 만큼·생산에 기여한 만큼 현물분배 하는 방안이 제시된다.

김정은 총비서는 2월 25일과 26일 열린 제8차 사상일군대회 연설[51]에서 자력갱생과 최첨단돌파의 정신을 강조하고, 자본주의적 사조의 유입을 막기 위해 2중3중의 모기장론을 제시하면서 반동적 사상문화유포에 대한 결정적 대책 수립과 이색적인 사상조류, 생활양식을 일소하기 위한 사상투쟁 강화를 주문한다.

5월 30일 김정은 총비서가 당, 국가, 군대기관 책임일군들과의 담화('5.30담화') "현실발전의 요구에 맞게 우리식 경제관리방법을 확립할데 대하여"[52]에서는 '우리식 경제관리방법'으로 알려진 '사회주의기업책임관리제'가 제시된다. 이 경제관리방식은 기업체에 제품개발권, 품질개발권, 인재관리권 등 경영자율성을 부여하고, 공장, 기업소, 협동농장의 직장과 작업반, 분조단위 담당책임제를 실시하며, 일한만큼·번만큼 분배하는 사회주의분배원칙에 따라 분배하는 것을 기조로 하여 최대한의 경제적 실리를 도모하는 방식으로 설명된다. 즉 "사회주의기업책임관리제는 공장, 기업소, 협동단체들이 생산수단에 대한 사회주의적소유에 기초하여 실제적인 경영권을 가지고 기업활동을 창발적으로 하여 당과 국가앞에 지닌 임무를 수행하며 근로자들이 생산과 관리에서 주인으로서의 책임과 역할을 다하게 하는 기업관리방법"[53]이라는 것이다.

김정은 총비서는 8월 30일 당 중앙위원회 책임일군들과 "새 세기 교

---

[51] 「김정은원수님께서 조선로동당 제8차 사상일군대회에서 하신 연설」, 『조선신보』, 2014년 2월 26일; https://chosonsinbo.com〉2014/...(검색일: 2024년 3월 14일).
[52] 「김정은 '5.30담화'와 내각 상무조: 〈신년기획〉 김정은, '북한의 덩샤오핑'될 수 있을까? ①」, 『통일뉴스』, 2015년 6월 14일; http://www.tongilnews.com(검색일: 2024년 2월 29일).
[53] 위의 글.

육혁명을 일으켜 우리 나라를 교육의 나라, 인재강국으로 빛내이자"라는 제목의 담화[54]를 발표하는데, 이 담화는 9월 5일 개최된 제13차 전국교육일군대회에 전달된다. 이 담화는 새 세기 교육혁명으로 인재강국을 이루기 위해 교육사업을 중요한 국사로 내세우고 전당적, 전국가적, 전인민적 사업으로 강하게 추진하자는 것이다. 이 담화에서는 전민과학기술인재화 실현, 전반적12년제 의무교육 실시에 맞게 중등일반교육체계를 개선하여 수재교육을 강화하면서 일반교육 수준 제고, 교육체계 정비와 관련 법제 정비, 교육 후원단체의 책임완수 등의 정책과제를 제시하고 있다.

10월 24일에는 김정일 위원장의 단군릉 현지지도 20돌을 기념하여 김정은 총비서가 당 중앙위원회 책임일군들과 한 담화 "민족유산보호사업은 우리 민족의 력사와 전통을 빛내이는 애국사업"을 노작으로 발표[55]한다. 이 노작에서는 민족문화유산의 보호, 계승발전의 기본원칙으로 주체성 원칙, 역사주의 원칙, 과학성의 원칙을 제시한다. 김정은 총비서는 조선민족제일주의정신을 발양하기 위해 민족문화와 예술, 풍습을 장려하고 민속공원과 민속거리를 조성하는 등의 사업을 하고 있다면서 민족유산보호사업을 전국가적, 전인민적으로 추진할 것을 강조한다.

다음 해인 2014년 4월 9일 소집된 최고인민회의 제13기 제1차 회의에서는 김정은시대 국가정책을 뒷받침할 제13기 대의원 체제를 구축하고, 정권 지도부를 인선한다. 9월 25일 열린 제13기 제2차 회의에서는 결정으로 '전반적 12년제 의무교육을 전면적으로 실시하며 그 질을 결정적으로 높일데 대하여'가 채택된다. 중등교육체계 개선 등 교육과 관련하

---

54 「경애하는 김정은동지의 불후의 고전적로작《새 세기 교육혁명을 일으켜 우리 나라를 교육의 나라, 인재강국으로 빛내이자》가 제13차 전국교육일군대회 참가자들에게 전달되었다.」, 『로동신문』, 2014년 9월 6일.
55 「김정은, '민족유산보호사업은 애국사업'노작발표(전문)」, 『통일뉴스』, 2014년 6월 30일; http://www.tongilnews.com(검색일: 2024년 3월 14일).

여 김정은 정권은 지속적인 관심과 노력을 기울인다.

2014년에는 법률 제정 8건, 개정 25건 총 33건이 제·개정 된다. 입법에서는 먹는 문제와 관련된 과수법과 양어법 개정 등 농·임·수산 관련 입법이 많았고, 대동강오염방지법 개정과 같은 국토환경 관련 입법이 계속되었으며, 당의 대외무역 다각화 등의 방침에 따라 대외경제중재법 개정, 합작법, 합영법 개정, 무역짐배용선중개법, 종합무역장관리법 제정 등 대외경제 관련 입법이 다수를 이룬다. 특히 우리식 경제관리방법에 부응하는 기업소법과 농장법이 개정된 점이 주목된다.

그리고 2015년 신년사에서 김정은 총비서는 농산·축산·수산을 3대 축으로 한 인민들의 먹는 문제 해결 과업을 제시하고, 원료·자재·설비의 국산화를 강조하면서 자체의 잠재력을 최대로 발휘할 것을 요구하는 한편, 경제개발구 사업을 적극 추진하라고 주문한다. 이에 맞춰 같은 달 14일 경제개발구 개발총계획 수립을 공표하고, 10월 8일에는 함경북도 경원경제개발구 신설을 발표한다. 대내적으로는 1월 28일 당, 국가경제기관 책임일군들과의 담화를 통해 세포지구 축산기지 건설을 독려한다. 김정은 총비서는 "세포지구 축산기지건설을 다그치며 축산산업발전에서 새로운 전환을 일으키자"[56]라는 담화에서 먹는 문제 해결이 최우선 과제임을 인정하고 농산·축산·수산을 3대 축으로 발전시키면 먹는 문제 해결이 가능하다고 하였다. 또한 축산부문의 사회주의경쟁으로 축산물 생산을 늘리는 문제, 협동농장 공동축산과 개인축산 장려, 모든 기관과 기업소가 후방사업으로 축산을 발전시킬 것 등을 제시하고, 축산산업의 4대 고리인 종자문제, 먹이문제, 과학적 사양관리, 수의방역사업에 대하여 언급한다.

---

[56] 「김정은원수님의 로작 《세포지구 축산기지건설을 다그치며 축산업발전에서 새로운 전환을 일으키자》」, 『조선신보』, 2015년 1월 30일; https://chosonsinbo.com〉2015/...(검색일: 2024년 3월 1일).

4월 9일 열린 최고인민회의 제13기 제3차 회의에서는 내각의 2015년 중심과업으로 농산·축산·수산을 3대 축으로 식량문제 해결, 전력생산 증대, 금속공업의 주체화 실현을 발표함으로써 식량문제의 심각성을 드러내고 있다.

한편 2015년에는 법률 제정 6건, 개정 43건으로 총 49건이 제·개정된다. 제정법에서 주목되는 점은 「민족유산보호법」과 「교원법」이다. 「민족유산보호법」은 2014년 김정일 총비서의 민족유산보호 관련 담화에 담긴 정책을 입법화한 것으로 보인다. 「교원법」은 교육중시 정책의 산물로 일선에서 교육을 담당하는 교원(선생님)들을 배려한 입법이다. 법개정에서는 사회주의기업책임관리제 시행과 관련하여 기업소법, 농장법, 인민경제계획법 등 관련법 정비가 이뤄진다. 그리고 경제개발구 사업 적극 추진 방침에 따른 대외경제 관련 법제 정비가 주목된다.

다음 해인 2016년도에 북한은 1월 6일 제4차 핵실험, 2월 7일 광명성4호 위성을 탑재한 장거리로켓을 발사한다. 이와 관련해 3월 2일 유엔은 70년 역사상 가장 강력한 비군사조치로 알려진 대북제재결의 2270호[57]를 채택한다. 이 제재로 WMD(대량살상무기)와 연관된 석탄 및 광물 수출이 금지되고 해외 투자유치도 사실상 봉쇄된다. 그럼에도 북한이 9월 9일 제5차 핵실험을 감행하자, 유엔안보리는 대북제재결의 2321호를 채택한다. 이 결의에서는 석탄 수출 상한제를 도입하고 수출금지 광물을 추가하며, 수출 허용 요건도 엄격히 제한해 WMD와 무관한 주민의 민생 목적으로만 가능하게 하는 등 대북제재 2270호와 함께 전면적이고 포괄적인 제재를 가한다.

이러한 상황에서 북한은 제7차 당대회를 개최한다. 제7차 당대회에서는 당규약 개정[58]을 통해 제4차 당대표자회, 2013년 3월 전원회의에서 결

---

57 『외교부 보도자료: 유엔 안보리 대북한 제재 결의 2270호 채택』, 2016년 3월 3일.
58 『병진로선에 관한 내용을 보충: 당 제7차대회에서《조선로동당규약》개정』, 『조선신보』, 2016년 5월 10일; https://chosonsinbo.com〉2016/...(검색일: 2024년 3월 14일).

정된 사항 등을 반영하였다. 즉, "당건설과 당활동을 인민대중제일주의로 일관"시킨다는 것, '인민생활을 끊임없이 높이는 것'을 당활동의 최고원칙으로 한다는 점, 경제·핵무력 병진노선, 과학기술발전, 사회주의경제강국·문명국건설, 청년운동 강화를 당·국가의 최대중대사·전략적 요구로 명시하였다. 제7차 당대회에서는 경제발전과제를 집약한 '국가경제발전 5개년 전략'[59]을 제시하는데, 구체적으로 다음 〈표 Ⅲ-1〉과 같다. 이는 제7차 당대회 이후 실천할 정책과제인데, 이를 실현하기 위해 필요한 입법과제도 주어진 셈이다.

〈표 Ⅲ-1〉 산업부문별 경제발전 5개년 전략: 제7차 당대회

부문	주요 내용
전력	기존 발전소의 정비 보강과 기술 개건을 통한 효율화 신규 발전소 건설(수력 중심, 화력 배합, 원자력발전 및 자연 에너지 비중 제고) 통합전력관리체계 구성 및 송배전망 개건보수
석탄, 금속	주요 탄광 집중 투자, 신규 탄광 개발, 작업 기계화, 석탄공정 완비 철광산 생산능력 확장, 각종 금속공업 기술장비 수준 제고
철도운수	유일사령지휘체계 확립 및 관리운영의 정보화 김종태전기기관차연합기업소 현대화 철도망 완비, 철길의 중량화 및 고속도화
화학, 기계	기술개건, 신규 화학공장 건설(석탄가스화공업, 갈탄이용 석탄건류공정, 탄산소다공업) 기계 생산공정 현대화
건설, 건재	설계 및 건설역량 강화, 설계수단과 건설장비 현대화 건재공장 현대화, 건재생산 전문화
농림수산	과학농사, 유기농법, 고리형 순환생산체계, 종합적 기계화 공동축산과 개인축산 발전, 풀먹는 집짐승 기르기, 수의방역 과수원예업의 집약화, 과학화 및 생산 정상화 고기배와 어구의 현대화, 기상예보와 해상지휘, 물고기 가공, 배수리체계 완비, 노력절약형 및 물절약형 양어
경공업, 지방경제	원료, 자재의 국산화, 새제품 개발과 질 제고 지방경제의 특색 있는 발전
국토관리	산림복구전투, 양묘장 조성, 환경보호사업 전개

* 출처: 통일연구원, 『북한 제7차당대회 분야별 평가 및 향후 전망』, 통일연구원, 2016, 46쪽.

---

[59] 「김정은원수님께서 하신 조선로동당 제7차대회 당중앙위원회 사업총화보고」, 『조선신보』, 2016년 5월 8일; https://chosonsinbo.com〉2016/...(검색일: 2024년 3월 14일).

제7차 당대회에서 개정된 당규약에 "인민생활을 끊임없이 높이는 것을 당활동의 최고원칙"으로 규정한 것은, 김정은 총비서가 제4차 당세포비서대회 연설에서 언급한 것처럼 인민대중제일주의정치를 말이나 글로만 하는 것이 아니라 당 정책 관철을 통해 인민들이 그 덕을 보게 하겠다는 다짐과도 같다. 제7차 당대회 마지막 날인 5월 9일 개최된 당 중앙위원회 제7기 제1차 전원회의에서는 개정된 당규약에 따라 당의 최고영도자인 당 '위원장'에 김정은을 추대하여 위원장 중심의 당 운영체제를 갖춘다.

이어 6월 29일 열린 최고인민회의 제13기 제4차 회의에서 헌법이 개정된다. 우선 헌법상 주요 기구의 명칭이 변경된다. 종전의 국방위원회 제1위원장이 국무위원회 위원장으로, 국방위원회를 국무위원회로, 최고재판소와 최고검찰소가 중앙재판소와 중앙검찰소로 바뀐다. 또한 국무위원회 위원장의 지위와 권한을 명시한다. 즉, 국무위원회 위원장은 북한의 '최고영도자'(헌법 제100조)이며, '전반적 무력의 최고사령관'으로서 '국가의 일체 무력 지휘통솔'(헌법 제102조)권과 국가의 주요 간부 임명 또는 해임권(헌법 제103조 제3호)이 있음을 규정한다. 제7차 당대회 이후 최고인민회의를 통해 김정일 총비서가 명실공히 최고지도자 지위를 확보한 것이다.

8월 27일과 28일 양일에 걸쳐 김일성사회주의청년동맹 제9차 대회가 열린다. 이 대회 둘째 날 김정은 총비서는 "김일성-김정일주의청년운동의 최전성기를 펼쳐나가자"⁶⁰라는 제목으로 연설한다. 이 연설에서는 청년을 사회주의강국건설의 선봉대·돌격대로 규정하며, 사회주의 수호전의 결사대로서 비사회주의·반사회주의적 현상과의 투쟁 강화를 강조한다. 이 대회에서 김일성사회주의청년동맹 명칭이 '김일성-김정일주의청년동맹'(이하 '청년동맹'으로 약칭)으로 변경된다.

---

60 「김정은위원장 김일성사회주의청년동맹 제9차 대회에서 연설」, 『朝鮮通信』, 2016년 8월 29일; http://www.kcna.co.jp/2016/08(검색일: 2024년 3월 14일).

한편 2016년에는 법률 제정 4건, 개정 39건 등 43건의 입법이 이뤄진다. 제정법 4건은 국토·환경보호부문의 「해난사고처리법」, 재정·금융·보험부문의 「자금세척 및 테로자금지원반대법」과 교육·문화·체육부문의 「교육강령집행법」, 「산업미술법」이다. 개정된 법률은 국정의 몇 개 부문(계획·로동·재산관리부문, 재정·금융·보험부문, 북남경제협력부문)을 제외한 나머지 부문의 법률이 두루 개정된다. 2016년에는 특히 대내적으로는 사법체계 정비와 인민생활향상 관련 부문에서, 대외적으로는 대외경제부문에서 법제도 정비에 노력을 기울였다.

김정은식 사회주의법치국가건설론 토대구축단계는 김총비서가 '우리식의 사회주의법치국가건설' 의지를 표명했지만 인민대중제일주의와 '법치'의 관계에 관한 언급은 없었다. 2012년 말에 법제정법을 제정함으로써 사회주의법치의 기초인 법제사업의 제도적 틀을 마련한 것은 큰 의의가 있다. 더불어 김총비서는 선대의 유훈을 받들어 계승하면서 자신이 구상하는 정치체제 구축을 위해 당규약 개정, 헌법 개정을 단행하고 부문법 제정과 개정을 통해 정책의 법제화를 계속 추진하였다. 이 시기에 김총비서는 자신의 통치이념이 담긴 정책구상을 담화 등을 통해 발표하고, 당회의를 통해 정책과제로 제시한 후, 입법기관인 최고인민회의(상임위원회)를 통해 법제화하는 수순을 밟고 있다. 따라서 이 시기는 김총비서가 당의 유일적 영도체계 확립을 강력히 추진하여 당·국가체제를 구축해가는 가운데, 제6차 당대회 이래 36년 만에 당대회를 개최함으로써 당이 영도하는 김정은식 사회주의법치국가 건설을 위한 기초를 다진 시기이다.

2

인민대중제일주의 발전단계와 법제도

1) 국제사회 대화준비와 인민대중제일주의 발전

북한은 2018년 4월 20일 당 중앙위원회 제7기 제3차 전원회의에서 기존의 경제·핵무력건설 병진노선에서 사회주의경제건설총력집중노선으로 전략적 노선을 변경하고 주변국, 국제사회와의 긴밀한 연계와 적극적 대화를 선택한다. 경제건설을 위해 경제제재 해제와 국제사회의 투자 등의 지원이 절실한 북한으로서는 불가피한 선택이었을 것이다.

김정은 총비서는 상기 전원회의 보고에서 2017년 말 '국가핵무력완성' 선언[61] 후 전반적 정세가 북한에 유리하게 변하고, 한반도와 지역에서의 평화 기류가 형성되며, 국제정치구도가 변화된 것을 전략적 노선의 변경 배경으로 설명한다. 이 회의에서는 세 가지 중요한 결정이 채택[62]된다. 첫

---

[61] 2017년 북한의 연이은 탄도미사일 발사로 유엔안보리는 6월 2일 대북제재 결의 2356호, 8월 5일 2371호를 채택한다. 이어 9월 3일 북한은 6차 핵실험(ICBM장착용 수소탄 시험)을 단행하였고, 9월 11일 유엔 안보리는 대북 제재결의 2375호를 채택한다. 이런 상황에서 북한은 11월 29일 ICBM 화성-15형을 발사한 후 '국가핵무력 완성'을 선언했다.

[62] 「조선로동당 중앙위 제7기 제3차전원회의-김정은위원장 지도」, 『朝鮮通信』, 2018년 4월 21일; http://www.kcna.co.jp〉2018/4(검색일: 2024년 3월 14일).

째, 경제·핵무력건설 병진노선의 승리 선포, 둘째, 새로운 전략적 노선인 사회주의경제건설총력집중노선의 채택, 셋째, 과학교육사업에서 혁명적 전환을 일으킬데 대한 결정이다. 핵무력이 완성되어 '정치사상강국'에 이어 '군사강국'까지 이룩되었으니 이제 '경제강국건설'을 위해 역량을 집중하겠다는 것과 이를 위해 과학기술과 교육이 뒷받침되어야 하므로 과학교육사업의 급속한 발전을 이루겠다는 것을 의미한다. 이 결정과 관련하여 "과학으로 비약하고 교육으로 미래를 담보하자!"는 구호가 제시된다.

김총비서는 새로운 전략적 노선 실현을 위한 투쟁의 당면목표를 "국가경제발전 5개년전략수행기간에 모든 공장, 기업소들에서 생산정상화의 동음이 세차게 울리게 하고 전야마다 풍요한 가을을 마련하여 온 나라에 인민들의 웃음소리가 높이 울려퍼지게 하는것"[63]이라 했다. 또한 새로운 전략적 노선이 "전망적으로는 인민경제의 주체화, 현대화, 정보화, 과학화를 높은 수준에서 실현하며 전체 인민들에게 남부럽지 않은 유족하고 문명한 생활을 마련해주는것"[64]임을 밝힌다. 즉, 새로운 전략적 노선의 선택은 '핵무력완성'에 쏟은 국가적 에너지를 경제건설로 돌려 인민생활을 획기적으로 높이겠다는 계획의 소산이다. 이는 인민대중제일주의 통치이념에 부합하는 인민생활을 구현하겠다는 정권차원의 의지를 보여주는 것으로 병진노선 시기와 비교하여 인민대중제일주의의 발전을 추구하는 선택으로 해석된다.

국제사회와의 대화와 관련하여, 북한은 이미 2018년 2월 초 평창동계올림픽에 고위급대표단을 파견하고, 그 회담에서 남북정상회담을 추진한다. 이후 남북한 정상은 같은 해 4월 27일 판문점 남측 회담을 시작으로 9월 평양 회담까지 3차례 회담을 이어간다. 그 사이에 북미정상회담도 성

---

63 위의 기사.
64 위의 기사.

사되면서 6월 12일 싱가폴에서 북미 공동성명이 발표된다. 이후 2019년 2월 27일부터 28일까지 열린 하노이 북미정상간 회담이 결렬되고, 6월 30일 판문점 남북미정상 회동도 성과 없이 끝난다.

    북핵 문제 해결을 매개로 한 미국과의 협상이 실패로 돌아간 후, 북한은 2019년 4월 10일 당 중앙위원회 제7기 제4차 전원회의를 개최한다. 이 회의 주제는 자력갱생을 통한 자립적 경제토대 강화와 사회주의건설 추진에서 제기된 문제에 대한 토의 등이다. 여기에서 경제사업에 대한 국가의 통일적 지도 강화, 실리 보장, 효율성 제고, 절약투쟁 강화, 과학과 교육 발전을 위한 제반 과제가 제시된다. 그리고 자력갱생, 간고분투의 혁명정신을 철저히 구현할 것이 강조된다. 아울러 자력갱생으로 전당·전국·전민의 총돌격전, 총결사전을 요구한다.

    다음 날 열린 최고인민회의 제14기 제1차 회의에서 김총비서는 시정연설을 통해 미국에 새로운 계산법을 요구하면서 제재 해제에 구애받지 않고 북한 스스로의 길을 가겠다는 의지를 피력한다. 이 연설에서 김총비서는 자력갱생을 통한 자립적민족경제건설 노선을 견지할 의지를 표명하고, 국가활동과 사회생활 전반에 인민대중제일주의 구현, 인민에 대한 멸사복무를 강조한다. 인민대중제일주의를 근본 중의 근본으로 변함없이 확고히 견지할 것임을 분명히 하고, 인민의 이익을 침해하는 세도·관료주의·부정부패를 반대하는 투쟁은 국가의 존망과 직결된다고 역설한다. 이러한 김총비서의 발언은 미국과의 대화에 희망을 걸었다가 실망한 인민들의 마음을 다잡기 위한 의도가 반영된 것으로 보이지만, 한편으로는 믿고 기댈 것은 그래도 인민밖에 없다는 생각에 따른 것으로 판단된다. 이 연설에서는 사회주의 보건 강화, 대중체육활동 강화 등 친인민적 시책을 제시하는 동시에 "사람들의 정신을 침식하고 사회를 변질타락시키는 온갖 불건전하고 이색적인 현상"과의 강력한 투쟁을 주문하여 체제 내부

단속 차원의 비사·반사 투쟁에 대한 정책 변화를 예고한다.

이 시기는 남북정상회담과 북미정상회담을 준비·진행·평가하는데 집중하면서도 새로운 전략적 노선의 채택으로 인민생활 향상을 더욱 강조하며 인민대중제일주의를 발전시킨다. 3차에 걸친 남북정상회담 합의내용은 실현되지 않았고, 2차례의 북미정상회담도 성과 없이 끝난 상황에서 북한 체제는 기존의 대내외 정책을 수정해야 하는 과제에 직면하였고, 새로운 정책과 전략을 준비하게 된다.

2) 김정은식 사회주의법치국가건설론의 발전과 법제정 정체

법제도 2단계는 제6차 법무일군대회가 열린 2017년부터 2018년까지의 기간이다. 인민대중제일주의 발전단계보다 1년 앞서 시작된다. 이 시기는 김정은식 사회주의법치국가건설론의 명제가 새로 제시되지만 다른 한편으로 북한이 국제사회와의 대화 준비와 대화가 진행되어 상대적으로 입법이 정체된다.

2017년 10월 25일에 제6차 전국법무일군대회가 개최된다. 김총비서는 이 대회에 보낸 서한에서 북한을 "법이 인민을 지키고 인민이 법을 지키는 진정한 인민의 나라" 즉, "주체의 사회주의법치국가"로 규정한다.[65] 바로 법과 인민의 관계에 대하여 이전에는 없었던 명제가 제시된 것이다. 서한의 내용은 공개되지 않았지만 김정은식 사회주의법치국가론이 전단계보다 더 구체화된 것으로 평가된다. 다만 아직 인민대중제일주의와 연결하는 단계까지는 가지 않았다. 이 서한의 문구와 관련해 북한의 법학자 조하경은 "법이 사람을 지키고 사람이 법을 지키게 할데 대한 사상에는 인민대중이 법의 주인이며 법이 사람을 위하여 복무하여야 한다는 법건

---

[65] 박서화, 앞의 책, 95쪽.

설의 근본원리가 집대성되여있다"[66]고 한다. 또 다른 북한의 법학자 최일복은 법이 인민을 지킨다는 개념에 대해 "법이 인민의 자주적 요구와 리익을 옹호보장"한다는 의미로, 인민이 법을 지킨다는 개념을 "인민이 법을 자각적으로, 의무적으로" 지켜나간다는 뜻으로 본다.[67] 최일복은 주체의 사회주의법치국가는 "모든 것을 인민을 위하여, 모든 것을 인민대중에 의거하여!"라는 구호를 높이 들고 인민대중제일주의를 자기 활동의 근본원칙으로 내세우고 있는 "조선로동당의 영도밑에 우리 인민이 자신의 힘으로 건설해나가는 법치국가"[68]라고 하여 사회주의법치국가에 대한 '해석'을 통해 사회주의법치와 인민대중제일주의와의 관련성을 언급한다.

2018년 12월 21일부터 23일까지는 노동당 제5차 세포위원장대회가 열린다. 김정은 총비서는 23일 "당세포를 충성의 세포, 당정책관철의 전위대오로 강화하자"라는 제목의 연설[69]에서 "비사회주의적 현상을 뿌리 뽑기 위한 섬멸전"을 강도 높게 벌일 것을 주문하고 있다. '섬멸전'을 선언함으로써 앞으로 더 강력한 비사회주의, 반사회주의 투쟁이 전개될 것을 예고한다.

2017년과 2018년 2년간은 법률 제정 6건, 개정 28건 총 34건이 제·개정 된다. 김정은 총비서 집권기를 통틀어 입법 건수가 가장 적은 정체기에 해당한다. 주목할 사실은 당 중앙위원회 제7기 제3차 전원회의에서 국제사회와 대화하기로 결정하기 1년 전부터 입법이 대폭 감소된다는 것이다. 정책 발표 이전에 이미 2017년부터 남한과 미국과의 정상회담을

---

66 조하경, 「법이 인민을 지키고 인민이 법을 지키게 하는것은 법건설의 근본원리」, 『정치법률연구』 제2호, 2017, 34~35쪽.
67 최일복, 「주체의 사회주의법치국가의 본질과 특성」, 『김일성종합대학학보: 력사 법률』, 제3호, 2018, 106쪽.
68 위의 글, 107~108쪽.
69 「김정은원수님께서 조선로동당 제5차 세포위원장대회에서 력사적인 연설을 하시였다」, 『조선신보』, 2017년 12월 24일; https://chosonsinbo.com〉2017/…(검색일: 2024년 3월 7일).

준비하며, 회담의 좋은 결과를 기대하고 그 성과를 반영하기 위해 내부 법률 정비를 유보하였기 때문이라고 유추할 수 있다.

결론적으로 2017년과 2018년은 북한이 국제사회와의 대화국면에서 법제사업은 정체기였으나, 김정은식 사회주의법치국가론은 인민대중제일주의 통치이념과 관련하여 새로운 명제가 제시되어 구체화된 보다 중요한 성과가 있었다.

3

인민대중제일주의 재구조화단계와 법제도

1) 정면돌파전과 인민대중제일주의 재구조화

이른바 하노이 노딜 이후 김정은 총비서는 2019년 4월 11일 최고인민회의 연설을 통해 미국에 새로운 계산법을 요구하지만 미국은 묵묵부답이었고, 6월 30일 판문점 남북미정상 회동도 성과 없이 끝났다. 이러한 상황에서 북한은 2019년 12월 28일부터 31일까지 당 중앙위원회 제7기 제5차 회의를 열어 중대한 결정[70]을 내린다. '정면돌파전'을 선언한 것이다. 김총비서는 "조미 대결은 자력갱생과 제재와의 대결로 압축"되었다고 하면서 각 방면에서의 내부역량 강화를 요구한다. 정면돌파전에서 기본전선은 경제전선이므로 생산잠재력을 총발동하여 인민들의 수요를 보장하는 것이 당면 과제임을 강조한다. 아울러 '전당적, 전국가적, 전사회적'으로 비사·반사 현상과의 투쟁을 요구한다. 이처럼 북미회담 결렬로 대북제재 문제가 한 발짝도 진전되지 않은 상황에서, 자력갱생을 기반으로

---

[70] 「조선노동당 중앙위원회 제7기 제5차전원회의에 관한 보도」, 『KCNA Watch』, 2020년 1월 1일; https://kcnawatch.org)newstream(검색일: 2024년 4월 29일).

하는 '정면돌파전'이 결정된 것이다.

인민대중제일주의 재구조화단계의 경우 '정면돌파전' 결정서는 2019년 말에 공표되지만, 2020년 신년사를 이 결정서로 대신하였고 새로운 노선의 실질적인 적용이 되는 시점 등을 고려할 때 2020년 1월 1일부터 시작되는 것으로 상정하였다. 이 단계에 2021년 1월 초 제8차 당대회에서 당규약 개정을 통해 김정은 정권 출범 후 추진해 온 인민대중제일주의 정치가 사회주의 기본정치방식으로 공식화된다.

김정은 체제는 인민대중제일주의정치를 통해 인민들이 체감하는 물질문화생활 향상을 실현하고자 한다. 다만 경제제재로 인하여 국제적인 협력의 창구가 막힌 상태에서 내부의 물적·인적 자원 즉 내부자원을 동원하여 문제를 해결해 나가야 했다. 이를 위해 인민들의 계속적인 지지와 자발적인 참여가 필수적이다. 이에 김정은 체제가 고민하는 과제는 두 가지로 요약된다. 첫째, 인민들의 물질생활향상을 위한 각 부문의 정책과제를 수행하여 가시적 성과를 도출하는 것이다. 둘째, 내부자원 동원에 장애가 되는 요소를 제거하거나 예방하는 것이다. 내부자원 동원에 장애가 되는 요소는 곧 북한 사회 내부의 비사·반사적 행태이다. 문제는 두 번째 과제가 제대로 해결되지 않으면 첫 번째 과제수행에 직접적 타격을 준다는 것이다. 자력갱생 구조이기에 내부요인에 더 민감할 수밖에 없다. 그래서 김정은 체제는 기존보다 더 강력한 방식으로 비사·반사 행태에 대응하는 방안을 강구한다.

김정은 총비서는 북미정상회담 결렬 후 2019년 4월 11일 열린 최고인민회의 제14기 제1차 회의 둘째 날인 12일 시정연설[71]에서 "사람들의 정신을 침식하고 사회를 변질타락시키는 온갖 불건전하고 이색적인 현

---

71 「김정은위원장 최고인민회의 제14기 제1차회의 시정연설」, 『朝鮮通信』, 2019년 4월 13일; http://www.kcna.co.jp〉2019/04(검색일: 2024년 3월 11일).

상"과의 투쟁 강화를 역설한다. 같은 해 12월 말 당 중앙위원회 제7기 제5차 전원회의에서 채택한 '정면돌파전'에 관한 노선 결정서에도 "반사회주의, 비사회주의와의 투쟁을 강화하고 도덕기강을 세우며 근로단체조직들에서 사상교양사업을 짜고 들것"을 명시한다. 이어 제8차 당대회에서 비사·반사 현상 척결과 사회주의 생활양식 확립 과제를 제시하면서 "현 시기 가장 경계하고 첫째가는 투쟁대상은 세도와 관료주의, 부정부패행위"라고 지적하고, 당규약 개정을 통해 당 중앙검사위원회의 권한을 확대하여 기존의 재정관리사업 검사 이외에 당의 유일영도실현에 저해되는 당규율 위반행위, 세도, 관료주의, 부정부패, 특세, 전횡 등에 대한 감독조사, 신소청원[72] 처리 권한을 부여한다. 그리고 이를 위한 실무적 조치로 '규율조사부'를 신설한다.[73]

이후 소집된 당 중앙위원회 제8기 제2차 전원회의에서 비사회주의, 반사회주의와의 강도 높은 투쟁 과제가 정식 의정(議程)으로 논의되고 이에 대한 결정서[74]가 채택된다. 김정은 총비서는 비사회주의, 반사회주의적 현상에 대하여 "우리의 사상과 제도를 위협하고 일심단결을 저해하는 악성종양"으로 규정하고 이에 대해 수술해버릴 '혁명적 의지와 결심'을 천명한다. 여기에서 김총비서는 "세도와 관료주의, 부정부패가 개별적인 사람들이 저지르는 반당적, 반인민적행위라면 단위특수화와 본위주의는 부문과 단체의 모자를 쓰고 자행되는 더 엄중한 반당적, 반국가적, 반인민적행위이며 우리 당의 인민대중제일주의정치를 실현하고 주체적힘, 내적

---

72 「신소청원법」은 '신소'가 공민이 자기 권리와 이익의 침해를 예방하거나 침해된 권리와 이익을 회복시켜줄 것을 요구하는 행위라고 정의하고 있고, 기관, 기업소, 단체와 개별적 일군의 사업을 개선시키기 위하여 의견을 제기하는 행위라고 규정한다(신소청원법 제2조).
73 김종수·김상범, 앞의 글, 219쪽.
74 「조선로동당 제8차대회에서 조선로동당규약개정에 대한 결정서 채택」, 『조선신보』, 2021년 1월 10일; https://chosonsinbo.com〉2021/...(검색일: 2024년 3월 11일).

동력을 다지는데서 제일 장애로 된다."고 하면서 단위특수화와 본위주에 대해 "당권, 법권, 군권을 발동하여 단호히 쳐갈겨야 한다."고 강조한다. 또한 비사·반사 투쟁을 위한 구체적인 방안을 네 가지로 제시한다. 첫째, 연합지휘부를 조직하여 단일한 지휘체계를 갖추고 통일적으로 장악하여 집중적이고 다각적인 투쟁 전개, 둘째, 당 조직들과 일군들 속에서의 강력한 투쟁, 셋째, 비사·반사적 행위를 비호·조장시키는 문제 일군들을 조직에서 퇴출, 넷째, 경제관리 문제 해결 등이다.

북한에서 반복하여 언급하는 비사·반사적 행위는 광의로는 북한의 "사상과 제도를 위협하고 일심단결을 저해하는" 현상 또는 행위를 지칭하지만, 여기에는 두 가지 의미가 내포되어 있다. 첫째는 "사람들의 정신을 침식하고 사회를 변질타락시키는 온갖 불건전하고 이색적인 현상"으로 사회주의사상과 생활양식을 훼손시키는 외부의 자본주의 문화(한류 문화 포함)를 의미하며, 둘째는 "사회주의제도의 존재 자체를 위태롭게"[75]하는 당과 국가기관 일군들의 행위 즉 세도, 관료주의, 부정부패, 단위특수화와 본위주의 등을 가리킨다. 김정은 총비서는 이러한 비사·반사적 행위를 근절시키는 과업을 당 조직, 근로단체조직, 정권기관, 법기관에게 부과하고, 특히 "단호히 쳐갈겨야 한다"거나 "종지부"를 찍는다거나 "쓸어버리기 위한 전쟁," "악성종양 수술" 등의 극단적인 표현을 사용하면서 척결을 강조한다.

경제적 과제 해결을 위한 정책 추진과 비사·반사적 현상과의 투쟁이

---

[75] 김정은 총비서는 2019년 4월 12일 최고인민회의 제14기 제1차 시정연설에서 "국가활동에서 인민을 중시하는 관점과 립장을 견지하는것은 사회주의건설과정에 일군들속에서 세도와 관료주의와 같은 인민의 리익을 침해하는 현상들이 나타날수 있는것과 관련하여 중요한 문제로 제기됩니다. 인민우에 군림하여 인민이 부여한 권한을 악용하는 특권행위는 사회주의의 영상과 인민적성격을 흐리게 하고 당과 국가에 대한 인민들의 지지와 신뢰를 약화시켜 사회주의제도의 존재자체를 위태롭게 만들수 있습니다"고 말하여 일군들의 세도, 관료주의, 특권행위 등이 반사회주의적 행태임을 지적하고 있다.

라는 두 개의 축을 중심으로 한 흐름은 이후 계속 이어지고 있는데, 여기에서는 후자를 중심으로 본다.

2021년 4월 6일부터 사흘간 열린 제6차 당세포비서대회에서 한 결론[76]에서 김총비서는 당세포들에게 '10대과업' 등[77]을 제시하는데, 그 중 비사·반사 투쟁, 청년교양 강화가 포함되어 있다. 이 결론에서는 비사회주의, 반사회주의 '소탕전'이라는 표현을 사용한다. 또한 같은 달 27일 개최된 청년동맹 제10차대회에 보낸 서한[78]에서 김총비서는 자본주의사상, 개인이기주의와의 비타협적 투쟁을 역설하면서 전 동맹차원의 비사·반사 투쟁을 강조한다. 그리고 같은 해 6월 15일 열린 당 중앙위원회 제8기 제3차 전원회의에서 김총비서는 "우리 당이 신성하게 내세우고있는 위민헌신의 리념은 실지 뼈를 깎고 살을 저미면서 인민의 생명과 생활을 책임지고 무조건적인 복무로 인민을 받드는 실천의 지침이고 행동의 기준"[79]이라 하고, 비사·반사 투쟁은 우리식 사회주의의 전도와 인민들의 운명이 걸린[80] 문제라고 강조한다. 또한 같은 해 9월 28일 개최된 최고인민회의

---

[76] 「김정은원수님께서 조선로동당 제6차 세포비서대회에서 결론《현시기 당세포강화에서 나서는 중요과업에 대하여》를 하시였다」, 『조선신보』, 2021년 4월 9일; https://chosonsinbo.com〉2021/...(검색일: 2024년 3월 11일).

[77] 김정은 총비서가 제시한 당세포 '10대과업'은, 1.당원들과 근로자들을 당의 노선과 정책으로 튼튼히 무장시키는 것, 2.당원들과 근로자들속에서 5대교양을 기본으로 사상교양사업을 실속있게 벌리는것, 3.당규약 학습을 강화하고 당생활을 정규화, 규범화하는 것, 4.당원들 속에서 당조직 관념을 높이고 자각적인 당생활 기풍을 확립하는 것, 5.세포사업을 당대회와 당중앙의 중요결정 관철에로 확고히 지향시키는 것, 6.과학기술의 힘으로 자기 단위 앞에 맡겨진 혁명임무를 책임적으로 수행하는 것, 7.입당대상자들을 장악하고 교양하며 단련시키는데 품을 들이는 것, 8.청년교양에 특별한 힘을 넣는 것, 9.인간개조사업을 적극 벌리며 집단 안에 서로 돕고 이끄는 공산주의적기풍이 차 넘치게 하는 것, 10.반사회주의, 비사회주의적현상과의 투쟁을 강하게 벌리는 것이고, 12가지 기본품성은 당성, 원칙성, 정치성, 책임성, 이신작칙, 창발성, 군중성, 인간성, 진실성, 낙천성, 도덕성, 청렴결백성이다.

[78] 「김정은원수님께서 청년동맹 제10차대회에 보내신 서한」, 『조선신보』, 2021년 4월 30일; https://chosonsinbo.com〉2021/...(검색일: 2024년 3월 11일).

[79] 「조선로동당 중앙위원회 제8기 제3차전원회의 3일회의 진행」, 『조선신보』, 2021년 6월 18일; https://chosonsinbo.com〉2021/...(검색일: 2024년 3월 11일).

[80] 「조선로동당 중앙위원회 제8기 제3차전원회의 개회/김정은원수님께서 지도」, 『조선신보』, 2021년 6월 16일; https://chosonsinbo.com〉2021/...(검색일: 2024년 3월 11일).

제14기 제5차 회의 시정연설[81]에서 김총비서는 인민대중 중심의 사회주의제도 본성에 배치되는 사소한 현상과 요소도 절대로 허용하지 말 것을 요구한다.

 2022년 6월 8일 개최된 당 중앙위원회 제8기 제5차 전원회의(확대회의)에서 김정은 총비서는 비사회주의, 반사회주의 투쟁도수를 제고하라고 지시한다. 그리고 같은 해 8월 10일 열린 전국비상방역총화회의 연설[82]에서 김정은 총비서는 비상방역상황에 대처하는 과정을 통해 인민대중제일주의 구현을 행동으로 체득하게 되었다며, 인민의 안녕과 행복을 위해 "목숨을 걸고 분투할 결심"이라는 비장한 각오를 드러냈다. 같은 해 10월 12일 김정은 총비서는 만경대혁명학원과 강반석혁명학원 75주년 기념행사에서 한 연설[83]에서 "당에서 가장 타매하는 비당적이고 비혁명적이며 비사회주의적 요소가 바늘끝만큼도 스며들지 못하도록 투쟁과 교양의 도수를 높여나가야"할 것을 강조한다. 이어 같은 달 18일 김정은 총비서는 당 중앙간부학교 방문 기념강의[84]에서 인민대중제일주의정치의 장애는 일군의 그릇된 사상관점과 사업작풍에 있다고 지적하면서 '사상건설'에서 비사·반사적 현상들과 비타협적 투쟁의 강도를 높일 것을 요구하고, '작풍건설'에서 세도, 관료주의, 부정부패, 세외부담, 인민천시와 권익침해를 일소해야 한다고 역설한다.

 2023년 9월 26일 열린 최고인민회의 제14기 제9차 회의에서 김정은

---

[81] 「최고인민회의 제14기 제5차 2일회의에서 시정연설」, 『朝鮮通信』, 2019년 9월 30일; http://www.kcna.co.jp〉2019/09(검색일: 2024년 3월 11일).
[82] 「김정은총비서, 전국비상방역총화회의에서 연설」, 『21세기민족일보』, 2022년 8월 12일; http://minzokilbo.com〉...〉통일(검색일: 2024년 3월 11일).
[83] 「만경대혁명학원과 강반석혁명학원창립 75돐 기념연설」, 『朝鮮通信』, 2022년 10월 13일; http://www.kcna.co.jp〉2022/10(검색일: 2024년 3월 11일).
[84] 「새 시대 우리 당건설 방향과 당 간부학교의 임무에 대하여」, 『현장언론 민플러스』, 2022년 10월 19일; http://www.minplusnews.com〉n...(검색일: 2024년 3월 11일).

총비서는 연설[85]을 통해 "모든 기관, 기업소, 공민들이 높은 정치의식과 책임의식을 가지고 국가의 중앙집권적 규율에 복종하며 나라의 법을 철저히 준수하고 온갖 반사회주의, 비사회주의적 현상을 억제하도록 통일적이며 강도 높은 통제와 투쟁을 계속"해야 한다고 독려한다. 또한 같은 해 12월 4일 제5차 전국어머니대회 연설[86]에서 가정교양, 학교교양, 사회교양 중 가정교양이 가장 중요하다고 하면서 사회적으로 이색적인 현상들은 어머니들이 적극 참여해야 완전히 없앨 수 있다고 강조한다. 같은 달 26일 열린 당 중앙위원회 제8기 제9차 전원회의[87]에서는 인민들과 청년들의 사상정신 상태에서 커다란 긍정적 변화가 일어나 혁명적 열의와 투쟁기세가 앙양되었다고 일단 긍정적으로 평가한다. 이것은 제8차 당대회에서 제시한 경제발전 5개년계획 3년차에 목표를 초과달성[88]한데 대한 격려의 성격으로 보일 뿐 비사회주의, 반사회주의 투쟁 흐름에는 변화가 없는 것으로 보인다.

2024년 1월 15일 개최된 최고인민회의 제14기 제10차 회의 시정연설에서 김정은 총비서는 "아직 인민들의 소박한 생활상 요구마저도 충족시키지 못하고있는 것이 현실"이라고 시인하면서 "농업부문에서 지난해 알곡고지 점령으로 신심과 열의가 높아졌는데 이러한 승세를 몇 년 동안 지속적으로 유지하여야 만이 인민생활을 정상궤도에 올려 세울 수 있으

---

[85] 「김정은원수님께서 최고인민회의 제14기 제9차회의에서 뜻깊은 연설을 하시였다」, 『조선신보』, 2023년 9월 28일; https://chosonsinbo.com>2023/...(검색일:2024년 3월 11일).
[86] 「경애하는 김정은동지께서 제5차 전국어머니대회에서 강령적인 연설《가정과 사회앞에 지닌 어머니의 본분에 대하여》를 하시였다」, 『조선중앙통신』, 2023년 12월 5일.
[87] 「조선로동당 중앙위원회 제8기 제9차전원회의 확대회의에 관한 보도」, 『조선신보』, 2023년 12월 31일; https://chosonsinbo.com>2023/...(검색일: 2024년 3월 11일).
[88] 김정은 총비서는 보고를 통해, 알곡은 103%, 전력·석탄·질소비료는 100%, 압연강재는 102%, 유색금속은 131%, 통나무는 109%, 세멘트·일반천은 101%, 수산물은 105%, 철도화물수송량은 106%이고 살림집은 건설중에 있는 세대수가 109%로서 인민경제발전 12개 고지가 모두 점령되었다고 하였다.

며 당과 정부에 대한 인민의 신뢰를 공고히 할 수 있다."고 말한다. 북한으로서는 아직 갈 길이 멀다는 것을 인정한 셈이다.

결국 이 단계에서 김정은 체제는 비사회주의, 반사회주의적 행위를 근절시킴으로써 일심단결의 단일대오로 '정면돌파전'을 수행하고자 한다. 비사회주의, 반사회주의 투쟁을 통해 사상과 제도를 수호하고 자력갱생을 위한 내적 동력을 결집하겠다는 것이다. 다만 비사·반사의 투쟁 방식과 강도는 전과 다르다. 기존의 사상교양과 최고지도자의 교시에 더하여 강력한 법적 수단을 동원한다. 다음 항에서 보는 바와 같이 비사·반사 투쟁 입법과 그 집행을 통해 통제의 실효성 확보를 도모한다. 따라서 이 단계에서 인민대중제일주의는 기존의 상향식 섬김의 논리는 그대로 유지하면서도 인민의 자각적인 준법 강조 및 사법검찰기관의 법적 통제를 강조하는 하향식의 통치전략이 결합하여 그 의미가 변화된다. 즉 인민대중제일주의는 김정은 체제가 대내외 상황 변화에 따른 전략적 노선 수정에 의해 재구조화되었다고 평가된다.

2) 인민대중제일주의법건설사상의 확립과 비사·반사적 법제정

인민대중제일주의법건설사상 확립단계는 2019년부터 시작되어 현재 진행형이다. 인민대중제일주의 재구조화단계보다 1년 먼저 시작되는 것이다. 이 시기에 2019년 비사·반사에 관한 법제가 처음 등장하고, 김정은식 사회주의법치국가건설론이 인민대중제일주의법건설사상으로 발전한다.

2019년 4월 28일 비사·반사적 투쟁 법률로는 처음 「군중신고법」이 제정된다. 북한이 비사회주의나 반사회주의와의 투쟁과 관련하여 이전에는 특별법으로 이 문제를 다룬 것은 없었기에 「군중신고법」 제정의 의미는 그만큼 크다. 과거 2007년 4월 11일 최고인민회의 상임위원회 정령 제2206호로 채택된 「인민보안법」에도 군중신고체계가 있지만, 「인민보안법」은 비사·반사 투쟁법이 아니며 신고체계 수립도 포괄적인 신고의무만 규정하고 있다는 점에서 「군중신고법」과 차이가 난다. 구체적으로 두 법을 비교하면 다음과 같다. 「인민보안법」 제15조(군중신고체계의 수립)에 "기관, 기업소, 단체와 공민은 발견한 범죄와 위법행위를 즉시 인민보안기관에 신고하여야 한다."는 규정이 있다. 이 점은 「군중신고법」 제4조와 유사하다. 그런데 「인민보안법」이 "국가의 안전과 인민의 생명재산을 옹호보위"하는 것을 사명(제1조)으로 하는데 비해, 「군중신고법」은 "국가주권과 사회주의제도를 보위하고 인민의 생명안전과 재산을 보호"하는데 이바지하는 것을 사명으로 한다고 하여(제1조) '국가주권과 사회주의제도 보위'를 전면에 내세운다. 또한 「군중신고법」은 '신고'의 정의에 대하여 "국가주권과 사회주의제도, 법질서를 침해하는 범죄 및 위법행위"를 대상으로 한다는 점을 명시(제2조 제1호)하고, 신고할 내용(제15조)도 이와 관련된 24가지 유형을 규정하고 있음에 반해 「인민보안법」은 신고할 내용을 특정하지 않고 포괄적인 신고의무만 규정한다는 차이점이 있다. 그리고 「인민보안법」이 행정적 또는 형사적 책임을 포괄적으로 규정(제40조)하고 있음에 반해, 「군중신고법」은 미신고, 거짓신고 등에 대한 행정적 책임(제34조 제1호 내지 제6호)을 묻는 한편 동법 제34조 제1호 내지 제6호의 행위가 범죄에 해당하는 경우 형사적 책임을 지우도록 하고 있다(제35조).

「군중신고법」 이후 2020년 「반동사상문화배격법」 등 3건, 2021년 「단위특수화, 본위주의반대법」 등 4건, 2022년 「허풍방지법」, 2023년 「평양문화어보호법」 등 4건 도합 13건의 비사·반사 투쟁법이 제정된다. 비사·반사 투쟁 법률이 전체 입법에서 차지하는 양적 비중은 적지만 사실상 모든 행동과 사고를 망라할 정도로 파급력이 크다. 그러면서도 대상별 고려와 대내외의 반응을 감안한 처벌규정 등으로 획일적인 규제를 하지는 않았다. 이와 같은 보수적인 법률들은 '일군'과 공민들의 비사·반사적인 행태와 시장을 통한 남한을 비롯한 자본주의 사상문화의 침습에 대해 전면적인 투쟁·통제를 실시하여 사회주의제도를 수호하겠다는 체제의 강력한 의지를 담고 있다.

2019년 4월 12일 최고인민회의 제14기 제1차 회의 시정연설에서 김정은 총비서는 정면돌파전에 맞춘 법건설 전반에 관한 논리를 구체적으로 제시한다. 이 부분은 중요하기에 연설문 해당 부분을 인용하면 아래와 같다.

> 공화국정부는 국가의 법체계를 완비하고 국가사회생활에서 법의 역할을 강화하도록 하여야 합니다. …(중략)… 공화국법은 혁명의 전취물을 수호하고 사회주의제도를 공고발전시키며 인민의 권리와 리익을 옹호보장하는 위력한 무기입니다. 혁명과 건설이 심화되는데 맞게 당정책요구에 립각하고 현실을 반영하여 법규범과 규정을 보다 세분화, 구체화하여 과학적으로 제정완성하고 제때에 수정보충함으로써 사회주의국가의 인민적인 정치실현을 믿음직하게 담보하여야 합니다. 온 사회에 사회주의준법기풍을 철저히 확립하여 전체 인민이 높은 준법의식을 가지고 국가의 법을 존엄있게 대하고 자각적으로, 의무적으로 준수하도록 하며 법기관들의 역할을 높이고 법집행에서 이중규률을 허용하지 말며 법적용에서 과학성과 객관성, 공정성과 신중성을 철저히 견지함으로써 우리 나라를 법이 인민을 지키고 인민이 법을 지키는 가장 우월한 사회주의법치국가로 만들어야 합니다.[89]

이 연설의 의미를 해석하면 다음과 같다. 사회주의법치국가는 국가가 법체계를 제대로 갖추고, 국가와 사회가 법제도를 통해 움직이는 것이

---

[89] 「김정은위원장 최고인민회의 제14기 제1차회의 시정연설」, 『朝鮮通信』, 2019년 4월 13일; http://www.kcna.co.jp〉2019/04(검색일: 2024년 3월 11일).

다. 사회주의법치국가의 법은 인민의 권리와 이익을 옹호·보장하는 수단이다. 정부는 당의 정책과 현실을 반영한 법규범과 규정을 세부적인 사항까지 구체적인 내용으로 제정하고, 제때에 개정하여 정부의 인민적인 정치실현을 담보해야 한다. 인민대중제일주의정치에서 '당의 정책'은 인민의 요구와 이익을 최우선시하여 결정한 것이다. 법기관은 법집행에서 공평(이중적인 잣대 금지)하고, 법을 해석·적용함에 있어 과학성·객관성·공정성·신중성을 견지한다. 이같이 제정(개정 포함)되고 집행(해석·적용 포함)된 법이 인민을 지키는 것이다. 곧 "법이 인민을 지킨다"는 의미이다.

또한 인민들은 높은 준법의식을 가지고 법을 존중하며 자각적·의무적으로 준수한다. 여기서 '준법의식'은 개인보다는 집단 내지 전체의 이익을 우선시하는 관점과 태도이다. 이것이 "인민이 법을 지킨다"는 의미이다. "법이 인민을 지키고 인민이 법을 지키는" 나라가 '가장 우월한 사회주의법치국가'이다. 이 연설 내용에는 법의 제정(개정), 집행(해석·적용 포함)과 준수를 포괄하는 '법건설'의 원리가 모두 포함되어 있다. 당의 영도 아래 입법기관이 제정(개정)한 사회주의법을 기본수단으로 하여 국가와 사회를 관리한다는 측면에서 보면 '사회주의법치'이나, 당의 영도 아래 입법기관이 법을 제정(개정)하고, 사법검찰기관이 법을 해석·적용·집행하며, 인민들이 법을 준수하는 일련의 과정이라는 측면에서 보면 '사회주의법건설'이다.

전 단계인 2017년 10월 25일 제6차 법무일군대회에 김총비서가 보낸 서한에서 "법이 인민을 지키고 인민이 법을 지키는 진정한 인민의 나라"를 '주체의 사회주의법치국가'라 했는데, 2019년 4월 12일 시정연설에서는 '가장 우월한 사회주의법치국가'로 표현했을 뿐 서로 차이는 없다고 본다.

하지만 2022년 9월 14일부터 이틀간 열린 제7차 법무일군대회에서 '인민대중제일주의법건설사상' 용어가 등장한다. 동 대회에서 "법이 인민을 지키고 인민이 법을 지키는 진정한 인민의 나라를 건설할데 대한 사상"을 '인민대중제일주의법건설사상'으로 명명한다.[90] 『조선중앙통신』은 '제7차 전국법무일군대회' 소집목적에 대하여 김정은 총비서의 "독창적인 인민대중제일주의법건설사상을 전반적법무사업에 철저히 구현하여 온 사회에 혁명적인 준법기풍을 확립하고 사회주의법률제도를 획기적으로 강화함으로써 우리 국가의 전면적인 부흥발전을 법적으로 튼튼히 담보하기 위하여 소집되었다."고 보도한다.[91] 이 보도 내용에 의하면 "법이 인민을 지키고 인민이 법을 지키는 진정한 인민의 나라를 건설할데 대한 사상"을 '인민대중제일주의법건설사상'으로 명명하였음을 알 수 있다. 전 단계에서 김정은식 사회주의법치국가건설론이 구체화되었다면, 이제는 인민대중제일주의 통치이념이 법건설에 투영된 새로운 용어가 창출된 것이다. '김정은식' 사회주의법치국가건설이 '김정은 총비서의' 인민대중제일주의법건설로 발전된 것이다.

그런데 같은 표현을 두고 '인민대중제일주의법건설사상'으로 명명한 이유, 등장 배경을 분석할 필요가 있다. '주체의 사회주의법치국가건설사상'이 '인민대중제일주의법건설사상'으로 개명된 것인가, 아니면 전자가 후자로 수렴된 것인가 하는 의문이 든다. 사회주의법치는 당의 영도 아래 사회주의법을 기본수단으로 하여 사회관리, 국가관리를 해나가는 것을 의미한다면, 사회주의법건설은 사회주의법을 제정·완성하는 활동과 그 법을 실현하는 활동(법의 준수와 법의 해석·적용으로 구성)을 의미하므로, 두 가지 개념은 포섭의 범위와 전개의 양태가 서로 다르다고 판단된다. 따라서 두 개념의 양립이 가능한 것이다. 그래서 김정은시대 사회주의법이 인민대

---

[90] 박서화, 앞의 책, 101쪽. 박서화에 의하면, 김정은 총비서가 '제7차 전국법무일군대회'에 보낸 서한에서 "법이 인민을 지키고 인민이 법을 지키는 진정한 인민의 나라를 건설할데 대한 사상"을 '인민대중제일주의법건설사상'으로 명명하였다고 기술하고 있다.
[91] 「제7차 전국법무일군대회-김정은총비서 대회참가자들에게 서한」, 『조선중앙통신』, 2022년 9월 16일. 다만 이 서한 내용은 공개되지 않은 것으로 알려져 있다.

중제일주의 통치이념을 반영한 법이라는 본질의 측면을 고려하면, 김정은시대 사회주의법치를 '인민대중제일주의법치'라고 부를 수도 있고, 이를 통한 국가건설사상을 일러 '인민대중제일주의법치국가건설사상'이라고 칭할 수도 있을 것이다.

한편 김정은시대 법건설에 관한 논의를 살펴보면 '법질서 확립'에 관한 논리가 보다 구체화되었다고 판단된다. 법건설에서 인민대중이 주인이라는 점을 더 강조하면서 주인답게 자각적으로 법을 준수하라는 요구가 강화된 것이다. 즉 '법이 인민을 지킨다'는 명제에 '인민이 법을 지킨다'라는 명제를 추가하여 법의 준수에서 의무적 속성을 더 강화시킨 것이다. '법이 인민을 지키고 인민이 법을 지킨다'는 명제는 두 가지 측면의 의미를 가진다. 첫째, 사회주의법무생활론의 출발이 김일성 주석의 행정경제일군들에 대한 관료주의 비판으로부터 비롯되었다는 점과 김정은 총비서도 집권 초기부터 관료주의와 세도 등을 지속적으로 혁파하려고 노력하고 있는 점을 고려할 때 노동당의 독재를 일선에서 수행하는 일군들의 관료주의와 세도, 부정부패 등을 견제하는 측면이 강하다는 것이다. 둘째, 시장화 과정에서 유입된 비사회주의 내지 반사회주의적 행태의 통제와 정부의 각종 시책에 대한 인민들의 자발적인 참여를 유도해 체제 내부를 결속하려는 의도가 있다는 점이다. 결국 이 두 가지의 배경이 인민대중제일주의법건설사상의 등장 이유이기도 하다. 제7차 법무일군대회 이후 '인민대중제일주의법건설사상'은 북한의 '법건설' 분야에서 그 지침으로 확립된다.

이러한 점은 2023년 12월 27일 자 『노동신문』 사설[92]에서도 엿볼 수 있다. 이 사설은 김정은 총비서의 '독창적인 주체적 법건설사상'인 '인민

---

[92] 「사설-사회주의헌법은 전면적국가부흥을 담보하는 위력한 무기이다」, 『로동신문』, 2023년 12월 27일.

대중제일주의법건설사상'으로 튼튼히 무장하여야 한다고 강조한다. 국가의 법체계를 더욱 완비하고 법의 역할을 높여나가는 과정에서 드러나는 모든 문제들을 인민대중제일주의법건설사상을 지침으로 하여 인민의 권익실현을 중심에 놓고 풀어나가야 한다는 것이다. 그래서 법무전선을 사회주의 수호의 강경보루로 다져나가야 함을 역설한다. 이를 위해 모든 공민들이 혁명적 준법기풍의 체현자·구현자가 되어야 하고, 준법교양을 보다 공세적으로 추진하며, 법기관들과 법무일군의 역할을 높이고, 사회주의법무생활에 대한 당적지도를 강화해야 한다고 주장한다. 김정은 총비서의 2019년 4월 12일 시정연설 후 16일만인 28일 「군중신고법」이 제정된다.

같은 해 12월에 열린 당 중앙위원회 제7기 제5차 전원회의에서는 첫 번째 의정(議程) "조성된 대내외 형세 하에서 우리의 당면한 투쟁방향에 대하여"에 대한 결론에서 여덟 가지 과업[93]을 제시한다. 이 결정서 여덟 번째에서 입법기관인 최고인민회의 상임위원회의 실무적 조치를 거론한 것은 법제사업 강화를 예고하는 것이다. 실제로 이 전원회의 결정서 채택 후 입법의 양적 증가가 확인되는데, 비사·반사에 관한 법률로는

---

[93] 노동당 중앙위원회 제7기 제5차 전원회의 결정서에 언급된 과업의 내용은 여덟 가지이다. 첫째, 나라의 경제토대를 재정비하고 가능한 생산잠재력을 총발동하여 경제발전과 인민생활에 필요한 수요를 충분히 보장할 것. 둘째, 과학기술을 중시하며 사회주의제도의 영상인 교육, 보건사업을 개선할 것. 셋째, 생태환경을 보호하며 자연재해에 대응하기 위한 국가적인 위기관리체계를 세울 것. 넷째, 강력한 정치외교적, 군사적공세로 정면돌파전의 승리를 담보할 것. 다섯째, 반사회주의, 비사회주의와의 투쟁을 강화하고 도덕기강을 세우며 근로단체조직들에서 사상교양사업을 짜고들 것. 여섯째, 혁명의 참모부인 당을 강화하고 그 영도력을 비상히 높여나갈 것. 일곱째, 혁명의 지휘성원인 일군들이 사회주의건설의 전진도상에 가로놓인 난관을 뚫고 나가기 위한 정면돌파전에서 당과 혁명, 인민 앞에 지닌 자기의 책임과 의무를 다하기 위하여 분투할 것. 여덟째, 각급 당조직들과 정치기관들은 이 결정서를 집행하기 위한 조직정치사업을 짜고들며 최고인민회의 상임위원회, 내각을 비롯한 해당 기관들은 결정서에 제시된 과업을 철저히 집행하기 위한 실무적 조치를 취할 것. 「조선노동당 중앙위원회 제7기 제5차전원회의에 관한 보도」, 「KCNA Watch」, 2020년 1월 1일; https://kcnawatch.org〉newstream(검색일: 2024년 4월 29일).

2020년 7월 4일 「세외부담방지법」, 같은 해 12월 4일 「반동사상문화배격법」과 「이동통신법」이 제정된다.

2021년 6월 15일부터 4일간 열린 당 중앙위원회 제8기 제3차 회의에서 "우리식 사회주의와 인민들 운명이 걸린" 비사회주의, 반사회주의 투쟁원칙들이 논의된 후 7월 1일 「마약범죄방지법」이, 7월 6일 「단위특수화, 본위주의반대법」이 제정된다. 같은 해 9월 28일과 29일 개최된 최고인민회의 제14기 제5차 회의에서 「청년교양보장법」이 채택되며, 김정은 총비서는 시정연설에서 새세대에 대한 공산주의 도덕교양, 집단주의 교양을 기술적으로 심화할 것을 강조한다. 이어 11월 30일에는 인신에 대한 직접적인 침해를 금지하는 「구타행위방지법」이 제정된다.

김총비서가 2021년 12월 27일부터 5일간 열린 당 중앙위원회 제8기 제4차 전원회의에서 '새로운 사회주의농촌건설강령'을 제시하면서 농업부문의 고질적인 허풍 방지를 언급한 바 있는데, 이후 2022년 5월 31일 「허풍방지법」이 제정된다.

2023년 1월 18일 개최된 최고인민회의 제14기 제8차 회의에서 「평양문화어보호법」이 제정된다. 이 회의에서는 동법의 제정 의미에 대하여 "우리의 사상과 제도, 문화를 수호하기 위한 강력한 법적 담보"[94]를 마련했다고 평가한다. 이어 2월 2일에는 「국가비밀보호법」과 「적지물처리법」이 제정되어 내부 및 남한에서 유입되는 모든 정보에 대한 통제를 더 강화한다. 12월 21일에는 「인민반조직운영법」을 제정하여 인민반을 비사·반사투쟁의 기본단위 내지 거점으로 삼게 된다.

한편 이 단계에서는 제8차 당대회 때 당규약 개정이 있었고, 이 당대회를 전후하여 4차례의 헌법 개정이 이뤄진다. 우선 제8차 당대회 이전

---

[94] 「최고인민회의 제14기 제8차회의 진행」, 『조선신보』, 2013년 1월 19일; https://chosonsinbo.com〉2023/...(검색일: 2024년 3월 13일).

인 2019년에 두 차례, 2023년과 2024년에 각 한 차례씩 헌법 개정이 있었는데, 그 개요를 보면 다음과 같다.

첫 번째, 2019년 4월 11일에 열린 최고인민회의 제14기 제1차 회의에서 헌법의 여러 조항이 개정된다. 김정은 정권 초기부터 추진해 온 정책의 골간 등을 헌법에 수용하는 작업이었다. 정면돌파전을 앞두고 국가 전반의 체제를 정비한 것이다. 우선 국무위원장의 '국가대표' 위상이 추가된다(제100조). 국가의 지도사상으로 김일성-김정일주의를 유일한 지도적 지침으로 명시한다(제3조). 경제 부문에서는 '과학기술력'이 국가의 가장 중요한 '전략적 자원'이라는 점 외에 '과학기술의 주도적 역할'과 '과학기술과 생산의 일체화'가 추가된다(제27조). 경제지도와 관리에서 '실리보장' 원칙(제32조)과 경제관리에서 '내각의 역할'이 명시되고(제33조 제1항), 경제관리방법으로 '사회주의기업책임관리제'가 규정된다(제33조 제2항). 대외 부문에서 '무역구조' 개선과 '대외경제관계 확대발전' 내용이 추가된다(제36조 제2항). 교육과 관련하여 '전민과학기술인재화'가 명시되고(제40조), '집단, 조국, 사회주의건설의 역군' 문구가 추가되며(제43조), '과학기술인재' 문구도 추가된다(제46조). 과학기술과 관련하여 과학연구부문에 대한 국가적 투자 근거가 마련된다(제50조). 문화와 관련하여 민족유산보호원칙으로 '주체성, 역사주의, 과학성'이 추가된다(제41조 제2항). 보건과 관련해 보건부문에 대한 물질적 보장사업 개선 내용이 추가된다(제56조).

두 번째, 2019년 8월 29일에 개최된 최고인민회의 제14기 제2차 회의에서도 국무위원회 위원장의 지위와 권한에 관한 조항을 신설하는 헌법 개정이 있었다. 우선 국무위원회 위원장은 최고인민회의 대의원으로 선거하지 않는다는 것을 명시한다(제101조 제2항). 또한 국무위원회 위원장의 최고인민회의 법령, 국무위원회 중요 정령과 결정 공포권(제104조 제3호), 타국 주재 외국대표 임명 또는 소환권(제104조 제3호), 최고인민회의 휴회 중

내각 총리의 제의에 의한 부총리·위원장·상 등 내각 구성원 임명 또는 해임권(제110조 제4호)을 명시하는 조항을 신설한다. 이러한 헌법 개정으로 국무위원장의 법적 지위는 더 공고화되고 김정은 총비서의 유일영도가 확고히 보장된다.

　세 번째, 제8차 당대회 이후 2023년 헌법이 개정된다. 2023년 9월 26일 개최된 최고인민회의 제14기 제9차 회의에서 "국가핵무력정책법화의 성과에 토대하여 현대적인 무력건설과 그 무장력의 시대적사명에 대한 국가활동원칙을 사회주의헌법에 고착"하는 헌법 개정이 이뤄진다. 즉 헌법 제58조 제2항을 신설하여 "조선민주주의인민공화국은 책임적인 핵보유국으로서 나라의 생존권과 발전권을 담보하고 전쟁을 억제하며 지역과 세계의 평화와 안정을 수호하기 위하여 핵무기발전을 고도화한다."고 하였다. 이어 제59조는 기존의 문구를 수정하여 "조선민주주의인민공화국 무장력의 사명은 국가주권과 령토완정, 인민의 권익을 옹호하며 모든 위협으로부터 사회주의제도와 혁명의 전취물을 사수하고 조국의 평화와 번영을 강력한 군력으로 담보하는데 있다."고 규정한다. 이는 2022년 9월 7일 최고인민회의 제14기 제7차 회의에서 북한의 핵무력정책을 법화하여 최고인민회의 법령으로 '핵무력정책에 대하여'를 채택한 지 불과 1년여 만에 다시 최고규범인 헌법으로 고착함으로써 '영구화'한 것이다.

　네 번째, 2024년 10월 7일~8일 열린 최고인민회의 제14기 제11차 회의에서 김정은시대에 들어 7번째 개정이 있었다. 2023년 12월 말 당 중앙위원회 제8기 제9차 전원회의 보고에서 김정은 총비서가 남북관계를 '적대적인 두 국가'로 규정하고 헌법에서 통일 관련 조항 삭제와 영토 조항 신설 등의 필요성을 언급하였지만 이번 헌법 개정에서 실제 이행 여부는 밝혀지지 않았다. 다만 최고인민회의 상임위원회 위원장 최룡해의 보고에 의하면 '전반적 12년제 의무교육'에 따른 졸업 나이 변화에 맞추어 기존 헌법상의 노동이 가능한 나이 16살(제31조)과 선거 나이 17세(제66조)를 1살씩 더 높인 것으로 보인다.[95]

이 단계에서 2021년 1월 5일에서 12일까지 제8차 당대회[96]가 열린다. 대북 제재 국면에서 핵심은 여전히 자력갱생전략이었다. 새로 제시된 '국가경제발전 5개년계획'의 전반적 방향은 금속공업과 화학공업을 중심고리로 역량을 집중하여 인민경제 전반을 활성화하고, 인민생활 향상을 위한 토대구축에 있었다. 여기에 핵기술 고도화 등을 중심으로 하여 국가방위력을 부단히 강화하는 과제도 주어진다. 시, 군의 자립적·다각적 발전 과제('시, 군 강화노선'), 비사·반사적 현상 척결과 사회주의 생활양식을 확립하는 과제도 제시된다. 또한 사회주의법치국가 건설의 요구에 맞게 혁명적 준법기풍 확립, 사법검찰·사회안전보위기관들의 제도보위, 정책보위, 인민보위의 사명과 책임완수를 강조한다. 제8차 당대회에서 제시한 경제 부문 주요 내용을 제7차 당대회와 비교하면 다음 〈표 Ⅲ-2〉와 같다.

〈표 Ⅲ-2〉 제7차와 제8차 당대회의 경제 부문 주요 내용 비교

구분		제7차 당대회	제8차 당대회
경제발전계획		▪ 국가경제발전 5개년전략 : 2016~2020년	▪ 국가경제발전 5개년계획 : 2021~2025년
대내 경제	중점산업	▪ 전력, 석탄, 금속, 철도운수, 기계 ▪ 농업, 경공업	▪ 금속, 화학 ▪ 농업, 경공업
	경제관리	▪ 내각중심제, 내각책임제 ▪ 우리식 경제관리방법 ▪ 사회주의기업책임관리제	▪ 내각중심제, 내각책임제 ▪ 국영상업망 발전 ▪ 우리실정에 부합, 최량화·최적화 위한 경제관리방법
	특징	▪ 과학기술의 성장 견인 강조	▪ 재정, 금융, 가격 공간의 활용 강조

---

[95] 「북, 헌법 개정…김정은 제안한 '통일 삭제' 언급 없어」, 『한겨레』, 2024년 10월 9일; https://www.hani.co.kr>defense (검색일:2025년 1월 16일).
[96] 「조선로동당 제8차대회에서 하신 김정은원수님의 보고에 대하여」, 『조선신보』, 2021년 1월 9일; https://chosonsinbo.com>2021/... (검색일: 2024년 3월 29일).

구분	제7차 당대회	제8차 당대회
대외경제	■ 가공품수출, 기술·봉사무역 확대 ■ 합영·합작과 경제개발구 개발 ■ 관광사업 활성화	■ 관광사업(금강산 관광지구 개발)

* 출처: 홍제환 외, "조선노동당 제8차 대회 분석(2): 사회문화 분야," 『Online Series』, CO21-02(2021.1.15), p. 4; https://www.kinu.or.kr(검색일: 2024년 5월 28일).

국가경제발전 5개년 계획 세부산업별 목표 등을 보면 다음 〈표 Ⅲ-3〉과 같다.

〈표 Ⅲ-3〉 국가경제발전 5개년 계획 세부산업별 목표 및 실현방안

부문		목표	방안	특징
중심 과업	금속	주체철 생산체계 완성 철강재 생산 확대	주요 제철소·제강소 개건 에너지절약형 제철로 건설 선철생산에 갈탄 이용을 위한 기술개발	수입대체 산업화
	화학	기술역량 강화 화학제품 생산 확대	첨단기술 개발 적용 국산 원료 사용	구체적 방안 언급 없음
	농업	곡물생산목표 달성 식량자급자족실현	종자혁명과 과학농사/새 땅 찾기와 간석지 개간/ 농촌경 리의 수리화·기계화 자연재해 대응을 위한 과학 기술 활용/ 농업근로자 유인 부여를 위한 지원강화	향후 2~3년 2019년 '국 가의무수매계획' 달성 구체적 방안 다양하게 언 급/ 노동자 유인 제공
	경공업	국산화, 재자원화, 현대화	선질후량 원칙 신제품 개발	수출 내수 전환 구체적 방안 언급 없음
전력		전력생산 증대	조수력발전소 건설/ 핵동력 공업 창설	핵동력공업 창설이 등장
석탄		석탄증산	원자재, 설비, 노력과 자금 보 장 강조/ 채탄장 확대/ 유연탄 공업 발전 노동자의 노동조건·생활조건 개선	수출 내수전환 노동자 유인 제공 언급
기계		현대화, 능률화	개발창조형의 공업으로 방향 전환 제시	수입대체 산업화 구체적 방안 언급 없음
채취·임업		생산증대	채취(지질탐사 역량 강화/ 광 산, 제련소, 공장 생산능력 확 대), 임업(통나무수요보장/ 생 산과 산림조성의 균형)	-

부문	목표	방안	특징
교통운수	철도현대화 철도수송수요보장	철도(안전성, 중량화/ 표준철길구간 연장/ 평양지하철의 기술개건·현대화), 륙해운(대형선박 건조, 자동차통합운수 관리체계, 대중교통수단 생산 확대)	구체적 방안이 다양하게 제시
건설 건재공업	살림집건설 확대 시멘트생산 확대 마감건재의 자급자족	살림집(평양시 5만 세대, 검덕지구 2만 5천 세대), 건재(시멘트공장 개건 및 신설/ 마감건재 생산기지 구축)	인민생활 향상이라는 측면에서 강조 수입대체 산업화(마감건재)
체신	기술혁신	이동통신기술 발전 유선방송, TV방송체계 정비	
상업	국영상업망발전/ 서비스업의 사회주의성격 복원	상업봉사활동 전반의 국가 주도 인민성, 문화성, 현대성, 다양성 구현	
국토관리 생태환경	인민 생명·건강 보호	생태환경조사, 환경보호에 대한 법규범과 세칙마련/ 자연재해 대응 위한 치산치수 사업/ 도로건설관리/ 동서해 안건설 사업 추진	구체적 방안 다양하게 언급
도시경영	인민생활 개선	살림집보수/ 수질개선/ 공원·유원지 환경개선	
수산업	현대화, 과학화	수산사업소와 선박수리기지 조성, 수산자원보호/양어·양식 확대	인민식생활과 직결된 3대 부문규정/수출내수전환

* 출처: 홍제환 외, 「조선노동당 제8차 대회 분석(2): 사회문화 분야」, 『Online Series』, CO21-02(2021.1.15.), 9쪽; https://www.kinu.or.kr(검색일: 2024년 5월 28일).

위에서 제시된 각 부문 정책과제 중 법제화가 필요한 사항은 입법으로 연결되어 정책과 입법이 조응하고 있다. 몇 가지 입법 사례를 들면, 2021년 7월 1일 국가경제발전 5개년계획의 중심고리인 금속공업, 화학공업 등에 관하여 「금속공업법」, 「화학공업법」, 「기계공업법」 제정, '시, 군 강화노선'에 따라 2021년 9월 28일 최고인민회의 제14기 제5차 회의에서 「시, 군발전법」 제정에 이어 2022년 1월 28일 「시, 군세멘트보장법」 제정, 그 외 제8차 당대회에서 제시한 과업 중 곡물 증산을 위한 「식물새품종보호법」(2022년 10월 6일 제정), 관광 활성화를 위한 「관광법」(2023년 8월 30일 제정), 관개체계 개선을 위한 「관개법」(2023년 9월 26일 제정) 제정 등 당의 정책 실현을 위하여 많은 입법이 활발하게 이뤄졌다.

제8차 당대회는 당규약을 개정하여 당 수반을 '위원장'에서 '총비서'로 변경하고, 김정은 '위원장'을 '총비서'로 추대한다. 당규약 개정에서 특이한 점은 최초로 해외동포들의 권익옹호 등을 규정[97]한 것이다. 2022년 2월 6~7일에 개최된 최고인민회의 제14기 제6차 회의에서 「해외동포권익옹호법」이 제정되는데, 이는 정상국가의 모습을 보여주고 해외동포를 통한 정책선전과 투자유치를 모색한 것이라고 본다.

이 단계에 비사·반사적 법률 외에 각종 정책과제 수행을 위한 많은 입법이 이뤄진다. 김총비서는 2022년 12월 26~31일에 열린 당 중앙위원회 제8기 제6차 전원회의에서 "사회주의법률제도를 더욱 개선강화할 때 법이 인민을 지키고 인민이 법을 지키는 진정한 인민의 나라로서의 우리 제도의 본태를 적극 살리고 당정책과 국가적 시책들을 올바로 집행하며 혁명대오의 순결성과 우리식 사회주의의 공고발전을 옹호고수해나갈수 있다."며 법제정비를 독려한다.[98] 또한 제8차 당대회 3년차 경제계획 등을 총화하는 2023년 12월 26~30일의 당 중앙위원회 제8기 제9차 전원회의에서 김총비서는 법제사업의 적극화로 "우월한 국가사회제도를 일층 공고히 해나갈수 있는 법적담보가 구축"되었다며 법제사업의 성과를 긍정적으로 평가한다.

그러나 남북관계가 단절 수준으로 악화됨에 따라 남북교류와 관련된

---

[97] 제8차 당대회에서 개정된 당규약 중 해외동포에 관한 부분은, "조선로동당은 ... 해외동포들의 민주주의적민족권리와 리익을 옹호보장하고 그들을 애국애족의 기치아래 굳게 묶어세우며 민족적자존심과 애국적열의를 불러일으켜 조국의 통일발전과 륭성번영을 위한 길에 적극 나서도록 한다"고 규정하고 있다.
[98] 「조선로동당 중앙위원회 제8기 제6차 전원회의 확대회의에 관한 보도」, 『조선신보』, 2023년 1월 1일; http://chosonsinbo.com>2023/...(검색일: 2024년 2월 2일).

법률을 폐지하는 등 중대한 입법상의 변화가 있었다. 즉 이 제8기 제9차 전원회의에서 남북관계를 적대적 두 국가, 전쟁 중인 두 교전국 관계로 규정하고 통일전선부를 비롯한 대남사업기구 정리, 개편 대책 수립, 대남투쟁원칙과 방향 전환을 결정한다. 이에 따라 2024년 1월 15일 개최된 최고인민회의 제14기 제10차 회의⁹⁹에서 북한의 남북교류와 관련된 기구들 즉 조국평화통일위원회, 민족경제협력국, 금강산국제관광국 폐지를 결정한다. 이어서 같은 달 27일 열린 최고인민회의 상임위원회 제14기 제30차 회의에서는 남북교류의 상징인 북남경제협력법, 금강산국제관광특구법과 그 시행규정들, 남북경제협력관련합의서들을 폐지하는 정령이 채택된다.

김정은 총비서는 최고인민회의 제14기 제10차 회의 시정연설¹⁰⁰에서 주권이 행사되는 영역을 헌법에 명시하고, 남북 간에 전쟁이 발발하는 경우 대한민국을 완전히 점령, 평정, 수복하고 공화국영역에 포함시키는 문제를 반영하며, 헌법에 있는 '북반부, 자주, 평화통일, 민족대단결' 표현 삭제 등 사회주의헌법을 개정할 필요성이 있다고 강조하면서 차기 최고인민회의 과제로 제시한다. 2024년 10월 7일에서 8일까지 열린 최고인민회의 제14기 제11차 회의에서 헌법 개정이 있었는데, 언론 보도에 의하면 예상과 달리 노동과 선거가 가능한 나이를 수정한 것으로 알려졌다.¹⁰¹ 2025년 1월 22일 최고인민회의 제14기 제12차 회의를 개최하였지만 헌법의 통일 관련 조항이 삭제되거나 영토 관련 조항이 신설되지 않은 것으로 알려졌다.

---

99 「조선민주주의인민공화국 최고인민회의 제14기 제10차회의 진행」, 『조선신보』, 2024년 1월 16일; https://chosonsinbo.com〉2024/...(검색일: 2024년 3월 29일).
100 「김정은원수님께서 최고인민회의 제14기 제10차회의에서 강령적인 시정연설을 하시였다」, 『조선신보』, 2024년 1월 16일; https://chosonsinbo.com〉2024/...(검색일: 2024년 3월 29일).
101 「북한 헌법 수정해 노동, 선거 가능 연령 변경」, 『NK경제』, 2024년 10월 9일; http://www.nkeconomy.com〉news(검색일: 2025년 1월 10일)

제IV장

인민대중제일주의 법제도 분석

1

제·개정법 양적 현황

1) 제·개정법 양적 현황

김정은 집권기에 131건의 제정과 463건의 개정으로 총 594건의 입법이 이뤄졌다. 연도별 제·개정법을 그래프로 나타내면 다음 〈그림 Ⅳ-1〉과 같다.

〈그림 Ⅳ-1〉 김정은시대 연도별 제·개정법 현황   (단위: 건)

* 출처: 본 연구자가 작성함.

김정은시대 제·개정법 현황을 법제도 단계별로 보면 다음과 같다. 첫째, 2012년에서 2016년까지 '김정은식 사회주의법치국가건설론 토대구축단계'를 보면, 2012년에 제정법 9건, 개정법 26건으로 총 35건, 2013년에는 제정 8건, 개정 38건으로 총 46건, 2014년에는 제정 8건, 개정 25건으로 총 33건, 2015년에는 제정 6건, 개정 43건으로 총 49건, 2016년에는 제정 4건, 개정 39건으로 총 43건이 제·개정된다. 김정은 집권 초기 5년 동안 제정법률은 35건(17.0%), 개정법률은 171건(83.0%)으로 총 206건(100.0%)이 제·개정 된다. 평균으로 계산하면 1년에 제정법은 7.0건, 개정법은 34.2건으로 총 41.2건의 법률이 제·개정된 셈이다. 이러한 수치에서 권력승계 후 김정은 총비서의 법제도 확립에 대한 의지를 다시 한번 확인할 수 있다. 이상의 내용을 정리하면 다음 〈표 Ⅳ-1〉, 〈그림 Ⅳ-2〉와 같다.

〈표 Ⅳ-1〉 김정은식 사회주의법치국가건설론 토대구축단계의 법률 현황 (단위: 건)

구분 \ 년도	2012	2013	2014	2015	2016	합계(%)	연평균 건수
제정	9	8	8	6	4	35(17.0)	7.0
개정	26	38	25	43	39	171(83.0)	34.2
연도별 계	35	46	33	49	43	206(100.0)	41.2

* 출처: 본 연구자가 작성함.

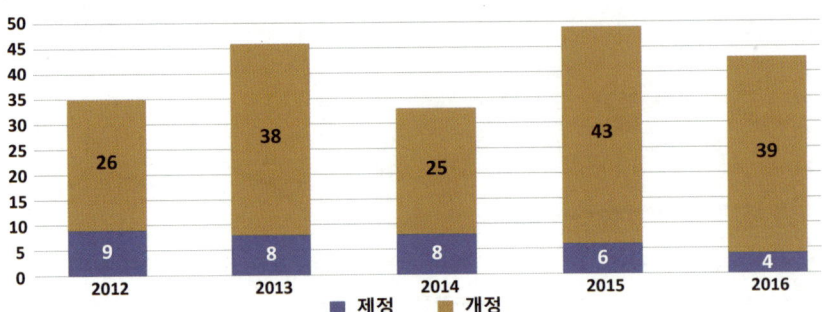

〈그림 Ⅳ-2〉 김정은식 사회주의법치국가건설론 토대구축단계의 법률 현황 (단위: 건)

* 출처: 본 연구자가 작성함.

둘째, 2017년과 2018년의 '김정은식 사회주의법치국가건설론 발전단계'를 보면, 2017년 법률 제정 2건, 개정 12건, 총 14건의 입법이 이뤄졌고, 2018년에는 제정 4건, 개정 16건으로 총 20건의 입법이 이뤄졌다. 2년간 제정 6건(17.6%), 개정 28건(82.4%)으로 총 34건(100.0%)의 법률이 제·개정된 것이다. 이시기 평균적으로 1년에 제정법 3.0건, 개정법 14.0건으로 17.0건의 제·개정 법률이 만들어진 셈이다. 이상의 내용을 정리하면 다음 〈표 Ⅳ-2〉, 〈그림 Ⅳ-3〉과 같다.

〈표 Ⅳ-2〉 김정은식 사회주의법치국가건설론 발전단계의 법률 현황 (단위: 건)

구분 \ 년도	2017	2018	합계(%)	연평균 건수
제정	2	4	6(17.6)	3.0
개정	12	16	28(82.4)	14.0
연도별 계	14	20	34(100.0)	17.0

* 출처: 본 연구자가 작성함.

〈그림 Ⅳ-3〉 김정은식 사회주의법치국가건설론 발전단계의 법률 현황 (단위: 건)

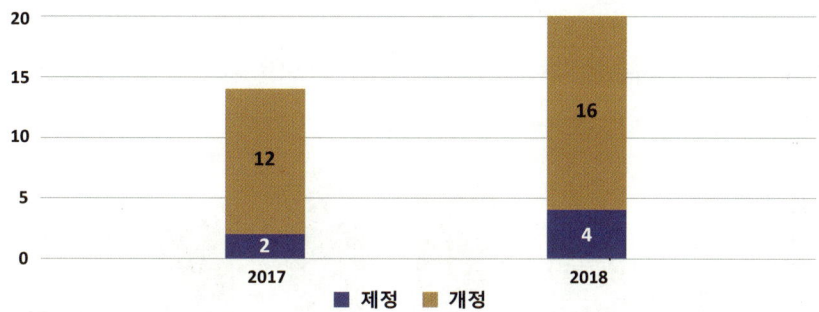

* 출처: 본 연구자가 작성함.

셋째, 2019년에서 2024년까지의 '인민대중제일주의법건설사상 확립단계'를 보면, 2019년에 제정법 4건, 개정법 28건으로 총 32건의 법률이 제·개정 되고, 2020년에는 제정 16건, 개정 73건 총 89건이 제·개정되어 전 해보다 3배 이상 증가됨으로써 김정은시대의 최고 수치를 보인다. 2021년에는 제정 24건, 개정 52건, 제·개정법이 총 76건이다. 2022년에는 제정 16건, 개정 55건, 총 71건의 법률이 제·개정되어 전년도 수준을 유지하고, 2023년에는 소폭 감소하여 제정 21건, 개정 39건으로 총 60건이 제·개정된다. 2024년에는 제정 9건, 개정 17건으로 제·개정법은 총 26건이다. 6년간의 이 단계에서 90건(25.4%)의 제정, 264건(74.6%)의 개정, 총 354건(100.0%)이 제·개정된다. 평균적으로 1년에 15.0건의 제정, 44.0건의 개정, 총 59.0건이 제·개정된 셈이다. 이상의 내용을 정리하면 다음 〈표 Ⅳ-3〉, 〈그림 Ⅳ-4〉와 같다.

〈표 Ⅳ-3〉 인민대중제일주의법건설사상 확립단계의 법률 현황 (단위: 건)

구분 \ 년도	2019	2020	2021	2022	2023	2024	합계(%)	연평균 건수
제정	4	16	24	16	21	9	90(25.4)	15.0
개정	28	73	52	55	39	17	264(74.6)	44.0
연도별 계	32	89	76	71	60	26	354(100.0)	59.0

* 출처: 본 연구자가 작성함.

〈그림 Ⅳ-4〉 인민대중제일주의법건설사상 확립단계의 법률 현황 (단위: 건)

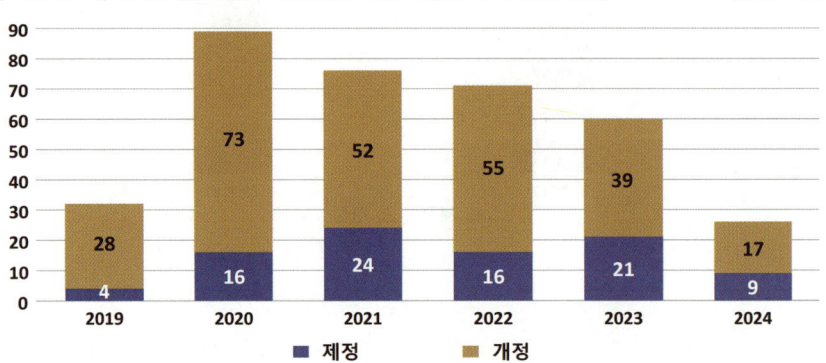

* 출처: 본 연구자가 작성함.

2) 제·개정법 양적 현황 비교

각 단계별 제·개정법 양적 현황을 바탕으로 세 단계의 양적 경향을 비교하면 다음과 같다. 첫 번째, 김정은식 사회주의법치국가건설론 토대구축단계는 제정 35건, 개정 171건으로 제·개정법이 총 206건에 달한다. 이러한 제·개정법 206건은 전체 제·개정법 594건의 34.7%에 해당한다. 두 번째, 김정은식 사회주의법치국가건설론 발전단계는 제정 6건, 개정 28건으로 제·개정법이 총 34건이다. 34건은 전체 제·개정법 594건의 5.7%에 해당한다. 세 번째, 인민대중제일주의법건설사상 확립단계는 제정 90건, 개정 264건으로 제·개정법이 총 354건이다. 이와 같은 354건은 전체 제·개정법 594건의 59.6%에 해당한다. 양적인 비교를 하면 3단계 인민대중제일주의법건설사상 확립단계(이하 '확립단계'로 약칭)가 6년간 제·개정 354건(59.6%)으로 가장 높은 비중을 차지하고, 다음으로 1단계 김정은식 사회주의법치국가건설론 토대구축단계(이하 '토대구축단계'로 약칭) 5년간 206건(34.7%), 2단계 김정은식 사회주의법치국가건설론 발전단계(이하 '발전단계') 2년간 34건(5.7%) 순이다.

그러나 각 단계별로 포함된 연도가 달라 이러한 단순 양적 비교는 중요 의미가 없기에, 1년 평균치로 계산해 비교하는 것이 필요하다. 연평균 건수로 비교하면 법제도 1단계 토대구축단계의 제정법은 7.0건, 개정법은 34.2건으로 1년 평균 41.2건의 제·개정 법률이 만들어진 셈이다. 2단계 발전단계의 경우, 연평균 제정 3.0건, 개정 14.0건으로 17.0건의 제·개정법으로 계산된다. 3단계 확립단계에는 연평균 제정 15.0건, 개정 44.0건, 제·개정법이 59.0건에 달한다. 결국 3단계 확립단계의 연평균 제·개정법 건수가 59.0건으로 가장 많고, 다음 1단계 토대구축단계 41.2건이고, 그다음 2단계 발전단계 17.0건으로 가장 적다. 이러한 순위는 '연평균 제정법 건수'에서도 그대로 적용되어, 3단계 확립단계 15.0건 〉 1단계 토대구축단계 7.0건 〉 2단계 발전단계 3.0건의 순으로 나타난다. 연평균 개정법 경우도 동일한 순위로 3단계 확립단계 44.0건 〉 1단계 토대구축단계 34.2건 〉 2단계 발전단계 14.0건 순이다.

　연평균 건수를 비교할 때 세 단계 모두 제정건수가 개정건수보다 적다. 아울러 주목할 사실은 3단계 확립단계의 연평균 15.0건의 제정건수가 1단계 토대구축단계의 7.0건보다 2.1배 많고, 2단계 발전단계 3.0건보다는 5.0배 많다는 것이다. 현 단계인 3단계에 입법이 증가하고, 특히 제정법이 증가한 점은 향후에도 법제 정비가 지속될 것을 예상하게 만든다. 이상의 단계별 법률 제·개정 현황을 비교하면 다음 〈표 Ⅳ-4〉, 〈그림 Ⅳ-5〉와 같다. 또한 단계별 제·개정법을 연평균으로 비교하면 다음 〈그림 Ⅳ-6〉과 같다.

〈표 Ⅳ-4〉 김정은시대 단계별 제·개정법 비교　　　　　　　　　　　(단위: 건)

구분	1단계 토대구축단계							2단계 발전단계				3단계 확립단계							
년도	'12	'13	'14	'15	'16	합계(%)	연평균건수	'17	'18	합계(%)	연평균건수	'19	'20	'21	'22	'23	'24	합계(%)	연평균건수
제정	9	8	8	6	4	35 (17.0)	7.0	2	4	6 (17.6)	3.0	4	16	24	16	21	9	90 (25.4)	15.0
개정	26	38	25	43	39	171 (83.0)	34.2	12	16	28 (82.4)	14.0	28	73	52	55	39	17	264 (74.6)	44.0
연도별계	35	46	33	49	43	206 (100.0)	41.2	14	20	34 (100.0)	17.0	32	89	76	71	60	26	354 (100.0)	59.0

＊ 출처: 본 연구자가 작성함.

〈그림 Ⅳ-5〉 김정은시대 단계별 제·개정법 비교 (단위: 건)

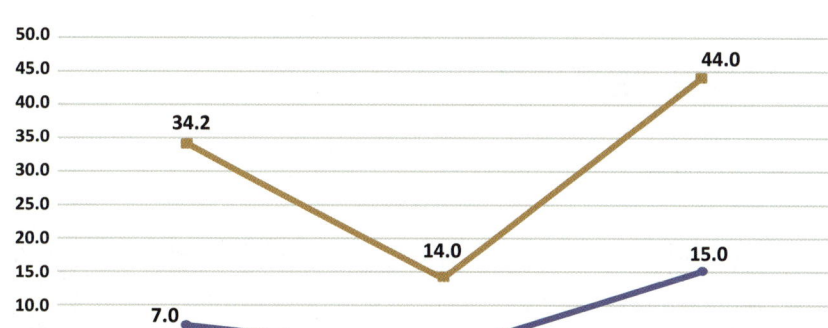

〈그림 Ⅳ-6〉 김정은시대 단계별 제·개정법 연평균 비교 (단위: 건)

2

연도별 부문법 비중

1) 연도별 부문법 비중[1]

가. 2012년 부문법 비중

김정은시대 연도별 제·개정 법률의 부문별 비중을 파악하기 위해 연도별 제·개정 상황을 점검하는 것이 필요하다. 2012년에 제정 9건, 개정 26건으로 총 35개의 법률이 제·개정 되었다.

제정된 법률을 제정 날짜순으로 제시하면 다음과 같다. △대기오염방지법(7.11. 정령 제2520호) △무역화물검수법(7.11. 정령 제2521호) △문화유산보호법(8.7. 정령 제2584호)[2] △법제정법(12.19. 정령 제2874호) △도시미화법(12.19. 정령 제2879호) △방송시설법(12.19. 정령 제2876호) △지방예산법(12.19. 정령 제2877호) △

---

[1] 부문법 중 최고인민회의에서 채택된 것은 '최고인민회의 법령'으로, 최고인민회의 상임위원회(전원회의 혹은 상무회의) 정령으로 채택된 것은 '정령'으로만 표기한다. 또한 연도별 제·개정법을 구체적으로 적시할 때 법률의 「 」 표시를 생략한다. 다만, 혼돈을 줄 수 있는 법률의 경우, 예를 들어 재해방지 및 구조, 복구법처럼 법률명에 ','가 들어간 경우에는 「재해방지 및 구조, 복구법」으로 기술한다.

[2] 이 법의 채택으로 기존 「문화유물보호법」(1994.3.24. 채택)의 효력이 상실된다.

내화물관리법(12.19. 정령 제2878호) △광천법(12.19. 정령 제2879호)으로 9건이다.

개정법률은 △흑색금속법(1.10. 정령 제2104호) △산림법(3.13. 정령 제2240호) △국기법(4.3. 정령 제2303호) △인민보건법(4.3. 정령 제2303호) △사회보장법(4.3. 정령 제2303호)[3] △년로자보호법(4.3. 정령 제2303호) △무역법(4.3. 정령 제2303호) △세관법(4.3. 정령 제2304호) △출입국법(4.10. 정령 제2323호) △사회주의헌법(4.13. 최고인민회의 제12기 제5차 회의) △지방주권기관법(4.24. 정령 제2346호) △조약법(4.24. 정령 제2346호) △검찰감시법(4.24. 정령 제2346호) △형법2회(4.24. 정령 제2346호 / 5.14. 정령 제2387호) △형사소송법3회(4.24. 정령 제2346호 / 5.14. 정령 제2387호/ 8.14. 정령 제2614호) △살림집법(11.13. 정령 제2803호) △저작권법(11.13. 정령 제2803호) △상표법(11.13. 정령 제2803호) △담배통제법(11.20. 정령 제2808호) △의료법(11.20. 정령 제2808호) △농장법(11.20. 정령 제2809호) △축산법(11.20. 정령 제2809호) △도서관법(12.3. 정령 제2838호)으로 26건을 차지한다.

이상의 2012년에 제·개정된 35건의 법률을 부문별로 정리하면 다음 〈표 Ⅳ-5〉와 같다. 부문법 분류 기준은 앞서 연구방법에서 밝힌 바와 같이 국가정보원에서 2024년 8월에 발행한 『北韓法令集』[4]의 분류를 따른다.

---

3 2021년 3월 '사회보험 및 사회보장법'을 제정하였다. 동법은 기존 '사회보장법'과 '사회보험법'을 통합하여 새롭게 정비한 것으로 보이나 사회보험 및 사회보장법 상 기존 법의 효력에 대한 언급은 없는 상태이다. 국정원이 2024년 8월 발간한 『北韓法令集』에 사회보장법과 사회보험법은 수록되지 않았다.
4 국가정보원, 앞의 책.

〈표 IV-5〉 2012년 부문법 제·개정 현황

구분	분야	번호	부문	연도 2012 제정	2012 개정	비고
체제·사법정비	주권·행정	1	헌법		사회주의헌법	
		2	주권		국기법 지방주권기관법	
		3	행정	법제정법		
	사법	4	형·민사		형법2회(4.24./5.14.) 형사소송법3회(4.24/5.14/8.14)	
		5	재판·인민보안		검찰감시법	
인민생활향상	산업1	6	계획·로동·재산관리			
		7	에네르기·금속·화학·기계·지하자원	내화물관리법 광천법	흑색금속법	
		8	교통운수			
		9	농업·임업·수산		농장법 축산법	
		10	계량·규격·품질감독	무역화물검수법		
	산업2	11	인민봉사·건설·도시경영	도시미화법	살림집법	
		12	국토·환경보호	대기오염방지법	산림법	
		13	재정·금융·보험	지방예산법		
		14	과학기술·지적소유권·체신	방송시설법	저작권법 상표법	
인민복지확대	교육복지	15	교육·문화·체육	문화유산보호법	도서관법	
		16	보건		인민보건법 담배통제법 의료법	
		17	사회복리		사회보장법 년로자보호법	
국제화	대외관계	18	북남경제협력			
		19	외교·대외경제		무역법 세관법 출입국법 조약법	
			합 계	9	26	

* 출처: 본 연구자가 작성함.

제정법 9건의 경우 3.행정(법제정법)과 15.문화(문화유산보호법)부문에 각 한 건씩 있고, 나머지 7건은 모두 경제(산업1, 산업2) 분야가 차지한다. 이는 본격적인 김정은시대의 개막 시점에 경제발전, 인민생활향상에 집중하고 있음을 보여주는 것이다. 개정법의 경향도 중요하지만, 제정법은 김정은 정권의 국가운영방향을 그대로 보여주는 것이기에 더욱 의미가 크다. 특히, 2012년은 법제정법 하나만으로도 김정은식 사회주의법치국가건설을 위한 토대를 구축했다고 할 만큼 법률체계 개선의 전환점이 된다. 참조로 '전반적12년제의무교육을 실시함에 대하여'는 9월 25일 최고인민회의 제12기 제6차회의에서 채택된 법령이지만, 부문법이 아니기에 본 연구대상에서는 제외되었다. 동법으로 기존의 11년제 의무교육이 1년 연장되어 보통교육 실현을 강화하게 된다.

개정법에서는 무엇보다 사회주의헌법 개정에 주목할 필요가 있다. 김정은시대 들어 처음으로 개정된 사회주의헌법 서문에 핵보유국을 명시한다. 개정법 중 주권·행정(헌법, 주권 2건, 사법 6건) 분야가 9건으로 가장 높은 비중을 차지하고, 다음이 산업1과 산업2 분야가 7건, 인민복지확대가 6건, 국제화가 4건 순이다. 이는 체제 및 사법 정비와 인민생활향상에 집중하면서 복지체계 확립, 대외관계 개선에도 주력하고 있음을 보여준다. 특히, 무역법, 세관법, 출입국법, 조약법 등 대외관계 개선을 위한 개정법이 4건으로 전체 개정법 26건의 15.4%를 차지하고 있어, 초반부터 국제사회와의 교류를 염두에 두고 있음을 알 수 있다.

이처럼 사회주의헌법 서문의 핵보유국 명시와 제·개정법에서 경제발전·인민생활향상 부분이 갖는 비중에서 핵과 경제개발이 동시에 진행되고 있음을 보여준다.

나. 2013년 부문법 비중

2013년은 '당의 유일적령도체계확립의 10대원칙'이 개정된 해이기도 하다. 이 10대원칙은 법령에 해당하지 않지만, 당적 원칙을 수정한 점에서 중요 의미가 있다.

2013년에 제정된 법률은 8건으로 △금수산태양궁전법(4.1. 최고인민회의 법령 제10호) △우주개발법[5](4.1. 최고인민회의 법령 제13호) △공원,유원지관리법(5.29. 정령 제3191호) △경제개발구법(5.29. 정령 제3192호) △재생에네르기법(5.29. 정령 제3193호) △작물유전자관리법(10.9. 정령 제3396호) △잠업법(10.9. 정령 제3397호) △항무감독법(10.9. 정령 제3398호) 등이다.

개정법은 38건으로 △지하자원법(2.21. 정령 제2979호) △수산법(2.24. 정령 제2979호) △상품식별부호관리법(3.8. 정령 제3019호) △산림법2회(3.14. 정령 제3058호 / 7.24. 정령 제3292호) △사회주의헌법(4.1. 최고인민회의 제12기 제7차 회의) △국장법(4.4. 정령 제3058호) △어린이보육교양법(4.4. 정령 제3058호) △식료품위생법(4.4. 정령 제3104호) △수의방역법(4.4. 정령 제3104호) △도로교통법2회(5.8. 정령 제3156호 / 11.21. 정령 제3448호) △형법3회(6.19. 정령 제3232호 / 9.26. 정령 제3376호 / 11.21. 정령 제3449호) △출입국법(7.10. 정령 제3249호) △수출입상품검사법(7.10. 정령 제3250호) △무역화물검수법(7.10. 정령 제3250호) △하천법(7.24. 정령 제3292호) △도로법2회(7.24. 정령 제3292호 / 10.23. 정령 제3402호) △농장법(7.24. 정령 제3292호) △해사감독법(7.24. 정령 제3292호) △환경보호법(7.24. 정령 제3292호)[6] △자연보호구법(7.24. 정령 제3292호) △대동강오염방지법(7.24. 정령 제3292호) △대기오염방지법(7.24. 정

---

5 2013년 4월 1일 최고인민회의에서는 「우주개발법」 채택에 이어 '국가우주개발국' 신설을 결정하였다. '국가우주개발국'은 2023년 9월 26일 최고인민회의 제14기 제9차 회의에서 헌법 개정을 통해 핵무력정책을 헌법화하면서 그 명칭이 '국가항공우주기술총국'으로 변경된다.

6 국가정보원의 『北韓法令集』 下, 387쪽. 「환경보호법」에는 그 이전에 발행된 법령집과 달리 2013년도 수정보충(개정) 월일이 4. 27.로 되어 있으나, 정령 번호가 같은 날 채택된 다른 법 정령 번호와 같은 점을 고려하면 국정원 법령집 기재가 오류로 보인다.

령 제3292호) △도시경영법(7.24. 정령 제3292호) △원림법(7.24. 정령 제3292호) △교육법(9.12. 정령 제3355호) △보통교육법(9.12. 정령 제3355호) △화약류취급법(10.23. 정령 제3402호) △과학기술법(10.23. 정령 제3401호) △쏘프트웨어산업법(10.23. 정령 제3406호) △장애자보호법(11.21. 정령 제3447호) △해운법(12.12. 정령 제3500호) △항만법(12.12. 정령 제3500호) △해상짐수송법(12.12. 정령 제3500호) 등이다. 이상의 제·개정 법률 46건을 부문별로 정리하면 다음 〈표 Ⅳ-6〉과 같다.

제정법 8건은 3.행정(금수산태양궁전법), 19.외교·대외경제(경제개발구법)부문 각 1건씩이고, 나머지 6건은 인민생활향상(산업1 4건, 산업2 2건)에 관한 것이다. 앞의 2012년과 같이 경제발전, 인민생활향상에 집중하고 있다. 주목할 것은 인민생활향상 중 7.에네르기부문의 재생에네르기법, 8.교통운수부문에서 항무감독법, 14.과학기술부문에서 우주개발법, 19. 외교·대회경제부문에서 경제개발구법이 제정된 점이다. 재생에너지산업 활성화로 국토환경을 보호하고, 항무감독법으로 항구시설의 안전을 보장하고 환경을 보호하며, 우주개발에서 제도를 정립해야 하는 과제 등 지구와 우주적 차원의 개발 주제를 다루고 있다는 점이다. 그리고 경제개발구법은 새로운 전략적 노선을 결정한 3월 전원회의에서 관광지구를 설치하여 관광을 활성화하고 각 도의 실정에 맞는 경제개발구를 특색 있게 발전시키자는 당의 방침이 결정된 후 제정된 것이다. 북한은 동법 제정 이후인 2013년 11월 21일 최고인민회의 상임위원회 정령으로 신의주경제특구와 13개 지방급 경제개발구를 지정[7]하여 발표하였다.

---

[7] 2013년 11월 21일 최고인민회의 상임위원회 정령으로 지정되어 발표된 곳은, 중앙급인 신의주 경제특구와 지방급인 경제개발구 13곳이다. 13개 경제개발구는 △신의주시 룡운리 압록강경제개발구 △황해북도 신평관광개발구, 송림수출가공구 △자강도 만포시 만포경제개발구, 위원군 위원공업개발구 △강원도 원산시 현동공업개발구 △함경남도 함흥시 흥남공업개발구, 북청군 북청농업개발구 △함경북도 청진개발구, 어랑농업개발구, 온성섬관광개발구 △양강도 혜산경제개발구 △남포시 와우도수출가공구 등이다.
「북, 신의주 특구·13개 경제개발구 설치 공식 발표」, 『한겨레신문』, 2013년 11월 21일; https://www.hani.co.kr/arti/politics/defense/612284.html(검색일: 2024년 3월 26일).

〈표 Ⅳ-6〉 2013년 부문법 제·개정 현황

구분	분야	번호	부문	연도 2013 제정	연도 2013 개정	비고
체제·사법정비	주권·행정	1	헌법		사회주의헌법	
		2	주권		국장법	
		3	행정	금수산태양궁전법		
	사법	4	형·민사		형법3회(6.19./9.26./11.21.)	
		5	재판·인민보안		도로교통법2회(5.8./11.21.) 화약류취급법	
인민생활향상	산업1	6	계획·로동·재산관리			
		7	에네르기·금속·화학·기계·지하자원	재생에네르기법	지하자원법	
		8	교통운수	항무감독법	해사감독법 해운법 항만법 해상짐수송법	
		9	농업·임업·수산	작물유전자관리법 잠업법	수산법 수의방역법 농장법	
		10	계량·규격·품질감독		수출입상품검사법 무역화물검수법	
		11	인민봉사·건설·도시경영		도시경영법 원림법	
	산업2	12	국토·환경보호	공원, 유원지관리법	하천법 산림법2회(3.14./7.24.) 도로법2회(7.24./10.23.) 환경보호법 자연보호구법 대동강오염방지법 대기오염방지법	
		13	재정·금융·보험		상품식별부호관리법	
		14	과학기술·지적소유권·체신	우주개발법	과학기술법 쏘프트웨어산업법	
인민복지확대	교육복지	15	교육·문화·체육		어린이보육교양법 교육법 보통교육법	
		16	보건		식료품위생법	
		17	사회복리		장애자보호법	
국제화	대외관계	18	북남경제협력			
		19	외교·대외경제	경제개발구법	출입국법	
합계				8	38	

* 출처: 본 연구자가 작성함.

부문법이 아니라서 본 연구대상에는 포함되지 않았지만, 4월 1일 최고인민회의 제12기 제7차 회의 채택 법령으로 '자위적핵보유국의 지위를 더욱 공고히 할데 대하여'는 전년도 개정 사회주의헌법에서 핵보유국을 명시한데 따른 후속조치인 동시에, 2013년 3월 노동당 중앙위원회 제6기 제23차 전원회의에서 경제, 핵무력 병진노선을 채택한 것과 연관된 법령이다.

개정법 38건은 3.행정부문, 6.계획·로동부문, 18.북남경제협력부문을 제외하고는 전 부문에 걸쳐 다양하게 개정되고 있다. 형법이 한 해 동안 3차례(6.19, 9.26, 11.21) 개정된 것을 비롯하여 도로교통법 2회, 산림법 2회, 도로법 2회 등 동일 법률에 대한 완성도를 높이는 노력을 기울이고 있다. 아울러 사회주의헌법이 개정되어 헌법 제45조에 12년제 의무교육을 명시한다.

특이한 것은 12.국토·환경보호부문에서 무더기 입법이 이루어졌다는 점이다. 이 부문에서 5월 29일 「공원, 유원지관리법」이 제정되고, 7월 24일 하천법, 산림법, 도로법, 환경보호법, 자연보호구법, 대동강오염방지법, 대기오염방지법 등 7개 법률이 총 9차례 개정(산림법, 도로법이 각각 2차례씩 개정)되었다. 이러한 제·개정법들은 공원과 유원지, 도로, 하천, 대동강 오염 및 대기 오염방지, 자연보호 및 환경보호 등 국토관리, 환경보호 전반을 망라하고 있다.

다. 2014년 부문법 비중

2014년에 제정된 법률은 △국경통과지점관리법(6.27. 정령 제75호) △재해방지 및 구조, 복구법(6.27. 정령 제76호) △건설감독법(7.10. 정령 제80호) △소금법(12.10. 정령 제255호) △중소탄광법(12.10. 정령 제256호) △무역짐배용선중개법(12.10. 정령 제257호) △편의봉사법(12.24. 정령 제294호) △종합무역장관리법(12.24. 정령 제295호) 등으로 8건에 달한다.

개정된 법률은 △자금세척방지법(2.5. 정령 제3557호) △과수법(3.5. 정령 제3601호) △아동권리보장법(3.5. 정령 제3601호) △공원, 유원지관리법(3.5. 정령 제3601호) △로동보호법(3.5. 정령 제3601호) △양어법(3.19. 정령 제3601호) △수산법(3.19. 정령 제3617호) △형법(4.24. 정령 제17호) △공중위생법(5.22. 정령 제36호) △전염병예방법(5.22. 정령 제36호) △산림법(6.11. 정령 제67호) △대외경제중재법(7.23. 정령 제92호) △살림집법(7.23. 정령 제93호) △도시경영법(7.23. 정령 제93호) △건설법(7.23. 정령 제93호) △바다오염방지법(9.11. 정령 제142호) △합작법(10.8. 정령 제173호) △합영법(10.8. 정령 제173호) △행정검열법(10.22. 정령 제191호) △평양시관리법(10.22. 정령 제191호) △대동강오염방지법(10.22. 정령 제191호) △환경보호법(10.22. 정령 제192호) △기업소법(11.5. 정령 제228호) △발명법(12.10. 정령 제258호) △농장법(12.24. 정령 제296호) 등으로 25건이다. 이상을 부문별로 정리하면 다음 〈표 Ⅳ-7〉과 같다.

〈표 Ⅳ-7〉 2014년 부문법 제·개정 현황

구분	분야	번호	부문	연도	2014 제정	2014 개정	비고
체제·사법정비	주권·행정	1	헌법				
		2	주권				
		3	행정			행정검열법 평양시관리법	
	사법	4	형·민사			형법	
		5	재판·인민보안				
인민생활향상	산업1	6	계획·로동·재산관리			로동보호법 기업소법	
		7	에네르기·금속·화학·기계·지하자원		중소탄광법		
		8	교통운수		무역짐배용선중개법		
		9	농업·임업·수산		소금법	과수법 양어법 수산법 농장법	
		10	계량·규격·품질감독		국경통과지점관리법		

구분	분야	번호	부문	연도 2014 제정	연도 2014 개정	비고
인민생활향상	산업2	11	인민봉사·건설·도시경영	건설감독법 편의봉사법	살림집법 도시경영법 건설법	
		12	국토·환경보호	재해방지및구조, 복구법	공원, 유원지관리법 산림법 바다오염방지법 대동강오염방지법 환경보호법	
		13	재정·금융·보험		자금세척방지법	
		14	과학기술·지적소유권·체신		발명법	
인민복지확대	교육복지	15	교육·문화·체육			
		16	보건		공중위생법 전염병예방법	
		17	사회복리		아동권리보장법	
국제화	대외관계	18	북남경제협력			
		19	외교·대외경제	종합무역장관리법	대외경제중재법 합작법 합영법	
합계				8	25	

* 출처: 본 연구자가 작성함.

2014년 제정법 8건 중 7건은 7.에네르기·금속·화학·기계·지하자원(중소탄광법), 8.교통운수(무역짐배용선중개법), 9.농업·임업·수산(소금법), 10.계량·규격·품질감독(국경통과지점관리법), 11.인민봉사·건설·도시경영(건설감독법, 편의봉사법), 12.국토·환경보호(「재해방지 및 구조, 복구법」)부문으로 경제발전·인민생활향상 부분에 집중되어 있다. 나머지 1건은 19.외교·대외경제부문 종합무역장관리법이다. 주목되는 제정법은 「소금법」과 「재해방지 및 구조, 복구법」이다. 소금법은 소금의 생산, 공급, 판매, 이용과 관련한 법으로 인민식생활에서 소금이 차지하는 중요성을 짐작하게 한다. 동법은 이후 2016년 11월 23일과 2021년 5월 20일에 개정된다. 「재해방지 및 구조, 복구법」은 재해방지, 비상재해위기대응, 재해구조, 복구사업에 대한 제도정비법에 해당한다. 지속적으로 발생하는 재해에 대한 대비책으로,

인민들의 생명안전과 재산보호를 사명[8]으로 하는 법이다.

　개정법 25건은 3.행정(행정검열법, 평양시관리법), 4.형·민사(형법)부문을 비롯하여 전 영역에 고르게 분포되어 있다. 개정법에서 주목되는 부문은 네 가지로 요약된다. 첫째, 9.농업·임업·수산부문에서 과수법, 양어법, 수산법, 농장법 등 농림수산 분야가 모두 포함되어 있어 먹는 문제 해결에 주력하고 있음을 알 수 있다. 2014년 2월 6일 개최된 전국농업부문분조장대회에서 인민들의 식량문제 해결을 강조한 것과 연관된다. 둘째, 전년도에 이어 12.국토·환경보호부문에서 제정법(「재해방지 및 구조, 복구법」) 외에 「공원, 유원지관리법」, 산림법, 바다오염방지법, 대동강오염방지법, 환경보호법이 개정되어 국토환경 관련 입법이 지속된다. 셋째, 2014년의 '5·30담화'에서 우리식 경제관리방법(사회주의기업책임관리제)이 제시되는데 이에 부응한 기업소법과 농장법이 개정된다. 넷째, 19.외교·대외경제부문에서 대외경제중재법, 합작법, 합영법 등 국제화를 위한 법개정이 진행된다.

　2014년 제·개정법에서 특이점은 제정법 중 8.교통운수부문 무역짐배용선중개법, 10.계량·규격·품질감독부문 국경통과지점관리법, 19.외교·대외경제부문 종합무역장관리법, 개정법 중 13.재정·금융·보험부문 자금세척방지법, 19.외교·대외경제부문 대외경제중재법, 합작법, 합영법 등 7건(제정 3건, 개정 4건)의 법률이 대외관계와 관련이 있는 것이다. 이는 2014년 전체 제정법 8건 중 3건(37.5%), 개정법 25건 중 4건(16.0%)으로 제·개정법 33건 중 7건(21.2%)에 해당한다. 이와같이 2014년에 대외관계 개선, 국제화 관련 법률의 비중이 높은 것은 2013년 3월 31일 당 중앙위원회 전원회의에서 경제·핵 병진노선을 채택하면서 '대외무역의 다각화, 다양화' 등의 방침을 제시한 것과 무관하지 않다. 즉 당의 정책을 반영한 입법의 대표적 사례로 볼 수 있다.

---

8 「재해방지 및 구조, 복구법」 제1조.

라. 2015년 부문법 비중

2015년에는 제정법 6건, 개정법 43건으로 총 49건의 제·개정법이 만들어졌다. 제정법은 △민족유산보호법(6.10. 정령 제538호) △방송법(10.8. 정령 제707호) △교원법(10.8. 정령 제708호) △독성물질취급법(10.8. 정령 제709호) △외국투자기업회계검증법(10.8. 정령 제710호) △다른 나라 배대리업무법(12.23. 정령 제846호)이다.

개정법은 △도시경영법(1.7. 정령 제314호) △도시미화법(1.7. 정령 제314호) △도로법(1.7. 정령 제314호) △전염병예방법(1.7. 정령 제315호) △형법2회(1.21. 정령 제324호 / 7.22. 정령 제578호) △도로교통법(2.11. 정령 제353호) △로동정량법(2.11. 정령 제354호) △규격법(2.25. 정령 제389호) △량정법(2.25. 정령 제389호) △산림법(3.11. 정령 제399호) △폭발물처리법(3.25. 정령 제410호) △보험법(4.8. 정령 제456호) △재정법(4.8. 정령 제457호) △회계법(4.8. 정령 제457호) △전력법(4.22. 정령 제471호) △선원법(5.6. 정령 제498호) △기업소법(5.21. 정령 제517호) △축산법(6.10. 정령 제538호) △설비관리법(6.25. 정령 제553호) △인민경제계획법(6.25. 정령 제553호) △항무감독법(6.25. 정령 제553호) △품질감독법(6.25. 정령 제554호) △농장법(6.25. 정령 제555호) △전파관리법(6.25. 정령 제556호) △사회주의로동법(6.30. 정령 제566호) △녀성권리보장법(6.30. 정령 제566호) △중앙은행법(7.22. 정령 제576호) △상업은행법(7.22. 정령 제576호) △회계검증법(7.22. 정령 제577호) △철도법(7.22. 정령 제577호) △배안전법(8.5. 정령 제598호) △외국인투자기업로동법(8.26. 정령 제651호) △자재관리법(9.9. 정령 제655호) △외국인투자기업 및 외국인세금법(9.9. 정령 제656호) △수산법(9.23. 정령 제677호) △공민등록법(10.27. 정령 제750호) △행정처벌법(12.23. 정령 번호 불상) △민사소송법(12.23. 정령 제847호) △교육법(12.23. 정령 제848호) △보통교육법(12.23. 정령 제848호) △고등교육법(12.23. 정령 제848호) △무역법(12.23. 정령 제849호) 등이다. 이상을 부문별로 분류하면 다음 〈표 Ⅳ-8〉과 같다.

<표 Ⅳ-8> 2015년 부문법 제·개정 현황

구분	분야	번호	부문	연도 2015 제정	연도 2015 개정	비고
체제·사법정비	주권·행정	1	헌법			
		2	주권			
		3	행정			
	사법	4	형·민사		형법2회(1.21./7.22.) 민사소송법	
		5	재판·인민보안	독성물질취급법	도로교통법 폭발물처리법 공민등록법 행정처벌법	
인민생활향상	산업 1	6	계획·로동·재산관리		로동정량법 기업소법 설비관리법 인민경제계획법 사회주의로동법 자재관리법	
		7	에네르기·금속·화학·기계·지하자원		전력법	
		8	교통운수	다른나라배대리업무법	선원법 항무감독법 철도법 배안전법	
		9	농업·임업·수산		축산법 농장법 수산법	
		10	계량·규격·품질감독		규격법 품질감독법	
	산업 2	11	인민봉사·건설·도시경영		도시경영법 도시미화법 량정법	
		12	국토·환경보호		도로법 산림법	
		13	재정·금융·보험		보험법 재정법 회계법 중앙은행법 상업은행법 회계검증법	
		14	과학기술·지적소유권·체신	방송법	전파관리법	
인민복지확립	교육복지	15	교육·문화·체육	민족유산보호법 교원법	교육법 보통교육법 고등교육법	
		16	보건		전염병예방법	
		17	사회복리		녀성권리보장법	
국제화	대외관계	18	북남경제협력			
		19	외교·대외경제	외국투자기업회계검증법	외국인투자기업로동법 외국인투자기업 및 외국인세금법 무역법	
			합계	6	43	

* 출처: 본 연구자가 작성함.

2015년 제정법 6건은 5.재판·인민보안부문 독성물취급법, 8.교통운수부문 다른 나라 배대리업무법, 14.과학기술부문 방송법, 15.교육·문화·체육부문 민족유산보호법, 교원법, 19.외교·대외경제부문 외국투자기업회계검증법 등으로 사법, 산업1, 산업2, 교육복지, 대외관계 분야에 그쳤다. 제정법에서 주목할 사항은 15.교육·문화·체육부문의 민족유산보호법과 교원법이다. 민족유산보호법은 2014년 10월 김정은 총비서가 당 중앙위원회 책임일군들과 한 담화에서 강조한 민족유산보호 정책을 입법화한 것이라고 본다. 민족유산보호법이 만들어져, 2012년 8월 7일에 채택된 문화유산보호법이 효력상실된다. 이로써 '1994년 3월 24일 제정 문화유물보호법 → 2012년 8월 7일 제정 문화유산보호법 → 2015년 6월 10일 민족유산보호법'으로 그 범위와 내용이 확대되고 있다. 그리고 교원법은 김정은시대 들어 특정 계층을 대상으로 한 최초의 제정법이라는 의의를 갖는다. 개정법으로는 2012년의 연로자보호법, 2014년의 아동권리보장법 등이 있지만, 제정법은 교원법이 처음이다. 그만큼 북한의 교육중시정책 속에서 교육을 담당하는 교원들을 배려하고 예우하는 것을 보여주는 법률이다.

개정법 43건은 사법 분야 7건, 산업1 분야 16건, 산업2 분야 12건, 교육복지 분야 5건, 대외관계 분야 3건으로 인민생활향상(산업1 분야 16건+산업2 분야 12건)이 28건 65.1%라는 높은 비중을 차지한다. 특히, 6.계획·로동·재산관리부문에서 로동정량법, 기업소법, 설비관리법, 인민경제계획법, 사회주의로동법, 자재관리법 등 6건의 법률이 개정되어 관련 법제 정비에 관심을 기울이고 있음을 알 수 있다. 개정법 중 축산법, 농장법, 수산법은 김정은 총비서가 2015년 1월 1일 신년사[9]에서 농산과 축산, 수산

---

9 「[전문] 북한 김정은 2015년 신년사」, 『뉴스1』, 2015년 1월 1일; https://www.news1.kr/articles/?2027681(검색일: 2024년 3월 26일).

을 3대 축으로 삼아 먹는 문제를 해결하여야 한다는 과업을 제시하고, 이어 1월 28일 당, 국가경제기관 책임일군들과 축산산업발전 등에 관한 담화[10]를 한 이후 이루어진 입법으로서 식량문제 해결과 관련해 의미가 있다. 또한 2015년 신년사에서 제시된 경제개발구 사업의 적극 추진 방침에 따라 대외경제 법제가 정비되는데, 구체적으로 외국인투자기업로동법, 외국인투자기업 및 외국인세금법, 무역법이 개정된다.

마. 2016년 부문법 비중

2016년 5월 6~9일에 개최된 노동당 제7차 당대회에서 당규약이 개정된다. 당대회는 그간의 성과를 점검하고 향후 실천 계획을 세우는 분기점을 이룬다.

2016년에는 제정법 4건, 개정법 39건으로 43건이 제·개정된다. 먼저 제정법에는 △자금세척 및 테로자금지원반대법(4.20. 정령 제1113호) △교육강령집행법(6.24. 정령 제1173호) △해난사고처리법(6.24. 정령 제1175호) △산업미술법(11.23. 정령 제1420호)이 있다.

개정법은 △주민연료법(2.24. 정령 제979호) △상표법(2.24. 정령 제980호) △제품생산허가법(3.24. 정령 제1026호) △명승지, 천연기념물보호법(3.24. 정령 제1024호) △쏘프트웨어산업법(4.7. 정령 제1067호) △외국인투자기업재정관리법(4.7. 정령 제1065호) △담배통제법(6.24. 정령 제1176호) △사회주의헌법(6.29. 최고인민회의 제13기 제4차 회의) △바다오염방지법(7.20. 정령 제1214호) △국기법(8.10. 정령 제1245

---

[10] 「김정은원수님의 로작 《세포지구 축산기지건설을 다그치며 축산업발전에서 새로운 전환을 일으키자》」, 『조선신보』, 2015년 1월 30일; https://chosonsinbo.com〉2015/...(검색일: 2024년 3월 1일). 김정은 총비서가 선대의 유업인 세포지구 축산기지 건설공사를 지시하여 2012년 12월 착공하고, 2017년 10월 27일 준공한 바 있다. 이 담화는 그 공사 중에 나온 것이다. 담화에서는 협동농장의 공동축산 발전과 함께 개인축산도 장려하고 있다.

호) △형사소송법(8.10. 정령 제1245호로 수정) △민사소송법2회(8.10. 정령 제1245호 / 11.9. 정령 제1388호) △공민등록법(8.10. 정령 제1245호) △재판소구성법(8.10. 정령 제1245호) △판결, 판정집행법(8.10. 정령 제1245호) △행정처벌법2회(8.10. 정령 제1245호 / 12.22. 정령 제1463호) △대외경제중재법(8.10. 정령 제1245호) △공증법(8.10. 정령 제1245호) △조약법(8.10. 정령 제1245호) △경제개발구법(8.10. 정령 제1245호로 수정) △지방주권기관법(8.10. 정령 제1245호) △법제정법(8.10. 정령 제1245호) △형법2회(8.10. 정령 제1245호로 수정 / 12.22. 정령 제1462호) △항만법(9.21. 정령 제1321호) △선원법(10.19. 정령 제1351호) △마약관리법(11.9. 정령 제1387호) △석탄법(11.23. 정령 제1421호) △중소탄광법(11.23. 정령 제1421호) △지하자원법(11.23. 정령 제1421호) △소금법(11.23. 정령 제1421호) △국경통과지점관리법(11.23. 정령 제1421호) △건설감독법(11.23. 정령 제1421호) △건설법(11.23. 정령 제1421호) △살림집법(11.23. 정령 제1421호) △환경영향평가법(11.23. 정령 제1421호) △과학기술법(12.22. 정령 제1464호) 등이다. 이상의 내용을 정리하면 다음 〈표 Ⅳ-9〉와 같다.

2016년의 제정법 4건은 12.국토·환경·보호부문(해난사고처리법), 13.재정·금융·보험부문(자금세척 및 테로자금지원반대법)과 15.교육·문화·체육부문(교육강령집행법, 산업미술법)에만 나타난다. 산업미술법은 산업디자인 보호를 위한 법으로, 북한이 2016년 6월 13일 세계지식재산권기구(World Intellectual Property Organization, WIPO) 조약인 '산업디자인의 국제등록에 관한 1999년 제네바협약' 가입[11]에 따른 것으로 보인다. 이는 김정은 총비서가 집권 초기부터 강조한 제품의 질 제고와 연관된 입법이다.

개정법 39건은 6.계획·로동·재산관리부문과 13.재정·금융·보험부문, 17.사회복리부문, 18.북남경제협력부문을 제외한 전 부문에서 나타

---

11 「北, 세계지식재산권기구 제네바협약, 싱가포르조약 가입」, 『통일뉴스』, 2016년 9월 13일; http://www.tongilnews.com/news/articleView.html?idxno=118127(검색일: 2024년 3월 27일).

〈표 Ⅳ-9〉 2016년 부문법 제·개정 현황

구분	분야	번호	부문	2016 제정	2016 개정	비고
체제·사법정비	주권·행정	1	헌법		사회주의헌법	
		2	주권		국기법 지방주권기관법	
		3	행정		법제정법	
	사법	4	형·민사		형사소송법 민사소송법2회(8.10./11.9.) 형법2회(8.10./12.22.)	
		5	재판·인민보안		공증법 공민등록법 재판소구성법 판결, 판정집행법 행정처벌법2회(8.10./12.22.)	
인민생활향상	산업1	6	계획·로동·재산관리			
		7	에네르기·금속·화학·기계·지하자원		석탄법 중소탄광법 지하자원법	
		8	교통운수		항만법 선원법	
		9	농업·임업·수산		소금법	
		10	계량·규격·품질감독		제품생산허가법 국경통과지점관리법	
	산업2	11	인민봉사·건설·도시경영		주민연료법 건설감독법 건설법 살림집법	
		12	국토·환경보호	해난사고처리법	바다오염방지법 환경영향평가법	
		13	재정·금융·보험	자금세척및테로자금지원반대법		
		14	과학기술·지적소유권·체신		상표법 과학기술법 쏘프트웨어산업법	
인민복지확대	교육복지	15	교육·문화·체육	교육강령집행법 산업미술법	명승지, 천연기념물보호법	
		16	보건		담배통제법 마약관리법	
		17	사회복리			
국제화	대외관계	18	북남경제협력			
		19	외교·대외경제		외국인투자기업재정관리법 대외경제중재법 조약법 경제개발구법	
		합계		4	39	

* 출처: 본 연구자가 작성함.

난다. 그중에서도 사회주의헌법을 비롯하여 주권(국가법, 지방주권기관법), 행정(법제정법), 형·민사(형사소송법, 민사소송법 2회, 형법 2회), 재판·인민보안(공증법, 공민등록법, 재판소구성법, 「판결, 판정집행법」, 행정처벌법 2회) 등 체제·사법정비 관련 15건을 개정하여 전제 개정법 39건의 38.5%에 달할 정도로 법률을 정비한다. 그 이외에 11. 인민봉사·건설·도시경영부문에서 4건, 19. 외교·대외경제부문에서 4건이 개정된다. 이는 북한이 대내적으로는 사법체계 정비에 보다 주력하고 인민생활향상부분에도 관심을 기울이면서, 대외적으로는 대외경제부문에서 법제도 개선에 노력하고 있음을 보여준다.

바. 2017년 부문법 비중

2017년에는 급격히 제·개정 법률 건수가 줄어들어 제정법은 2건, 개정법은 12건으로 총 14건만 있다. 제정법은 △정보보안법(10.12. 정령 제1938호)과 △샘물관리법(10.12. 정령번호 불상)[12] 두 건뿐이다.

개정법은 △전력법(1.25. 정령 제1521호) △기밀법(2.26. 정령 제483호) △건설법 2회(3.22. 정령 제1618호 / 8.24. 정령 제1873호) △지하자원법(4.20. 정령 제1688호) △재해방지 및 구조, 복구법(6.21. 정령 제1775호) △수산법(9.8. 정령 제1899호) △경제개발구법(9.21. 정령 제1911호로 수정) △세관법(10.25. 정령 제1960호) △민사소송법(11.11. 정령 제1981호) △축산법(11.24. 정령 제1998호) △배등록법(12.11. 정령 제2026호) 등이다. 이상의 제·개정법을 분류하면 다음 〈표 Ⅳ-10〉과 같다.

---

[12] 샘물관리법의 명칭과 채택 일자만 나오고, 정령번호와 본문은 확인되지 않는다. 「법전을 통해 보는 조선로동당의 인민대중제일주의정치」, 『로동신문』, 2022년 7월 18일.

〈표 Ⅳ-10〉 2017년 부문법 제·개정 현황

구분	분야	번호	부문	연도 2017 제정	2017 개정	비고
체제·사법정비	주권·행정	1	헌법			
		2	주권			
		3	행정		기밀법	
	사법	4	형·민사		민사소송법	
		5	재판·인민보안	정보보안법		
인민생활향상	산업1	6	계획·로동·재산관리			
		7	에네르기·금속·화학·기계·지하자원		전력법 지하자원법	
		8	교통운수		배등록법	
		9	농업·임업·수산		수산법 축산법	
		10	계량·규격·품질감독			
	산업2	11	인민봉사·건설·도시경영		건설법2회(3.22./8.24.)	
		12	국토·환경보호		재해방지및구조, 복구법	
		13	재정·금융·보험			
		14	과학기술·지적소유권·체신			
인민복지확대	교육복지	15	교육·문화·체육			
		16	보건	샘물관리법		
		17	사회복리			
국제화	대외관계	18	북남경제협력			
		19	외교·대외경제		경제개발구법 세관법	
합계				2	12	

* 출처: 본 연구자가 작성함.

    14건의 법이 제·개정된 2017년은 김정은시대 통틀어 최소로 입법된 해이다. 5.재판·인민보안부문 정보보안법과 16.보건부문 샘물관리법만 제정되었다. 정보보안법은 정보통신망과 정보체계 등의 질서를 세워 국가의 안전과 정보화를 적극 추동하는데 법의 사명[13]이 있다고 밝히고 있

---

13 「정보보안법」 제1조.

다. 10월 12일 제정된 샘물관리법은 2016년 9월 30일 김정은 총비서의 룡악산샘물공장 현지지도 지침[14]에 따라 준비하여 채택된 것이다. 다시 말해 김정은 총비서의 현지지도 지침이 있고 1년이 조금 넘은 시점에 관련법이 제정된 것이다. 이같이 2017년의 제정법은 정보화와 샘물(생수)에 관한 법이다.

개정법 12건 중에서도 7.에네르기부문(전력법, 지하자원법), 9.농업·임업·수산부문(수산법, 축산법), 11.인민봉사·건설·도시경영부문(건설법 2회), 19.외교·대외경제부문(경제개발구법, 세관법)이 2건씩 개정되었다. 특히, 외교·대외경제부문에서 경제개발구법과 세관법을 개정한 부분에 주목할 필요가 있다. 개정법 12건 중 대외관계 관련법이 2건으로 16.7%를 차지하여, 지속적으로 국제화에 관심을 기울이고 있음을 알 수 있다.

사. 2018년 부문법 비중

2018년에는 제정법 4건, 개정법 16건으로 총 20건의 제·개정법이 있다. 제정법은 △기상수문법(7.12. 정령 제2316호) △직업기술교육법(8.일자미상, 정령번호 불상)[15] △국가장의법(10.29. 정령 제2429호) △인삼법(11.19. 정령 제2539호로 채택) 등이다.

개정법에는 △세관법(2.22. 정령 제2151호) △외국투자은행법(3.8. 정령 제2168

---

14 「법전을 통해 보는 조선로동당의 인민대중제일주의정치」, 『로동신문』, 202년 7월 18일.
15 『KCNA Watch』 2018년 8월 4일 자는 최고인민위원회 상임위원회가 최근 '직업기술교육법'을 채택한 것으로 보도하였다. 동 보도에 의하면 직업기술교육법은 5개장 46개 조문으로 구성되었다. 동법은 "직업기술제도와 질서를 엄격히 세워 실천형기술인재와 기능이 높은 인재를 더 많이 키워내며 사회주의교육제도를 더욱 발전시키고 전민과학기술인재화를 실현하는데 이바지"함을 목적으로 한다. 정확한 제정 일자를 제시하지 않았으나 2018년 8월 4일 전으로 유추되며, 정령 번호도 불상이다. 국가정보원이 2024년 8월 발행한 『北韓法令集』에 미수록 되었다. 「직업기술교육법이 채택되었다」, 『KCNA Watch』, 2018년 8월 4일; https://kcnawatch.org〉newstream(검색일: 2024년 3월 27일).

호) △행정처벌법(3.21. 정령 제2175호) △재판소구성법(3.21. 정령 제2176호) △의약품관리법(4.13. 정령 제2217호) △형법(4.25. 정령 제2225호) △전력법2회(5.10. 정령 제2239호 / 9.24. 정령 제2400호) △국기법(7.17. 정령 제2321) △법제정법(7.29. 정령 제2324호) △무역법(9.6. 정령 제2387호) △석탄법(9.6. 정령 제2388호) △건설법(11.17. 정령 제2457호) △민족유산보호법(11.24. 정령 제2477호) △쏘프트웨어산업법(11.24. 정령 제2478호) △명승지, 천연기념물보호법(12.19. 정령 제2538호) 등이 있다. 이러한 제·개정법을 부문별로 분류하면 다음 〈표 Ⅳ-11〉과 같다.

2018년에 제정된 4건의 법률은 3.행정부문 국가장의법, 9.농업·임업·수산부문 인삼법, 14.과학기술·지적소유권부문 기상수문법, 15.교육·문화부문 직업기술교육법 등이다. 여기서 주목되는 법은 기상수문법과 인삼법이다. 기상수문법에서 '기상수문'은 강수량과 가뭄을 예보하는 남한의 '수문기상'에 해당하는 것으로, 동법은 기상수문관측과 예보, 기상수문시설 관리를 제도화하고 있다. 거의 매년 가뭄, 홍수, 태풍과 같은 자연재해로 인한 농작물 피해를 겪는 북한에서 동법은 먹는 문제 해결과 생명재산 보호에 중요한 역할을 수행할 수 있는 법이다. 인삼법은 북한의 특산품인 개성고려인삼의 특성을 유지보존하면서 생산, 수매, 가공, 판매, 수출에서의 제도[16]를 보장하는 것으로 수출을 위한 본격적인 상품개발이라는 측면이 주목된다. 인삼, 기상, 직업기술교육과 같은 산업분야에 집중되어 법률이 제정되었다.

개정법 16건은 5.재판·인민보안부문(재판소구성법, 행정처벌법), 7.에네르기부문(전력법 2회, 석탄법), 15.교육·문화·체육부문(민족유산보호법, 「명승지, 천연기념물보호법」), 19.외교·대외경제부문(세관법, 외국투자은행법, 무역법)에 집중되어 있다. 특히 개정 16건 중 3건(18.8%)이 대외경제부문이 차지해 북미회담 등의 국제대화 준비에 노력하고 있음을 알 수 있다.

---

16 「인삼법」 제1조.

〈표 Ⅳ-11〉 2018년 부문법 제·개정 현황

구분	분야	번호	부문 \ 연도	2018 제정	2018 개정	비고
체제·사법 정비	주권·행정	1	헌법			
		2	주권		국기법	
		3	행정	국가장의법	법제정법	
	사법	4	형·민사		형법	
		5	재판·인민보안		재판소구성법 행정처벌법	
인민생활 향상	산업1	6	계획·로동·재산관리			
		7	에네르기·금속·화학·기계·지하자원		전력법2회(5.10./9.24.) 석탄법	
		8	교통운수			
		9	농업·임업·수산	인삼법		
		10	계량·규격·품질감독			
	산업2	11	인민봉사·건설·도시경영		건설법	
		12	국토·환경보호			
		13	재정·금융·보험			
		14	과학기술·지적소유권·체신	기상수문법	쏘프트웨어산업법	
인민복지 확대	교육복지	15	교육·문화·체육	직업기술교육법	민족유산보호법 명승지, 천연기념물보호법	
		16	보건		의약품관리법	
		17	사회복리			
국제화	대외관계	18	북남경제협력			
		19	외교·대외경제		세관법 외국투자은행법 무역법	
합 계				4	16	

* 출처: 본 연구자가 작성함.

아. 2019년 부문법 비중

2019년에는 제정 4건, 개정 28건으로 32건의 법률이 제·개정되었다. 제정법에는 △군중신고법(4.28. 정령 제19호) △해상탐색 및 구조법(11.20. 정령 제159호) △체육시설법(11.20. 정령 제162호) △대응조치법(11.20. 정령 제161호)이 있다.

개정법에는 △건설법3회(2.9. 정령 제2598호 / 6.23. 정령 제60호 / 9.26. 정령 제115호) △품질감독법2회(3.9. 정령 제2626호 / 6.23. 정령 제63호) △환경보호법(3.19. 정령 제2625호) △가격법(3.20. 정령 제2650호) △제품생산허가법(3.20. 정령 제2650호) △사회주의헌법2회(4.11. 최고인민회의 제14기 제1차 회의 / 8.29. 최고인민회의 제14기 제2차 회의) △수출입상품검사법(4.28. 정령 제21호) △의약품관리법(5.9. 정령 제34호) △국기법(6.4. 정령 제50호) △물자원법(7.11. 정령 제69호) △형법2회(7.24. 정령 제73호 / 11.20. 정령 제165호) △행정처벌법2회(7.24. 정령 제74호 / 12.11. 정령 제175호) △과학기술법(8.7. 정령 제88호) △선원법(8.21. 정령 제96호) △저작권법(10.24. 정령 제144호) △경제개발구법(10.24. 정령 제146호) △교원법(11.7. 정령 제153호) △국경위생검역법(11.7. 정령 제154호) △전염병예방법(11.7. 정령 제154호) △사회주의상업법(11.12. 정령 제177호) △전력법(11.20. 정령 제163호) △편의봉사법(12.11. 정령 제177호) 등이다. 이러한 제·개정법을 부문별로 정리하면 다음 〈표 Ⅳ-12〉와 같다.

2019년 4건의 제정법 중 가장 주목할 법은 5.재판·인민보안부문의 군중신고법이다. 동법은 비사·반사 투쟁 관련 최초의 부문법, 특별법에 해당하여, 본 연구에서 법제도 단계구분의 기준으로도 사용하였다. 선대부터 지속적인 비사·반사 현상과의 투쟁을 강조해 왔지만, 최초 특별법의 제정은 2019년 4월 12일 김정은 총비서가 최고인민회의 제14기 제1차 회의 시정연설에서 인민들의 정신을 침식하고 사회를 변질시키는 불건전하고 이색적 현상과의 투쟁 강화를 강조한 것과 연관된다고 본다. 동 시정연설 후 같은 달 28일에 군중신고법이 제정된다.

〈표 Ⅳ-12〉 2019년 부문법 제·개정 현황

구분	분야	번호	부문	2019 제정	2019 개정	비고
체제·사법 정비	주권·행정	1	헌법		사회주의헌법2회(4.11./8.29.)	
		2	주권		국기법	
		3	행정			
	사법	4	형·민사		형법2회(7.24./11.20.)	
		5	재판·인민보안	군중신고법**	행정처벌법2회(7.24./12.11.)	** 비사반사
인민생활 향상	산업1	6	계획·로동·재산관리		가격법	
		7	에네르기·금속·화학·기계·지하자원		전력법	
		8	교통운수		선원법	
		9	농업·임업·수산			
		10	계량·규격·품질감독		품질감독법2회(3.9./6.23.) 제품생산허가법 수출입상품검사법 국경위생검역법	
	산업2	11	인민봉사·건설·도시경영		건설법3회(2.9./6.23./9.26.) 사회주의상업법 편의봉사법	
		12	국토·환경보호	해상탐색및구조법	환경보호법 물자원법	
		13	재정·금융·보험			
		14	과학기술·지적소유권·체신		과학기술법 저작권법	
인민복지 확대	교육복지	15	교육·문화·체육	체육시설법	교원법	
		16	보건		전염병예방법 의약품관리법	
		17	사회복리			
국제화	대외관계	18	북남경제협력			
		19	외교·대외경제	대응조치법	경제개발구법	
합 계				4	28	

* 출처: 본 연구자가 작성함.
** 비사반사: 비사회주의·반사회주의 관련법. 표 안의 비사반사 표시는 제정법에 한함.

또한 19.외교·대외경제부문의 대응조치법은 "공화국에 대한 다른 나라들의 비우호적인 행위로부터 국가의 자주권과 리익을 수호하고 평화와 안전을 보장하며 공민들의 리익을 보호하는데 이바지"[17]하는 것을 법의 사명으로 규정한다. 동법은 해당 비우호적인 국가의 기관·단체·개인 재산 및 자금을 압수 또는 동결 등의 대응조치를 적시하고 있다. 이미 북한은 국제사회의 제재조치에 대해 동법과 같은 조치를 취해왔지만, 법률로 규정한 것은 하노이 노딜 이후에 국제사회에 보다 명확한 입장을 보여주기 위한 것으로 유추된다.

개정법은 28건인데, 그중에서도 사회주의헌법이 4월 11일과 8월 29일에 2회나 개정되었다. 김정은시대 통틀어 2024년 12월 현재까지 헌법은 7회에 걸쳐 개정되었는데, 구체적으로 2012년 1회, 2013년 1회, 2016년 1회, 2019년 2회, 2023년 1회, 2024년 1회 등이다. 이 중 2019년에만 2회 개정된 것이다. 2019년이 법제도적으로 전환점이 되는 이유가 군중신고법 외에 사회주의헌법 2회 개정이라는 점도 포함된다. 그 외에 사법분야에서 형법 2회, 행정처벌법 2회, 산업분야에서 품질감독법 2회, 건설법 3회 개정됨으로써 해당 법령에 대한 북한의 관심과 개선의지를 확인할 수 있다.

---

17 「대응조치법」 제1조.

자. 2020년 부문법 비중

인민대중제일주의 정책의 중요한 변곡점이 되는 노동당 중앙위원회 제7기 제5차 전원회의가 2019년 12월 28~31일에 열려 정면돌파전을 결정한다. 상기 전원회의는 2019년 말에 개최되어, 2020년 이후 정책, 법제도에 영향을 미치고 있다.

2020년 제정법 16건, 개정법 73건, 총 89건으로 전년도에 비해 2.8배 증가하였다. 제정법에는 △무인기법(1.3. 정령 제196호) △집짐승생가죽수매법(2.일자미상, 정령번호 불상)[18] △재자원화법(4.12. 최고인민회의 법령 제4호) △원격교육법(4.12. 최고인민회의 법령 제5호) △제대군관 생활조건보장법(4.12. 최고인민회의 법령 제6호) △대외결제법(4.23. 정령 제311호) △세외부담방지법(7.4. 정령 제345호) △경제수역에서의 외국인경제활동법(7.4. 정령 제344호) △비상방역법(8.22. 정령 제369호) △로동보수법(9.25. 정령 제417호) △금연법(11.4. 정령 제456호)[19] △림업법(12.4. 정령 제477호) △과학기술성과도입법(12.4. 정령 제476호) △이동통신법(12.4. 정령 제478호) △반동사상문화배격법(12.4. 정령 제475호) △사회안전단속법(12.18. 정령, 번호 불상)[20] 등이 있다.

---

[18] 『SPN 서울뉴스』 2020년 2월 13일 자는 노동신문 13일 자 보도를 인용하여 북한 최고인민회의 상임위원회에서 최근 '집짐승생가죽수매법' 채택에 관한 정령을 발표했다고 전했다. 동법의 제정일이나 정령 번호가 불상이나, 2020년 2월경으로 유추된다. 동법은 국가정보원이 2024년 8월 발행한 『北韓法令集』에 수록되지 않았다. 「北 최고인민회의 상임위, '집짐승생가죽수매법' 채택… "경제적 수요 보장-인민생활 안정 목적"」, 『SPN 서울뉴스』, 2020년 2월 13일; http://www.spnews.co.kr/news/articleView.html?idxno=26053(검색일: 2024년 3월 27일).

[19] 2005년 「담배통제법」이 제정되었는데, 2020년의 「금연법」 제정으로 담배통제법의 효력이 상실되었는지 여부는 밝혀지지 않았다.

[20] 2020년 12월 18일 최고인민회의 상임위원회 정령으로 채택되었으나 정령 번호는 불상이다. 『데일리NK』 2023년 6월 7일 자 기사에서 법조문을 입수하여 공개하였다. 『데일리NK』는 북한 내부 소식통을 통해 2020년 12월 최고인민회의 상임위원회에서 채택된 '조선민주주의인민공화국 사회안전법 해석' 문건을 입수하였는데, 동 문건 첫 장에 "최고인민회의 상임위원회 지시 제123호로 채택된 조선민주주의인민공화국 인민보안단속법 해석의 효력을 없앤다"고 명시돼 있다. 이런 기사 내용으로 보아 「사회안전단속법」은 현재 국가정보원의 2024년 『北韓法令集』 上권에 게재된 「인민보안단속

개정법은 △각급 인민회의 대의원선거법(1.3. 정령 제200호) △해사감독법 2회(1.3. 정령 제198호/ 4.23. 정령 제314호) △법제정법2회(2.22. 정령 제238호 / 7.7. 정령 제351호) △농장법2회(2.22. 정령 제239호 / 7.7. 정령 제351호로 수정) △전염병예방법2회(3.15. 정령 제249호 / 8.22. 정령 제370호) △국경동식물검역법2회(3.15. 정령 제250호 / 8.22. 정령 제371호) △국경위생검역법2회(3.15. 정령 제250호 / 8.22. 정령 제371호) △건설법2회(3.15. 정령 제251호 / 10.8. 정령 제437호) △도서관법(3.15. 정령 제252호) △무역법(3.26. 정령 제256호) △배안전법(3.26. 정령 제257호) △재해방지 및 구조, 복구법2회(4.5. 정령 제303호 / 11.26. 정령 제468호) △수로법(4.23. 정령 제314호) △기상수문법(4.23. 정령 제314호) △공증법(5.6. 정령 제318호) △판결판정집행법2회(5.6. 정령 제319호/ 7.7. 정령 제351호) △주민연료법(5.20. 정령 제325호) △소방법(5.20. 정령 제326호) △외국투자은행법(6.19. 정령 제331호) △행정처벌법4회(6.19. 정령 제332호 / 7.7. 정령 제351호 / 8.22. 정령 제371호 / 12.18. 정령 제487호) △상표법(7.4. 정령 제348호) △국기법(7.7. 정령 제351호) △민사소송법(7.7. 정령 제351호) △손해보상법(7.7. 정령 제351호로 수정) △형사소송법(7.7. 정령 제351호로 수정) △로동보호법2회(7.7. 정령 제351호 / 12.18. 정령 제486호) △로동정량법(7.13. 정령 제352호) △외국투자기업회계검증법(7.13. 정령 제353호) △사회주의상업법(7.26. 정령 제355호) △세관법(7.26. 정령 제356호) △독성물질취급법(7.26. 정령 제357호) △열 및 내압설비감독법(7.26. 정령 제357호) △대기오염방지법(7.26. 정령 제359호) △바다오염방지법(7.26. 정령 제359호) △페기페설물취급법(7.26. 정령 제359호) △환경영향평가법(7.26. 정령 제359호) △조약법(8.22. 정령 제366호) △대외경제중재법(8.22. 정령 제367호) △외화관리법(8.22. 정령 제368호) △민용항공법(8.22. 정령 제372호) △기계설계법(9.25. 정령 제420호) △제품생산허가법(9.25. 정령 제421호) △농업법(9.25. 정령 제422호) △농작

법」의 대체입법으로 보인다. 2020년 기존의 '인민보안성'이 '사회안정성'으로 개칭되면서 「사회안전단속법」이 새로 채택된 것으로 판단된다. 「사회안전단속법」 내용 보니…법 적용 대상·단속 범위 확대」, 『데일리NK』, 2023년 6월 7일; https://www.dailynk.com/20230607-1/ (검색일: 2024년 3월 27일).

물종자관리법(9.25. 정령 제422호) △량정법(9.25. 정령 제423호) △살림집법(10.8. 정령 제437호) △건설감독법(10.8. 정령 제438호) △지하자원법(10.8. 정령 제439호) △물자원법(10.8. 정령 제440호) △대외경제계약법(10.8. 정령 제441호) △외국인투자기업 및 외국인세금법(10.8. 정령 제441호) △품질감독법(10.8. 정령 제442호) △국경통과지점관리법(10.22. 정령 제448호) △무역화물검수법(10.22. 정령 제448호) △수출입상품검사법(10.22. 정령 제448호) △기업소법(11.4. 정령 제457호) △비상방역법(11.26. 정령 제467호) △행정검열법(11.26. 정령 제469) △형법(11.26. 정령 제471호) △전력법(11.26. 정령 제470호) 등이다. 이상의 2020년 제·개정된 법률을 부문별로 정리하면 다음 〈표 Ⅳ-13〉과 같다.

2020년 16건의 제정법 중 3건이 비사·반사 투쟁법으로 세외부담방지법, 이동통신법, 반동사상문화배격법이 이에 해당한다. 첫째, 15.교육·문화·체육부문의 반동사상문화배격법은 비사·반사 투쟁 관련 가장 강력한 법이자 대표적인 법으로 등장한다. 2019년 말 노동당 중앙위원회 제7기 제5차 전원회의에서 정면돌파전을 선언하면서, 본격적인 비사·반사 법적투쟁을 전개한 것이라고 본다. 동법 제2조에서 "반동사상문화는 인민대중의 혁명적인 사상의식, 계급의식을 마비시키고 사회를 변질 타락시키는 괴뢰 출판물을 비롯한 적대 세력들의 썩어 빠진 사상문화와 우리식이 아닌 온갖 불건전하고 이색적인 사상문화"[21]라고 정의한다. 동법에서 반동사상문화배격의 기본원칙, 반동사상문화의 유입 차단·시청 및 유포 금지, 반동사상문화배격질서 위반행위에 대한 법적책임 등을 규정하고 있다. 영화, 도서, 노래, 사진 등 괴뢰사상문화를 전파한 자에 대해 어떤 계층의 누구이든 이유 여하를 막론하고 극형에 이르기까지 엄한 법적 제재를 가하고 있어 총체적이고 강력한 법률이다.

---

21 「반동사상문화배격법」 제2조.

〈표 Ⅳ-13〉 2020년 부문법 제·개정 현황

구분	분야	번호	부문 \ 연도	2020 제정	2020 개정	비고
체제·사법정비	주권·행정	1	헌법			
		2	주권		각급인민회의대의원선거법 국기법	
		3	행정		법제정법2회(2.22./7.7.) 행정검열법	
	사법	4	형·민사	세외부담방지법**	민사소송법 손해보상법 형사소송법 형법	** 비사반사
		5	재판·인민보안	사회안전단속법	공증법 소방법 독성물질취급법 행정처벌법4회(6.19./7.7./8.22./12.18.) 판결,판정집행법2회(5.6./7.7.)	
인민생활향상	산업1	6	계획·로동·재산관리	로동보수법	로동정량법 기업소법 로동보호법2회(7.7./12.18.)	
		7	에네르기·금속·화학·기계·지하자원	무인기법	지하자원법 전력법 기계설계법	
		8	교통운수		해사감독법2회(1.3./4.23.) 배안전법 수로법 민용항공법	
		9	농업·임업·수산	집짐승생가죽수매법 림업법	농장법2회(2.22./7.7.) 농업법 농작물종자관리법	
		10	계량·규격·품질감독		국경동식물검역법2회(3.15./8.22.) 국경위생검역법2회(3.15./8.22.) 열 및 내압설비감독법 제품생산허가법 품질감독법 국경통과지점관리법 무역화물검수법 수출입상품검사법	
	산업2	11	인민봉사·건설·도시경영		건설법2회(3.15./10.8.) 주민연료법 사회주의상업법 량정법 살림집법 건설감독법	

구분	분야	번호	부문 / 연도	2020 제정	2020 개정	비고
인민생활향상	산업 2	12	국토·환경보호	재자원화법	재해방지및구조,복구법2회(4.5./11.26.) 대기오염방지법 바다오염방지법 폐기페설물취급법 환경영향평가법 물자원법	
		13	재정·금융·보험		외화관리법	
		14	과학기술·지적소유권·체신	과학기술성과도입법 이동통신법**	기상수문법 상표법	**비사반사
인민복지확대	교육복지	15	교육·문화·체육	원격교육법 반동사상문화배격법**	도서관법	**비사반사
		16	보건	비상방역법 금연법	전염병예방법2회(3.15./8.22.) 비상방역법	
		17	사회복리	제대군관생활조건보장법		
국제화	대외관계	18	북남경제협력			
		19	외교·대외경제	대외결제법 경제수역에서의 외국인경제활동법	무역법 외국투자은행법 외국투자기업회계검증법 세관법 조약법 대외경제중재법 대외경제계약법 외국인투자기업 및 외국인세금법	
합 계				16	73	

* 출처: 본 연구자가 작성함.
** 비사반사: 비사회주의·반사회주의 관련법.

둘째, 4. 형·민사부문의 세외부담방지법은 제2조에서 세외부담행위를 "사회적과제수행과 지원사업, 꾸리기를 비롯한 각종 명목으로 인민들에게 돈과 물자를 내라고 내리먹이거나 걷어들이는 반인민적, 반사회주의적행위"[22]라고 규정하면서, 그러한 행위를 조직한자, 감행한자, 묵인·조장한자 뿐 아니라 세외부담행위와의 '법적투쟁을 하지 않은 자'까지 법적

---

[22] 「세외부담방지법」 제2조.

책임을 묻고 있다. 기본적으로 기관, 기업소, 농장, 군훈련기관 등에서 직권을 남용하여 동원 등의 명목으로 인민들에게 돈이나 물자를 거두는 행위를 규제함으로써 간부 및 지배층의 위법행위에 대해 법적제재를 가하고 있다. 법적투쟁을 하지 않은 자에 대한 처벌은 일반 인민 등에게 감시자적 기능을 요구하는 것으로 해석 가능하다.

셋째, 14.과학기술·지적소유권·체신부문의 이동통신법은 이동통신의 비밀 누설이나 불순 목적의 이용을 금하는 측면에서 비사·반사 투쟁법에 해당한다. 동법은 2023년 3월 4일 최고인민회의 상임위원회 상무위원회에서 수정보충되면서 비사·반사적 내용이 더욱 강화된다.

2020년 제정된 16건의 법률 중 5건(31.3%)이 교육복지분야이다. 16.보건부문의 비상방역법은 2019년의 군중신고법과 더불어 인민의 준법의식 강화를 과제로 강조하고 있다. 동법은 8월 22일 코로나19 펜데믹 상황에서 나온 방역법이다. 코로나19 발생 후 세계보건기구는 2020년 1월에 국제적 공중보건 비상사태를 선언하고, 같은 해 3월 코로나19 팬데믹으로 격상시켰다. 4월 12일 제정된 15.교육·문화·체육부문의 원격교육법도 팬데믹 상황에서 원격교육을 육성하기 위한 법으로 판단된다. 17.사회복리부문의 재대군관 생활조건보장법은 제대군인들의 생활조건을 보장하여 그들을 우대하고, 군사를 중시하는 기풍을 철저히 확립하고자 한다.[23] 팬데믹 상황에서 최우선적으로 제대군인들에게 살림집, 생필품, 식량, 땔감, 치료 등을 보장해주고자 한 것이라 본다.

또한 주목되는 제정법은 무인기법과 재자원화법이다. 무인기법은 "무인기의 연구개발, 제작, 반입, 검사, 등록, 관리에서 제도와 질서"[24] 수립과 관련된 법으로 무인기의 이용목적에 따라 군사용무인기, 농업용무

---

23 「제대군관 생활조건보장법」 제1조.
24 「무인기법」 제1조.

인기, 상업용무인기, 연구용무인기 등으로 상세히 구분하고 있다. 그만큼 북한에서 무인기에 대한 다양한 수요가 증가하였음을 보여준다. 재자원화법은 당 중앙위원회 제7기 제5차 전원회의의 '가능한 생산잠재력 총발동' 결정에 따라 자력갱생에 필요한 내부자원 확보 정책을 반영한 법이다. 제8차 당대회에서도 경공업 분야의 원료와 자재 국산화, 재자원화 전략이 제시된다.

개정법 73건의 경우 헌법, 사회복리, 북남경제협력부문을 제외하고 모든 부문에서 개정법이 나오고 있다. 특히, 10.계량·규격·품질감독부문 10건을 비롯하여 5.재판·인민보안 9건, 19.외교·대외경제 8건, 11.인민봉사·건설·도시경영부문과 12.국토·환경보호부문이 각각 7건 순으로 높은 비중을 차지한다. 코로나19 팬데믹과 관련해서 국경동식물검역법, 국경위생검역법, 전염병예방법, 비상방역법 등이 개정된다. 또한 2012년 제정되었던 법제정법이 2020년 2월 22일과 7월 7일 두 차례 개정되어, 법제도 정비에 관심을 기울이고 있음을 보여준다. 또한 행정처벌법이 2019년 2회에 걸쳐 개정된 데 이어 2020년에 4회에 걸쳐 개정됨으로써 이 시기 행정처벌 관련법의 정비의 필요성이 시시각각으로 제기되었음을 알 수 있다.

제·개정법을 통틀어 비사·반사적 법 외에 주목되는 부문은 19.외교·대외경제부문으로 제정법 2건, 개정법 8건으로 총 10건에 달해 2020년 전체 제·개정법 89건의 11.2%를 차지한다. 제정법은 대외결제법, 경제수역에서의 외국인경제활동법이고, 개정법은 무역법, 외국투자은행법, 외국투자기업회계검증법, 세관법, 조약법, 대외경제중재법, 대외경제계약법, 외국인투자기업 및 외국인세금법 등이다. 하노이 노딜 이후에도 국제화 관련 법제정비를 통해 대외투자 유치에 대비하고 있음을 알 수 있다.

차. 2021년 부문법 비중

2021년은 1월 5일에서 12일까지 개최된 제8차 당대회로 시작된다. 관련하여 당대회 계획을 반영한 '조선로동당 제8차대회가 제시한 국가경제발전 5개년계획을 철저히 수행할 데 대하여'(1.17. 최고인민회의 제14기 제4차 회의 법령), '조선민주주의인민공화국 주체110(2021)년 인민경제계획을 승인함에 대하여'(3.3. 최고인민회의 상임위원회 제14기 제13차 전원회의 정령), '동해안지구 국토건설총계획을 승인함에 대하여'(3.3. 최고인민회의 상임위원회 제14기 제13차 전원회의 정령)가 제정된다. 이 3개의 법령은 부문법은 아니기에, 본 연구의 분석대상에서는 제외된다. 또한 개정법에 포함되지는 않지만, 노동당 제8차 당대회에서 조선로동당 규약이 개정되고, 9월에는 '당의 유일적령도체계확립의 10대원칙'이 개정된다.

제정법 24건은 △사회보험 및 사회보장법(3.3. 정령 제544호) △수입물자소독법(3.3. 정령 제545호) △혁명사적사업법(4.30. 정령 제607호) △쏘프트웨어보호법(4.30. 정령 제609호) △상품식별부호관리법(4.30. 정령 제608호) △금속공업법(7.1. 정령 제635호) △화학공업법(7.1. 정령 제636호) △기계공업법(7.1. 정령 제637호) △마약범죄방지법(7.1. 정령 제638호) △단위특수화, 본위주의반대법(7.6. 정령 제640호) △시, 군발전법(9.29. 최고인민회의 법령 제10호) △청년교양보장법(9.29. 최고인민회의 법령 제11호) △철도화물수송법(10.29. 정령 제767호) △보통강오염방지법(10.29. 정령 제765호) △정보식별부호관리법(10.29. 정령 제768호) △국제상품전람회법(10.29. 정령 제764호) △전자결제법(10.29. 정령 제762호) △령수증법(10.29. 정령 제763호) △부림소관리법(10.29. 정령 제766호) △구타행위방지법(11.30. 정령 제789호) △건설설계법(12.14. 정령 제806호) △연해 및 강하천운수법(12.14. 정령 제805호) △재산집행법(12.14. 정령 제807호), △정보화법(5. 일자 미상, 정령번호 불상)[25] 등이다.

---

[25] 「정보화법」의 채택일자는 불분명하고, 국가정보원의 2024년 8월『北韓法令集』에 게

개정법은 52건으로 △발명법(1.20. 정령 제507호) △형사소송법(1.20. 정령 제510호) △원자력법(1.20. 정령 제509호) △수의방역법(1.20. 정령 제508호) △비상방역법2회(2.25. 정령 제542호 / 10.19. 정령 제747호) △세외부담방지법(2.25. 정령 제543호) △량정법(3.11. 정령 제548호) △농장법2회(3.11. 정령 제548호 / 11.15. 정령 제778호) △철도법(3.24. 정령 제550호) △환경보호법(4.30. 정령 제610호) △건설법(4.30. 정령 제611호) △소금법(5.20. 정령 제617호) △행정처벌법(5.20. 정령 제620호) △유전자전이생물안전법(5.20. 정령 제618호) △형법2회(5.20. 정령 제619호 / 11.15. 정령 제779호) △수입물자소독법(5.25. 정령 제626호) △산업미술법(6.27. 정령 제623호) △명승지, 천연기념물보호법(6.27. 정령 제631호) △인삼법(7.1. 정령 제639호) △살림집법(7.6. 정령 제642호) △체신법(7.6. 정령 제641호) △체육법(7.29. 정령 제662호) △적십자회법(7.29. 정령 제661호) △외국투자기업회계검증법(8.17. 정령 제668호) △재정법(8.17. 정령 제669호) △도로교통법(8.24) △산림법(8.24. 정령 제672호) △사회주의상업법(8.31. 정령 제675호) △규격법(8.31. 정령 제676호) △중소탄광법(9.14. 정령 제692호) △석탄법(9.14. 정령 제691호) △인민경제계획법(9.29. 최고인민회의 법령 제12호) △법제정법(10.19. 정령 제746호) △지하자원법(10.26. 정령 제757호) △전력법(10.26. 정령 제756호) △계량법(10.26. 정령 제760호) △대동강오염방지법(10.26. 정령 제754호) △에네르기관리법(10.26. 정령 제759호) △로동보호법(10.26. 정령 제758호) △지방주권기관법(10.26. 정령 제753호) △잠업법(10.26. 정령 제755호) △항만법(11.30. 정령 제791호) △경제개발구법(11.30. 정령 제793호) △정보보안법(11.30. 정령 제790호) △세관법(11.30. 정령 제792호) △마약관리법(12.14. 정령 제802호) △신소청원법(12.14. 정령

재되지 않았다. 『로동신문』 2021년 5월 17일 자에 '정보산업성'이 처음으로 언급된 것으로 보아 정보산업성은 그 이전에 신설된 것으로 보이며, 「정보화법」도 정보산업성 신설 무렵에 채택되었을 것으로 추정된다. 2021년에 제정된 「정보화법」은 2022년에 개정되는데 이에 관해 '국가관리와 사회생활의 모든 분야를 정보화'하기 위해 '정보화사업의 전망적, 단계별 계획 작성과 실행총화, 정보화 대상의 구축과 관리운영'을 규정한 조항을 보다 구체화하고 있다고 보도한다. 「북, 정보화법, 식료품위생법, 양정법 등 개정」, 『통일뉴스』, 2022년 12월 8일; https://www.tongilnews.com/news/articleView.html?idxno=206807(검색일:2024년 3월 27일).

제803호) △어린이보육교양법(12.14. 정령 제804호) △공무원자격판정법(12.23. 정령 제812호) 등이다. 이상의 법률을 부문별로 분류하면 다음 〈표 Ⅳ-14〉와 같다.

〈표 Ⅳ-14〉 2021년 부문법 제·개정 현황

구분	분야	번호	부문	2021 제정	2021 개정	비고
체제·사법정비	주권·행정	1	헌법			
		2	주권	혁명사적사업법	지방주권기관법	
		3	행정	단위특수화, 본위주의반대법**	법제정법 공무원자격판정법 신소청원법	**비사반사
	사법	4	형·민사	마약범죄방지법*** 구타행위방지법***	형사소송법 세외부담방지법 형법2회(5.20./11.15.)	***비사
		5	재판·인민보안		행정처벌법 도로교통법 정보보안법	
인민생활향상	산업1	6	계획·로동·재산관리	재산집행법	인민경제계획법 로동보호법	
		7	에네르기·금속·화학·기계·지하자원	금속공업법 화학공업법 기계공업법	원자력법 중소탄광법 석탄법 지하자원법 전력법 에네르기관리법	
		8	교통운수	철도화물수송법	철도법 항만법	
		9	농업·임업·수산	부림소관리법	수의방역법 농장법2회(3.11./11.15.) 소금법 인삼법 잠업법	
		10	계량·규격·품질감독		규격법 계량법	
	산업2	11	인민봉사·건설·도시경영	건설설계법 시, 군발전법	량정법 건설법 살림집법 사회주의상업법	

구분	분야	번호	부문	연도 2021 제정	2021 개정	비고
인민생활향상	산업2	12	국토·환경보호	보통강오염방지법 연해및강하천운수법	환경보호법 산림법 대동강오염방지법	
		13	재정·금융·보험	전자결제법 령수증법 상품식별부호관리법 정보식별부호관리법	재정법	
		14	과학기술·지적소유권·체신	쏘프트웨어보호법 정보화법	발명법 유전자전이생물안전법 체신법	
인민복지확대	교육복지	15	교육·문화·체육	청년교양보장법**	산업미술법 명승지, 천연기념물보호법 체육법 어린이보육교양법	** 비사반사
		16	보건	수입물자소독법	비상방역법2회(2.25./10.19.) 수입물자소독법 마약관리법	
		17	사회복리	사회보험및사회보장법	적십자회법	
국제화	대외관계	18	북남경제협력			
		19	외교·대외경제	국제상품전람회법	외국투자기업회계검증법 경제개발구법 세관법	
합계				24	52	

* 출처: 본 연구자가 작성함.
** 비사반사: 비사회주의·반사회주의 관련법, *** 비사: 비사회주의 관련법.

    2021년 제정법 24건 중 비사·반사적 법률은 「단위특수화, 본위주의 반대법」, 청년교양보장법이고, 비사적 법률은 마약범죄방지법, 구타행위방지법이다. 2019년 군중신고법이 제정된 이래 한 해 동안 가장 많은 비사·반사 관련 투쟁법이 나왔다. 이는 2021년 6월 15일부터 4일 동안 개최된 당 중앙위 제8기 제3차 회의에서 '사회주의와 인민들의 운명'이 걸린 비사·반사 투쟁원칙들이 논의된 후 하반기에 연달아 관련 법률이 제정된 것이다.
    이러한 비사·반사적 법률 외에 정책과 입법이 조응하는 세 가지의 사례를 들 수 있다. 첫째, 제8차 당대회에서 제시된 '국가경제발전 5개년계획(2021~2025년)'의 중심고리인 금속공업과 화학공업의 역량집중과 관련하여 7월 1일 금속공업법, 화학공업법, 기계공업법의 제정이다.

둘째, 제8차 당대회의 '시, 군 강화노선'에 따라 9월 29일 「시, 군발전법」의 제정이다. 동법은 시, 군의 자립적인 발전을 추동하는 것으로 "시, 군을 문명부강한 사회주의강국의 전략적거점으로, 자기 고유의 특색을 가진 발전된 지역으로 만드는것은 우리 국가의 총적목표"[26]라고 규정한다. 그 구체적인 방법으로 지방공업공장의 현대화, 자연에네르기(에너지)의 이용, 농업의 공업화·현대화·정보화·과학화 등을 제시하고 있다. 동법에서 포인트는 시, 군을 자립적·다각적으로 발전시키고, 농촌특유의 문화발전을 이루는 것으로 자립과 문화가 핵심어에 해당한다. 동법은 지역균형발전을 도모함으로써 북한의 심각한 도농격차문제를 해결하기 위한 법률이라는 의미를 갖는다.

셋째, 13.재정·금융·보험부문의 전자결제법과 령수증법, 상품식별부호관리법, 정보식별부호관리법은 제8차 당대회에서 김정은 총비서가 사업총화보고를 통해 "재정과 금융, 가격을 비롯한 경제적공간들을 옳게 리용하여 경제를 합리적으로 관리해나가야 한다."고 언급한 이후 나온 첫 제정법이다. 같은 시기에 재정법도 개정되어 그 의미를 더한다. 이 법률들은 경제거래의 전자화와 전자결제체계 구축, 전자영수증제도 등을 통해 거래의 객관성과 투명성을 확보하는 한편 국가재정 강화를 꾀하는 것으로 해석된다.

---

26 「시, 군발전법」 제3조.

또한 수입물자소독법(16.보건부문)과 「사회보험 및 사회보장법」(17.사회복리부문)도 주목할 필요가 있다. 수입물자소독법은 국경통과지점에서 수입물자 소독의 의무와 방법을 제시하고 있다. 동법은 2021년 3월 3일 채택되어 코로나19 팬데믹 상황에서 자국 내 보호를 위한 조치이기도 하지만, 동시에 향후 국경개방을 예상한 법적 대비책이라 볼 수 있다. 「사회보험 및 사회보장법」은 2008년 제정되고 2012년 개정된 기존의 사회보장법의 대체입법으로 보인다. 동법은 사회보험, 사회보장사업에서 제도와 질서를 엄격히 세워 인민들에게 건강하고 안정되며 행복한 생활환경 조건을 보장하는데 사명[27]이 있다고 규정하고 있다. 아울러 쏘프트웨어보호법, 정보화법(14.과학기술부문)은 과학기술개발 관련 비밀보호 등을 꾀하고 정보역량 강화를 도모하는 입법으로 보인다. 이상의 제정법은 1.헌법, 5.재판·인민보안, 18.북남경제협력부문을 제외한 모든 영역에 걸쳐 나타난다.

개정법 52건도 1.헌법과 18.북남경제협력부문을 제외한 전 영역에서 나타난다. 특히, 6.계획·로동·재산관리부문의 인민경제계획법에 주목할 필요가 있다. 제8차 당대회에서 결정된 '국가경제발전 5개년계획'의 수행 첫해를 맞아 인민경제계획을 제대로 수립하고 수행하는 문제는 당 중앙위원회 제8기 제2차 전원회의(2021.2. 8.~11.)에서 첫 번째 의제였다. 김정은 총비서는 보고를 통해 타성에 젖은 인민경제수립 관행을 강하게 질타하고, "인민경제계획 수립과 집행과정에 대한 법적감시와 통제강화"를 강조[28]하였다. 이후 2021년 9월 29일 최고인민회의 제14기 제5차 회의 법령으로 인민경제계획법을 개정한 것이다. 개정법은 인민경제계획의 작성 및 시달과 관련하여 '인민경제계획의 변경금지'를 명시(제28조)한다. 또한

---

[27] 「사회보험 및 사회보장법」 제1조.
[28] 「북, 3일째 전원회의.. "경제계획에 법적통제 강화"」, 『통일뉴스』, 2021년 2월 11일; https://www.tongilnews.com〉ne…(검색일:2025년 1월 15일).

인민경제계획사업에 대한 지도통제 부분을 대폭 강화하여, 인민경제계획화사업에 대한 감독통제 기관으로 '검찰기관'을 추가(제56조 제1항)하고, 검찰기관을 비롯한 감독통제기관이 인민경제계획작성 및 시달 단계부터 그 전반적 수행과정 및 실적보고 등 모든 과정에 대하여 법적감시와 통제를 강화(동조 제2항)하도록 하는 한편 행정처벌을 구체화하고 강화(제58조~제61조)하고 있다.[29]

또한 개정법에서 7.에네르기·금속부문과 9.농업·임업·수산부문이 각각 6건, 4.형·민사부문, 11.인민봉사·건설·도시경영부문, 15.교육·문화·체육부문 각각 4건으로 높은 비중을 차지한다. 이를 통해 북한이 공업 및 자원 발전, 먹는 문제, 사법제도 등에 꾸준한 관심을 기울이고 있음을 알 수 있다.

카. 2022년 부문법 비중

2022년에는 제정법 16건, 개정법 55건으로 총 71건이 제·개정된다. 제정법에는 △시,군 건설세멘트보장법(1.28. 정령 제845호) △육아법(2.7. 최고인민회의 법령 제14호) △해외동포권익옹호법(2.7. 최고인민회의 법령 제15호) △허풍방지법(5.31. 정령 제972호) △원산지명 및 지리적표시법(5.31. 정령 제969호) △의료감정법(5.31. 정령 제970호) △의약품법(8.7. 정령번호 불상) △수속질서위반행위방지법(상동) △자위경비법(상동) △사회주의농촌발전법(9.7. 최고인민회의 법령 제16호) △원림록화법(9.7. 최고인민회의 법령 제17호) △위기대응법(10.6. 정령번호 불상) △수매법(상동) △식물새품종보호법(상동) △집짐승종자관리법(상동) △사회급양법(12.6. 정령번호 불상)이 해당한다. 그런데 부문법은 아니지만 △핵무력정책에

---

[29] 「인민경제계획법」 제28조, 제56조, 제58조~제61조.

대하여(9.8. 최고인민회의 법령)[30]도 제정된다.

개정법은 △국기법2회(1.28. 정령 제846호 / 8.19. 정령 제1029호) △무역법(1.28. 정령 제847호) △무인기법(3.1. 정령 제876호) △가격법(3.1. 정령 제877호) △외국인투자법(3.1. 정령 제878호) △수산법(3.15. 정령 제911호) △하천법(3.15. 정령 제910호) △보험법(3.15. 정령 제908호) △공증법(3.19. 정령 제922호) △양어법(3.29. 정령 제921호) △건설법2회(3.29. 병령 제920호 / 6.14. 정령 제990호) △주물품협동생산법(4.19. 정령 제952호) △재자원화법(5.10. 정령 제961호) △기계설계법(5.10. 정령 제962호) △해사감독법(5.15. 정령 제965호) △단위특수화, 본위주의반대법(5.16. 정령 제966호) △형법3회(5.17. 정령 제967호 / 9.27. 정령 제1070호 / 12.24. 정령 제1170호) △비상방역법2회(5.31. 정령, 번호 불상 / 11.15. 정령 제1103호) △도로법(5.31. 정령 제973호) △토지법(5.31. 정령 제975호) △수로법(5.31. 정령 제976호) △의약품관리법(5.31. 정령 제976호) △축산법(5.31. 정령 제977호) △로동보호법(6.14. 정령 제986호) △교원법(6.14. 정령 제988호) △장애자보호법(6.14. 정령 제989호) △살림집법(6.14. 정령 제990호) △쏘프트웨어산업법(6.14. 정령 제991호) △민사소송법(6.30. 정령 제996호) △상표법(6.30. 정령 제955호) △우주개발법(8.7. 정령, 번호 불상) △국경위생검역법(8.19. 정령 제1025호) △국경동식물검역법(8.19. 정령 제1026호) △반동사상문화배격법(8.19. 정령 제1028호) △재해방지 및 구조복구법(8.19. 정령 제1030호) △과학기술법(8.23. 정령 제1032호) △농작물종자관리법(8.23. 정령 제1034호) △중앙은행법(8.23. 정령 제1036호) △편의봉사법(11.15. 정령번호 불상) △회계검증법(11.15. 정령 제1107호) △폐기폐설물취급법(11.15. 정령 제1106호) △지진, 화산피해방지 및 구조법(11.15. 정령 제1104호) △정보화법(12.6. 정령번호 불상) △건설감독법(상동) △식료품위생법(12.6. 정령 제1141호) △행정처벌법(12.6. 정령 제1146호) △품질인증법(12.6. 정령번호 불상)[31] △농

---

[30] 2022년 9월 8일 최고인민회의 제14기 제7차 회의 법령으로「핵무력정책에 대하여」가 채택된다. 동법령 11.기타 1)항에 의하면, 2013년 4월 1일 최고인민회의 제12기 제7차 회의에서 채택된「자위적핵보유국의 지위를 더욱 공고히 할데 대하여」는 효력이 상실된다.

[31]『조선중앙통신』에 따르면 식료품위생법과 품질인증법에는 "식료품 위생안전기준을 바로 정하고 식료품생산과 판매, 공급, 보관에서 위생학적 요구를 철저히 지키

장법(상동) △량정법(상동) △변호사법(12.24. 정령 제1171호) 등이다. 이상을 정리하면 〈표 Ⅳ-15〉와 같다.

〈표 Ⅳ-15〉 2022년 부문법 제·개정 현황

구분	분야	번호	부문	연도	2022 제정	2022 개정	비고
체제·사법정비	주권·행정	1	헌법				
		2	주권			국기법2회(1.28./8.19.)	
		3	행정		수속질서위반행위방지법	단위특수화,본위주의반대법	
	사법	4	형·민사			형법3회(5.17./9.27./12.24.) 민사소송법	
		5	재판·인민보안		자위경비법	공증법 변호사법 행정처벌법	
인민생활향상	산업1	6	계획·로동·재산관리			가격법 로동보호법 주물품협동생산법	
		7	에네르기·금속·화학·기계·지하자원			무인기법 기계설계법	
		8	교통운수			수로법 해사감독법	
		9	농업·임업·수산		수매법 식물새품종보호법 집짐승종자관리법 사회주의농촌발전법	농장법 농작물종자관리법 수산법 양어법 축산법	
		10	계량·규격·품질감독		허풍방지법**	품질인증법 국경위생검역법 국경동식물검역법	** 비사반사
	산업2	11	인민봉사·건설·도시경영		시.군건설세멘트보장법	편의봉사법 건설감독법 량정법 건설법2회(3.29./6.14.) 살림집법	

며 품질인증절차와 방법을 개선하고 품질인증사업에 대한 지도통제를 강화하기 위한 내용들"이 보충되었다고 한다. 「북, 정보화법, 식료품위생법, 양정법 등 개정」, 『통일뉴스』, 2022년 12월 8일; https://www.tongilnews.com/news/articleView.html?idxno=206807(검색일: 2024월 3월 27일).

구분	분야	번호	부문	연도	2022		비고
				제정		개정	
인민생활향상	산업2	12	국토·환경보호	위기대응법 원림록화법		도로법 폐폐설물취급법 지진, 화산피해방지 및 구조법 재자원화법 재해방지 및 구조복구법 토지법 하천법	
		13	재정·금융·보험			회계검증법 보험법 중앙은행법	
		14	과학기술·지적소유권·체신	원산지명및지리적표시법		우주개발법 정보화법 과학기술법 상표법 쏘프트웨어산업법	
인민복지확대	교육복지	15	교육·문화·체육			교원법 반동사상문화배격법	
		16	보건	의료감정법 의약품법		비상방역법2회(5.31./11.15.) 식료품위생법 의약품관리법	
		17	사회복리	육아법 해외동포권익옹호법 사회급양법		장애자보호법	
국제화	대외관계	18	북남경제협력				
		19	외교·대외경제			무역법 외국인투자법	
	합계			16		55	

* 출처: 본 연구자가 작성함.
** 비사반사: 비사회주의·반사회주의 관련법.

    2022년 제정법 중 비사·반사적 법률은 10.계량·규격·품질감독부문의 허풍방지법이다. 동법은 김총비서가 2021년 12월 27일부터 5일 동안 개최된 당 중앙위원회 제8기 제4차 전원회의에서 '사회주의 농촌강령'을 내세우며 농업부문의 고질적 허풍 방지를 강조한 후에 제정된 것이다.

    전년도의 제8차 당대회에서 제시한 당 정책 실현을 위한 입법 사례를 두 가지로 들 수 있다. 첫째, 제8차 당대회의 '시, 군 강화노선'에 따라 9.농업·임업·수산부문의 사회주의농촌발전법, 11.인민봉사·건설·

도시경영부문의 「시,군 건설세멘트보장법」, 12.국토·환경보호부문의 원림록화법이 제정된다. 이러한 법률들은 전년도의 「시, 군발전법」과 함께 지역균형발전을 도모하는 법제에 해당한다. 지역균형발전, 시·군의 자립과 문화발전은 두 가지 방향으로 모색된다. 하나는 「시,군 건설세멘트보장법」에서 국가가 모든 시, 군에 세멘트(시멘트)를 2022년에 5,000t씩, 2023년부터 해마다 1만t씩 보장[32]하는 것이다. 건축자재 문제를 해결하려는 시도로 보인다. 다른 하나는 사회주의농촌발전법과 원림록화법에서 농촌을 사회주의 이상촌으로 변혁시키는 조치를 마련하는 것이다. 이는 당 중앙위원회 제8기 제4차 전원회의의 '사회주의 농촌강령'에 따라 농촌을 사회주의 이상촌으로 변혁시키려는 방안이기도 하다. 이에 대해 노동신문 2022년 9월 8일자에서 두 법안으로 "전국의 농촌마을들을 사회주의 이상촌으로 변모시키며 인민들에게 더 좋은 생활환경과 문화휴식 조건을 마련해주기 위한 우리 당의 구상과 의도를 법적으로 담보하게 됐다"[33]고 보도하고 있다. 둘째, 제8차 당대회의 곡물증산 과업과 관련하여 식물새품종보호법이 제정된다.

그리고 인민생활과 직결되는 법률로 17.사회복리부문의 사회급양법과 육아법을 살펴볼 필요가 있다. 먼저 사회급양법에 "사회주의상업의 한 부문으로서의 사회급양의 사명과 성격이 규제되여있으며 인민들의 식생활수요와 편의보장, 나라의 료리기술발전을 위한 사회급양망의 조직과 운영에서 엄격한 제도와 질서를 세우고 그에 대한 행정적지도와 법적통제를 강화하는데서 나서는 원칙적문제들"[34]이 규정되어 있다고 한다. 동

---

32 「시,군 건설세멘트보장법」 제2조.
33 「조선민주주의인민공화국 최고인민회의 제14기 제7차회의 1일회의 진행」, 「로동신문」, 2022년 9월 8일.
34 「조선민주주의인민공화국 최고인민회의 상임위원회 제14기 제23차전원회의 진행」, 「로동신문」, 2022년 12월 7일.

법에 의거해 식당의 위생, 목욕탕의 수질 및 소독, 매대와 시장의 제품 품질 등에 대한 철저한 조사를 할 수 있게 되었다. 다음으로 육아법은 어린이 영양식품의 생산과 공급, 탁아소·유치원의 물질적 토대를 견고하게 만들어 육아정책을 철저히 실천할 것을 목표로 하고 있다. 아울러 각급 기관, 기업소, 단체가 근로여성들의 산전산후휴가와 휴가기간보조금을 국가가 규정한 대로 정확히 보장하며,[35] 어린이가 있는 여성종업원들이 다른 지방이나 지역으로 가는 사회적 동원을 면제하고 출장을 제한하며, 3자녀 이상의 어린이를 가진 여성종업원은 특별히 우대하는[36] 조항이 들어 있다. 이는 북한도 저출산으로 인한 인구감소 문제가 제기되는 것과 연관된다. 통계청의 북한통계에 의하면 북한의 합계출산율(가임기 여성 1명이 낳는 자녀수의 평균)은 2015년 1.860명, 2022년 1.610명, 2024년 1.600명[37]으로 지속적인 감소세를 보인다. 이런 상황에서 다자녀출산 장려정책과 함께 육아문제 해결에 집중하는 것이다.

또한 17.사회복리부문의 해외동포권익옹호법은 해외동포(해외조선공민)를 북한국적이나 외국국적을 소유하고 다른 나라에 살고 있는 '조선민족'이라 하여 대상 범위를 광범위하게 규정한다. 동법은 해외동포가 사회정치적 권익(국가의 보호, 자유로운 귀국 및 내왕, 취업, 재산분할 및 상속 등의 권리), 문화적 권익(교육, 학술연구, 민족문화예술교육 및 교류, 치료우대 등의 권리) 등을 옹호받는다고 적시한다.

한편 코로나19 팬데믹 이후 북한의 위기관리, 재해방지와 관련된 법률이 나오고 있는데, 2022년의 위기대응법도 그와 같은 맥락에서 제정된

---

35 「육아법」 제43조.
36 「육아법」 제44조.
37 KOSIS 국가통계포털; https://kosis.kr/bukhan/nkStats/nkStatsIdctChart.do?num=3&listNm=%EC%9D%B8%EA%B5%AC&menuId=M_01_02 (검색일: 2025년 1월 29일).

것이다. 위기대응법은 보건위기나 자연재해위기와 같은 비상사태에 신속 대응할 수 있는 지휘체계와 사업체계[38]를 정립하는 법률이다. 북한의 민주조선 2023년 1월 25일 자 법규해설 기사 "위기대응법에 대하여"는, 먼저 '위기 대응'에 대해 "악성 전염병의 유입과 전파, 큰물, 태풍, 지진, 화산을 비롯한 각종 위기가 발생했을 때 그것을 주동적으로, 안정적으로 억제·관리·해소하여 국가와 사회, 인민들에게 주는 피해를 최소화하고 국가 활동이 원활하게 진행되도록 하는 사업"[39]이라고 정의한다. 또한 국가는 위기가 발생하면 중앙에 '국가비상위기대책위원회'를 설치하며 지방에도 관련 조직을 만들고, 국가비상위기대책위원회는 내각 총리를 위원장으로 하며 부위원장은 중앙계획지도기관, 국방성(남한의 국방부), 중앙사회안전지도기관, 중앙농업지도기관, 중앙검찰기관 책임 일군(간부)들이 맡으며, 위원은 국가검열기관, 중앙보건지도기관, 중앙비상재해지도기관 관계자들이 담당한다.[40] 그 외에 표준화, 국제화에 맞춰 원산지명 및 지리적 표시법, 수속질서위반행위방지법 등도 제정된다.

　개정법에서 주목되는 법률은 15.교육·문화·체육부문의 반동사상문화배격법과 16.보건부문의 비상방역법이다. 비사·반사적 법률의 대표격인 반동사상문화배격법은 2020년 12월 4일에 제정된 후 2022년 8월 19일에 개정된다. 비상방역법은 두 차례에 걸쳐 개정되는데, 5월 31일에는 최대비상방역체계의 수립과 소독비상방역질서 위반행위의 법적책임을 규제한 내용들을 보다 구체화하며, 11월 15일에는 전염병 위기에 신속하게 능동적으로 대응하고 방역·보건부문의 물질기술적 토대를 강화하기 위한 중

---

[38] 「조선민주주의인민공화국 최고인민회의 상임위원회 제14기 제22차전원회의 진행」, 『로동신문』, 2022년 10월 7일.
[39] "「국가적 재난시 내각 총리가 지휘」…북한 위기대응법 공개", 『연합뉴스』, 2023년 1월 30일; https://www.yna.co.kr/view>A... (검색일: 2024년 7월 15일).
[40] 위의 기사.

요 문제들을 보완한다.

그리고 개정법 중 국기법에도 주목할 필요가 있다. 국기법은 2012년 김정은정권 출범과 함께 개정된 이후 2016년, 2018~20년 각각 1회, 2022년 2회 총 7회 개정되었다. 국기는 한 나라의 상징이므로 김정은 정권이 2017년 11월 29일 '핵무력 완성'을 선언한 이후 제8차 당대회를 전후하여 우리국가제일주의를 강조하고 있는 것과 무관하지 않다. 이는 뒤에 보듯이 북한이 2023년 국가상징법, 2024년 국가(國歌)법을 제정한 것과 궤를 같이 하는 것으로 본다. 김정은 정권은 핵개발 등을 이유로 한 국제사회의 엄혹한 경제제재 속에 역설적으로 '핵무력 완성'을 계기로 우월한 국가지위를 강조하였는데, 이러한 일련의 입법은 핵무력정책 및 국가제일주의 관련 정책을 법제도화함으로써 사회통합을 강화하고 있다고 볼 수 있다.

한편 북한은 변호사법을 김일성시대인 1993년 제정한 후 약 30년 만에 대폭 개정하였는데, 기본원칙에서 구법의 변호사 활동의 독자성 원칙 조항을 삭제하고 계급노선과 군중노선 관철을 명시하는 한편 중앙집권적 조직체계를 통해 정치적 통제를 강화하고 있다.

개정법은 12.국토·환경보호부문 7건, 11.인민봉사·건설·도시경영부문 6건, 9.농업·임업·수산부문과 14.과학기술·지적재산권·체신부문 5건의 순으로 높은 비중을 차지하고 있다.

타. 2023년 부문법 비중

2023년에 제정법 21건, 개정법 39건으로 총 60건이 제·개정된다. 제정법에는 △평양문화어보호법(1.18 최고인민회의 법령 제19호) △철길관리법(2.2. 정령, 번호 불상) △수재교육법(2.2. 정령 제1217호) △대부법(2.2. 정령번호 불상) △적지물처리법(2.2. 정령 제1219) △국가상징법(2.2. 정령 제1220호) △국가비밀보호법(2.2. 정령 제1215호) △장의법(3.2. 정령번호 불상) △과학기술인재관리법(4.11. 정령 제1298호) △국가표창법(8.30. 정령번호 불상) △생산력배치법(상동) △검찰기관조직법(상동) △관광법(상동) △상품류통법(상동) △장애자권리보장법(9.27. 최고인민회의 법령번호 불상) △관개법(상동) △공무원법(9.27. 최고인민회의 법령 제24호) △금융감독법(10.19. 정령 제1462호) △살림집관리법(10. 19. 정령 번호불상) △교육후원법(12.21. 정령번호 불상) △인민반조직운영법(12.21. 정령 제1520호) 등이 있다.

개정법에는 △이동통신법(3.2. 정령 제1231호[41]) △로동보수법(3.2. 정령 제1230호) △인민보건법(3.21. 정령번호 불상) △의료법(상동) △도로교통법(상동) △산업미술법(5.30. 정령번호 불상) △직업기술교육법(상동) △보통교육법(상동) △수출입상품검사법(상동) △국토계획법(6.2. 정령, 번호 불상) △간석지법(상동) △상수도법(6.2. 정령 제1330호) △하수도법(6.2. 정령 제1331호) △중앙은행법(7.13. 정령 제1364호) △전자결제법(7.13. 정령 번호불상) △형법2회(7.29. 정령 제1374호 / 12.24. 정령 제1522호) △기상수문법(8.3. 정령번호 불상) △바다오염방지법(상동) △배등록법(상동) △농업법(상동) △가격법(상동) △전염병예방법(8.19. 정령 제1027호) △각급 인민회의 대의원선거법(8.30. 정령번호 불상) △과학기술법(9.4. 정령번호 불상)[42] △발명법(상동) △품질감독법(상동) △행정검열법(9.12. 정령 제1434호) △과수법(9.15. 정령, 번호 불상)[43] △농장법(상동) △사회주의헌법(9.27. 제14기 제9차 최고인민회의) △간석

---

41 『엔케이타임즈』, 2023년 9월 13일 자 기사에서 수정보충된 이동통신법 전문을 입수하였다고 보도하였고 기사에 나온 사진에 정령 번호가 나온다. 「[단독] 수정 보충된 "이동통신법" 입수…'4개 조항' 더 추가」, 『엔케이타임즈』, 2023년 9월 13; https://nktimes.kr/%EB%8B%A8%EB%8F%85-%EC%88%98%EC%A0%95-%EB%B3%B4%EC%B6%A9%EB%90%9C-%EB%B6%81%ED%95%9C-%EC%9D%B4%EB%8F%99%ED%86%B5%EC%8B%A0%EB%B2%95-%EC%9E%85%EC%88%984%EA%B0%9C-%EC%A1%B0/(검색일: 2024년 3월 27일).

42 「조선민주주의인민공화국 최고인민회의 상임위원회 상무회의 진행」, 『로동신문』, 2023년 9월 5일.

43 「조선민주주의인민공화국 최고인민회의 상임위원회 상무회의 진행」, 『로동신문』, 2023년 9월 16일.

지법(11.4. 정령번호 불상) △하천법(상동) △공무원자격판정법(11.7. 정령 제1480호) △교육법(11.11. 정령 번호 불상)[44] △인민경제계획법(상동) △유용동물보호법(상동) △원림녹화법(상동) △변호사법(12.5. 정령 제1493호) 등이 포함된다. 이상의 제·개정 법률을 부문별로 분류하면 다음 〈표 Ⅳ-16〉과 같다.

    2023년 제정법 중 3.행정부문의 국가비밀보호법, 인민반조직운영법과 4.형·민사부문의 적지물처리법, 15.교육·문화·체육부문의 평양문화어보호법이 비사·반사적 법률로서 가장 많은 비사·반사적 법률이 제정된 2021년과 동일하게 4건이 제정된 것이다. 첫째, 국가비밀보호법은 "비밀보호사업에서 질서를 세워 국가의 안전과 리익, 사회주의건설의 성과적 진전을 보장하는데 이바지하는 것을 사명"[45]으로 한다. 둘째, 인민반조직운영법은 사회생활의 '기층단위'인 인민반을 체계적으로 정비하는 법률이지만, 비사·반사적 현상과의 투쟁 기본단위 내지 거점화하겠다는 정책적 의도가 담긴 법률이다. 셋째, 적지물처리법은 법의 사명을 "모든 공민들에게 투철한 대적 관념과 계급의식을 심어주며 적지물을 쓸어버리기 위한 사업에서 제도와 질서를 세워 적들의 반공화국모략책동으로부터 우리 국가 최고지도부의 절대적 안전과 권위를 보호하고 사회주의제도를 굳건히 수호하는데 이바지"하는데 있다고 명시[46]하여 '수령보위', '제도보위'가 법의 목적임을 밝히고 있다. 그리고 적지물을 '적들이' 북한체제를 붕괴시킬 목적으로 외부에서 들여보내는 모든 물건으로 정의[47]하고 있으므로 특히 남한에서 북한으로 보내는 삐라, 화폐(북한은 '화페'로 표현) 등 일체의 물품이 포함된다. 넷째, 평양문화어보호법은 괴뢰말을 근본적으로 차단하고

---

44 「조선민주주의인민공화국 최고인민회의 상임위원회 상무회의 진행」, 『로동신문』, 2023년 11월 12일.
45 「조선민주주의인민공화국 최고인민회의 상임위원회 제14기 제24차전원회의 진행」, 『로동신문』, 2023년 2월 3일.
46 「적지물처리법」 제1조.
47 같은 법 제2조.

〈표 Ⅳ-16〉 2023년 부문법 제·개정 현황

구분	분야	번호	부문	연도 제정	2023 개정	비고
체제·사법 정비	주권·행정	1	헌법		사회주의헌법	
		2	주권	국가상징법	각급인민회의대의원선거법	
		3	행정	국가비밀보호법** 국가표창법 공무원법 인민반조직운영법**	공무원자격판정법 행정검열법	** 비사 반사
	사법	4	형·민사	적지물처리법**	형법2회(7.29./12.24.)	** 비사 반사
		5	재판·인민보안	검찰기관조직법	도로교통법 변호사법	
인민 생활 향상	산업 1	6	계획·로동·재산관리	생산력배치법	로동보수법 국토계획법 가격법 인민경제계획법	
		7	에네르기·금속·화학·기계·지하자원			
		8	교통운수	철길관리법	배등록법	
		9	농업·임업·수산	관개법	농업법 과수법 농장법	
		10	계량·규격·품질감독		수출입상품검사법 품질감독법	
	산업 2	11	인민봉사·건설·도시경영	상품류통법 살림집관리법	상수도법 하수도법 원림록화법	
		12	국토·환경보호		간석지법2회(6.2./11.4.) 바다오염방지법 하천법 유용동물보호법	
		13	재정·금융·보험	대부법 금융감독법	중앙은행법 전자결제법	
		14	과학기술·지적소유권·체신		이동통신법 기상수문법 과학기술법 발명법	
인민 복지 확대	교육 복지	15	교육·문화·체육	평양문화어보호법** 수재교육법 교육후원법 과학기술인재관리법	산업미술법 직업기술교육법 보통교육법 교육법	** 비사 반사
		16	보건		인민보건법 의료법 전염병예방법	
		17	사회복리		장의법 장애자권리보장법	
국제화	대외 관계	18	북남경제협력			
		19	외교·대외경제	관광법		
합 계				21	39	

* 출처: 본 연구자가 작성함.
** 비사반사: 비사회주의·반사회주의 관련법.

인민들로 하여금 평화문화어를 의무적으로 사용하게 만드는 법률이다. 심한 경우 사형까지 처할 수 있어 반동사상문화배격법과 함께 총체적이고 강력한 법이다.

주목할 제정법으로 특정 계층을 대상으로 한 공무원법(3.행정부문), 과학기술인재관리법(14.과학기술·지적소유권·체신부문), 수재교육법(15.교육·문화·체육부문), 장애자권리보장법(17.사회복리부문)을 들 수 있다. 먼저, 공무원법은 국가관리의 직접적 담당자인 공무원집단의 정치의식과 실무능력을 향상시켜 당과 국가정책의 집행을 보장하고, 국가관리를 개선하기 위한 규칙을 마련하고 있다. 그 이전에는 「공무원자격판정법」이 김정일시대인 2005년 11월 23일 채택된 후 2008년 4월 1일과 2011년 12월 21일 개정되고, 김정은시대인 2021년 12월 23일, 2023년 11월 7일 개정되었다. 공무원자격판정법은 "공무원자격판정에서 제도와 질서를 엄격히 세워 공무원의 자격을 정확히 평가하고 그들의 수준을 높이는데 이바지한다"[48]고 하여 공무원의 자격을 정확히 판정하는데 주목적이 있음을 알 수 있다. 이에 비해 공무원법은 공무원의 자질을 높여 업무의 전문성과 효율성을 향상시키는데 주목적이 있다.[49] 2015년에 제정된 교원법과 2023년의 공무원법은 다른 수식어 없이 특정 계층만을 지칭한 김정은시대 유일한 법률에 해당할 만큼, 북한 정권의 교원과 공무원에 대한 관심을 보여준다. 참고로 선대에는 김일성시대인 1993년 12월 23일 최고인민회의 상설회의 결정 제43호로 채택된 변호사법만이 존재한다.

다음으로, 수재교육법은 "전문분야별로 특출한 인재들을 키워낼 수 있게 정연한 수재교육체계를 세우고 더욱 완비해나가며 수재교육기관과 단

---

48 「공무원자격판정법」 제1조.
49 「공무원법」 제1조, 제5조.

위의 학생선발과 교육강령작성, 교육조건보장 등에서 나서는 문제"[50]들을 반영한 수재 양성 법률이다.

그 다음으로, 과학기술인재관리법은 "과학기술인재들에 대한 국가의 통일적인 장악과 관리를 보다 높은 수준에서 실현하며 그들이 경제발전과 인민생활향상에서 주도적, 핵심적 역할을 수행하도록 하는데 이바지하는 것을 사명"으로 하며, "모든 부문, 모든 단위에서 과학기술인재를 중시하는 기풍을 확립하는 문제, 과학기술인재들을 체계적으로 양성, 등록하는 것과 함께 그들의 자질향상과 사업조건, 생활조건보장에서 나서는 문제들을 비롯해 인재관리사업을 더욱 개선하기 위한 원칙적 문제들이 과학기술인재관리법에 규제"[51]되어 있다. 수재교육법과 과학인재관리법은 북한의 사회주의문명국건설과 과학화에 절대적으로 필요한 인재양성 과제를 법제화한 것이다.

끝으로, 장애자권리보장법은 "장애자들의 사회정치적,경제문화적권리를 철저히 보장하고 그들이 국가와 사회의 주인으로서 보람찬 삶을 누리도록 할데 대한 규범"[52] 등을 명시하고 있다. 동법은 북한이 국내적으로 취약계층인 장애자들의 복지를 향상시키는 동시에 국제사회에 장애자복지 개선의지를 보여준다는 다중적 효과를 모색한 것이라 볼 수 있다. 북한은 이미 2016년 12월 6일 유엔장애인권리협약을 비준하고 유엔 장애인인권위원회에 국가보고서를 제출하였다. 동법은 이러한 국제적 대응과 관련한 후속조치적 성격도 띤다.

---

[50] 『로동신문』, 2023년 2월 3일.
[51] 「조선민주주의인민공화국 최고인민회의 상임위원회 제14기 제25차전원회의 진행」, 『로동신문』, 2023년 4월 12일.
[52] 「[단독] 북한 "장애자권리보장법" 입수… 국제기구 등 외국 투자 노려」, 『엔케이타임즈』, 2023년 11월 29일: https://nktimes.kr/%EB%8B%A8%EB%8F%85-%EB%B6%81%ED%95%9C-%EC%9E%A5%EC%95%A0%EC%9E%90%EA%B6%8C%EB%A6%AC%EB%B3%B4%EC%9E%A5%EB%B2%95-%EC%9E%85%EC%88%98%EC%99%B8%EA%B5%AD%ED%88%AC%EC%9E%90/(검색일: 2024년 3월 27일).

또한 13.재정·금융·보험부문의 제정법인 대부법과 금융감독법, 개정법인 중앙은행법도 주목하여야 한다. 대부법은 "북한 상업은행 등을 통해 경영자금을 대출받는 기관, 기업소, 회사 등과의 거래에서 법적인 문제를 명확히 하기" 위해 채택되었고, 전체 구성이 28개 조문으로 알려졌으나,[53] 국가정보원이 2024년 8월 발행한 『北韓法令集』에는 수록되지 않았다. 북한에서 2024년 2월 전면 개정된 민법에 의하면, 대부계약의 당사자는 금융기관과 법인만 가능하므로 공민들은 대부계약의 당사자로 될 수 없다. 따라서 북한의 기관, 기업소, 단체가 일반주민이 가지고 있는 돈 즉, '유휴화폐자금'을 빌리려면 대부계약이 아닌 '주민자금동원리용계약'을 체결하고 그 계약에서 정한 조건에 따라 거래하여야 한다.[54]

금융감독법의 제정과 중앙은행법 개정은 당 중앙위원회 제8기 제7차 전원회의(2023.2.26.~3.1)에서 세 번째 의제로 '국가재정금융사업'의 개선 관련 논의가 이루어진 후 나온 입법이다. 특히 금융감독법은 "북한의 첫 금융감독 관련 독립법안[55]"이라는 의미가 있다. 동법은 조선중앙은행의 금융감독 권한을 명확히 하고(제3조) 조선중앙은행과 금융기관이 금융감독사업과 관련한 '정보자료기지'를 구축하여 금융감독사업에 적극 이용(제10조)하도록 하는 등 금융감독사업에서 제도와 질서 확립을 위한 규정을 두고 있다.[56] 중앙은행법은 재정금융사업을 개선하기 위한 대책의 하나로 국가금융정책을 총괄하는 비상설 기구인 은행이사회에 관한 장('제2장 은행리사회')을 신설하였다. 은행이사회는 중앙은행총재와 주요 은행 총재 등으로 구성하고(제9조) 원칙적으로 1년에 2회 회의를 열어 "국가금융정책을 관철하

---

53 「북, 최고인민회의 상임위가 채택한 대부법은?」, 『SPN 서울평양뉴스』, 2023년 2월 11일; https://www.spnews.co.kr〉news(검색일:2025년 1월 16일).
54 「민법」 제398조, 제436조~제449조.
55 「[단독] 베일 벗은 북한 금융감독법...IT 활용한 금융감독 법에 명시」, 『NK경제』, 2024년 9월 24일; http://www.nkeconomy.com〉ne...(검색일:2025년 1월 16일).
56 「금융감독법」 제1조, 제3조, 제10조.

는데서 나서는 문제들을 집체적으로 토의결정"(제8조)하도록 하고 있다.[57]

그 외에도 검찰기관조직법, 살림집관리법, 관광법 제정에 주목해야 한다. 5.재판·인민보안부문의 검찰기관조직법은 검찰 행정체계 정비와 관련된 법률이다. 11.인민봉사·건설·도시경영의 살림집관리법은 살립집(주택)의 관리와 이용에서 준수해야 할 원칙들을 구체적으로 명시하고 있다.

특히 19.외교·대외경제부문의 관광법은 2021년의 제8차 당대회에서 제시한 관광 활성화 과제의 실현을 위한 입법이다. 이러한 맥락에서 동법은 국내관광과 국제관광을 확대하고 관광객들의 편의를 보장[58]하는 문제 등을 제시하고 있다. 동법은 적극적인 해외관광객 유치를 위한 법제 정비라고 평가된다. 2022년 2월 7일 해외동포권익옹호법이 제정된 것도 해외동포의 권익을 향상시키는 원래의 법사명도 있지만, 해외동포들이 모국을 대거 방문하여 관광을 활성화하도록 유인하는 정책적 측면도 존재한다. 김정은시대 초기에 마식령스키장을 필두로 해외관광상품을 개발하고 서방 관광객들을 적극 유치하여 관광수입을 경제활성화의 시드머니로 활용하고자 했을 때에도 별도의 관광 관련 부문법을 만들지 않았다. 더욱이 북한이 강력한 대북제재 아래 관광법을 제정한 것은 그 상황에서 '개별관광'에 의한 외화수입이 그래도 가장 현실적이라고 판단했기 때문으로 해석된다. 관광법이 제정된 8월 30일 바로 3일 전에 코로나19 발생으로 인한 국경봉쇄가 해제된 것도 해외관광 육성과 연관성이 있다. 북한은 지난 2020년 1월 31일 코로나19 확산을 막기 위해 국경봉쇄를 단행했고, 그로부터 3년 7개월 만인 2023년 8월 27일에 "세계적인 악성 전염병 전파 상황이 완화되는 것과 관련하여 방역 등급을 조정하기로 한 국가비상방역사령부의 결정에 따라 해외에 체류하고 있던 우리 공민들의 귀국이

---

[57] 「중앙은행법」 제8조~제13조.
[58] 「조선민주주의인민공화국 최고인민회의 상임위원회 제14기 제27차전원회의 진행」, 『로동신문』, 2023년 8월 31일.

승인되었다."⁵⁹며 국경을 공식 개방했다. 다음 달인 9월 25일에는 외국인 입국을 허용하는 조치가 취해진다.

개정법에서는 사회주의헌법과 이동통신법에 주목할 필요가 있다. 2023년 9월 27일 최고인민회의 제14기 제9차 회의에서 사회주의헌법을 개정했다. 이번 사회주의헌법 개정은 핵무력정책을 헌법화하여 쉽게 변경하지 못하도록 하였다는 의미를 가진다.⁶⁰

14. 과학기술·지적소유권·체신부문의 이동통신법은 비사·반사 투쟁법으로 3월 2일 개정되는데, "이동통신단말기의 수리봉사와 수매봉사, 이동통신단말기 리용에서 지켜야 할 요구, 이동통신봉사의 중지 등을 규제한 조항들의 내용이 보다 구체화"⁶¹된다. 2020년 12월 4일 제정 당시보다 2023년 3월 2일 4개 조항을 추가하여 수정보충되면서 비사·반사적 법률의 성격이 강화된다. 제정 당시보다 손전화기(핸드폰)가 광범위하게 보급된 조건⁶²에서 규제 강화가 요구되었을 것이라 판단된다. 특히 동법 제35조 '이동통신말단기이용에서 지켜야 할 요구'에서는 손전화기를 이용한 내부 기밀 유출과 인민들간의 소통을 차단하는 조치를 취하고 있다. 구체적으로 살펴보면, 주요 행사 및 회의에 손전화기를 가지고 참가할 수 없으며, 손전화로 비밀에 속하는 내용의 말을 하지 말고, 불순내용의 그림 노래·영화·오락 등을 열람 혹은 시청하지 말며, 괴뢰말투의 통보문·전자우편을 주고받는 행위를 하지 못하게 한다.⁶³

---

59 「북한, 국경개방 공식화 … 해외 체류 주민 귀국 승인」, 『연합뉴스TV』, 2023년 8월 27일; https://m.yonhapnewstv.co.kr/news/MYH20230827009100641(검색일:2024년 3월 3일).
60 「사회주의헌법」 제58조 제2항 "조선민주주의인민공화국은 책임적인 핵보유국으로서 나라의 생존권과 발전권을 담보하고 전쟁을 억제하며 지역과 세계의 평화와 안정을 수호하기 위하여 핵무기발전을 고도화한다."
61 『엔케이타임즈』, 2023년 9월 13일.
62 북한의 손전화 가입자는 2014년 240만 명에서 2023년 650~700만 명을 넘어선 것으로 보고 있다. 위의 기사.
63 「이동통신법」 제35조.

개정법은 6.계획·로동·재산관리부문 4건(로동보수법, 국토계획법, 가격법, 인민경제계획법), 12.국토·환경보호부문 5건(간석지법 2회, 바다오염방지법, 하천법, 유용동물보호법), 14.과학기술·지적소유권·체신부문 4건(이동통신법, 기상수문법, 과학기술법, 발명법), 15.교육·문화·체육 4건(산업미술법, 직업기술교육법, 보통교육법, 교육법) 등이 높은 비중을 차지하고 있어 북한이 인민생활향상과 교육 관련 법개정에 노력을 기울이고 있음을 알 수 있다.

파. 2024년 부문법 비중

2024년에 제정법 9건, 개정법 17건으로 총 26건이 제·개정된다. 제정법에는 △각급 인민회의 대의원법(6.13. 정령번호 불상) △사회주의물자교류법(6.13. 정령번호 불상) △공공건물관리법(6.13. 정령번호 불상) △경공업법(10.7. 최고인민회의 14기 11차 회의 법령, 번호 불상) △대외경제법(10.7. 최고인민회의 14기 11차 회의 법령, 번호 불상) △국가법(10.24. 정령번호 불상) △전자상업법(11.15. 정령번호 불상) △식별부호관리법(12.5. 정령번호 불상) △소음공해방지법(12.5. 정령번호 불상) 등이 있다.

개정법은 △민법(2.6. 정령 제1552호) △교원법(2.6. 정령 제1554호) △도로교통법(9.15. 정령번호 불상) △대외경제중재법(9.15. 정령번호 불상) △저작권법(9.20. 정령번호 불상) △과학기술보급법(9.20. 정령번호 불상) △재해방지 및 구조,복구법(9.20. 정령번호 불상) △철도법(9.20. 정령번호 불상) △배길표식법(9.20. 정령번호 불상) △무역법(9.20. 정령번호 불상) △헌법(10.7. 최고인민회의 14기 11차 회의) △쏘프트웨어보호법(10.13. 정령번호 불상) △과학기술인재관리법(10.13. 정령번호 불상) △제품생산허가법(10.13. 정령번호 불상) △원림록화법(10.13. 정령번호 불상) △장의법(11.15. 정령번호 불상) △전력법(11.15. 정령번호 불상) 등이 있다. 이상의 제·개정 법률을 부문별로 분류하면 다음 〈표 Ⅳ-17〉과 같다.

〈표 Ⅳ-17〉 2024년 부문법 제·개정 현황

구분	분야	번호	부문	연도 2024 제정	연도 2024 개정	비고
체제·사법 정비	주권·행정	1	헌법		헌법	
		2	주권	각급인민회의대의원법 국가법		
		3	행정			
	사법	4	형·민사		민법	
		5	재판·인민보안			
인민 생활 향상	산업 1	6	계획·로동·재산관리	사회주의물자교류법 경공업법		
		7	에네르기·금속·화학·기계·지하자원		전력법	
		8	교통운수		도로교통법 철도법 배길표식법	
		9	농업·림업·수산			
		10	계량·규격·품질감독		제품생산허가법	
	산업 2	11	인민봉사·건설·도시경영	공공건물관리법		
		12	국토·환경보호	소음공해방지법	재해방지 및 구조, 복구법 원림록화법	
		13	재정·금융·보험	전자상업법 식별부호관리법		
		14	과학기술·지적소유권·체신		저작권법 과학기술보급법 쏘프트웨어보호법	
인민 복지 확대	교육 복지	15	교육·문화·체육		교원법 과학기술인재관리법	
		16	보건			
		17	사회복리		장의법	
국제화	대외 관계	18	북남경제협력			
		19	외교·대외경제	대외경제법	대외경제중재법 무역법	
합계				9	17	

* 출처: 본 연구자가 작성함.
** 비사반사: 비사회주의·반사회주의 관련법. 표 안의 비사반사 표시는 제정법에 한함.

2024년 제정법과 개정법은 입수되지 않아 구체적인 내용은 확인하기 어렵다. 제정법 중 2.주권부문의 국가(國歌)법은 사회주의헌법 '제7장 국장, 국기, 국가, 수도'와 관련된 개별법이다. 기존의 국장법, 국기법 외에 2023년 2월 국가상징법을 제정하고 이어서 국가법을 제정한 것은 북한이 2017년 11월 말 '핵무력완성' 선언 후 우리국가제일주의를 강조하고 있는 흐름을 법제에 반영하고 있다고 본다. 북한은 2024년 2월 '애국가' 가사 중 '삼천리 아름다운 내 조국'에서 한반도를 의미하는 '삼천리'라는 단어를 삭제하고 '이 세상 아름다운 내 조국'으로 바꿨다.[64] 이는 2023년 12월 말 당 중앙위원회 제8기 제9차 회의에서 김정은 총비서가 남북관계를 '적대적 두 국가'로 규정한 이후 이어진 조치로 판단된다.

6.계획·로동·재산관리부문의 사회주의물자교류법은 대북제재 상황 속에서 생산에 필요한 원자재 등의 다양한 확보 수단을 마련하기 위해 2014년 발표된 '사회주의물자교류시장시행세칙'[65]을 현실에 맞게 부문법으로 법제화한 것으로 보인다. 같은 부문의 경공업법과 19.외교·대외경제부문의 대외경제법은 2014년 10월 7일 열린 최고인민회의 제14기 제11차 회의에서 채택된 법률이다. 경공업법은 국가경제발전 5개년계획에서 금속, 화학, 농업과 함께 중심과업의 하나이고, 현재 북한이 의욕적으로 추진 중인《지방발전 20×10정책》에서 시, 군에 지방 경공업과 관련된 공장을 건설하고 있는 만큼 이를 지원하는 입법으로 판단된다. 언론보도에 의하면 경공업법은 "인민생활 향상에서 중요한 몫을 담당하고 있는 경공업의 비약적 발전을 법적으로 확고히 담보"하는 내용을, 대외경제법은 "대외경제관계를 다각적으로 확대해 나가는데서 나서는 원칙적 문

---

[64] 「북한, 국가법 제정…노랫말에서 '통일' 상징 뺀 듯」, 『경향신문』, 2024년 10월 25일; https://www.khan.co.kr〉article(검색일:2025년 1월 16일).
[65] 통일부 국립통일교육원, 『북한지식사전』, 통일부 국립통일교육원, 2021, 437~439쪽.

제들"을 담고 있다고 한다.[66]

13. 재정·금융·보험부문의 전자상업법은 "전자상법체계의 수립과 리용에서 제도와 질서를 세워 상업의 정보화, 과학화를 실현하며 인민들에 대한 봉사활동의 신속성과 정확성, 편리성을 보장하는데 이바지하는 것을 사명"[67]으로 한다고 하는데, 이는 북한의 최근 전자상거래 관련 정책을 법제화한 것으로 보인다. 북한에서는 온라인 쇼핑몰 '만물상'이 인기를 끌고 있고, 만물상 운영사인 연풍산업 정보기술사는 2021년 모바일 전자결제로도 사업 영역을 확장하고 있다.[68]

개정법 중 사회주의헌법은 앞서 언급한 바와 같이 기존 헌법상의 노동이 가능한 나이와 선거 나이를 1살씩 더 높인 것에 그쳤다.

2007년 이후 17년 만에 전면 개정된 민법은 4개 편 13개 장 271개 조문으로 구성된 기존 민법에 비해 본문이 4개 편 17개 장 596개 조문으로 이뤄져 새로 법을 제정한 것과 같은 수준으로 변경되었다. 특히 '법인'에 관한 조항 신설, 법률행위, 계약과 채권채무에 관한 규정 대폭 보강은 물론 담보에 관한 장을 신설하고 6개 절 77개 조문으로 상세하게 규정하는 등 큰 변화를 보인다. 또한 계획에 기초하지 않은 계약 중 '주민자금동원리용계약'을 신설하여 상세하게 규정한 점은 특이하다. '주민자금동원리용계약'은 기관, 기업소, 단체가 공민의 '유휴화폐자금'을 일정한 조건 아래 빌려 쓰고 갚도록 하는 제도인데, 돈을 빌린 기관, 기업소, 단체가 돈을 빌려준 공민에게 기업채권을 발행하고 이를 보유한 공민은 이 채권을 제3자에게 양도할 수 있도록 하고 있다.[69] 민법의 대폭 개정은 북한의 시장화

---

66 「북, 헌법 개정…김정은 제안한 '통일 삭제' 언급 없어」, 『한겨레』, 2024년 10월 9일; https://www.hani.co.kr〉defense (검색일:2025년 1월 16일).
67 「북한, 전자상업법 만들어 제도 정비…"상업 정보화 실현"」, 『연합뉴스』, 2024년 11월 16일; https://www.yna.co.kr〉view.A… (검색일:2025년 1월 16일).
68 위의 기사.
69 「민법」 제436조~제449조.

에 따른 사유재산 확대 현상이 개정 법제에 반영된 것으로 보인다.

2024년 19.외교·대외경제부문에서 제정법 1건(대외경제법)과 개정법 2건(대외경제중재법, 무역법)으로 제·개정 26건 중 11.5%를 차지하여 대외경제를 중요하게 여기고 있음을 보여준다.

2) 연도별 부문법 비중 비교

앞의 연도별 부문법 비중 분석 결과를 바탕으로 연도별 부문법 비중을 비교하면 세 가지로 정리된다. 첫째, 연도별로 가장 높은 비중을 차지한 제·개정법 부문을 보면, 그 시기 정권의 핵심 법정책 방향을 파악할 수 있다. 2012년에 가장 높은 비중을 차지한 부문은 4.형·민사부문으로 5건(형법 2회, 형사소송법 3회)이 개정된다. 2013년에는 12.국토·환경보호부문 제정 1건과 개정 9건으로 총 10건이 제·개정되어 가장 높은 비중을 보인다. 2014년에도 12.국토·환경보호부문 제정 1건과 개정 5건으로 총 6건의 제·개정법으로 가장 높은 비중을 차지한다. 2015년에는 6.계획·로동·재산관리부문과 13.재정·금융·보험부문이 각각 개정 6건으로 가장 높은 비중을 보인다. 2016년에는 5.재판·인민보안부문이 6건 개정되어 가장 비중이 높다

2017년에는 7.에네르기·금속·화학·기계·지하자원부문에서 개정 2건, 9.농업·임법·수산부문에서 개정 2건, 11.인민봉사·건설·도시경영부문에서 개정 2건, 19.외교·대외경제에서 개정 2건으로 모두 2건씩을 차지한다. 2018년에는 7.에네르기·금속·화학·기계·지하자원부문에서 개정 3건, 15.교육·문화·체육부문은 제정 1건과 개정 2건으로 총 3건의 제·개정, 19.외교·대외경제부문에서 개정 3건으로 세 부문이 동일하게 3건으로 나타난다.

2019년에 10.계량·규격·품질감독부문 개정 5건, 11.인민봉사·건설·도시경영부문 개정 5건으로 가장 비중이 높다. 2020년은 5.재판·인민보안부문 제정 1건과 개정 9건으로 총 10건, 10.계량·규격·품질감독부문 개정 10건, 19.외교·대외경제부문에서 제정 2건과 개정 8건 총 10건으로 가장 높은 비중을 차지한다. 2021년에는 7.에네르기·금속·화학·기계·지하자원부문에서 제정 3건, 개정 6건으로 총 9건이 제·개정되어 최고 수치를 보이고, 2022년에는 9.농업·임법·수산부문 제정 4건과 개정 5건으로 총 9건, 12.국토·환경보호부문 제정 2건, 개정 7건 총 9건으로 두 부문 입법 비중이 가장 높다. 2023년에는 15.교육·문화·체육부문이 제정 4건, 개정 4건 총 8건으로 가장 많다. 2024년에는 8.교통운수부문 개정 3건, 12.국토·환경보호부문 제정 1건과 개정 2건으로 총 3건, 14.과학기술·지적소유권·체신부문 개정 3건, 19.외교·대외경제부문 제정 1건, 개정 2건 총 3건으로 4개 부문이 같은 입법량을 보인다.

연도별로 제·개정법에서 최고 수치를 차지하는 부분을 정리하면, 집권 초기인 2012년(4.형·민사부문)과 2016년(5.재판·인민보안부문)에는 사법분야에서 최고 수치를 보인다. 2013~2015년은 6.계획·로동·재산관리부문, 12.국토·환경보호부문, 13.재정·금융·보험부문 등의 산업분야에서 최고 수치를 점한다. 특히 2013년 12.국토·환경보호부문에서 제·개정법이 10건에 달한다.

2017년과 2018년은 7.에네르기·금속·화학·기계·지하자원부문 개정법과 19.외교·대외경제부문 개정법에서 공통적으로 높은 비중을 보인다.

2019년에서 2024년까지 대부분 산업분야가 최고수치를 보인다. 2019년(10.계량·규격·품질감독부문, 11.인민봉사·건설·도시경영부문), 2021년(7.에네르기·금속·화학·기계·지하자원부문), 2022년(9.농업·임법·수산부문, 12.국토·환경보호부문)은 모두 산업분야에서 최고수치를 보인다. 2020년은 산업분야(10.계량·규격·품질감독부문) 외에 5.재판·인민보안부문이, 2024년은 산업분야(8.교통운수부문, 12.국토·환경보호부문, 14.과학기술·지적소유권·체신부문) 외에 19.외교·대외경제부문이 최고수치에 포함된다. 단, 2023년은 유일하게 15.교육·문화·체육부문에서 최고 수치를 보인다. 이상의 내용을 정리하면 다음 〈표 Ⅳ-18〉과 같다.

〈표 Ⅳ-18〉 김정은시대 연도별 제·개정 최고 건수 부문 비교

단계	연도	최고 제·개정 건수 부문				최고부문 (법률수)
1 토대 구축 단계	2012	4.형·민사 개정5건				4(5)**
	2013	12.국토·환경보호 (제정1,개정9) 제·개정10건				12(10)
	2014	12.국토·환경보호 (제정1,개정5) 제·개정6건				12(6)
	2015	6.계획·로동·재산관리 개정6건	13.재정·금융·보험 개정6건			6(6)/13(6)
	2016	5.재판·인민보안 개정6건				5(6)
2 발전 단계	2017	7.에네르기·금속·화학·기계 개정2건	9.농업·임업·수산 개정2건	11.인민봉사·건설·도시경영 개정2건	19.외교·대외경제 개정2건	7(2)/9(2)/11(2)/19(2)
	2018	7.에네르기·금속·화학·기계 개정3건	15.교육·문화·체육 (제정1,개정2) 제·개정3건		19.외교·대외경제 개정3건	7(3)/15(3)/19(3)
3 확립 단계	2019	10.계량·규격·품질감독 개정5건	11.인민봉사·건설·도시경영 개정5건			10(5)/11(5)
	2020	5.재판·인민보안 (제정1,개정9) 제·개정10건	10.계량·규격·품질감독 개정10건	19.외교·대외경제(제정2,개정8) 제·개정10건		5(10)/10(10)/19(10)
	2021	7.에네르기·금속·화학·기계· (제정3,개정6) 제·개정9건				7(9)
	2022	9.농업·임업·수산 (제정4,개정5) 제·개정9건	12.국토·환경보호 (제정2,개정7) 제·개정9건			9(9)/12(9)
	2023	15.교육·문화·체육 (제정4건,개정4건) 제·개정8건				15(8)
	2024	8.교통운수 개정3건	12.국토·환경보호 (제정1,개정2) 제·개정3건	14.과학기술 (제정1,개정2) 제·개정3건	19.외교·대외경제 (제정1,개정2) 제·개정3건	8(3)/12(3)/14(3)/19(3)

* 출처: 본 연구자가 작성함.
** 해당연도의 최고건수와 해당부문을 의미하는 것으로, 예컨대 '4(5)'는 2012년 4.형·민사부문이 5건으로 최고수치를 보였다는 것을 지적함.

둘째, 13년간 제·개정된 법률을 부문별로 비교하면, 김정은 집권기에 어떤 부문의 법률이 가장 많은 관심을 받았는가를 파악할 수 있다. 부문별 제·개정 건수를 제시하면 ▲1.헌법 개정 7회 ▲2.주권부문 제정 4건 개정 13건, 총 17건 ▲3.행정부문 제정 9건 개정 14건, 총 23건 ▲4.형·민사부문 제정 4건 개정 36건, 총 40건 ▲5.재판·인민보안부문 제정 6건 개정 35건, 총 41건 ▲6.계획·로동·재산관리부문 제정 5건 개정 22건, 총 27건 ▲7.에네르기·금속·화학·기계·지하자원부문 제정 8건 개정 24건, 총 32건 ▲8.교통운수부문 제정 5건 개정 25건, 총 30건 ▲9.농업·임업·수산부문 제정 12건 개정 33건, 총 45건 ▲10.계량·규격·품질감독부문 제정 3건 개정 29건, 총 32건 ▲11.인민봉사·건설·도시경영부문 제정 10건 개정 41건, 총 51건 ▲12.국토·환경보호부문 제정 11건 개정 46건, 총 57건 ▲13.재정·금융·보험부문 제정 9건 개정 15건, 총 24건 ▲14.과학기술·지적소유권·체신부문 제정 9건 개정 29건, 총 38건 ▲15.교육·문화·체육부문 제정 14건 개정 24건, 총 38건 ▲16.보건부문 제정 6건 개정 26건, 총 32건 ▲17.사회복리부문 제정 7건 개정 8건, 총 15건 ▲18.북남경제협력부문 제정 0건 개정 0건, 총 0건 ▲19.외교·대외경제부문 제정 9건 개정 36건, 총 45건이다. 이상의 내용을 도표로 나타내면 다음 〈그림 Ⅳ-7〉과 같다.

　여기서 제정법의 경우만 보면, 15.교육·문화·체육부문 14건 〉 9.농업·임업·수산부문 12건〉 12.국토·환경보호부문 11건〉 11.인민봉사·건설·도시경영부문 10건 〉 3.행정부문 9건, 13.재정·금융·보험부문 9건, 14.과학기술·지적소유권·체신부문 9건, 19.외교·대외경제부문 9건 〉 7.에네르기·금속·화학·기계·지하자원부문 8건〉 17.사회복리부문 7건 〉 5.재판·인민보안부문 6건, 16.보건부문 6건 〉 6.계획·로동·재산관리부문 5건, 8.교통운수부문 5건 〉 2.주권부문 4건, 4.형·민사부문 4건 〉 10.계량·규격·품질감독부문 3건 〉 1.헌법 0건, 18.북남경제협력부문 0건의 순으로 나타난다. 즉, 15.교육·문화·체육부문과 9.농업·임업·수산부문, 12.국토·환경보호부문의 순으로 입법이 가장 많이 이뤄졌다.

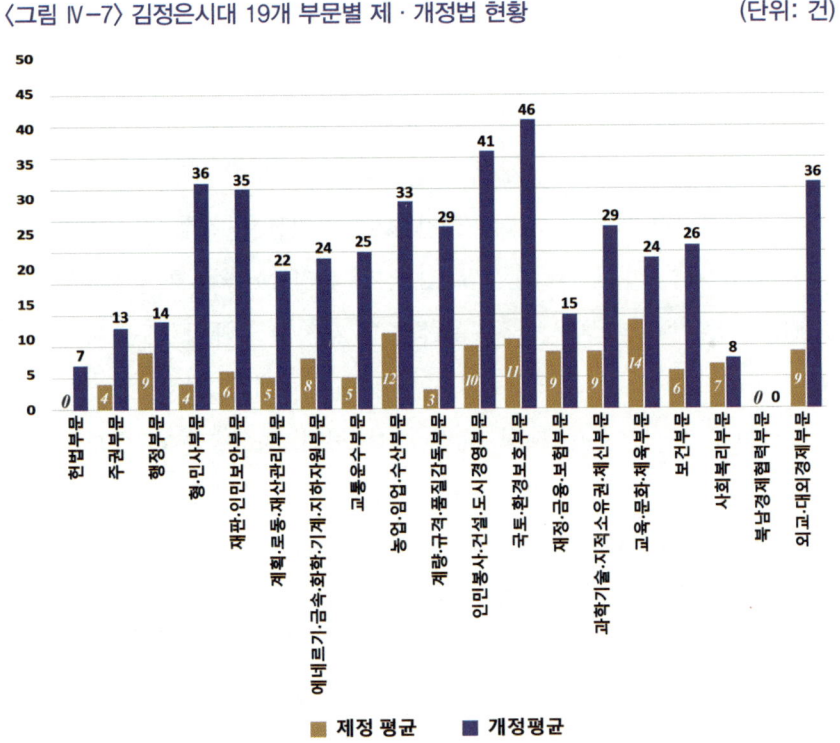

〈그림 Ⅳ-7〉 김정은시대 19개 부문별 제·개정법 현황 (단위: 건)

* 출처: 본 연구자가 작성함.

　　법제정이 많다는 것은 새로운 법을 만들어야 할 만큼 기존에 법제가 부족했다는 것을 의미하는 동시에 그만큼 현실적인 수요가 있다는 것을 말한다. 이상 부문별 제정법을 비중이 높은 순서대로 정리하면 다음 〈그림 Ⅳ-8〉과 같다.

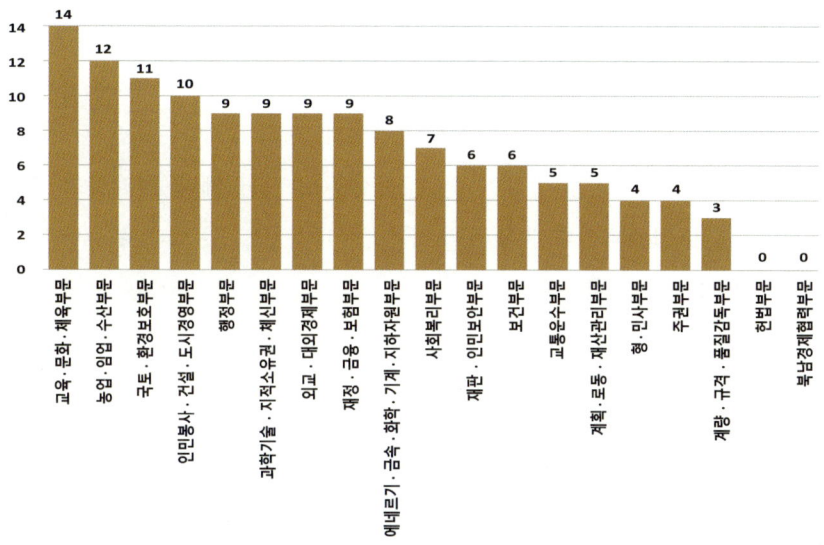

〈그림 Ⅳ-8〉 김정은시대 19개 부문별 제정법 현황 (단위: 건)

* 출처: 본 연구자가 작성함.

개정법의 경우는 12.국토·환경보호부문 46건 〉 11.인민봉사·건설·도시경영부문 41건 〉 4.형·민사부문과 19.외교·대외경제부문 각각 36건 〉 5.재판·인민보안부문35건 〉 9.농업·임업·수산부문 33건 〉 10.계량·규격·품질감독부문과 14.과학기술·지적소유권·체신부문 각각 29건 〉 16.보건부문 26건 〉 8.교통운수부문 25건 〉 7.에네르기·금속·화학·기계·지하자원부문과 15.교육·문화·체육부문 각각 24건 〉 6.계획·로동·재산관리부문 22건 〉 13.재정·금융·보험부문 15건 〉 3.행정부문 14건 〉 2.주권부문 13건 〉 17.사회복리부문 8건 〉 1.헌법 7회 〉 18.북남경제협력부문 0건 순으로 나타난다. 즉 개정법에서 12.국토·환경보호부문이 가장 많고 다음이 11.인민봉사·건설·도시경영부문, 4.형·민사부문과 19.외교·대외경제부문 등이다. 주목할 것은 앞서 제정법에도 5번째로 입법이 많았던 19.외교·대외경제부문이 여기서도 3번째로 높은 순위를 차지한다는 점이다. 또한 김정은시대 13년이란 짧은 기간에 사회주의헌법 개정이 7회에 걸쳐 이뤄졌다는 점도 의미가 있다. 김정일시대 (1994.7.8~2011.12.17) 17년 6개월여 동안 1998년 9월 5일('김일성헌법'), 2009년 4월 9일, 2010년 4월 9일 등 헌법이 3차례 개정되었다. 반면 김정은시대에 벌써 7차례 헌법 개정이 단행된 것은 그만큼 체제 법제화를 꾀하고 있음을 보여준다. 이상 부문별 개정법 비중 높은 순서대로 보면 다음 〈그림 Ⅳ-9〉와 같다.

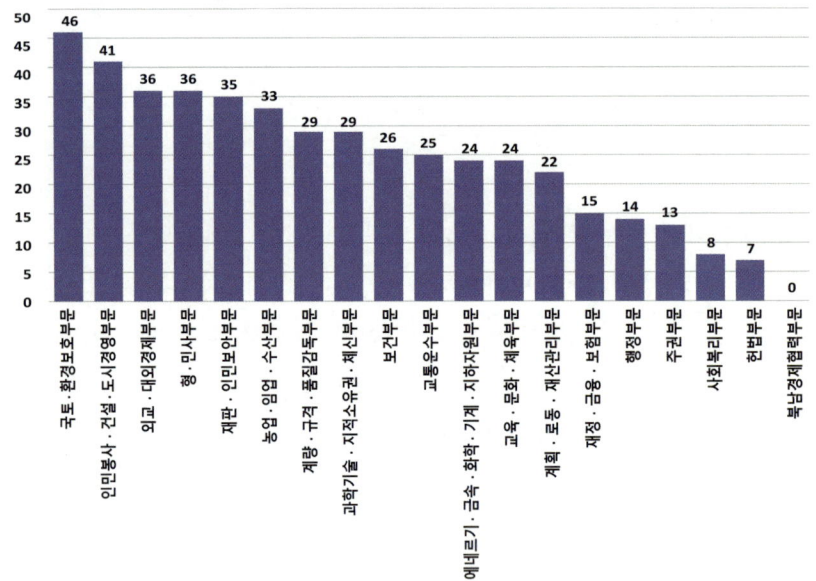

〈그림 Ⅳ-9〉 김정은시대 19개 부문별 개정법 현황 (단위: 건)

* 출처: 본 연구자가 작성함.

제정법과 개정법 수치를 합한 입법량의 비중은 12.국토·환경보호부문 57건〉 11.인민봉사·건설·도시경영부문 51건〉 9.농업·임업·수산부문과 19.외교·대외경제부문 각각 45건 〉 5.재판·인민보안부문 41건

〉 4.형·민사부문 40건〉 14.과학기술·지적소유권·체신부문과 15.교육·문화·체육부문 각각 38건〉 7.에네르기·금속·화학·기계·지하자원부문, 10.계량·규격·품질감독부문, 16.보건부문이 각각 32건 순이다. 이와 같이 11개 부문군은 김정은시대 13년 동안 법제화가 가장 많이 이루어진 부문이다. 이상 김정은시대 제·개정법의 부문별 비중이 높은 순서대로 정리하면 다음 〈그림 Ⅳ-10〉과 같다.

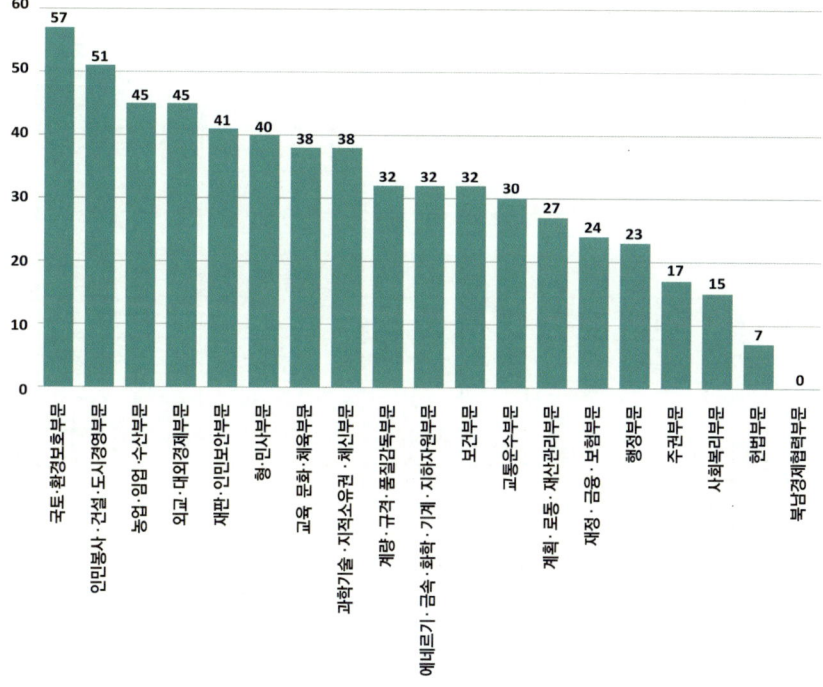

〈그림 Ⅳ-10〉 김정은시대 19개 부문별 제·개정법 현황: 비중 순   (단위: 건)

* 출처: 본 연구자가 작성함.

이상 김정은시대 제·개정 법률의 연도별 19개 부문 분포를 표로 정리하면 다음 〈표 Ⅳ-19〉와 같다.

<표 IV-19> 김정은시대 연도별 부문별 법제·개정 현황 비교

번호	부문	2012 제	2012 개	2013 제	2013 개	2014 제	2014 개	2015 제	2015 개	2016 제	2016 개	2017 제	2017 개	2018 제	2018 개	2019 제	2019 개	2020 제	2020 개	2021 제	2021 개	2022 제	2022 개	2023 제	2023 개	2024 제	2024 개	합계 제	합계 개
1	헌법		1		1						1				1		2				1				1		1		7
2	주권		2		1						2				1		1		3	1	1		2	1	1	2		4	13
3	행정	1		1			2				1	1	1	1	1		2		4	2	3	1	4	4	2		1	9	14
4	항·민사		5		3		1		3		5		1		1		2		9	2	4		3	1	2		1	4	36
5	재해·안전		1	1	3	1			4	1	6	1		2		1	2		4		3		3	1	2			6	35
6	개혁·노동						2		6								1		1		2		2		4	2		5	22
7	예비군	2	1		1		1		1		3		2				1		3		6		2					8	24
8	교통운수		1	1	4		1		4		2		1				1		5		2		5	1	1	3		5	25
9	농업·임업	2		2	3		4		3		1	1	2					2	4	1	6	4	3		3			12	33
10	재판·규약				2				2		2		1				5		10	2	2	1	6		2	1		3	29
11	인민봉사	1		1	2	1	3		3		4		2		1		5		7	2	4	1	7	2	3		2	10	41
12	국토·환경	1		1	9	1	5		2		2		1			1			7		3	2	6		5	1	1	11	46
13	재정·금융	1			1		1		6										1		4		3		2			9	15
14	과학기술	1	2		2		1		1		3			1	1		2	2	2		3		5		4		3	9	29
15	교육·문화	1	1		3		1		3		1			1	2		1	2	1	1	4	2	2	4	4		2	9	24
16	보건		3		1		2	1	1		2	1			1		2		3		4	3	4		3			6	26
17	사회복리		2		1	2	1	2		1										1	1		1					7	8
18	독님경제																1						2	2		1			36
19	외교·대외		4	1	1		3	1	3		4		2		3		1		8	1	3		2	1		2	9	9	36
	합계(제·개정별)	9	26	8	38	8	25	6	43	4	39	2	12	4	16	4	28	16	73	24	52	16	55	21	39	9	17	131	463
	연간총계	35		46		33		49		43		14		20		32		89		76		71		60		26		594	

* 출처: 본 연구자가 작성함.

3 단계별 부문법 비중

1) 단계별 부문법 비중

앞에서 살펴본 연도별 부문법 제·개정 현황을 바탕으로 단계별 부문법 비중을 분석하면 다음과 같다. 첫째, 법제도 1단계인 '김정은식 사회주의법치국가건설론 토대구축단계'는 「법제정법」의 제정으로 김정은식 사회주의법치국가건설의 토대를 구축했으며, 김정일시대에 비해 법률 제정이 증가하고, 특히 인민생활향상과 관련한 친인민적 법률이 많아진다. 이 단계의 구분별, 즉 부분별 비중을 보면 제·개정 206건 중 인민생활향상부분이 116건(56.3%)으로 비중이 가장 높고, 다음이 체제·사법정비부분 45건(21.8%), 인민복지확대부분 27건(13.1%), 국제화부분 18건(8.7%) 순으로 나타난다.

물론 경제제도에 해당하는 인민생활향상부분이 19개 부문 중 9개 부문(47.4%)을 차지하기에 평균치(9/19부문)가 47.4%임을 고려하더라도, 인민생활향상부분이 56.3%로 평균치보다 8.9% 높은 비중을 차지한다. 그중에서도 6.계획·로동·재산관리부문을 제외하고는 전 부문에서 법률이 제정되었다. 특히 7.에네르기·금속·화학·기계·지하자원부문과 12.국토·환경보호부문에서 법제정이 4건에 달하고, 다음으로 8.교통운수부문, 9.농업·임업·수산부문, 11.인민봉사·건설·도시경영부문, 14.과학기술·지적소유권·체신부문이 모두 3건씩을 차지한다. 법개정보다 법제정이 더 중요한 이유는 김정은 정권의 정책 의지가 법률 제정에 더 잘 반영된다고 보기 때문이다. 결국 김정은시대 인민생활향상, 그중에서도 에네르기·금속·화학·기계·지하자원, 국토·환경보호, 교통운수, 농업·임업·수산, 인민봉사·건설·도시경영, 과학기술·지적소유권·체신부문에 더 많은 관심을 기울이고 있음을 알 수 있다.

1단계 토대구축단계 제정법 35건의 부분별 비중을 보면 인민생활향상 24건(68.6%) 〉 인민복지확대 5건(14.3%) 〉 체제·사법정비 3건(8.6%), 국제화 3건(8.6%) 순이다. 이러한 통계는 북한이 초기단계에 인민생활향상과 인민복지확대를 위한 입법에 집중하였음을 보여준다.

1단계 토대구축단계에서 주목되는 부분은 사법분야의 법제 정비이다. 4.형·민사부문 개정이 17건, 5.재판·인민보안부문 제·개정이 15건으로 총 32건(15.5%)을 차지한다. 이는 법치를 주창한 김정은 정권이 초기부터 사법제도 정비에 관심을 기울였음을 보여주는 것이다. 또한 15.교육·문화·체육부문은 제정 5건, 개정 8건으로 13건이 제·개정되고, 19.외교·대외경제부문이 제정 3건, 개정 15건으로 18건이 제·개정되었다. 교육·문화부문의 법률 제·개정은 김정은 총비서의 권력승계 후 2012년 첫 신년사에서 '사회주의문명국건설 비전'을 제시한 것과 무관하지 않다. 외교·대외경제부문의 경우도 정권 초기 국제화·세계화를 지향한 정책과 연관된다. 이상의 내용을 정리하면 다음 〈표 Ⅳ-20〉과 같다.

<표 Ⅳ-20> 김정은식 사회주의법치국가건설론 토대구축단계 부문법 비중 (단위: 건, %)

구분	분야	번호	부문법	토대구축단계 (2012~2016)				
				제정	개정	총계	분야	구분
체제·사법정비	주권·행정	1	헌법	0	3	3	13 (6.3)	45 (21.8)
		2	주권	0	5	5		
		3	행정	2	3	5		
	사법	4	형·민사	0	17	17	32 (15.5)	
		5	재판·인민보안	1	14	15		
인민생활향상	산업1	6	계획·로동·재산관리	0	8	8	55 (26.7)	116 (56.3)
		7	에네르기·금속·화학·기계·지하자원	4	6	10		
		8	교통운수	3	10	13		
		9	농업·임업·수산	3	13	16		
		10	계량·규격·품질감독	2	6	8		
	산업2	11	인민봉사·건설·도시경영	3	13	16	61 (29.6)	
		12	국토·환경보호	4	19	23		
		13	재정·금융·보험	2	8	10		
		14	과학기술·지적소유권·체신	3	9	12		
인민복지확립	교육복지	15	교육·문화·체육	5	8	13	27 (13.1)	27 (13.1)
		16	보건	0	9	9		
		17	사회복리	0	5	5		
국제화	대외관계	18	북남경제협력	0	0	0	18 (8.7)	18 (8.7)
		19	외교·대외경제	3	15	18		
합 계				35	171	206	206 (100.0)	206 (100.0)

* 출처: 본 연구자가 작성함.

둘째, 법제도 2단계인 '김정은식 사회주의법치국가건설론 발전단계'는 법정책적으로 2017년 10월 25일 개최된 제6차 '전국법무일군대회'에서 "법이 인민을 지키고 인민이 법을 지키는 진정한 인민의 나라"[70]를 만들자는 명제가 나와 김정은식 사회주의법치국가론이 구체화되어 한 단계 발전하였지만, 법제정 측면에서는 정체기에 해당한다. 즉, 1단계 토대구축

---

[70] 박서화, 앞의 책, p. 95.

단계에 35건(연평균 7.0건)을 제정하였던데 반해 이 단계에서는 6건(연평균 3.0 건)으로 연평균으로 비교해 봐도 절반 수준에도 못 미친다. 이 단계의 부분별 비중을 보면 제·개정법 34건 중 인민생활향상부분이 15건(44.1%)으로 가장 높은 비중을 차지하고, 다음으로 체제·사법정비부분 9건(26.5%), 인민복지확대부분과 국제화부분이 각각 5건(14.7%)으로 나타난다. 체제·사법정비부분과 인민복지확대부분 및 국제화부분이 전시기와 비교하여 상대적으로 높은 비중을 보인다. 인민생활향상부분이 15건(44.1%)으로 비중이 가장 높긴 하여도, 이 부분에 포함된 9개 부문의 평균치(9/19, 47.3%)에는 못 미친다. 다만 인민생활향상부분 중 7.에네르기·금속·화학·기계·지하자원부문에서 법률 개정이 5건에 달한다.

제정법 6건의 부분별 비중을 보면, 인민생활향상, 체제·사법정비, 인민복지확대 각각 2건(33.3%)을 차지한다. 인민생활향상부분의 제정법 비중(15건, 44.1%)은 앞의 1단계 68.6%에 비해 24.5% 감소하였다. 반면에 체제·사법정비부분(국가장의법, 정보보안법), 인민복지확대부분(직업기술교육법, 샘물관리법)에서 각각 2건씩 제정되었다는 것은 의미가 크다. 이는 주요 국제대화를 앞두고 대내적으로는 정보보안에 신경을 쓰면서 기술교육(직업기술교육법)이나 보건(샘물관리법)과 같은 인민복지분야 입법에 관심을 기울인 것으로 해석된다.

특히, 남북정상회담과 북미정상회담을 준비하고 개최하는 과정에서 외교·대외경제 단일부문에서 제정법은 없지만, 개정법이 5건으로 이 단계 전체 개정법 28건의 17.9%를 차지한다. 개정법은 「경제개발구법」, 「세관법」 2회, 「외국투자은행법」, 「무역법」 등이다. 이러한 개정법들은 북한이 국제적 대화를 통해 경제개발구에 외국투자를 유치하고 무역을 활성화하며, 그 과정에 필요한 세관제도를 보완하는 등의 노력을 기울였음을 보여준다. 이상의 내용을 정리하면 다음 〈표 Ⅳ-21〉과 같다.

〈표 Ⅳ-21〉 김정은식 사회주의법치국가건설론 발전단계 부문법 비중   (단위: 건, %)

구분	분야	번호	부문법	발전단계 (2017~2018)				
				제정	개정	총계	분야	구분
체제·사법정비	주권·행정	1	헌법	0	0	0	4 (11.8)	9 (26.5)
		2	주권	0	1	1		
		3	행정	1	2	3		
	사법	4	형·민사	0	2	2	5 (14.7)	
		5	재판·인민보안	1	2	3		
인민생활향상	산업1	6	계획·로동·재산관리	0	0	0	9 (26.5)	15 (44.1)
		7	에네르기·금속·화학·기계·지하자원	0	5	5		
		8	교통운수	0	1	1		
		9	농업·임업·수산	1	2	3		
		10	계량·규격·품질감독	0	0	0		
	산업2	11	인민봉사·건설·도시경영	0	3	3	6 (17.6)	
		12	국토·환경보호	0	1	1		
		13	재정·금융·보험	0	0	0		
		14	과학기술·지적소유권·체신	1	1	2		
인민복지확대	교육복지	15	교육·문화·체육	1	2	3	5 (14.7)	5 (14.7)
		16	보건	1	1	2		
		17	사회복리	0	0	0		
국제화	대외관계	18	북남경제협력	0	0	0	5 (14.7)	5 (14.7)
		19	외교·대외경제	0	5	5		
합 계				6	28	34	34 (100.0)	34 (100.0)

* 출처: 본 연구자가 작성함.

셋째, 법제도 3단계인 '인민대중제일주의법건설사상 확립단계'는 법정책적으로 2022년 9월 14~15일에 개최된 제7차 전국법무일군대회에서 '인민대중제일주의법건설사상'이 명명됨으로써 인민대중제일주의와 법제도의 관계가 명확해졌으며, 법제 측면에서는 이보다 앞선 2019년 4월 28일 최초의 비사·반사 투쟁법으로「군중신고법」이 제정된 이후 2020년「세외부담방지법」,「반동사상문화배격법」,「이동통신법」, 2021년「단위특수화, 본위주의반대법」, 「마약범죄방지법」, 「구타행위방지법」, 「청년교양보장법」, 2022년 「허풍방지법」, 2023년 「평양문화어보호법」, 「국가비밀보호법」, 「적지물처리법」, 「인민반조직운영법」이 제정되어, 비사·반사 현상과의 강력한 법적투쟁을 전개한다. 이 단계는 비사·반사적 법 제정 외에, 제·개정 건수가 354건에 달할 정도로 입법이 대폭 증가한다. 전단계(2년간 34건, 연 17.0건)에 비해 입법양(6년간 354건, 연 59.0건)으로는 10.4배, 연평균으로는 3.5배나 증가한다. 이 단계의 부분별 비중을 보면 제·개정 354건 중 인민생활향상부분이 205건(57.9%)으로 가장 높은 비중을 차지하고, 다음으로 체제·사법정비부분 74건(20.9%), 인민복지확대부분 53건(15.0%), 국제화부분 22건(6.2%)의 순으로 나타난다.

두드러진 경향은 인민생활향상부분(57.9%)이 앞의 2단계(44.1%)에 비해 대폭 증가(13.8%)하는 동시에, 국제화는 감소(8.5%)했다는 점이다. 참고로 전 단계와 퍼센트로 비교하는 것이 가능한 이유는 각 단계별로 4개 구분(부분), 6개 분야가 차지하는 비중을 단계 내에서 퍼센트로 계산함으로써 단계별로 포함 연도가 다르다는 조건이 통제(control)되어 영향을 주지 않기 때문이다. 인민생활향상의 전 부문(6~14부문)에서 46건의 법률이 제정된다. 특히 9.농업·임업·수산부문 8건, 11.인민봉사·건설·도시경영부문 7건, 12.국토·환경보호부문 7건, 13.재정·금융·보험부문 7건, 6.계획로동재산관리부문 5건, 14.과학기술·지적소유권·체신부문 5건으로 비중이 높다. 내부동력에 집중하는 정면돌파전 상황에서 북한이 경제활성화에 총력을 기울이고 있음을 법률을 통해 확인할 수 있다. 북한은 모든 제도와 정책이 인민생활향상을 목적으로 한다고 강조하며, 더욱이 최근으로 올수록 인민의 '물질'생활향상을 주창하고 있음을 감안할 때 이 시기에 인민생활향상을 위한 경제관련 법제에 주력하는 이유를 이해할 수 있다.

제정법 90건의 부분별 상황을 보면 인민생활향상부분이 46건(51.1%)으로 가장 높은 비중을 보이고 다음으로 인민복지확대부분 20건(22.2%), 체제·사법정비부분 18건(20.0%), 국제화부분 6건(6.7%) 순으로 나타난다. 이 단계에는 인민생활향상 외에도 인민복지확대와 체제·사법정비를 위한 법제도에도 집중하고 있다.

한 가지 간과하지 말아야 할 점은 이 단계에 국제화부분 비중이 감소하는 것은 하노이 노딜과 내부동원령에 따른 당연한 결과라 할 수 있지만, 이 시기에도 외교·대외경제부문 법 제정과 개정이 지속된다는 사실이다. 비중의 감소보다 더 중요한 의미는 국제화 관련 법제를 계속 정비함으로써 대외관계 개선, 대외무역에 대비하고 있다는 메시지를 외부에 보내는 것이라고 해석된다. 특히, 제정법에는 2019년 「대응조치법」, 2020년 「대외결제법」, 「경제수역에서의 외국인 경제활동법」, 2021년 「국제상품전람회법」, 2023년 「관광법」, 2024년 「대외경제법」이 있다. 2단계 발전단계에서는 국제화 관련 법제정이 없었으나, 3단계 확립단계에는 6개의 법률을 제정한 것 자체가 대외관계 개선 의지를 입법으로 표명한 것이라고 본다. 이상의 내용을 정리하면 다음 〈표 Ⅳ-22〉와 같다.

〈표 Ⅳ-22〉 인민대중제일주의법건설사상 확립단계 부문법 비중 (단위: 건, %)

구분	분야	번호	부문법	확립단계 (2019~2024)			분야	구분
				제정	개정	총계		
체제·사법정비	주권·행정	1	헌법	0	4	4	30 (8.5)	74 (20.9)
		2	주권	4	7	11		
		3	행정	6	9	15		
	사법	4	형·민사	4	17	21	44 (12.4)	
		5	재판·인민보안	4	19	23		

구분	분야	번호	부문법	확립단계 (2019~2024)				
				제정	개정	총계	분야	구분
인민생활향상	산업1	6	계획·로동·재산관리	5	14	19	102 (28.8)	205 (57.9)
		7	에네르기·금속·화학·기계·지하자원	4	13	17		
		8	교통운수	2	14	16		
		9	농업·임업·수산	8	18	26		
		10	계량·규격·품질감독	1	23	24		
	산업2	11	인민봉사·건설·도시경영	7	25	32	103 (29.1)	
		12	국토·환경보호	7	26	33		
		13	재정·금융·보험	7	7	14		
		14	과학기술·지적소유권·체신	5	19	24		
인민복지확대	교육복지	15	교육·문화·체육	8	14	22	53 (15.0)	53 (15.0)
		16	보건	5	16	21		
		17	사회복리	7	3	10		
국제화	대외관계	18	북남경제협력	0	0	0	22 (6.2)	22 (6.2)
		19	외교·대외경제	6	16	22		
합 계				90	264	354	354 (100.0)	354 (100.0)

* 출처: 본 연구자가 작성함.

2) 단계별 부문법 비중 비교

앞의 '1) 단계별 부문법 비중' 내용을 토대로 단계별 부문법의 비중을 비교하면 일곱 가지의 비교분석결과가 도출된다. 첫째, 13년간의 제·개정 법률 594건에 대한 절대적 양을 비교하면 3단계가 6년간 354건(59.6%)으로 가장 높은 비중을 차지하고, 다음으로 1단계 5년간 206건(34.7%), 2단계 34건(5.7%) 순이다. 비교를 위해 제·개정 연 평균값으로 계산해도 1년에 확립단계는 59.0건을 제·개정한 셈이고, 토대구축단계는 41.2건, 발전단계는 17.0건으로 위 순서와 동일하다. 확립단계에 제·개정법이 많다는 것은 전단계 법제정 정체기가 있었음에도 불구하고, 국가 전반의 법제화에 대한 관심과 노력이 시간이 흐를수록 증대하고 있음을 보여주는 것이다.

둘째, 토대구축단계, 발전단계, 확립단계 모두 인민생활향상부분이 가장 높은 비중을 보이고, 다음으로 체제·사법정비부분이 차지한다.

셋째, 1단계 토대구축단계와 3단계 확립단계의 부분별 비중 순위가 동일하다. 두 단계 모두 제·개정법의 비중이 인민생활향상부분 〉 체제·사법정비부분 〉 인민복지확대부분 〉 국제화부분 순으로 나타난다. 두 단계는 제·개정법의 절대적 양의 차이(토대구축단계 206건, 확립단계 354건)만 있을 뿐, 비중 순위는 같은 것이다. 그런데 비중 순위는 동일하더라도 두 단계의 부문별 비중에서는 약간의 차이를 보인다. 토대구축단계는 인민생활향상이 116건 56.3%, 체제·사법정비 45건 21.8%를 차지하는데 반해, 확립단계는 인민생활향상이 205건 57.9%, 체제·사법정비 74건 20.9%를 보인다. 1단계 토대구축단계에 비해 3단계 확립단계에 인민생활향상부분이 조금(1.6%) 증가하고, 체제·사법정비부분은 소폭(2.4%) 감소한다.

넷째, 2단계 발전단계는 법정책 면에서 김정은식 사회주의법치국가건설론 발전단계에 속하지만, 법제정 면에서는 1단계와 3단계에 비해 정체기에 해당한다. 1단계와 3단계에 비해 인민생활향상부분이 확실히 적고, 국제화부분이 월등히 높다.

다섯째, 김정은 정권의 정책 방향과 관심도를 잴 수 있는 제정법을 비교하면, 절대적 양이나 연평균 건수 면에서 3단계 확립단계 90건(연평균 15.0건) 〉 1단계 토대구축단계 35건(연평균 7.0건) 〉 2단계 발전단계 6건(연평균 3.0건) 순으로 나타난다. 단계별 제정법의 부문법 비중을 보면 먼저, 1단계 제정법 35건의 비중은 인민생활향상 24건(68.6%) 〉 인민복지확대 5건(14.3%) 〉 체제·사법정비 3건(8.6%), 국제화 3건(8.6%) 순이다. 다음으로, 2단계 제정법 6건의 비중을 보면 인민생활향상 2건(33.3%), 체제·사법정비 2건(33.3%),

인민복지확대 2건(33.3%)으로 동일한 비중을 차지한다. 끝으로, 3단계는 인민생활향상 46건(51.1%) 〉 인민복지확대 20건(22.2%)〉 체제·사법정비 18건 (20.0%) 〉 국제화 6건(6.7%) 순으로 차지한다. 이를 표로 정리하면 다음 〈표 Ⅳ-23〉과 같다.

〈표 Ⅳ-23〉 김정은시대 단계별 제정법 부분 순위 비교   (단위: 건, %)

제정법 순위	1순위	2순위	3순위	4순위	비고
토대구축단계 35건	인민생활향상 24(68.6)	인민복지확대 5(14.3)	체제·사법정비 3(8.6)	국제화 3(8.6)	체제·사법정비 와 국제화 동일
발전단계 6건	인민생활향상 2(33.3)	체제·사법정비 2(33.3)	인민복지확대 2(33.3)	-	3부분 비중 동일
확립단계 90건	인민생활향상 46(51.1)	인민복지확대 20(22.2)	체제·사법정비 18(20.0)	국제화 6(6.7)	-

* 출처: 본 연구자가 작성함.

　법제정 면에서 토대구축단계는 인민생활향상부분의 법제정 비중이 다른 단계보다 상대적으로 많고, 발전단계는 체제·사법정비부분과 인민복지확대부분의 제정법이 상대적으로 많다. 확립단계에서 국제화부분의 비중은 순위에서는 4번째이나 대북제재 국면에서의 국제화 관련 법률이라는 점에서 그 가치가 크다.

　여섯째, 사회주의헌법 개정은 1단계 토대구축단계 3회, 3단계 확립단계 4회에 걸쳐 단행되었지만, 2단계 발전단계에서 헌법 개정은 없었다. 이는 발전단계가 법제정 면에서 정체기였다는 점 외에 중요 정상회담을 앞두고 헌법 개정이라는 국가틀을 변경하는 부담을 줄였기 때문이기도 하다. 반면에 토대구축단계와 확립단계는 주요 전략적 노선을 변경할 만큼 정책적인 변화를 꾀하였기에 헌법 개정을 실시한 것이라고 분석된다.

　일곱째, 제정법과 개정법을 종합적으로 볼 때, 세 단계 모두 인민생활향상부분이 가장 높은 비중을 차지하여 김정은 정권의 정책방향을 잘 보여주고 있다. 이러한 공통점 속에서도 1단계 토대구축단계는 인민생활향상과 법제정법을 비롯한 체제·사법정비부분에, 2단계 발전단계는 국제화부분에, 3단계 확립단계는 인민생활향상과 국제화부분에 의미 있는 변화를 보여주고 있다. 동시에 3단계는 비사·반사 투쟁법을 제정한 면에서 차이점을 나타내고 있다. 이상의 내용을 정리하면 다음 〈표 Ⅳ-24〉, 〈그림 Ⅳ-11〉, 〈그림 Ⅳ-12〉와 같다.

〈표 Ⅳ-24〉 김정은시대 단계별 부문법 비중 비교 (단위: 건, %)

구분	분야	번호	부문	토대구축단계 ('12~'16)					발전단계 ('17~'18)					확립단계 ('19~'24)				
				제정	개정	총계	분야	구분	제정	개정	총계	분야	구분	제정	개정	총계	분야	구분
체제·사법정비	주권·행정	1	헌법	0	3	3	13 (6.3)	45 (21.8)	0	0	0	4 (11.8)	9 (26.5)	0	4	4	30 (8.5)	74 (20.9)
		2	주권	0	5	5			0	1	1			4	7	11		
		3	행정	2	3	5			1	2	3			6	9	15		
	사법	4	형·민	0	17	17	32 (15.5)		0	2	2	5 (14.7)		4	17	21	44 (12.4)	
		5	재판	1	14	15			1	2	3			4	19	23		
인민생활향상	산업1	6	계획	0	8	8	55 (26.7)	116 (56.3)	0	0	0	9 (26.5)	15 (44.1)	5	14	19	102 (28.8)	205 (57.9)
		7	에네	4	6	10			0	5	5			4	13	17		
		8	교통	3	10	13			0	1	1			2	14	16		
		9	농업	3	13	16			1	2	3			8	18	26		
		10	계량	2	6	8			0	0	0			1	23	24		
	산업2	11	인민	3	13	16	61 (29.6)		0	3	3	6 (17.6)		7	25	32	103 (29.1)	
		12	국토	4	19	23			0	1	1			7	26	33		
		13	재정	2	8	10			0	0	0			7	7	14		
		14	과학	3	9	12			1	1	2			5	19	24		
인민복지확대	교육복지	15	교육	5	8	13	27 (13.1)	27 (13.1)	1	2	3	5 (14.7)	5 (14.7)	8	14	22	53 (15.0)	53 (15.0)
		16	보건	0	9	9			1	1	2			5	16	21		
		17	사회	0	5	5			0	0	0			7	3	10		
국제화	대외관계	18	북남	0	0	0	18 (8.7)	18 (8.7)	0	0	0	5 (14.7)	5 (14.7)	0	0	0	22 (6.2)	22 (6.2)
		19	외교	3	15	18			0	5	5			6	16	22		
합계				35	171	206	206 (100.0)	206 (100.0)	6	28	34	34 (100.0)	34 (100.0)	90	264	354	354 (100.0)	354 (100.0)

* 출처: 본 연구자가 작성함. 19개 부문 분류명은 앞의 두 글자만 적시하였음.

<그림 Ⅳ-11> 김정은시대 단계별 19개 부문법 비중 비교1 　　　　(단위: 건)

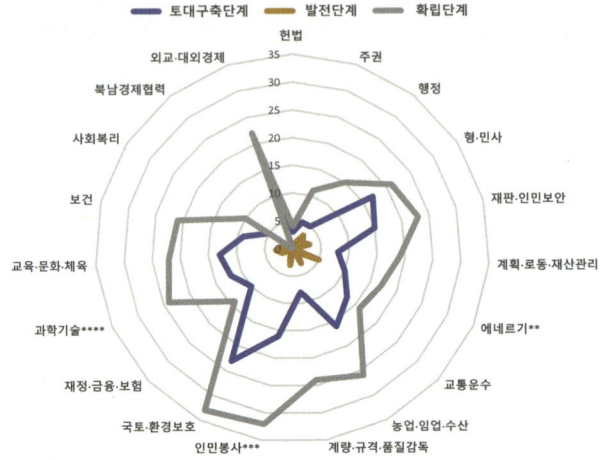

* 출처: 본 연구자가 작성함.

<그림 Ⅳ-12> 김정은시대 단계별 19개 부문법 비중 비교2 　　　　(단위: 건)

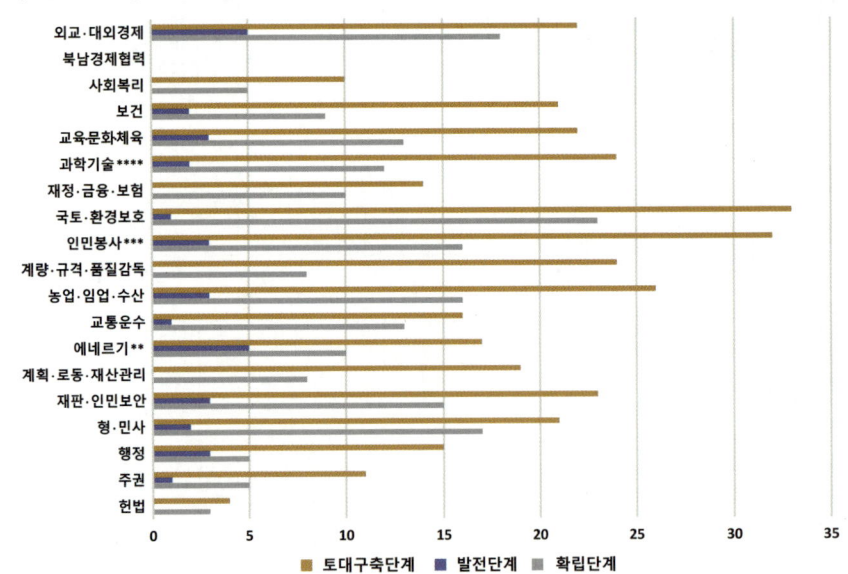

* 출처: 본 연구자가 작성함.
** 에네르기 · 금속 · 화학 · 기계 · 지하자원, ***인민봉사 · 건설 · 도시경영, ****과학기술 · 지적소유권 · 체신.

제Ⅴ장

인민대중제일주의 법제도 평가

1

법제도 친인민방향성과 처벌수위 척도분석

1) 척도분석

김정은시대 법제도의 성격 규명을 위해 131건의 제정법을 대상으로 '통합·친인민성/통제·비사반사성 방향성'과 '처벌수위' 두 축으로 척도분석 방법을 적용하였다. 구체적으로 앞의 'Ⅱ장. 이론적 논의 및 연구방법'에서 제시한 '〈표 Ⅱ-12〉 인민대중제일주의 법제도의 방향성과 처벌수위 척도 분석틀'에 맞춰 제정법 131건을 점수화하였다.

본 연구에서는 2012~2024년까지의 제정법 131건 모두를 대상으로 척도분석을 실시했지만, 예시로는 1~3단계 각각의 시작 연도 척도분석만을 기술하였다. 2012년 9건(1~9번), 2017년 2건(36~37번), 2019년 4건(42~45번)을 대상으로 한 척도분석 내용을 제시하면 다음 〈표 Ⅴ-1〉, 〈표 Ⅴ-2〉, 〈표 Ⅴ-3〉과 같다. 표에서 제정법 한 건당 척도점수가 두 개가 제시되는데 위의 것은 방향성 점수이고, 아래 것은 처벌수위 점수이다.

〈표 Ⅴ-1〉 인민대중제일주의 법제도 방향성 및 처벌수위 척도: 2012년

번호	제정일	법명	척도 점수	평가내용	비고
1	2012. 7.11	대기 오염 방지법	방향성 +1	- 제1조(대기오염방지법의 사명) 조선민주주의인민공화국 대기오염방지법은 대기오염의 감시, 대기오염물질의 배출 및 정화, 대기환경의 보호에서 제도와 질서를 엄격히 세워 인민들의 생명과 건강을 보호하고 생태환경을 개선하는데 이바지 - 제10조(법의 적용대상) 이 법은 기관, 기업소, 단체와 공민에게 적용. 우리 나라에 주재하는 다른 나라 또는 국제기구의 상주대표기관, 외국투자기업과 외국인에게도 이 법을 적용	
			처벌수위 +2	- 법 위반시 책임 ① 민사상 책임(제44조)손해보상: 대기오염 일으켜 인명 및 재산상 피해를 주거나 생태환경 파괴시 ② 행정적 책임(제45조): 기관, 기업소, 단체의 책임 일군, 공민이 제45조에 정한 8가지 사유에 해당하는 대기오염방지질서 위반행위를 한 경우 ③ 형사적 책임(제46조): 제45조의 위반행위가 범죄에 이를 경우 위반한 기관, 기업소, 단체의 책임 일군, 공민에게 형법 해당 조문에 따라 형사적책임 부과	
2	7.11	무역 화물 검수법	+1	- 제1조(무역화물검수법의사명) 무역화물검수법은 무역화물에 대한 검수제도와 질서를 엄격히 세워 대외무역에서 신용제일주의원칙을 지키며 나라의 대외적권위를 보장하는데 이바지 - 제3조(적용대상) 기관, 기업소, 단체와 외국투자기업, 다른 나라 수송기관	
			+2	- 제26조(행정적 및 형사적책임) 법 어겨 무역화물검수사업에 엄중 결과 일으킨 경우 책임자에게 정상에 따라 행정,형사적 책임 부과	
3	8.7	문화 유산 보호법	+1	- 제1조(문화유산보호법의 사명) 문화유산보호법은 문화유산보호관리에서 제도와 질서를 엄격히 세워 문화유산을 원상대로 보존하고 옳게 계승발전시키며 인민들의 민족적긍지와 자부심을 높여주는데 이바지 - 제2조(문화유산의 정의) 문화유산은 우리 인민의 유구한 력사와 찬란한 문화전통이 깃들어있는 나라의 귀중한 재부로서 물질문화유산과 비물질문화유산으로 나눔 - 제7조(문화유산의 이용원칙) 인민들속에서 애국주의교양을 강화하는데 널리 리용	
			+1	- 법 위반 시 책임 ① 원상복구, 손해보상(제56조): 문화유산과 보호시설 파손이나 분실 시 ② 행정적·형사적 책임(제57조): 기관, 기업소, 단체의 책임 일군, 공민이 제57조에 정한 7가지 사유에 해당되는 위반행위를 한 경우 정상에 따라 행정적 책임 지우고, 그 행위가 범죄에 이를 경우 형법 해당 조문에 따라 형사책임 부과	
4	12.19	법제정법	0	- 제1조(법제정법의 사명) 헌법과 부문법, 규정, 세칙제정사업에서 제도와 질서를 엄격히 세워 사회주의법체계를 완비하는데 이바지 - 기본원칙: 당의 로선과 정책을 구현할데 대한 원칙(제3조) 인민의 의사를 반영할데 대한 원칙(제4조), 광법한 군중을 법제정사업에 적극 참여시키며 법에 인민의 의사를 정확히 반영), 현실성, 과학성 보장원칙(제5조), 준법성 보장원칙(제6조: 국가는 정해진 권한과 절차에 따라 사회주의헌법의 요구에 맞게 법제정사업을 진행하며 법체계의 통일을 보장) - 제71조(법문건초안에 대한 의견청취) 초안작성단계에서 관계기관, 기업소, 단체와 공민들의 의견을 충분히 받아들여야 함	

번호	제정일	법명	척도점수	평가내용	비고
4	12.19	법제정법	-1	- 제75조(행정적책임) 이 법을 어겨 법제정사업에 엄중한 결과를 일으킨 책임있는 일군에게는 경고, 엄중경고처벌 또는 3개월이하의 무보수로동처벌, 정상이 무거운 경우 3개월이상의 무보수로동처벌 또는 강직, 해임, 철직처벌	
5	12.19	도시미화법	+2	- 제1조(도시미화법의 사명) 도시의 구획정리, 건물과 시설물의 미화도시청소사업에서 제도와 질서를 엄격히 세워 인민들에게 문화위생적인 생활환경을 마련하여주는데 이바지 - 제2조(정의) 도시미화사업은 거리와 마을, 살림집과 일터를 알뜰히 꾸려 도시와 농촌을 사회주의선경으로 꾸리기 위한 숭고한 애국사업/ 도시미화사업에는 구획정리, 건물과 시설물의 미화, 도시청소 등이 포함	
			+2	- 법 위반시 책임 ① 행정적책임(제40조): 제1호부터 제8호(제39조)를 위반한 경우에 해당하는 경우 기관, 기업소, 단체, 개별공민에게 정상에 따라 행정처벌 ② 형사적책임(제42조): 제41조의 행위가 범죄에 이를 경우 형법 해당 조문에 따라 형사처벌	
6	12.19	방송시설법	+1	- 제1조(방송시설법의 사명) 방송시설의 건설 및 보호, 관리운영에서 제도와 질서를 엄격히 세워 방송을 원만히 보장하는데 이바지 - 제3조(방송시설의 건설 및 보호원칙) 국가는 방송시설건설을 계획적으로 하여 방송망을 합리적으로 구성하며 기관, 기업소, 단체와 공민이 방송시설보호사업에 주인답게 참가하게 함 - 제8조(방송시설건설계획의 작성) 국가계획기관은 방송에 대한 인민들의 수요를 원만히 보장할 수 있도록 방송시설계획을 수립	
			+1	- 법 위반시 책임 ① 원상복구, 손해보상(제37조): 방송시설 파손시켰을 경우 ② 행정적책임(제38조): 제1호부터 제8호에 해당하는 경우 기관, 기업소, 단체의 책임 일군, 개별적공민에 대해 정상에 따라 행정처벌 ③ 형사적책임: 제38조의 행위가 범죄에 이를 경우 기관, 기업소, 단체의 책임 일군, 개별적공민이 형법 해당 조문에 따라 처벌	
7	12.19	지방예산법	+1	- 제1조(지방예산법 사명) 지방예산의 편성과 집행에서 제도와 질서를 엄격히 세워 지방살림살이에 필요한 화폐자금을 계획적으로 조성하고 리용하도록 하는데 이바지 - 제24조(지방예산수입과 지출보장의 기본요구) 지방의 물질기술적토대 강화, 인민생활향상 - 제34조(인민적시책과 사회문화사업에 대한 자금보장) 사회문화사업비보다 인민적 시책비를 우선적으로 보장 - 제35조(부족되는 자금의 보장) 인민적시책비를 지방예산자금으로 충당하지 못할 경우 중앙과 도예산에 자금계획을 맞물려 필요한 자금을 보장받을 수 있음	
			+1	- 법 위반시 책임 ① 연체료 부과(제44조): 국가예산납부금과 지방예산 납부금을 제때 납부하지 않은 경우 부과 ② 행정적책임(제45조): 제1호 내지 제6호에 해당하는 경우 기관, 기업소, 단체의 책임있는 일군과 개별적공민에게 정상에 따라 처벌 ③ 형사적책임(제46조): 제45조의 행위가 범죄에 이를 경우 형법 해당 조문에 따라 형사적책임	

번호	제정일	법명	척도 점수	평가내용	비고
8	12.19	내화물 관리법	+1	- 제1조(법의 사명) 내화물원료의 탐사와 개발, 내화물의 생산과 공급, 리용에서 제도와 질서를 세워 인민경제 여러 부문에서 필요한 내화물을 원만히 보장하는데 이바지 - 제2조(내화물 정의) 여러 가지 기계적 및 물리화학적작용에 오래동안 견디어 낼수 있는 비금속재료로 내화벽돌, 내화콘크리트를 비롯한 내화다짐재료, 내화복합재료 등	
			+2	- 법 위반시 책임 ① 행정적책임(제51조): 기관, 기업소의 책임있는 일군, 개별적공민이 내화물관리법 상의 기본질서에 위반하는 행위(제51조 제1호 내지 제10호에 해당하는 행위)를 한 경우 정상에 따라 행정처벌 ② 형사적책임(제52조): 제51조의 행위가 범죄에 이를 경우 형법의 해당 조문에 따라 기관, 기업소의 책임일군, 개별적공민에게 형사처벌	
9	12.19	광천법	+1	- 제1조(법의 사명) 광천의 탐사와 개발, 리용, 보호에서 제도와 질서를 엄격히 세워 인민들의 건강을 적극 보호증진시키는데 이바지 - 제2조(광천의 정의) 물리화학적 및 생물학적특성과 치료작용에서 보통물과는 다른 땅속의 물 - 제5조(광천의 리용원칙) 광천을 인민들의 병치료와 건강증진에 효과적으로 리용	
			+1	- 법 위반시 책임 ① 원상복구, 손해보상(제37조): 광천을 오염시키거나 광천시설 파손시 ② 행정적책임(제38조): 기관, 기업소, 단체의 책임있는 일군, 개별적공민이 광천법상의 기본질서에 위반하는 행위(제38조 제1호 내지 제5호에 해당하는 행위)를 한 경우 정상에 따라 행정처벌 ③ 형사적책임(제39조): 제38조의 행위가 범죄에 이를 경우 형법의 해당 조문에 따라 형사처벌	

* 출처: 본 연구자가 작성함.

〈표 V-2〉 인민대중제일주의 법제도 방향성 및 처벌수위 척도: 2017년

번호	제정일	법명	척도 점수	평가내용	비고
36	2017. 10.12	정보 보안법	방향성 0	- 제1조(법의 사명) 정보통신망과 정보체계, 정보의 보안, 정보보안제품의 개발, 리용에서 제도와 질서를 엄격히 세워 국가의 안전을 보장하며 나라의 정보화를 적극 추동하는데 이바지 - 기본원칙: 정보보안사업의 계획화원칙(제3조), 정보보안사업질서의 확립원칙(제4조), 정보보안부문의 과학연구, 교육사업강화원칙(제5조), 정보보안부문의 물질기술적토대강화원칙(제6조)	
			처벌수위 -1	- 법 위반시 책임 ① 몰수처벌(제39조): 불법적으로 얻은 돈과 물건, 해킹행위나 악성프로그램의 제작을 비롯한 위법행위에 이용된 설비와 소프트웨어 ② 중지처벌, 차단, 가입취소(제40조): 정보통신망 또는 정보체계의 운영 및 이용과 관련 질서를 어긴 경우 중지처벌 혹은 망가입 차단, 정상이 무거우면 폐업 혹은 망가입 취소 ③ 벌금처벌(제41조): 제1호 내지 제12호의 경우 기관, 기업소, 단체와 공민 벌금처벌	

번호	제정일	법명	척도점수	평가내용	비고
36	2017.10.12	정보보안법	처벌수위 -1	④ 경고, 엄중경고, 무보수로동, 로동교양, 강직, 해임, 철직처벌(제42조): 제1호 내지 제13호(이 법 제22조의 금지행위를 한 경우)에 해당하는 경우 책임있는 자에게 경고, 엄중경고처벌 또는 3개월이하의 무보수로동, 로동교양처벌/ 1~13호의 행위가 정상이 무거운 경우 3개월 이상 무보수로동, 로동교양처벌 또는 강직, 해임, 철직처벌 ⑤ 형사적책임(제43조): 이 법 위반행위가 범죄에 해당하는 경우 형법 해당 조항에 따라 형사처벌	
37	10.12	샘물관리법	+1	- (전문미상) 샘물 생산과 공급에서 위생 안전성을 보장하는 것은 인민들의 생명과 건강 보호를 위한 중요한 사업'. 국가는 샘물 생산과 공급에서 위생 안전기준을 과학적으로 만들고 엄격히 준수	전문無
			+2	-	

* 출처: 본 연구자가 작성함.

위 37번「샘물관리법」은 전문이 입수되지 않아 확인이 어렵지만, 노동신문[1] 등의 보도 내용을 기반으로 방향성 내용을 척도화할 수 있었다. 반면, 처벌수위에 대해서는 정확한 정보가 없지만, 유사한 법률의 경우를 감안하여 점수화하였다.

〈표 Ⅴ-3〉 인민대중제일주의 법제도 방향성 및 처벌수위 척도: 2019년

번호	제정일	법명	척도점수	평가내용	비고
42	2019.4.28	군중신고법	방향성 -3	- 제1조(법의 사명) 범죄 및 위법행위에 대한 군중신고제도와 질서를 엄격히 세워 국가주권과 사회주의제도를 보위하고 인민의 생명안전과 재산을 보호하는데 이바지 - 기본원칙: 군중신고체계의 확립 원칙(제3조: 반사회주의적 현상과의 투쟁을 전인민적으로 벌려 나가기 위한 근본담보/ 전인민적인 군중신고체계를 정연하게 세워 온갖 범죄 및 위법행위를 미연에 방지, 적발), 신고의무(제4조: 기관, 기업소, 단체와 공민의 신성한 법적의무/ 국가는 인민들속에 우리 국가제일주의교양을 강화하여 높은 공민적 자각을 가지고 군중신고사업에 적극 참가하도록 함), 신고접수 및 조사처리원칙(제5조: 신고접수처리 사회안전, 검찰, 보위기관의 중요임무/ 신속정확히 조사처리), 신고접수 및 조사처리 원칙(제6조: 신고에 따르는 정치적 및 물질적 평가는 광범한 대중의 신고열의 제고 위한 중요 방안- 신고를 잘하여 공로를 세운 사람들 정확히 평가)	비사반사

[1]「법전을 통해 보는 조선로동당의 인민대중제일주의정치」,「로동신문」, 2022년 7월 18일.

번호	제정일	법명	척도점수	평가내용	비고
42	2019. 4.28	군중신고법	처벌수위 +2	- 법 위반시 책임 ① 행정적책임(제34조): 제1호 내지 제6호의 경우 책임있는 자에게 정상에 따라 상응하는 행정적책임 부과 ② 형사적책임(제35조): 제34조의 행위가 범죄에 해당하는 경우 책임있는 자에게 정상에 따라 형사적책임 부과	
43	11.20	해상탐색 및 구조법	0	- 제1조(법의 사명) 해상탐색 및 구조사업에서 제도와 질서를 엄격히 세워 사람의 생명안전과 재산을 보호하는데 이바지 - 기본원칙: 해상탐색 및 구조의 기본원칙(제3조: 체계 세우고 지속적으로 완비), 해상탐색구조조종기관의 설치원칙(제4조: 사업의 특성에 맞게 필요한 지역에 설치), 해상탐색 및 구조를 위한 통신유지원칙(제5조: 해상탐색 및 구조통신체계를 세우고 정상유지), 구조조종 및 구조원칙(제6조: 비상대응계획을 현실성 있게 수립 신속히 진행), 해상탐색 및 구조부문의 물질기술적보장원칙(제7조)	
			+1	- 법 위반시 책임 ① 제53조(구조된 재산의 보상): 구조된 배의 기관, 기업소, 단체는 구조에 동원된 기관, 기업소, 단체에 구조비용 지불 ② 행정적책임(제5장 제58조): 제1호 내지 제10호의 경우 기관, 기업소, 단체의 책임있는 일군과 개별적공민 정상에 따라 행정처벌 ③ 형사적책임(제59조): 제58조의 행위가 범죄에 해당할 경우 기관, 기업소, 단체의 책임있는 일군과 개별적공민 형법에 따라 처벌	
44	11.20	체육시설법	+2	- 제1조(법의 사명) 체육시설의 건설과 관리운영, 리용에서 제도와 질서를 엄격히 세워 인민들의 체력을 증진시키고 나라의 체육기술을 발전시켜 체육강국을 건설하는데 이바지 - 기본원칙: 체육시설의 건설원칙(제3조: 체육시설 건설은 날로 높아가는 인민들의 체육문화적 수요 충족의 선결요건/ 현대적 체육시설과 체육공원 건설로 온 나라가 체육시설망으로 뒤덮이게), 체육시설의 관리운영원칙(제4조: 체계 정립, 운영 정상화, 인민들이 누구나 체육활동 참가하게 함), 체육시설 리용질서준수원칙(제5조: 인민이 주인답게 관리, 이용질서 자각적으로 준수하게 함), 투자확대원칙(제6조: 세계적 발전추세에 맞게 건설하고 현대적으로 개건하도록 체계적 투자 확대)	
			+1	- 법 위반시 책임 ① 원상복구, 손해보상(제37조): 시설, 기자재 파손, 분실시 ② 행정적책임(제38조): 제1호 내지 제11호의 경우 기관, 기업소, 단체의 책임있는 일군과 개별적공민에게 상응한 행정처벌 ③ 형사적책임(제39조): 제38조의 행위가 범죄에 해당할 경우 기관, 기업소, 단체의 책임있는 일군과 개별적공민에게 형법에 따라 처벌	
45	11.20	대응조치법	0	- 제1조(법의 사명) 공화국에 대한 다른 나라들의 비우호적인 행위로부터 국가의 자주권과 리익을 수호하고 평화와 안전을 보장하며 공민들의 권리와 리익을 보호하는데 이바지 - 제2조(대응조치의 적용원칙) 자주권을 침해하고 비우호적으로 대하는 행위에 대하여 상응한 대응조치 - 제5조(대응조치의 적용대상) 공화국의 자주권과 리익, 평화와 안전, 기관, 기업소, 단체, 공민의 합법적권리와 리익을 침해하는 행위를 한 다른 나라의 정부와 기관, 기업소, 단체, 개인에게 적용	
			+3	- 대응조치실시와 손해보상청구권행사와의 관계(제9조): 대응조치는 비우호적인 행위로 인한 인격적 및 재산상 손해보상청구권 행사와 별도로 실시	

* 출처: 본 연구자가 작성함.

이처럼 척도분석한 결과를 바탕으로 131건의 제정법에 대한 척도점수만 제시하면 다음 〈표 Ⅳ-4〉와 같다. 척도점수는 '통합·친인민성/통제·비사반사 방향성' 점수와 '처벌수위' 점수로 나눠 제시된다.[2]

〈표 Ⅴ-4〉 인민대중제일주의 법제도 방향성 및 처벌수위 척도점수

단계	연도	번호	제정일	법명	척도점수	비고
1단계: 김정은식 사회주의법치국가건설론 토대구축단계	2012 :9건	1	7.11	대기오염방지법	+1	방향성점수
					+2	처벌수위점수
		2	7.11	무역화물검수법	+1	
					+2	
		3	8.7	문화유산보호법	+1	
					+1	
		4	12.19	법제정법	0	
					-1	
		5	12.19	도시미화법	+2	
					+2	
		6	12.19	방송시설법	+1	
					+1	
		7	12.19	지방예산법	+1	
					+1	
		8	12.19	내화물관리법	+1	
					+2	
		9	12.19	광천법	+1	
					+1	
	2013 :8건	10	4.1	금수산태양궁전법	-1	
					+3	
		11	4.1	우주개발법	+1	
					+3	

---

[2] 본 연구의 기초자료인 「김정은시대 법제 연구: 인민대중제일주의와의 관련성을 중심으로」(이하 '박사학위논문'이라 약칭)에서는 2024년 2월 말까지를 연구대상으로 삼아 118건의 제정법과 363건의 개정법 총 481건의 제·개정법을 분석했다. 118건의 제정법 중 전문 미상이 36건(9.9%)에 달했다. 반면 본 연구는 2024년 12월 말까지를 연구대상으로 삼아 131건의 제정법과 463건의 제정법 총 594건의 제·개정법을 연구했다. 594건 중 전문미상은 32건(5.4%)이다. 박사학위논문의 척도분석 결과(인민대중제일주의 법제도 방향성 및 처벌수위 척도점수)와 본 연구의 척도분석 결과가 달라지는데 구체적으로 그 내용을 보면 다음과 같다. 첫째, 박사학위논문에 비해 13건의 제정법이 추가되어 그 척도점수가 새로 반영된다. 추가된 법은 35번(해난사고처리법), 46번(무인기법), 55번(로동

단계	연도	번호	제정일	법명	척도점수	비고
1단계: 김정은식 사회주의법치국가건설론 토대구축단계	2013 :8건	12	5.29	공원, 유원지관리법	+2	
					+1	
		13	5.29	경제개발구법	+1	
					+3	
		14	5.29	재생에네르기법	+1	
					+1	
		15	10.9	작물유전자관리법	+1	
					0	
		16	10.9	잠업법	+1	
					−1	
		17	10.9.	항무감독법	0	
					+3	
	2014 :8건	18	6.27	국경통과지점관리법	0	
					+2	
		19	6.27	재해방지 및 구조, 복구법	0	
					+2	
		20	7.10	건설감독법	+1	
					+1	
		21	12.10	소금법	+2	
					−1	
		22	12.10	중소탄광법	+1	
					−1	
		23	12.10	무역짐배용선중개법	+1	
					+2	

보수법), 103번(적지물처리법), 123번(각급인민회의대의원법), 124번(사회주의물자교류법), 125번(공공건물관리법), 126번(경공업법), 127번(대외경제법), 128번(전자상업법), 129번(전자상업법), 130번(식별부호관리법), 131번(소음공해방지법)이다. 이 중 123번~131번의 9건은 2024년 제정법으로 모두 전문미상이다. 둘째, 박사학위논문에서 전문미상이었던 법률 중 전문이 입수되어 척도점수가 수정된 경우가 9건이다. 40번(국가장의법), 90번(원산지명및지리적표시법), 91번(의료감정법), 96번(원림록화법), 101번(사회급양법), 105번(수재교육법), 108번(국가비밀보호법), 119번(금융감독법), 122번(인민반조직운영법)이 해당된다. 셋째, 전문미상이지만 타 법률(새로 전문입수된 법률 포함)을 참조하여 수정된 경우가 4건이다. 92번(의약품법), 97번(위기대응법), 109번(장의법), 113번(검찰기관조직법)이 포함된다.

단계	연도	번호	제정일	법명	척도점수	비고
1단계: 김정은식 사회주의법치국가건설론 토대구축단계	2014 :8건	24	12.24	편의봉사법	+2	
					+1	
		25	12.24	종합무역장관리법	0	
					+1	
	2015 :6건	26	6.10	민족유산보호법	+1	
					+1	
		27	10.8	방송법	+1	
					+2	
		28	10.8	교원법	+2	
					+2	
		29	10.8	독성물질취급법	+1	
					0	
		30	10.8	외국투자기업회계검증법	+1	
					0	
		31	12.23	다른 나라 배대리업무법	+1	
					+2	
	2016 :4건	32	4.20	자금세척 및 테로자금지원반대법	0	
					+1	
		33	6.24	교육강령집행법	+1	
					+2	
		34	11.23	산업미술법	+1	
					−1	
		35	6.24	해난사고처리법	0	
					+2	
2단계: 김정은식 사회주의법치국가건설론 발전단계	2017 :2건	36	10.12	정보보안법	0	
					−1	
		37	10.12	샘물관리법	+1	전문미상
					+2	
	2018 :4건	38	7.12	기상수문법	0	
					+1	
		39	8.6 (불상)	직업기술교육법	+1	전문미상
					+2	
		40	10.29	국가장의법	−1	
					+3	
		41	11.19	인삼법	+1	
					−1	

단계	연도	번호	제정일	법명	척도점수	비고
3단계: 인민대중제일주의법건설사상 확립단계	2019 :4건	42	4.28	군중신고법	−3	①비사반사
					+2	
		43	11.20	해상탐색 및 구조법	0	
					+1	
		44	11.20	체육시설법	+2	
					+1	
		45	11.20	대응조치법	0	
					+3	
	2020 :16건	46	1.3	무인기법	0	
					−1	
		47	2.경 불상	집짐승생가죽수매법	+1	전문미상
					+2	
		48	4.12	재자원화법	+1	
					+2	
		49	4.12	원격교육법	+2	
					+2	
		50	4.12	제대군관생활조건보장법	+3	
					+2	
		51	4.23	대외결제법	+1	
					+2	
		52	7.4	세외부담방지법	−2	②비사반사
					−1	
		53	7.4	경제수역에서의 외국인경제활동법	+1	
					0	
		54	8.22	비상방역법	+2	
					−3	
		55	9.25	로동보수법	+3	
					−1	
		56	11.4	금연법	+2	
					−1	
		57	12.4	림업법	+1	
					+2	
		58	12.4	과학기술성과도입법	+1	
					+2	
		59	12.4	이동통신법	−3	③비사반사
					0	
		60	12.4	반동사상문화배격법	−3	④비사반사
					−3	
		61	12.8	사회안전단속법	0	
					−1	

단계	연도	번호	제정일	법명	척도점수	비고
3단계: 인민대중제일주의법건설사상 확립단계	2021 :24건	62	3.3	사회보험 및 사회보장법	+3 -1	
		63	3.3	수입물자소독법	+1 -1	
		64	4.30	혁명사적사업법	-1 +2	
		65	4.30	쏘프트웨어보호법	0 -1	
		66	4.30	상품식별부호관리법	+1 -1	
		67	5.경 불상	정보화법	0 -1	전문미상
		68	7.1	금속공업법	+1 -1	
		69	7.1	화학공업법	+1 -1	
		70	7.1	기계공업법	+1 -1	
		71	7.1	마약범죄방지법	-2 -3	⑤비사
		72	7.6	단위특수화, 본위주의반대법	-2 -2	⑥비사반사
		73	9.29	시, 군발전법	+1 +2	
		74	9.29	청년교양보장법	-2 +2	⑦비사반사
		75	10.29	철도화물수송법	0 -1	
		76	10.29	보통강오염방지법	+1 -1	
		77	10.29	정보식별부호관리법	0 -1	
		78	10.29	국제상품전람회법	+1 -1	
		79	10.29	전자결제법	+1 -1	
		80	10.29	령수증법	+1 -1	
		81	10.29	부림소관리법	+1 -1	

단계	연도	번호	제정일	법명	척도점수	비고
3단계: 인민대중제일주의법건설사상 확립단계	2021 :24건	82	11.30	구타행위방지법	−2 / −1	⑧비사
		83	12.14	건설설계법	+1 / −1	
		84	12.14	연해 및 강하천운수법	0 / −1	
		85	12.14	재산집행법	0 / −1	
	2022 :16건	86	1.28	시, 군 건설세멘트보장법	+1 / +2	
		87	2.7	육아법	+3 / −1	
		88	2.7	해외동포권익옹호법	+3 / −1	
		89	5.31	허풍방지법	−2 / −2	⑨비사반사
		90	5.31	원산지명 및 지리적표시법	0 / −1	
		91	5.31	의료감정법	+1 / −1	
		92	8.7	의약품법	+1 / −1	전문미상
		93	8.7	수속질서위반행위방지법	0 / −1	전문미상
		94	8.7	자위경비법	0 / −1	전문미상
		95	9.7	사회주의농촌발전법	+1 / +2	
		96	9.7	원림록화법	+1 / −1	
		97	10.6	위기대응법	0 / −2[3]	전문미상
		98	10.6	수매법	+1 / +2	전문미상

3 「위기대응법」은 전문미상이라 확인이 불가해 '사형' 전단계의 '−2'점으로 처벌조항을 적시했음. 그러나 코로나19 팬데믹 상황에서 제정된 「비상방역법」이 최고 사형까지 처벌조항을 넣은 것을 감안할 때, 「위기대응법」이 자연재해, 전염병 위기, 사회·국가적 재난까지 포함한 포괄적 위기에 대한 대응이라면 처벌조항에 사형까지 들어갈 가능성도 있음.

단계	연도	번호	제정일	법명	척도점수	비고
3단계: 인민대중제일주의법건설사상 확립단계	2022 :16건	99	10.6	식물새품종보호법	+1 -1	전문미상
		100	10.6	집짐승종자관리법	+1 -1	전문미상
		101	12.6	사회급양법	+3 -1	
	2023 :21건	102	1.18	평양문화어보호법	-3 -3	⑩비사반사
		103	2.2	적지물처리법	-3 -3	⑪비사반사
		104	2.2	철길관리법	0 -1	전문미상
		105	2.2	수재교육법	+2 -1	
		106	2.2	대부법	+1 -1	전문미상
		107	2.2	국가상징법	0 +2	
		108	2.2	국가비밀보호법	-3 -1	⑫비사반사
		109	3.2	장의법	0 +3	전문미상
		110	4.11	과학기술인재관리법	+2 -1	
		111	8.30	국가표창법	-1 +3	전문미상
		112	8.30	생산력배치법	+1 -1	전문미상
		113	8.30	검찰기관조직법	0 +3	전문미상
		114	8.30	관광법	+1 +2	전문미상
		115	8.30	상품류통법	+1 +1	전문미상
		116	9.27	장애자권리보장법	+3 -1	전문미상
		117	9.27	관개법	0 -1	전문미상

단계	연도	번호	제정일	법명	척도점수	비고
3단계: 인민대중제일주의법건설사상 확립단계	2023 :21건	118	9.27	공무원법	0 / −1	
		119	10.19	금융감독법	0 / −1	
		120	10.19	살림집관리법	+2 / −1	전문미상
		121	12.21	교육후원법	+2 / −1	전문미상
		122	12.21	인민반조직운영법	−3 / −1	⑬비사반사
	2024 :9건	123	6.13	각급 인민회의 대의원법	0 / +3	전문미상
		124	9.15	사회주의물자교류법	+1 / +2	전문미상
		125	9.15	공공건물관리법	+1 / −1	전문미상
		126	10.7	경공업법	+1 / −1	전문미상
		127	10.7	대외경제법	+1 / +3	전문미상
		128	10.24	국가법	0 / +3	전문미상
		129	11.15	전자상업법	0 / −1	전문미상
		130	12.5	식별부호관리법	0 / −1	전문미상
		131	12.5	소음공해방지법	+1 / −1	전문미상

* 출처: 본 연구자가 작성함.

2) 분포도

위의 '〈표 Ⅴ-4〉 인민대중제일주의 법제도 방향성 및 처벌수위 척도점수'에서 제시한 제정법 131건의 척도점수를 분포도로 형상화하였다. 이는 131건의 척도점수를 앞의 Ⅱ장 '〈그림 Ⅱ-2〉 인민대중제일주의 법제도의 분포도 분석모형'에 대입시키는 작업이다. 위 분포도 분석모형에 구성 내용을 표시하면 다음 〈그림 Ⅴ-1〉과 같다.

〈그림 Ⅴ-1〉 인민대중제일주의 법제도의 분포도 분류

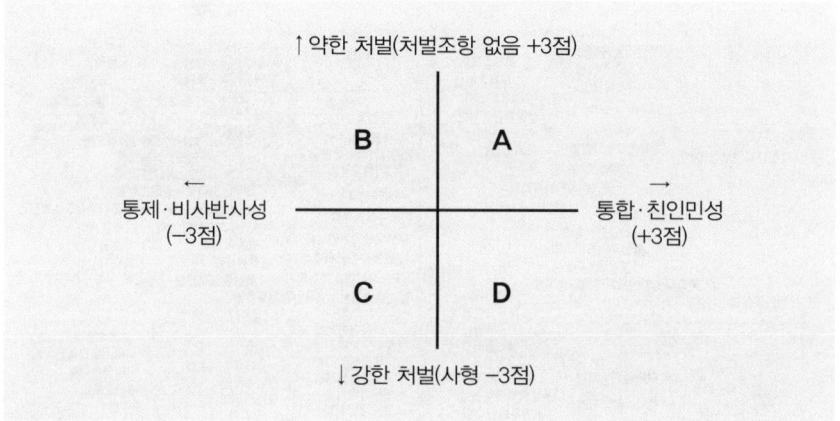

* 출처: 본 연구자가 작성함.

횡적·가로축의 사회통합축으로 보면, A영역과 D영역은 (+점수가 높을수록) 사회통합·친인민성이 높은 경우이고, B영역과 C영역은 (-점수가 높을수록) 사회통제·비사반사성이 높은 영역이다. 종적·세로축의 처벌수위축으로 보면, A영역과 B영역은 (+점수가 높을수록) 처벌수위가 약한 것이며, C영역과 D영역은 (-점수가 높을수록) 처벌수위가 강한 영역이다.

횡적축과 종적축을 모두 고려하여 보면, 친인민성이 가장 높은 것은 A영역이며, 비사·반사성이 가장 높은 것은 C영역이다. 다시 말해 A영역은 사회통합·친인민성이 높고 처벌수위도 약한 경우에 해당하며, B영역은 사회통제·비사반사성이 높고 처벌수위는 약한 경우에 해당한다. C영역은 사회통제·비사반사성이 높고 처벌수위도 강한 경우에 해당한다. D영역은 사회통합·친인민성은 높지만 처벌수위가 강한 경우에 해당한다.

이상의 분포도 분류에 김정은시대에 제정된 131개 법률의 척도점수를 대입한 분포도는 다음 〈그림 Ⅴ-2〉와 같다.

〈그림 Ⅴ-2〉 인민대중제일주의 법제도 분포도: 전체 법률명 포함

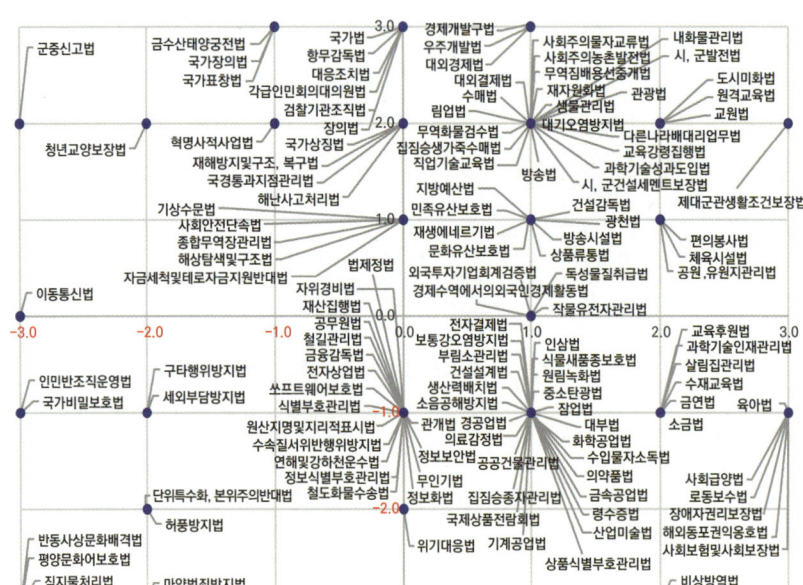

* 출처: 본 연구자가 작성함.

방향성과 처벌수위 각각 7점 척도이기에, 131개 법률의 척도점수가 중복되는 경우가 나와, 특정 꼭지점에 많이 몰리고 있다. 법률명을 보이지 않게 처리하면, 김정은시대 법률의 성격이 잘 드러나는데, 이는 다음 〈그림 Ⅴ-3〉과 같다.

A영역에 6개의 꼭지점이 보여 가장 많은 비중을 차지하며, 다음으로 C영역 5개, D영역 4개, B영역 3개를 차지한다. 그리고 세로축에 걸려 있는 꼭지점이 5개, 가로축에는 2개가 걸쳐 있다. 각 꼭지점에 중복되는 법

<그림 Ⅴ-3> 인민대중제일주의 법제도 분포도: 전체

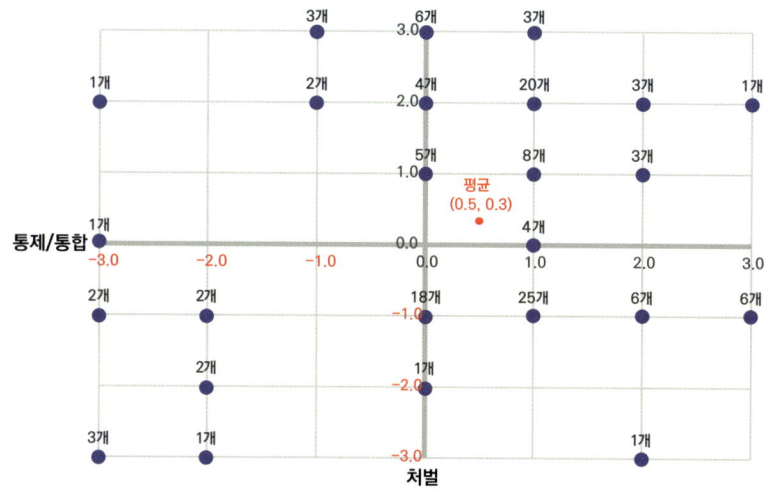

* 출처: 본 연구자가 작성함.

률의 숫자를 세면, A영역 6개 꼭지점에 38건의 법률 = D영역 4개 꼭지점에 38건의 법률 〉 C영역 5개 꼭지점에 10건의 법률 〉 B영역 3개 꼭지점에 6건의 법률의 순으로 분포되어 있다. 세로축 5개 꼭지점에 34건의 법률이 있는데, 이는 사회통합 방향성이 0점으로 중립적인 법률에 해당되며, 단 처벌수위면에서는 처벌규정이 없는 3점부터 포괄적 규정(+2점), 민사책임(+1), 로동처벌(로동교양처벌·무보수로동처벌·로동단련형 -1점) 등으로 차이가 난다. 가로축은 2개 꼭지점에 5건의 법률이 있는데, 이는 처벌수위가 자격정지·중지·해임·경고(0점)에 해당되며, 단 사회통합 방향성이 인민에게 문명한 생활조건과 환경을 보장해 주는 법률(+1점)과 전반적 강력한 통제를 하는 비사·반사적(-3점)이라는 점에서 차이가 있다.

종합하면, 김정은시대 제정법 131건에 대한 척도점수를 분포도로 나타낸 결과, A영역(38건)과 D영역(38건)이 76건, 58.0%를 차지하여 사회통합·친인민성 법률이 가장 높은 비중을 차지한다. A와 D영역은 모두 친인민성이 높은데 단, 처벌수위가 약한 것은 A영역이고, 처벌수위가 강한 것은 D영역이다. 다음으로 세로축에 걸쳐 있는 통합/통제 방향성이 0점(34건, 26.0%)인 법률이 약 1/4 정도를 차지하여, 중립적 제도(시스템·인프라 정비 및 개선)와 관련된 행정, 사법, 기간산업 관련 법률이 많이 제정되었음을 알 수 있다. 비사·반사 투쟁법이 포함된 통제적 C영역(10건)과 B영역(6건)은 16건(12.2%)에 불과하다.

이러한 분포도의 통합·친인민성은 131건의 척도점수의 평균 (0.5, 0.3)점수를 통해서도 증명되고 있다. 상기 0.5점은 통합 방향성, 0.3점은 처벌수위를 나타낸다. 이러한 131건의 평균점수의 산출방식은 131건의 방향성 점수를 더한 값을 131로 나눠 방향성 평균점수를 내고, 131건의 처벌수위 점수를 더한 값을 131로 나눠 처벌수위 평균점수를 계산한 것이다.

각 영역의 평균점을 비교하면, A영역 (1.2, 1.8)점, B영역 (-1.5, 2.5)점, C영역(-2.5, -2.0)점, D영역 (1.5, -1.1)점, 세로축 통합제로권 (0.0, 0.3)점, 가로축 처벌제로권(0.2, 0.0)점으로 나타난다. 전체 평균(0.5, 0.3)과 비교할 때 A영역은 통합성이 높고 처벌수위가 약하며, C영역은 통제 방향성이 많이 높고 처벌수위도 강력하다. 이는 C영역의 법률이 강력한 통제와 비사·반사 투쟁 특성을 갖고 있음을 의미한다. 131개 법률의 비중(법률 건수)과 평균점수로 보면 기본적으로 통합·친인민성의 경향이 높지만, 영역별로 보면 C영역에서 비사·반사 투쟁적 성격이 강하다. 이상의 내용을 분포도로 제시하면 다음 〈그림 V-4〉와 같다.

분포도를 법제도 단계별로 나눠 보면 다음과 같다. 1단계 김정은식 사회주의법치국가건설론 토대구축단계(2012~2016년)는 35건의 제정법 중 A영역에 20건(57.1%)으로 가장 많이 분포되어 있고, 다음으로 세로축 통합제

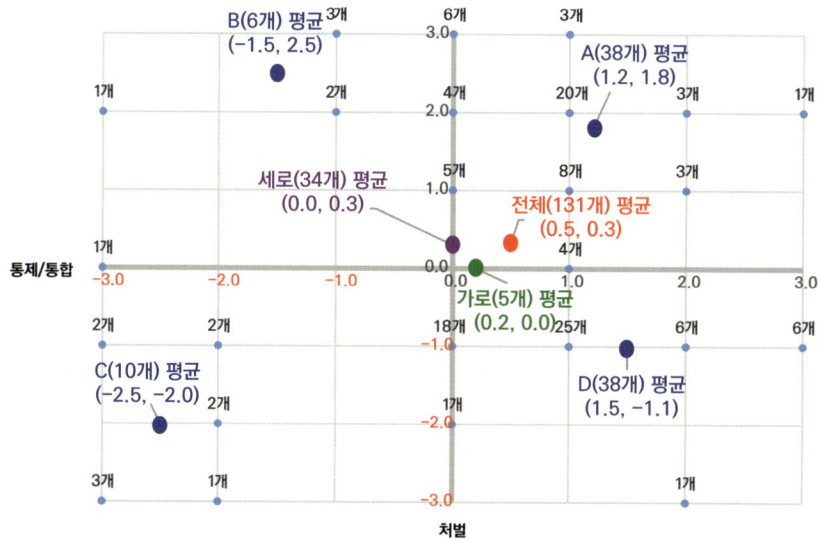

〈그림 Ⅴ-4〉 인민대중제일주의 법제도 분포도: A, B, C, D 영역별

* 출처: 본 연구자가 작성함.

로권이 7건(20.0%), D영역 4건(11.4%), 가로축 처벌제로권이 3건(8.6%)을 차지한다. B영역은 1건(2.9%)의 법률(「금수산태양궁전법」)만 있고, C영역 해당 법률은 없다.

A(20건)와 D(4건)영역이 24건(68.6%)으로 1단계의 통합·친인민성 경향이 높게 나왔다. B영역 1개의 법률(「금수산태양궁전법」)을 제외하고는 1단계 34개 법률이 통합·친인민성의 플러스 영역이나 제로권에 분포된다. 처벌수위도 -1점(노동관련처벌)에 해당하는 5건을 제외하면 30건이 플러스권(처벌수위 약함)이나 제로권이다. 평균값도 〔0.9, 1.2〕점으로 친인민성이 높은 편이고 처벌수위도 약하게 나오는데, 이는 131건의 전체 평균값 〔0.5, 0.3〕과 비교해도 통합 방향성은 높고 처벌수위는 약하다. 이상의 내용을 분포도로 제시하면 다음 〈그림 Ⅴ-5〉와 같다.

<그림 Ⅴ-5> 인민대중제일주의 법제도 분포도: 1단계 토대구축단계

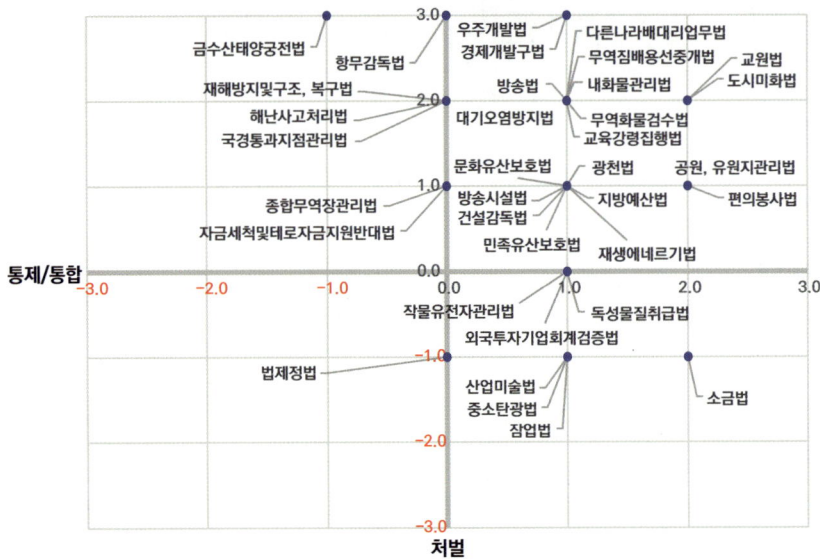

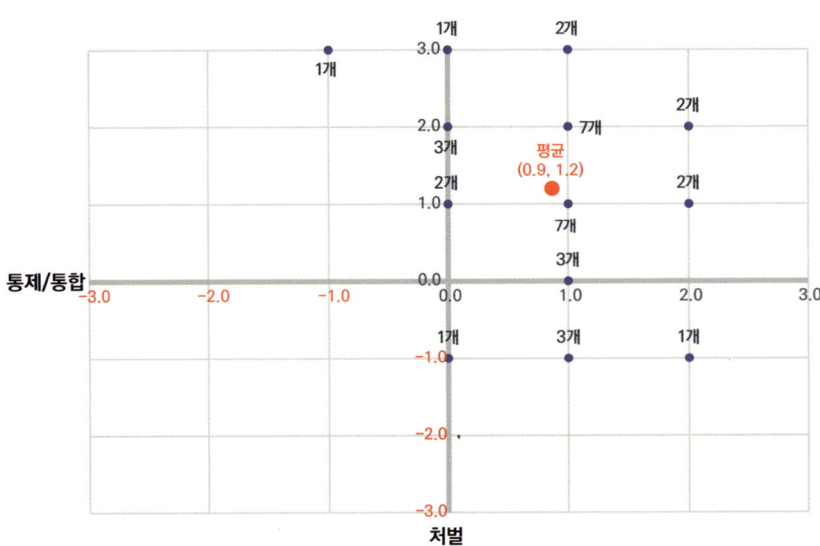

* 출처: 본 연구자가 작성함.

2단계 김정은식 사회주의법치국가건설론 발전단계(2017~2018년)는 6건의 제정법이 A영역 2건, 세로축 통합제로권 2건, B영역 1건, D영역 1건으로 분포되어 있다. A(2건)와 D(1건)영역이 3건(50.0%)으로 통합·친인민성이 절반을 차지하며, 다음으로 세로축 통합제로권이 2건(33.3%)으로 제도정비 관련 법률이 차지한다. 통제·비사반사성은 B(1건)와 D영역(0건)으로 1건(16.7%)에 불과하다. 평균값이 〔0.3, 1.0〕로 1단계 〔0.9, 1.2〕보다 통합 방향성은 낮아지고 처벌수위도 조금 강해졌다. 이상을 그림으로 나타내면 다음 〈그림 Ⅴ-6〉과 같다.

〈그림 Ⅴ-6〉 인민대중제일주의 법제도 분포도: 2단계 발전단계

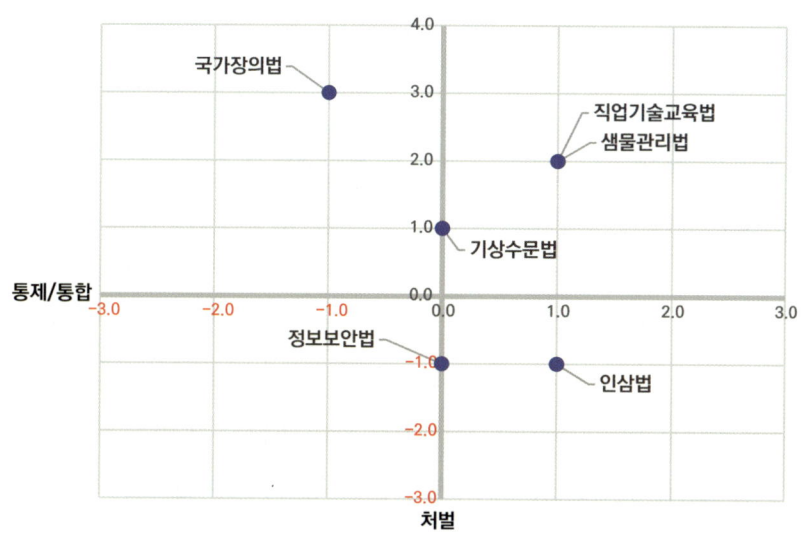

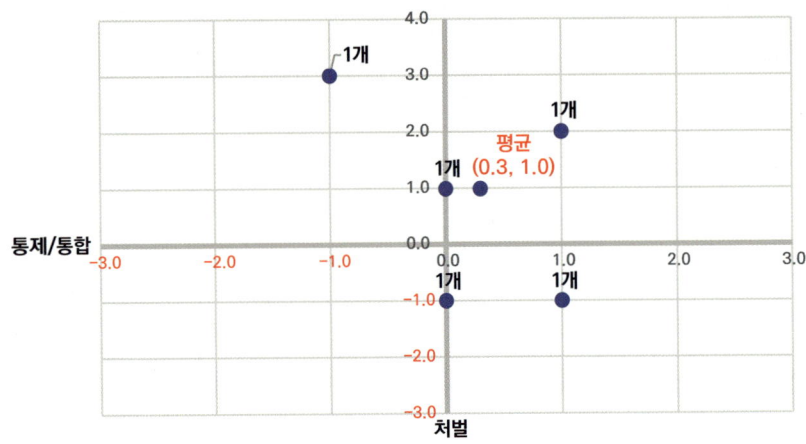

* 출처: 본 연구자가 작성함.

3단계 인민대중제일주의법건설사상 확립단계(2019~2024년) 90건의 제정법 분포도를 보면, D영역이 33건(36.7%)으로 가장 많은 법률이 분포되어 있으며, 다음으로 세로축 통합제로권 25건(27.8%), A영역 16건(17.8%), C영역 10건(11.1%), B영역 4건(4.4%), 가로축 처벌제로권 2건(2.2%) 순이다. A영역(16건)과 D영역(33건)이 49건(54.4%)으로 통합·친인민성의 방향성을 보여주고 있다. 통제·비사반사적 방향성을 보여주는 B영역(4건)과 C영역(10건)이 14건(15.6%)으로 통제적 특성이 1단계와 2단계에 비해 강화되었음을 알 수 있다. 하지만, 세로축 통합제로권 25건(27.8%)을 차지하여 통제·비사반사적 방향성 14건(15.6%)보다 제도정비 관련 법률을 더 많이 제정하였음을 알 수 있다. 3단계 평균점수는 [0.4, -0.2]으로 2단계 평균점수 [0.3, 1.0]과 비교할 때 통합·친인민성은 0.1만큼 높아지지만, 처벌수위는 강해졌다. 이상의 내용을 분포도로 제시하면 다음 〈그림 Ⅴ-7〉과 같다.

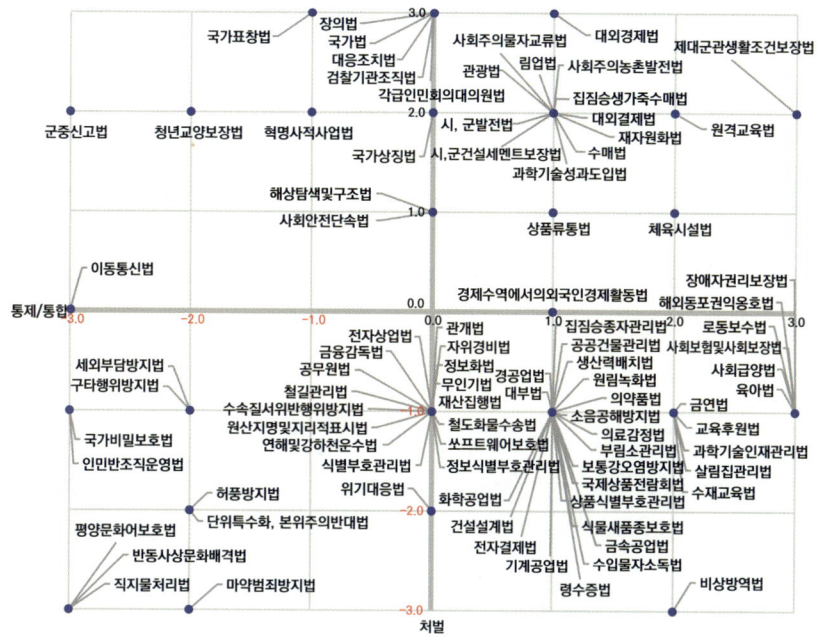

<그림 Ⅴ-7> 인민대중제일주의 법제도 분포도: 3단계 확립단계

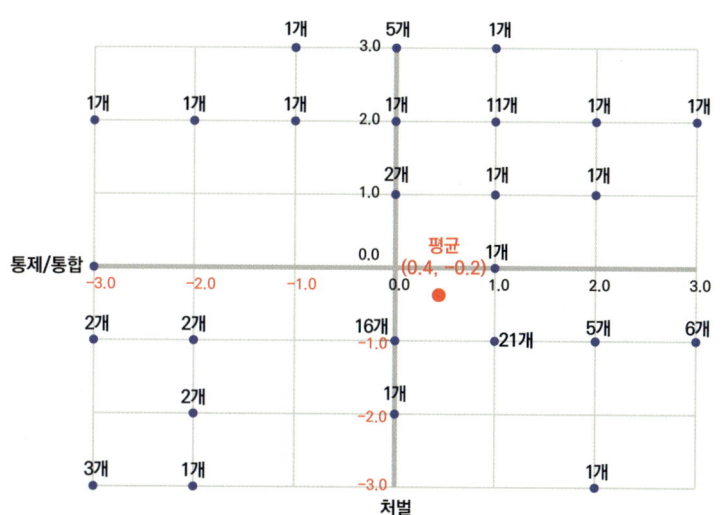

* 출처: 본 연구자가 작성함.

제Ⅴ장 인민대중제일주의 법제도 평가 265

단계별 특성을 비중으로 비교하면, 통합·친인민성 방향성은 1단계(A+D=68.6%)의 비중이 가장 높고, 다음이 3단계(A+D=54.4%), 2단계(A+D=50.0%)이다. 세로축에 걸쳐 있는 통합 제로권은 2단계(33.3%), 3단계(27.8%), 1단계(20.0%) 순으로 나타난다. 통제·비사반사적(B+C) 법률은 1단계는 B영역에 1건(「금수산태양궁전법」), 2단계도 B영역에 1건(「국가장의법」)만 있고, 1단계와 2단계 모두 C영역은 한 건도 없다. 3단계는 B영역 4건, C영역 10건으로 총 14건이 포함된다. 3단계는 기본적으로 통합·친인민성의 방향성을 갖지만, 1단계와 2단계에 비해 통제적 특성이 강해졌다.

척도점수와 분포도 결과에서 얻는 주요 시사점은 김정은 정권의 법제는 통합·친인민성을 지향하고 있다는 것이다. 특히 비사·반사 투쟁법을 제정하고, 통제를 강화한 것으로 생각할 수 있는 3단계의 방향성도 통합·친인민성이라는 것이다. 이상의 척도점수의 단계별 평균점수를 비교하면 다음 〈그림 Ⅴ-8〉과 같고, 척도점수의 연도별 평균점수를 제시하면 다음 〈그림 Ⅴ-9〉와 같다.

〈그림 Ⅴ-8〉 인민대중제일주의 법제도 분포도: 단계별 평균 비교

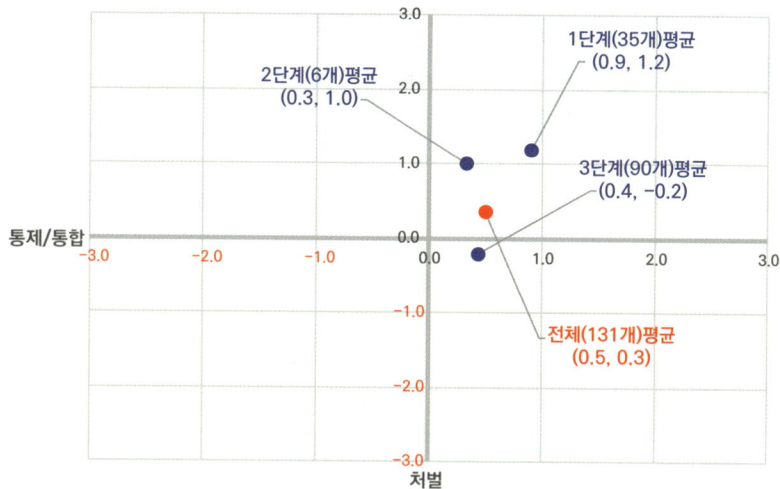

* 출처: 본 연구자가 작성함.

〈그림 Ⅴ-9〉 인민대중제일주의 법제도 분포도: 연도별 평균 비교

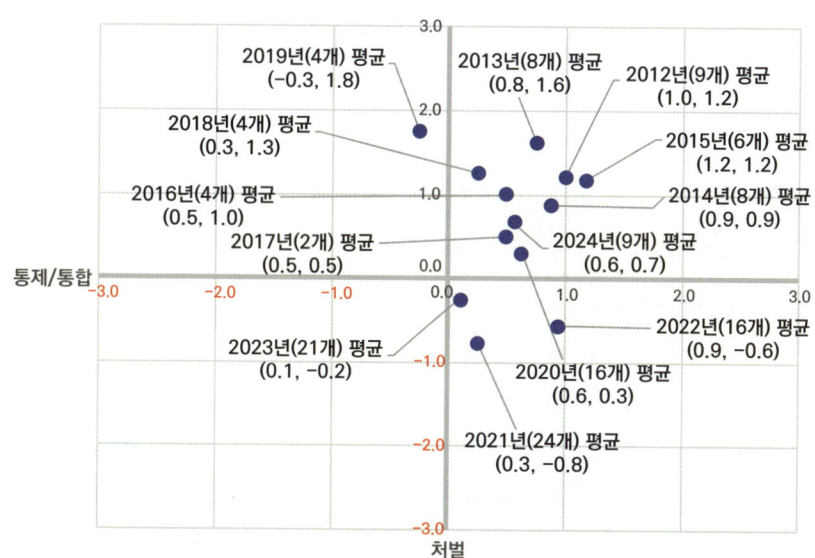

* 출처: 본 연구자가 작성함.

2
친인민담론과 비사·반사적 법률관계

1) 비사·반사적 법률의 친인민적 특성

김정은시대 제·개정된 모든 법률은 인민대중제일주의를 실현하고 있다는 것이 김정은 정권의 논리이다. 일반적인 법률은 인민대중의 이익을 위해 제·개정되었다고 할 수 있으나, 문제는 비사·반사 투쟁 법률도 그런 개념으로 이해할 수 있는가이다. 따라서 인민대중제일주의와 비사·반사 투쟁법과의 관계 규명이 요구된다. 이를 위해 13건의 비사·반사 투쟁법의 특성을 분석하여, 그러한 법률 속에 어떤 배경과 의도·목표가 담겨 있는가를 밝히고자 한다. 법률의 제정일 순서로 13건의 비사·반사 투쟁법을 분석하면 다음과 같다.

첫 번째, 「군중신고법」은 법의 사명이 "범죄 및 위법행위에 대한 군중신고제도와 질서를 엄격히 세워 국가주권과 사회주의 제도를 보위하고 인민의 생명안전과 재산을 보호"[4]하는 것인 비사·반사 투쟁법이다. 동법

---

[4] 「군중신고법」 제1조.

의 기본원칙은 반사회주의적 현상과의 투쟁을 전인민적으로 벌려 나가기 위해 전인민적 군중신고체계를 정립하여 온갖 범죄와 위법행위를 방지하는 것이다.[5] 비사·반사적 행위에 대한 신고의무는 기관, 기업소, 단체, 공민 등 모두에게 적용되어 사회안전·검찰·보위기관에 신고할 법적 의무를 부과하고 있다. 신고할 내용은 구체적으로 다음과 같다.

> 제15조 (신고할 내용) 기관, 기업소, 단체와 공민은 다음과 같은 범죄 및 위법행위에 대하여 신고하여야 한다.
> 1. 반국가 및 반민족범죄를 감행하거나 감행하도록 추기는 행위
> 2. 무기, 총탄, 흉기, 폭발물, 화약류, 독성물질, 방사성물질을 비법적으로 보관 및 사용, 밀매하는 행위
> 3. 당 및 국가, 군사비밀을 탐지하거나 루설하거나 팔아먹는 행위
> 4. 정치협잡을 하거나 류언비어를 퍼뜨리면서 사회적혼란을 조성하는 행위
> 5. 뢰물을 받거나 물질적부담을 시키는 등 세도와 전횡, 관료주의, 부정부패를 하면서 당과 대중을 리탈시키는 행위
> 6. 적대방송을 시청하거나 적지물을 보관, 리용하면서 그 내용을 류포시키는 행위
> 7. 다른 나라 사람과 비법적으로 통화하거나 만나거나 돈 또는 물건같은것을 주고 받는 행위
> 8. 군사시설을 비롯한 국가적으로 중요한 대상물과 시설물, 나라의 권위와 위신을 훼손시킬수 있는것을 촬영하는 행위
> 9. 불순출판선전물들을 들여오거나 제작, 복사, 보관, 류포, 시청하는 행위
> 10. 불량행위, 음탕한 행위, 미신행위, 매음행위, 도박행위를 하거나 그러한 행위를 추기거나 조건을 보장하여주는 행위
> 11. 살인, 강도, 강간을 비롯한 강력범죄행위
> 12. 마약을 제조, 밀매, 보관, 사용하는 행위
> 13. 훔치기, 빼앗기, 속여가지기, 횡령행위를 비롯하여 국가 및 개인재산을 략취하는 행위
> 14. 전력선, 통신선절단, 설비파손행위를 비롯하여 국가재산을 파손시키는 행위

---

5 「군중신고법」 제3조.

15. 밀주, 암거래, 거간, 화폐매매, 차판장사 행위를 비롯한 각종 비사회주의적행위
16. 금, 은, 동을 비롯한 유색금속과 설비부속품, 연유, 비료, 의약품을 비롯한 국가통제품을 밀수밀매하는 행위
17. 력사유물을 밀수밀매하는 행위
18. 가짜의약품과 불량의약품, 불량식료품을 만들어 파는 행위
19. 패싸움을 비롯한 사회공동생활질서를 문란시키는 행위
20. 콤퓨터망에 비법침입하여 비밀에 속하는 자료를 열람 및 절취 하거나 저작권, 발명권, 특허권을 비롯한 지적소유권을 침해하는 행위
21. 수입대지출이 맞지 않게 많은 돈과 물품을 쓰는 행위
22. 비법적으로 토지와 건물같은 부동산을 임대해주고 돈벌이를 하는 행위
23. 화재사고를 비롯한 각종 사건사고를 발생시키는 행위
24. 그밖의 비정상적인 행위[6]

「군중신고법」은 세 가지의 중요한 의미를 갖는다. 하나는 위에서 본 것처럼 신고대상에 범죄 및 위법행위로 비사회주의, 반사회주의적 행위가 거의 다 포괄되어 있다는 것이다. 동법은 비사·반사 투쟁의 최초 법률인 동시에 해당 범위의 기준점이 되고 있다. 다음으로 "범죄 및 위법행위에 대하여 알면서도 신고를 하지 않았을 경우"[7] 행정적 또는 형사적 책임을 지는 신고의무제를 도입한 것이다. 기존의 신소청원제가 주민이 간부를 고발하는 성격이었다면, 동법은 기관·기업소·단체뿐 아니라 인민들 간에도 신고하는 성격을 강화함으로써 모든 범죄 및 위법행위에 대해 물샐틈없는 신고체제 및 통제체제를 만든 것이다. 끝으로 동법에서 신고의 주체로 공민이 들어간 것은 인민에게 '감시자'의 역할을 부여한 것이다.

동법에서 주목되는 부분은 "신고에 따르는 정치적 및 물질적평가를 잘 하는것은 광범한 대중의 신고열의를 높여주기 위한 중요방도이다"[8]라고

---

6 「군중신고법」 제15조.
7 「군중신고법」 제34조 1항.
8 「군중신고법」 제6조.

하여 훈장·칭호 같은 기존의 도덕적 평가 외에 상금·상품 같은 물질적 인센티브제까지 도입하고 있는 점이다. 동법에서 책임 있는 자에게 정상에 따라 상응하는 행정적 책임(제34조) 또는 형사적 책임(제35조)을 부과하도록 하여 포괄적인 처벌 규정을 둔다.

김일성시대, 김정일시대에도 비사·반사 현상에 대한 문제점을 지적했고 관련하여 2004년 4월 「형법」, 2005년 7월 「인민보안단속법」을 수정보충하는 등 법적 조치를 취했다. 김정은시대에도 이러한 현상에 대한 문제제기가 지속되었지만 동법이 나오기 전까지는 비사·반사 투쟁 관련 특별법이 없었다. 이는 북한 사회 전반의 비사·반사적 행태가 간헐적인 단속만으로 통제하는데 한계에 부딪혀 특별법을 통하여 상시 강제적으로 교정해야 하는 상황에 처했음을 반증하는 것이다.

두 번째, 「세외부담방지법」은 2020년 7월 4일에 제정된 비사·반사 투쟁법이다. 동법은 사회적 과제수행, 지원사업 등의 명목으로 인민들에게 돈과 물자를 강요하거나 걷어 들이는 세외부담행위를 '반인민적, 반사회주의적 행위'로 규정한다. 동법은 국가가 모든 사업을 할 때 혁명의 전반적 이익이라는 입장에서 정책적 요구와 더불어 '인민의 의사와 요구'를 충분히 반영하여 조직할 것을 제시한다. 동법은 이와 같은 사업방식을 실현해 세외부담행위를 미연에 방지하기 위한 법이다. 세외부담행위를 예를 들면 농장에서 노력, 설비, 영농자재, 자금 등을 농사와 무관한 다른 사업에 동원하거나 농장원들에게 사회적 과제수행, 지원사업 등의 명목으로 돈과 물자를 불법으로 걷는 행위(제11조) 등이다.

세외부담행위에 대한 처벌 대상은 세외부담행위를 조직·감행한자, 묵인·조장한자, 세외부담행위와의 법적투쟁을 하지 않은 자까지 포함된다. 세외부담행위와의 법적투쟁을 하지 않은 일반 인민도 포함되나, 주요 대상은 기관, 기업소, 단체의 간부이다. 동법은 김정은 정권이 줄기차게 강조하는 세도·관료주의·부정부패에 대한 척결, 투쟁법에 해당한다. 이는 세외부담방지를 위한 특별법을 만들어야 할 만큼 기관, 기업소, 단체, 동, 인민반, 과학·교육·보건 근로단체기관, 농장, 민간군사훈련부문(지방군·노농적위군·붉은청년근위대훈련)을 비롯한 사회 전 분야에 권력을 이용한 비법적 행위가 만연한 것을 반증하는 동시에 그로인한 인민의 불편과 불만이 폭증해 있다는 것을 보여준다. 따라서 동법은 인민의 이익을 위한 법제라는 성격이 강하다.

세 번째, 「이동통신법」은 이동통신시설의 건설과 관리운영, 이동통신봉사와 이용에 관한 비사·반사 투쟁법이다. 동법은 제5조에 이동통신봉사 및 이용원칙으로 신속성, 정확성, 봉사성, 안전성, 문화성, 비밀보장을 제시하고 있으며, 제35조는 이동통신단말기이용질서에 대해 "중요행사와 회의에 손전화기를 가지고 참가할수 없"고(제1호), "손전화로 비밀에 속하는 내용의 말"(제2호)을 하거나, "국가가 판매하지 않은 이동통신말단기, 승인하지 않은 프로그람을 리용"(제3호)하는 행위, "불순내용의 그림, 노래, 영화, 오락 등을 열람하거나 시청하는 행위"(제4호), "괴뢰말투의 통보문, 전자우편을 주고받는 행위"(제5호), "이동통신말단기의 체계프로그람, 기계번호(IMEI)를 비법적으로 변경시켜 리용하는 행위"(제6호), "전파감독기관의 승인을 받지 않은 이동통신수단을 등록 및 리용"(제7호) 하는 행위 등을 모두 금지하고있다. 이를 어기는 경우 '이동통신봉사를 림시 또는 완전 중지'[9] 당하는 불이익이 가해진다. 비밀 누설과 불순 목적 사용을 금지하고, 승인받은 이동통신만 사용하게 함으로써 비사·반사적 법제의 성격을 보인다. 또한 기관, 기업소, 단체, 공민뿐 아니라 북한에서 이동통신을 이용하려는 외국인과 해외동포까지 적용 대상[10]으로 삼고 있다. 동법은 이

---

9 「이동통신법」 제36조.
10 「이동통신법」 제8조.

동통신과 관련한 시설설치, 관리운영, 이용 등 전반적인 부문을 통제하는 총체적인 규제법이다.

네 번째, 「반동사상문화배격법」은 비사·반사 투쟁법 중 대표적인 법으로 가장 강력한 규제법이다. 동법 제2조는 반동사상문화를 "인민대중의 혁명적인 사상의식, 계급의식을 마비시키고 사회를 변질 타락시키는 괴뢰 출판물을 비롯한 적대 세력들의 썩어 빠진 사상문화와 우리식이 아닌 온갖 불건전하고 이색적인 사상문화"라고 하여 그 개념을 불확정적, 포괄적으로 규정하고 있다. 동법은 반동사상문화에 대한 '전면 대결전'을 강도 높게 추진하는 것으로 반동사상문화의 유입, 시청, 유포 등과 같은 비사·반사적 행위들을 '확고히 제압'하고 금지하기 위한 입법이다. 반동사상문화는 시청, 유포, 재현이 금지된다. 구체적으로 컴퓨터, 기억매체(제16조), TV, 라디오(제17조), 복사기, 인쇄기(제18조), 손전화기(제19조), 적지물과 습득물(제20조), 각종 봉사활동(제21조), 압몰수품(제22조), 성록화물, 미신(제23조), 괴뢰말과 글, 창법(제24조) 등 그 방법과 수단이 포괄적이다. 즉 말과 글, 녹화물 등 대중매체 전반에 대한 전방위적 통제가 시행되는 것이다. 주로 청소년 층이 문제가 되므로 부모에게 가정교양을 통해 통제할 의무를 부과하고 있다(제26조).

또한 반동사상문화배격 질서위반자에 대해서는 어떤 계층의 누구든 이유 여하를 불문하고 극형에 이르기까지 엄중한 법적제재를 가한다고 규정(제7조)하여 모든 계층에 동법이 적용되고 있음을 확실히 보여준다. 위반행위에 대한 법적책임 중 적대국사상문화전파죄(제28조)는 "많은 량의 적대국 영화나 록화물, 편집물, 도서를 류입, 류포하거나 많은 사람에게 류포한 경우 또는 집단적으로 시청, 열람하도록 조직하거나 조장한 경우 무기로동교화형 또는 사형"에 처하도록 규정하고 있다. 또한 성녹화물, 색정 및 미신전파죄(제29조)는 성적 녹화물이나 색정 및 미신을 설교한 영화,

녹화물, 편집물, 도서, 사진, 그림 등을 많이 만들었거나 많은 사람에게 유포한 경우, 집단적으로 시청·열람하게 조직하거나 조장한 경우 사형에 처한다고 규정한다. 대량의 생산, 유입, 유포로 확산시킨 경우 극단적 처벌을 받게 한다. '괴뢰 또는 적대국' 문화와 성녹화물의 유입, 시청, 유포 행위가 이루어진 사실을 알면서도 신고하지 않은 자는 로동단련형에 처하도록 규정하고 있다(제34조 불신고죄).

강력한 처벌조항을 둔 것은 그만큼 자본주의, 남한의 사상문화 확산을 확실하게 막고자 한 것이다. 이처럼 동법은 전체 인민을 대상으로 반동사상문화에 대한 포괄적 규정과 극단적 처벌조항을 둔 강력한 비사·반사투쟁법이다.

다섯 번째, 「마약범죄방지법」은 비사회주의 투쟁법에 해당한다. 동법은 마약범죄가 인민들을 정신·육체적으로 타락시키고 국가·사회제도의 정치적 안정을 파괴하는 엄중한 비사회주의적 범죄로 인식한다. 마약범죄를 저지른 자에 대해서는 누구든, 이유 여하를 불문하고 엄중 정도에 따라 극형까지 받는 강력한 법적제재를 가하도록 명시하고 있다(제6조). 즉 동법은 아편 불법채취(제23조), 마약 불법제조(제24조), 마약 밀수, 거래(제28조), 압수된 마약 밀수, 거래 혹은 사용, 보관(제39조)하는 경우 최고 사형에 처하도록 규정한다. 동법의 적용대상은 기관, 기업소, 단체, 공민뿐 아니라 북한 영역에 있는 외국인까지 포함되며, 북한 영역 밖에 있는 외국인이라도 북한으로 마약을 밀수하였거나 북한 공민에게 마약범죄를 저지르도록 방조하였을 때는 적용 대상이 된다(제7조). 마약범죄를 신고하지 않은 자에 대해서는 형사책임을 묻고 있다. "마약범죄를 준비하고있거나 저지른것을 알면서 해당 법기관에 알리지 않은자는 형법의 일반 범죄불신고죄를 규제한 조문을 적용하여 로동단련형에 처한다."(제31조). 이는 직접적으로 불신고죄를 명시하지 않으나 불신고자의 형사책임을 규정하는 형태이다. 동 법은 북한 내에서 마약이 광범위하게 유통되는 현실에서 나온 특단의 조치임을 알 수 있다.

여섯 번째, 「단위특수화, 본위주의반대법」은 제1조 법의 사명에서 "전 국가적, 전사회적으로 온갖 형태의 단위특수화와 본위주의를 쓸어버리기 위한 투쟁을 강하게 벌려 국가의 중앙집권적규률을 강화하고 우리 당의 인민대중제일주의정치를 실현하는데 이바지"하는 것으로 규정한다. 제2조 정의에서 "단위특수화, 본위주의는 특수행세를 하면서 국가관리체계와 법의 통제 밖에서 안하무인격으로 놀아대는 로골적인 치외법권적행위이며 자기 부문, 자기 단위의 리익만을 내세우면서 나라의 경제발전에 지장을 주고 국가와 인민의 리익을 침해하는 반국가적, 반인민적행위"[11]로 규정함으로써 비사·반사 투쟁법에 해당한다. 여기서 단위특수화, 본위주의는 자기 단체를 특권을 가진 단체로 인식해 자기 단체의 이익만 챙기는 행위를 의미한다. 동법의 단위특수화, 본위주의와의 투쟁원칙은 사소하게라도 나타나는 경우 비상사건화하여 강력한 투쟁을 벌이고(제3조), 단위특수화, 본위주의를 저지른 자에 대해서는 형법의 법정형 범위 안에서 무겁게 처벌하도록(제4조) 규제한다.

동법에서 금하는 단위특수화, 본위주의 금지행위는 주로 기관, 기업소, 단체의 행위를 규제하는 것으로 비법적인 기관조직금지(제7조), 합의 및 수속질서위반행위금지(제8조), 인민경제계획수행에 지장을 주는 행위금지(제9조), 통계질서위반행위금지(제10조), 국가예산납부 및 금융질서위반행위금지(제11조), 품질관리질서위반행위금지(제12조), 로력관리질서위반행위금지(제13조), 비법적인 설비등록, 생산 및 경영활동(제14조, 개인들이 가지고 있는 각종 생산설비들과 운수수단, 생산 및 봉사기지들을 비법적으로 등록하는 등)금지, 기술도입, 사장된 설비동원질서위반행위금지(제15조), 비법적인 상업봉사활동(제16조, 상품

---

11 「단위특수화, 본위주의반대법」 제2조.

을 시장과 개인들에게 무더기로 빼돌리고 가격을 함부로 정하여 판매하고, 봉사시설을 자의로 설치하고 봉사하는 등)금지, 건설, 토지리용질서위반행위(제17조, 해당 기관 승인 없이 또는 청부하여 건설 진행하고 준공검사 받지 않은 살림집에 주민 입사시키고, 농지를 건설부지로 이용하는 등)금지, 철도규률위반행위금지(제18조), 대외경제, 항무감독질서위반행위(제19조, 수출입계획 팔아먹거나 밀수출입하거나 자격 없는 자를 항무감독원, 수로안내원으로 임명하고 입출항 승인을 해주는 등)금지, 자원침해행위금지(제20조), 지방경제발전을 저해하는 행위금지(제21조), 인민위원회의 조직사업에 불응하는 행위금지(제22조), 비상방역질서위반행위금지(제23조), 법집행방해행위(제24조, 법기관, 검열감독기관의 감시와 사전조사 및 검열감독사업 불응 등)금지, 법세도, 사건악화행위(제25조, 법세도 쓰고 법권을 치부 수단화, 치외법권적 행위, 자기단위 위법자 싸고돌면서 사건 축소 내지 무마하는 등)금지와 같이 상세하게 적시하고 있다.

동법은 기관, 기업소, 단체와 공민이 단위특수화, 본위주의 현상을 발견했을 때 사회안전기관을 비롯한 해당 감독통제기관에 신고해야 한다(제28조)고 규정하여 모든 대상에게 신고의무를 부과하고 있다. 동법을 위반한 자에 대한 형사책임은 동법 제31조부터 제43조까지 자세히 규정하고 있는데, 해당 처벌조항들을 보면 대부분 형법의 직권남용죄나 직무태만죄를 적용하여 로동단련형 또는 유기로동교화형으로 처벌하도록 규정한다. 이 경우 형법 제273조 직권남용죄, 제275조 직무태만죄를 적용하면, 「단위특수화, 본위주의반대법」 제4조가 형법의 법정형 범위 내에서 무겁게 처벌하도록 하였으므로 '정상이 무거운 경우'에 준하여 5년 이상 10년 이하의 로동교화형(형법 제273조와 제275조의 처벌내용 중 '정상이 무거운 경우' 처벌이 동일함)에 처하게 된다. 이는 유기로동교화형을 규정한 것으로 그 처벌수위는 사형과 무기로동교화형 다음으로 강력하다.

동법은 인민들에게 폐해를 주는 특권주의, 집단이기주의를 소멸시키기 위한 법으로 국가와 인민들을 위한 법제에 해당한다. 개별적 개인들이 범하는 반당적·반인민적 행위가 세도, 관료주의, 부정부패라면 부문과 단체들이 저지르는 더 엄중한 반당적·반인민적 행위는 단위특수화, 본위주의이다.

일곱 번째, 「청년교양보장법」은 반동적 사상문화의 유입으로부터 청년들을 보호하는 것을 기본원칙으로 한 비사·반사 투쟁법이다. 동법은 국가의 청년중시정책을 관철하여 청년들을 혁명의 계승자로 준비시키고 청년강국의 지위 확보에 기여하는 것을 사명으로 한다(제1조). 또한 청년들이 사회주의 생활양식을 확립하기 위해 공산주의기풍확립(제38조), 외모단장(제39조), 준법기풍확립(제40조) 등을 실현할 것을 제시하고 있다.

아울러 동법 제41조에서 청년들이 하지 말아야 할 16가지의 금기사항을 상세히 적시하고 있다. 구체적으로 강력범죄, 종교와 미신행위, 불순출판선전물 시청, 마약사용, 절도와 횡령 등 재산범죄, 패거리행위, 군사복무동원 기피, 조직이탈, 노래와 춤 왜곡, 이혼·조혼·사실혼, 이색적 옷차림과 불건전한 결혼식, 저속한 행위, 기타 북한법에 저촉된 행위를 금지하고 있다.

특별법에서 금기행위를 나열할 만큼 그러한 행위가 만연하고 있다는 현실을 보여주는 것이기도 하다. 따라서 기존의 사상교양만으로는 문제해결이 어렵기 때문에 법적투쟁을 위한 제도적 수단이 필요하다는 정책적 판단 아래 청년을 대상으로 한 특별법을 제정한 것이다.

이러한 조건에서 김정은 정권이 청년에게 요구하는 역할은 집단주의에 기초한 북한식(혁명적이며 건전하고 문명한) 사회주의 생활양식을 확립한 주체혁명위업의 믿음직한 계승자이다. 청년들이 당과 수령에 대한 신념화된 충실성, 반제계급의식, 사회주의 도덕기풍, 헌신성 등의 품성을 키워 우리국가제일주의, 우리민족제일주의를 실현해야 한다는 것이다. 동법에서 제시하는 사회주의 생활양식은 공산주의 기풍이라는 사고방식, 외모단장이라는 행동양식, 준법기풍확립이라는 사고방식과 행동양식으로 표현된다.

또한 동법은 내각과 위원회, 성, 중앙기관, 지방인민위원회, 기관, 기업소, 단체가 청년사업부문에 필요한 사회적 환경과 조건, 물질적 토대를 마련해 주는 것을 비롯하여 각급 기관에서 청년과 청년동맹 사업을 지원할 것을 규정하고 있다(제19조~제26조). 아울러 학교, 가정, 사회에서 청년들을 교양하는 사업, 즉 학교교양, 가정교양, 사회교양의 지침을 제시하고 있다(제27조~제36조).

기관, 기업소, 단체와 공민에게 신고의무를 부과하고 있는데, "기관, 기업소, 단체와 공민은 청년들속에서 불건전하고 이색적인 현상이 나타나거나 청년교양보장질서를 어기는 현상들을 해당 기관에 제때에 신고 또는 통보하여야 한다"[12]고 적시하고 있다. 동법은 "이 법을 어겨 엄중한 결과를 일으킨 기관, 기업소, 단체의 책임있는 일군과 개별적공민에게는 정상에 따라 행정적 또는 형사적책임을 지운다"[13]고 하여 청년교양이나 청년보장사업을 제대로 하지 못한 각급 기관과 개별 인민에게 포괄적인 책임을 부과하고 있다. 이처럼 동법은 청년보다는 각급 기관과 인민들에게 청년교양사업의 책임을 규정하고 있다. 만약 청년들이 불순출판선전물을 유입·유포·시청하는 등 「청년교양보장법」에서 금하는 행위를 저질렀다면, 이 행위가 「반동사상문화배격법」에 위반될 경우에는 「반동사상문화배격법」에 따라 처벌될 것으로 보인다.

「청년교양보장법」은 북한의 미래를 책임질 청년들을 반동적인 사상문화의 침습으로부터 보호하기 위한 대책의 일환으로 학교와 가정, 사회에서 청년들에 대한 사상교양을 강화하여 그들에게 북한식 문화와 생활양

---

12 「청년교양보장법」 제44조.
13 「청년교양보장법」 제45조.

식이 제일이라는 인식을 일찍부터 확고하게 심어주겠다는 정책적 의도가 반영되어 있다.

여덟 번째, 「구타행위방지법」은 구타행위를 인민의 신체를 해치고 우리식 사회주의의 기초인 일심단결을 파괴하는 엄중한 위법행위라고 인식하므로 비사회주의 투쟁법에 해당한다. 제2조 구타행위의 정의에서 "구타행위는 사람을 함부로 때리거나 치는 모든 행위를 의미한다. 구타행위에는 손으로 때리거나 긁어놓거나 꼬집거나 잡아당기거나 비틀어놓는 행위, … 돌이나 흙, 그 어떤 물체로 때리거나 찌르거나 뿌리는 행위 등이 속한다"라고 규정함으로써 포괄적인 정의 속에서 구체적인 묘사를 하고 있다. 제1조에서 "구타행위방지와관련한 제도와 질서를 엄격히 세워 인민의 생명, 건강을 보호하고 집단의 단결을 강화하며 사회의 안정을 보장하는데 이바지"하는 것이 동법의 사명이라고 규정한다. 구타행위의 기본원칙은 미연방지원칙(제3조), 구타행위방지를 위한 교양사업 강화원칙(제4조), 구타행위와의 전사회적, 전군중적 투쟁원칙(제5조), 구타행위에 대한 적발처리원칙(제6조), 사회적 교양과 법적제재의 배합원칙(제7조) 등이다. 구타행위에 대한 적발처리원칙(제6조)은 인민들 속에서 '군중신고체계'를 확립하여 구타행위를 적시에 적발하고 구타행위를 감행한자, 부추긴자, 구타행위와 법적투쟁을 하지 않은 자에 대해 법적제재를 가하도록 한다는 것이다. 동법은 구타행위를 발견하면 '제때에' 제지시키거나 사회안전기관을 비롯한 해당 법기관에 신고(제11조)할 것을 규정하고 있다. 법 적용대상은 기관, 기업소, 단체와 인민 모두를 포함한다. 특이한 것은 "구타행위 당시 16살이상 되는자에 대하여서만 이 법에 따라처벌한다. 16살에 이르지 못한자가 구타행위를 하였을 경우에는 사회적교양대책을 세운다. 그러나 14살이상에 이른자가 저지른 구타행위가 범죄에 이를 경우에는 형사적책임을 지운다"고 명시하여, 처벌대상을 분리한 점이다.

동법은 일차적으로 구타행위를 미연에 방지하기 위한 처벌규정을 두지만, 근본적으로는 각급 기관, 기업소, 인민 모두가 구타행위 방지사업에 적극 동참할 것을 요구하고 있다. 동법은 구타행위가 만연하고 이것이 법적으로 문제되지 않는다는 사회의식이 일반화된 상황에서 구타행위의 범주를 상세히 제시하고, 이를 방지해야 할 전사회적 책임을 강조함으로써 인민의 생명과 건강을 보호하려는 것이다.

아홉 번째, 「허풍방지법」은 허풍을 "공명심과 리기심, 책임회피와 같은 낡은 사상에 물젖어 자기 부문, 자기 단위실태를 허위로 보고하여 국가의 정책집행과 인민생활에 엄중한 해독적후과를 끼치는 반국가적, 반인민적 행위"로 정의한다(제2조). 동법은 이러한 허풍을 방지하는 것이기에 비사·반사 투쟁법에 해당한다. 동법은 "전국가적, 전사회적으로 허풍을 치는 현상과의 투쟁을 강하게 벌려 국가의 정책을 정확히 집행하고 인민의 리익을 보호하는데 이바지"[14]하는 것을 사명으로 적시한다. 동법에서 제시하는 허풍방지의 기본원칙은 자기 부문, 자기 단위실태에 대해 국가적인 입장에서 정확하게 보고하도록 하는 것이다(제3조). 동법은 경제계산에서의 허풍방지(제2장), 농업생산에서의 허풍방지(제3장), 사회전반에서의 허풍방지(제4장) 등 광범위한 영역에 대한 허풍방지를 제시하고 있다.

먼저 제2장 경제계산에서의 허풍방지는 인민경제계획작성과 시달(제7조), 인민경제계획수행(제8조), 품질보장(제9조), 통계장악과 보고(제10조), 인민경제계획수행정형에 대한 평가(제11조) 등 인민경제계획 작성부터 그 수행에 대한 평가에 이르기까지 전 영역을 대상으로 한다. 특히 '인민경제계획수행정형에 대한 평가에서의 허풍방지'에서 객관성과 공정성의 원칙을 강조한다.

다음으로 제3장 농업생산에서의 허풍방지도 농업생산 관련 전반 과정

---

14 「허풍방지법」 제1조.

을 대상으로 허풍을 금지하고 있다. 즉 농업생산에 대한 지도(제13조), 영농준비사업(제14조), 영농작업수행(제15조), 농작물예상수확고판정(제16조), 농업생산정형의 등록과 보고(제17조), 농업생산물수매계획수행(제18조), 농업토지리용(제19조) 등을 그 대상으로 하고 있으며, 농업부문에서 허풍방지를 위한 대책으로 농업지도기관 등으로 하여금 원격수감기술을 비롯한 현대정보기술수단, 분석 및 측정기술 연구도입 의무를 규정(제20조)하고 있다.

끝으로 제4장 사회 전반에서의 허풍방지와 관련하여, 각종 사고방지사업(제22조), 비상방역사업(제23조), 과학기술인재양성사업(제24조), 과학기술심의 및 학위학직심의(제25조), 자격 및 급수사정(제26조), 국가표창사업(제27조), 계량, 계측(제28조), 민방위사업(제29조), 생산문화, 생활문화확립(제30조), 재해방지사업(제31조), 기관, 기업소, 단체의 지도사업(제32조), 기관, 기업소, 단체의 사업보고(제33조), 일생산 및 재정총화(제34조) 등 사회영역 전반에 대한 허풍방지를 제도화하고 있다.

또한 기관, 기업소, 단체와 인민은 허풍 행위를 발견했을 경우 검찰, 사회안전기관 등의 해당 감독통제기관에 바로 신고할 의무(제44조)가 있다. 동법의 주 적용대상은 기관, 기업소, 단체의 간부 및 책임자이다. 사회 전반에 만연한 허풍, 부풀리기를 규제·방지함으로써 인민들에게 돌아올 수 있는 피해를 예방하는 것이다. 또한 허풍행위에 대해 행정처벌 외에 형사적 책임을 부과하고 있다. 이 경우 「형법」의 계획수행정형거짓보고죄, 직권남용죄, 직무태만죄, 계량,계측기구위조 및 불량계량,계측기구사용죄, 품질감독질서위반죄, 민간군사훈련을 무책임하게 집행한 죄, 설비점검, 보수질서위반죄 등에 따라 처벌된다(제49조). 앞서 언급했듯이 「형법」에 의하면 직권남용죄(제273조), 직무태만죄(제275조)만 보더라도 정상이 무거운 경우 5년 이상 10년 이하 로동교화형에 처하게 되어 강력한 처벌이 가해질 수 있음을 알 수 있다.

열 번째, 「평양문화어보호법」은 「반동사상문화배격법」과 같이 가장 강력하고 총체적인 비사·반사 투쟁법이다. 동법은 "괴뢰말투를 쓰는 현상을 근원적으로 없애고 비규범적인 언어요소를 배격하며 온 사회에 사회주의적언어생활기풍을 확립하여 평양문화어를보호하고 적극 살려나가는데 이바지"[15]하는 것을 사명으로 한다. 평양문화어를 "가장 순수하고 우수한 언어로서 우리나라 국어인 조선어의 기준"[16]이라고 정의하고, '괴뢰말'을 "어휘, 문법, 억양 등이 서양화, 일본화, 한자화되여 조선어의 근본을 완전히상실한 잡탕말로서 세상에 없는 너절하고 역스러운 쓰레기말"[17]로 본다. "국가는 언어생활령역에 돌아가고 있는 괴뢰말투를 말끔히 쓸어버리는것을 주되는 과녁으로 정하고 전사회적인 투쟁을 강도높이 벌려나가도록 한다"[18]고 하여 평양문화어를 보호하는 것이 북한의 사상과 문화, 제도를 지키는 중요한 사업임을 밝히고 있다. 그렇기에 괴뢰말찌꺼기를 쓸어버리기 위한 투쟁은 사회주의제도의 운명, 인민, 후대들의 '사활'이 걸린 중대한 정치투쟁·계급투쟁이라고 인식한다. 그러한 투쟁은 구체적으로 괴뢰말 유포원점을 차단하는 것에서 시작하는데, "기관, 기업소, 단체와 공민은 괴뢰출판선전물이나 괴뢰말 또는 괴뢰서체로 표기된 물건짝의 류입, 류포와 같은 괴뢰말이 퍼질수 있는 요소와 공간을 빠짐없이 찾아 물리적으로 제거하여 괴뢰말찌꺼기가 우리의 언어생활령역에 침습하지 못하게 하여야한다"[19]는 대책을 규정하고 있다.

동법은 괴뢰말찌꺼기로서 '무자비하게 쓸어버려야'(제18조) 할 언어사용 행태를 구체적으로 적시하고 있다. 즉 괴뢰식부름말을 본따는 행위(제19

---

15 「평양문화어보호법」 제1조.
16 「평양문화어보호법」 제2조 제1호.
17 「평양문화어보호법」 제2조 제2호.
18 「평양문화어보호법」 제3조.
19 「평양문화어보호법」 제7조.

조), 괴뢰식어휘표현을 본따는 행위(제20조), 괴뢰서체, 괴뢰철자법을 사용하는 행위(제21조), 괴뢰식억양을 본따는 행위(제22조), 괴뢰식이름짓기(제23조), 괴뢰말 또는 괴뢰서체로 표기된 편집물, 그림, 족자의 제작, 유포(제24조), 손전화기, 컴퓨터망을 통한 괴뢰말투유포(제25조), 괴뢰말 또는 괴뢰서체로 표기된 물건짝밀매, 사용(제26조), 괴뢰말 또는 괴뢰서체로 표기된 출판물, 인쇄물의 유포(제27조), 문건작성에서 괴뢰말투사용(제28조), 봉사활동에서 괴뢰말투 유포(제29조) 등은 모두 금지된다.

동법은 또한 사용이 금지되는 비규범적인 언어요소를 규정하고 있다. 즉 국가적으로 승인되지 않은 외래어(제40조), 일본말찌꺼기(제41조), 힘든 한자말(제42조), 비규범적인 준말(제43조), 비규범적인 억양(제44조), 기타 비규범적인 언어요소(제45조)는 모두 금지된다. 따라서 기관, 기업소, 단체와 공민이 새 용어를 사용하려면 언어사정기관에 등록하여야 한다(제46조).

결국 동법은 사회주의적 언어생활기풍을 확립하여 평양문화어규범을 정확히 준수하고(제51조), 말을 하거나 글을 쓸 때 평양문화어를 사용하여 언어생활을 '고상하고 례절있게, 문화적으로'(제57조 제1항)할 것을 제시하고 있다. 공민은 평양문화어를 사용하는 것이 의무이며, 특히 "부모는 자녀들이 우리말을 적극 살려쓰도록 교양하며 손전화기, 컴퓨터사용에 항상 깊은 관심을 돌려 자녀들의 머리속에 자그마한 잡사상도 들어가지 못하게 하여야 한다"[20]며 부모에게 자녀교육 의무를 부과하고 있다. 만일 부모가 자녀 교양을 제대로 하지 않아 괴뢰말투를 따라하는 현상이 나타나게 한 부모에 대하여는 그 부모가 속한 기관, 기업소, 단체, 인민반 등에서 종업원총회, 인민반 모임 등을 통해 자료를 통보하고 망신을 주어서 "머리를 쳐들지 못하게 하여야 한다"고 규정한다(제33조).

동법은 괴뢰말투를 사용하거나 유포한 자들에 대해서는 범죄자로 낙

---

[20] 「평양문화어보호법」 제57조 제2항

인하고 그가 누구든 경중을 따지지 않고 극형에 이르기까지 엄격한 법적 제재를 가하게 규정하고 있다. 기관, 기업소, 단체, 인민 모두에게 적용되는 법이다. 처벌수위는 제58조 괴뢰말투사용죄에서 "괴뢰말투로 말하거나 글을 쓰거나 괴뢰말투로된 통보문, 전자우편을 주고받거나 괴뢰말 또는 괴뢰서체로 표기된 인쇄물, 록화물, 편집물, 그림, 사진, 족자 같은 것을 만든자는 6년이상의 로동교화형에 처한다. 정상이 무거운 경우에는 무기로동교화형 또는 사형"[21]에 처하며 제59조 괴뢰말투류포죄 또한 정상이 무거울 경우 무기로동교화형 또는 사형에 처한다고 하여 가장 강력한 법적제재를 가하고 있다. 동법은 신고의 의무를 규정(제36조)하고 있으며, 괴뢰말 사용을 묵인조장하는 행위를 이적행위로 간주한다(제38조).

열한 번째, 「적지물처리법」은 제1조 적지물처리법의 사명에서 "모든 공민들에게 투철한 대적 관념과 계급의식을 심어주며 적지물을 쓸어버리기 위한 사업에서 제도와 질서를 세워 적들의 반공화국모략책동으로부터 우리 국가 최고지도부의 절대적 안전과 권위를 보호하고 사회주의제도를 굳건히 수호하는데 이바지 한다"[22]고 적시하여 비사·반사법에 해당한다. 다른 비사·반사법과 달리 '최고지도부의 절대적 안전과 권위를 보호'한다는 문구가 명시되어 있다. 이는 동법에서 '적지물'을 어떻게 규정하는가와 연관된다. 제2조에서 적지물의 정의를 "적지물은 적들이 우리의 사회주의제도를 와해 붕괴시킬 목적 밑에 들여보내는 모든 물건이다. 적지물에는 괴뢰들의 상표, 그림, 글이 새겨진 물품과 괴뢰화폐, 적들이 주는 물품, 적 측 지역에서 지상과 해상, 공중으로 들어오는 오물 같은 것도 속한다"[23]고 규정한다. 여기서 주 타겟은 '적 측 오물'로, 이는 남측에서 보내

---

21 「평양문화어보호법」제58조.
22 「적지물처리법」제1조.
23 「적지물처리법」제2조.

는 이른바 '삐라'를 의미한다고 유추할 수 있다. 남측의 삐라에 최고지도자와 그 부인에 대한 내용이 들어가곤 했던 것과 무관하지 않다고 본다. 아울러 주목할 부분은 '적 측'이라는 표현을 사용한 점이다. 그동안 비사·반사 투쟁법에서는 주로 적대국, 괴뢰와 같은 표현이 나왔으나, 동법에서는 '적 측'이라는 용어로 보다 명확하게 '적'을 부각시키는 한편 과거 남북회담에서 북측이 우리를 지칭할 때 사용한 '남측'이라는 용어를 연상짓게 한다.

적지물의 처리와 관련해 "적지물 적발 처리에서 방역학적 요구를 엄격히 준수하여 적지물을 통한 악성 전염병의 유입을 철저히 막도록 한다"[24]고 방역학적 원칙을 제시하면서도 적지물의 처리 관할을 "적지물은 보위기관에서 처리한다. 법기관들에서 법집행과정에 몰수한 적지물도 보위기관에 넘겨 처리하도록 한다"[25]고 명시한다. 즉, 방역학적 처리원칙에 의하면 중앙보건지도기관(보건성, 남측의 보건복지부에 해당) 관할이어야 함에도 불구하고 보위기관(국가보위성, 남측의 국가정보원에 해당)으로 한정하고 있어 적지물 문제를 국가·체제 안위의 문제로 보고 있음을 알 수 있다. 적지물처리법의 적용 대상도 "모든 기관, 기업소, 단체와 공민, 공화국 영역 안에 있는 외국투자기업과 외국인, 해외동포"[26]까지 포함하고 있다.

동법은 '적지물을 쓸어버리기 위한 전 군중적 투쟁'을 위해 군중교양을 강화하고, 군중신고체계를 확립할 것을 요구하고 있다(제9조, 제12조). 또한 동법은 적지물 유입의 경로와 공간을 원천 차단하여 적지물이 북한 경내에 유입, 유포되지 않도록 하는 것을 기본요구로 삼는다(제17조). 구체적으로 지상·해상·공중에 대한 감시를 강화하여 적지물을 제때 적발 처리하

---

24 「적지물처리법」 제4조.
25 「적지물처리법」 제5조.
26 「적지물처리법」 제6조.

고(제18조), 국경통과·수입물품·외국인방문자 등을 통한 유입 경로를 차단하며(제19조~제21조), 북한 내 외국투자기업과 외국인, 해외동포의 적지물 유입을 금지하고(제23조), 지속적인 검열 단속을 강화하며(제24조), 적지물 취급기관과 일군들의 비법적인 적지물 유포를 금지(제26조)하는 등 다양한 경로에 대한 차단 방법을 제시하고 있다.

동법 제4장은 적지물 처리 절차와 방법으로 '적지물 발견 신고 → 적지물 발견 지역 봉쇄 및 수색 → 적지물 발견 현장 차단 → 적지물에 대한 방역 → 적지물에 대한 전문기관의 검사 → 적지물 발견 현장에 대한 조서, 사진, 녹화 등의 방법으로 고착 → 적지물 수집 → 적지물 운반 → 적지물 인계인수 → 적지물 보관 → 적지물의 파손·소각·매몰'로 이어지는 과정을 상세히 규정하고 있다(제28조~제42조). 일종의 적지물 처리방법에 대한 매뉴얼을 제시하고 있는 셈이다.

처벌조항을 보면, 북한 영역에 적지물을 유입하거나 유포한 경우 6년 이상 10년 이하의 노동교화형, 특대량의 적지물 유입·유포한 경우에는 무기노동교화형, 적지물 유입으로 악성 전염병 발생 같은 엄중한 결과를 초래한 경우에는 사형에 처하도록 규정하고 있다(제43조 적지물 유입, 유포죄). 유입·유포자뿐 아니라 적지물 유입·유포 차단 임무에 태만하거나 적지물 취급질서를 위반한 일군에 대해서도 노동단련형, 노동교화형 등의 처벌을 받게 한다(제47조 적지물 유입, 유포 차단 임무 태만죄). 아울러 적지물을 불법적으로 습득, 보관, 이용한 경우나 가짜 괴뢰상품을 제조하거나 유포한 경우 최고 10년 이상 노동교화형에 처한다(제44조, 제45조). 한편 적지물을 발견하거나 적지물의 비법적인 처분행위를 알면서 신고하지 않은 자는 노동단련형에 처한다고 불신고죄(제46조)를 명시하고 있다. 이러한 불신고죄는 비사·반사 투쟁법 중「반동사상문화배격법」에도 나오는 조항이다.「마약범죄방지법」에는 불신고자 형사책임을 규정하고 있다. 타 비사·반사법은 신고의무는 있으나 불신고죄는 없다.

이상과 같이 「적지물처리법」은 적지물의 유입·유포를 막기 위한 군중교양사업부터 처리방법까지 상세하게 규정하며, 모든 대상에 적용될 뿐 아니라 북한 내 외국투자기업과 외국인, 해외동포까지 포함하고, 극형의 처벌과 함께 불신고죄까지 명시함으로써 최고와 최강의 처벌수위를 보이는 비사·반사법에 해당한다.

열두 번째, 「국가비밀보호법」은 제1조에서 법의 사명을 "국가비밀보호사업에서 제도와 질서를 엄격히 세워 국가의 안전과 리익, 사회주의건설의 성과적전진을 보장하는데 이바지한다"[27]고 명시한다. 노동신문은 동법에 대해 "비밀보호사업에서 질서를 세워 국가의 안전과 리익, 사회주의건설의 성과적 진전을 보장하는데 이바지하는 것을 사명"[28]으로 하고 있다고 보도하여 비사·반사 투쟁법임을 확인할 수 있다. 동법은 국가비밀을 "국가의 안전과 리익에 관계되는것으로서 정해진 기간안에 일정한 범위의 사람만이 알게 되어 있는 내용"[29]이라고 정의한다. 국가비밀의 대상을 "비밀에 속하는 내용이 기록된 종이, 광학매체, 전자매체 또는 비밀에 속하는 설비나 제품, 재료 같은 것이 속한다"(제3조)고 하여 설비와 제품까지 국가비밀 영역에 포함시켰다. 동법은 국가비밀보호관리체계를 수립하고, 기관, 기업소, 단체와 공민이 국가비밀보호를 자각적으로 준수하는 원칙을 내세우고 있다(제5조, 제6조).

국가비밀에는 최고지도부의 안위가 제일 먼저 제기되며, 그리고 당, 내각, 무력 등의 순서로 제시된다. 구체적인 내용은 다음과 같다.

---

27 「국가비밀보호법」 제1조.
28 『로동신문』, 2023년 2월 3일.
29 「국가비밀보호법」 제2조.

제8조(국가비밀에 속하는 내용) 국가비밀에는 국가의 안전과 리익에 관계되는것으로서 다음과 같은 내용들이 속한다.
　　1. 우리의 국가최고지도부의 안전보장과 관련한 내용
　　2. 당 및 국가정책집행과 관련한 내용
　　3. 무력, 군수부문과 관련한 내용
　　4. 국가보위부문과 관련한 내용
　　5. 조국통일[30], 국가외교와 관련한 내용
　　6. 과학기술과 관련한 내용
　　7. 비밀보호를 위한 암호와 관련한 내용
　　8. 통계자료
　　9. 전략예비물자의 조성 및 관리와 관련한 내용
　　10. 대외경제와 관련한 내용
　　11. 형사사건과 관련한 내용
　　12. 해당 권한있는 기관이 국가비밀로 정하는 내용[31]

국가비밀은 '극비-절대비밀-비밀'로 분류(제9조)되며, 이러한 등급에 따라 이용자의 범위와 비밀보호기간이 정해진다. 국가비밀대상은 등록(제19조), 보관설비 및 보관장소 설치(제22조), 비밀보호대책 등을 수립(제24조)해야 하고, 국가비밀취급용 컴퓨터는 일반정보통신망에 접속하지 못하며(제27조 제1호), 기관·기업소·단체는 보관하고 있는 비밀물건을 주기적으로 실사해야 한다(제31조). 기관, 기업소, 단체와 공민은 국가비밀이 누설되었을 경우 대비책을 새우고 사회안전기관, 국가보위기관을 비롯한 해당 기관에 신고하도록 규정(제40조)되어 있다.

---

[30] 동법 제8조 제5호에 '조국통일'이라는 명칭이 들어가 있는데, 향후 사회주의헌법에서 '통일'이란 용어가 삭제된다면, 동법도 관련조항을 개정할 것으로 보인다. 즉 2023년 12월 말 김정은 총비서는 노동당 중앙위원회 제8기 제9차 전원회의에서 남북관계를 '적대적 두 국가관계'로 규정한 이후 2024년 1월 열린 최고인민회의 제14기 제10차 회의 시정연설을 통해 헌법에서 '통일'이란 표현 등의 삭제 방침을 제시한 바 있어 그 귀추가 주목된다.
[31] 「국가비밀보호법」 제8조.

동법의 처벌조항을 보면, 국가비밀의 등급, 이용자범위, 보호기간을 정하지 않은 경우, 국가비밀대상의 발송·접수·등록을 정해진대로 하지 않은 경우, 대외사업에서 국가비밀준수와 관련한 질서를 지키지 않은 경우 등과 관련해 책임있는자에게 경고, 엄중경고처벌, 무보수로동, 로동교양, 강직, 해임, 철직처벌과 형법 해당 조항에 따른 형사적 책임 조항을 규정하고 있다. 행정처벌은 열다섯 가지 경우(제45조)로 상세하게 제시하면서도 형사적 책임은 포괄적으로 규정하고 있다. 여기서 처벌대상자는 기관, 기업소, 단체와 공민 모두를 포함하지만, 주로 국가비밀을 다루는 책임자가 된다. 한 가지 주목할 점은 동법 제7조에서 "국가비밀보호와 관련하여 이 법에서 규제하지 않은 사항은 해당 법규에 따른다"[32]고 명시하고 있지만, 동법의 처벌조항은 여타 비사·반사법에 비해 강하지 않은 편이다. 주로 기관 책임자에 대한 행정적 처벌 위주로 규정하였다. 참고로「형법」제258조에 정한 국가비밀누설죄는 "국가비밀을 루설한자는 로동단련형에 처한다. 중요한 국가비밀을 루설한 경우에는 5년이하의 로동교화형에 처한다. 정상이 무거운 경우에는 5년이상 10년이하의 로동교화형에 처한다"[33]고 하여 유기로동교화형으로 처벌하고 있다.

동법은 최고지도부의 안전보장부터 형사사건과 관련한 내용까지 광범위한 영역을 포괄한 법률로서 이전에 제정된「군중신고법」,「이동통신법」과도 관련성이 있다. 구체적으로 동법은「군중신고법」제15조 제3호(당 및 국가, 군사비밀을 탐지, 루설, 팔아먹는 행위), 제8호(군사시설을 비롯한 국가의 중요 대상물과 시설물을 촬영하는 행위), 제20호(컴퓨터망에 불법침입하여 비밀자료를 열람, 절취하는 등의 행위)와 관련되며,「이동통신법」의 제35조 제2호(손전화로 비밀에 속하는 내용의 말하기 금지), 제43조 제2호(이동통신망에 대한 보안대책을 바로 세우지않아 비밀이 루설되었을 경우)와도 연관된다.

---

32 「국가비밀보호법」제7조.
33 「형법」제258조.

열세 번째, 「인민반조직운영법」은 두 가지 점에서 주목할 필요가 있다. 하나는 비사·반사 투쟁법 중 유일하게 조직과 관련한 법률이며, 그 중에서도 기층조직, 기층단위에 관한 법률이라는 점이다. 다른 하나는 비사·반사 투쟁거점, 기초단위로서 인민반의 적극적인 역할을 제시하고 있다는 점이다.

동법은 "인민반의 조직과 운영을 바로하고 인민반장들의 역할을 높여 인민반을 강화하는데 이바지"[34]하는 것을 사명으로 한다. 또한 인민반조직운영의 기본원칙으로 "국가는 인민반조직과 그 운영을 잘하여 모든 인민반을 단결되고 화목한 하나의 대가정으로 만들며 주민들을 인민반사업에 적극 참가"[35]시키는 것으로 적시한다. 인민반사업에 대한 지도는 내각 지도 아래 지방인민위원회와 '리(읍, 로동자구, 동) 사무소'가 한다(제4조). 인민반은 거주지역 단위로 주민들이 사는 모든 곳에 세대수 기준에 맞게 조직한다(제5조). 이같은 인민반의 지위는 국가의 기층단위이자 주민생활의 거점이며, 인민반의 임무는 "인민반은 모든 가정을 혁명화하고 반원들의 생활을 잘 보살펴주며 꾸리기와 사회주의적생활양식확립, 반범죄투쟁, 각종 사고방지 등 인민반앞에 제기되는 사업을 국가의 정책적 요구에 맞게 조직진행"[36]하는 것이다. 인민반 일군(간부)에는 인민반장, 위생반장, 세대주부반장이 포함되며, 이들은 인민반회의에서 선거로 선출된다(제7조). 인민반회의는 월 1회 이상 소집되며, 모든 가정에서 인민반회의에 참가해야 한다(제9조).

동법에서 주요 관심대상은 바로 인민반장이다. 인민반조직 운영을 잘하기 위해서는 인민반장이 중요하기에 인민반장의 역할을 제고해야 한다는 원칙을 강조한다. 전체 41개조로 구성된 동법 중 제8조~제24조에 해

---

[34] 「인민반조직운영법」 제1조.
[35] 「인민반조직운영법」 제2조.
[36] 「인민반조직운영법」 제6조.

당하는 17개조(41.5%)가 인민반장의 임무에 관한 것이고, 제28조 및 제30조 ~제34조에 해당하는 5개조(12.2%)가 인민반장의 대우와 위상에 관한 것으로 절반 이상(총 22개조, 53.7%)이 인민반장에 맞춰져 있다.

먼저 인민반장의 역할과 의무는 모든 면에서 앞장서며 인민의 충복으로서 자기의 책임과 역할을 다해야 하며(제8조), 인민반회의를 월 1회 이상 소집해야 하며(제9조), 반원들의 건강상태와 생활형편을 파악하고 대책을 세워야 하는 것(제10조)이다. 또한 인민반장이 사회주의적 생활양식을 확립하기 위한 사업(제11조), 인민반을 화목한 대가정으로 만들기 위한 사업(제12조), 핵심군중(혁명열사가족, 피살자가족, 전사자가족, 영웅, 영예군인, 후방가족 등)을 우선시하고 적극 내세워주기 위한 사업(제13조), 연로보장자·사회보장자·가정부인들을 위한 사업(제14조), 일군들과의 사업(제15조), 절약사업(제16조), 수매사업(제17조), 사고 및 위기방지사업(제18조), 사회안전보장사업(제19조), 반사회주의·비사회주의적 현상과의 투쟁(제20조), 전쟁관점 교양 및 대피훈련 등의 항전준비사업(제21조), 사회주의애국운동·혁명적인 대중운동(제22조), 직장과 학교에 반원들의 긍부정자료 통보(제23조) 등의 업무를 수행하도록 하는 한편 세외부담행위를 금지(제24조)하고 있다.

이같은 인민반장의 역할은 크게 세 가지로 분석할 수 있는데, 첫째, 제8조에서 제17조까지는 인민반장이 인민반원들의 생활을 보장하고 취약계층을 보호하는 등 일상적 업무에 해당한다면, 둘째, 제18조에서 제23조는 인민반장의 정치적 역할로 인민반원들에 대한 통제와 감시 업무에 맞춰져 있다. 특히, 제20조는 "인민반장은 반원들속에 국가의 법규범과 규정을 깊이 해설하고 인민반안에 건전하고 혁명적인 생활기풍을 세우기 위한 사업을 실속있게 벌려 강력범죄와 미신행위, 장사행위, 불량행위를 비롯한 온갖 반사회주의, 비사회주의적 현상들이 나타나지 않도록 하여야 한다"[37]고 하여 비사·반사적 현상과의 투쟁 역할을 강조하고 있다. 아울러 제19조는 "인민반장은 인민반안에 군중신고체계와 자위경비체계, 숙박등록질서를 정연하게 세우고 주민변동정형과 미거주자, 직장리탈자, 비법적인 숙박자, 범죄요소자를 비롯하여 의심되는자, 비정상적인 현상들을 해당 법기관에 빠짐없이 신고하며 반원들이 경비 근무를 책임적으로 수행하도록 장악통제하여야 한다"[38]며 사회안전보장사업을 명시하고 있다. 셋째, 인민반장이 업무를 수행할 때 금기할 사안으로 반원들에게 돈과 물자를 요구하는 세외부담행위에 대해 규정하고 있다. 별도의 법조문을 둘 정도로 세외부담행위가 사회의 기초단위부터 만연해 있음을 보여주는 사례라 할 수 있다.

다음으로 인민반장에 대한 우대 사안으로는 생활비(임금)를 지급하고(제30조), 필수공급대상으로 정해 식량을 전량 공급하며(제31조), 매년 모범적인 인민반장들을 선발하여 평양견학과 휴식을 제공하며(제32조), 인민반장열성자회의를 정기적으로 소집하여 인민반장의 공로에 따라 물질적인 평가를 하며(제33조), 인민반장이 사업에 전념할 수 있게 농촌노력지원을 제외하고는 여타 사업 동원을 금지(제34조)하고 있다. 또한 인민반원들은 인민반장의 정당한 요구에 불응하지 못하게 규정(제28조)하였다. 이같은 조항들은 인민반장의 위상을 제고시키고 있다.

법적책임에 관하여는 행정처벌과 형사적 책임을 규정하고 있다. 행정처벌 중 돈과 물건을 받고 인민반사업에서 제외시키거나, 인민반장의 정당한 요구에 불응하면서 구타·폭행 등의 행위를 하였을 경우 무보수로동, 로동교양처벌을 받고(제38조), 인민반조직운영 질서 위반 행위가 엄중한 결과를 초래했을 때는 강직, 해임, 철직처벌을 받도록 하였다(제39조).

---

37 「인민반조직운영법」 제20조.
38 「인민반조직운영법」 제19조.

형사적 책임은 포괄적으로 규정하고 있다(제40조). 이상의 13건의 법률 내용을 정리하면 다음 〈표 Ⅴ-5〉와 같다.

〈표 Ⅴ-5〉 김정은시대 비사·반사 투쟁법: 연도별 비교

구분	법률명	일시	부문	비사·반사	척도 (방향/처벌)	신고 의무	적용대상	특징
1	군중 신고법	2019. 4.28	5. 재판· 인민보안	비사 반사	-3/+2	신고의무	모든대상 적용 (대상의 보편성)	- 최초 비사·반사법, 비사반사 범위의 기준점 - 총체적 강력한 통제, 처벌수위 약함
2	세외부담방지법	2020. 7.4	4. 형·민사	비사 반사	-2/-1	신고의무, 법적투쟁 의무	간부 (기관,기업소,단체)	- 간부 개인의 세도 금지 - 인민 위한 법률
3	이동통신법	2020. 12.4	14. 과학기술· 지적소유권· 체신	비사 반사	-3/0	신고의무 없음	모든대상적용, 북한내 외국인과 해외동포 포함	- 이동통신을 총체적 강력히 통제, 처벌수위 약함
4	반동사상 문화배격법	2020. 12.4	15. 교육· 문화·체육	비사 반사	-3/-3	신고의무, 불신고죄	모든대상 적용 (대상의 보편성)	- 비사·반사대표법 - 총체적 강력한 금지행위, 사형 처벌조항
5	마약범죄방지법	2021. 7.1	4. 형·민사	비사	-2/-3	신고의무, 불신고자 형사책임	모든대상 적용, 북한내·외 외국인 중 마약 범죄자 포함	- 사형 처벌조항 - 마약으로부터 인민의 정신육체적 건강보호
6	단위특수화, 본위주의반대법	2021. 7.6.	3. 행정	비사 반사	-2/-2	신고의무	단위특수화, 본위주의 행한자 (특권부문단체)	- 기관·기업소·단체의 본위주의 금지 - 인민 위한 법률
7	청년교양보장법	2021. 9.29	15. 교육· 문화·체육	비사 반사	-2/+2	신고의무	청년에 초점 (특수계층)	- 청년교양 목적 - 청년교양 못한 조직, 인민에 대한 처벌
8	구타행위방지법	2021. 11.30	4. 형·민사	비사	-2/-1	신고의무	모든대상 적용, 구타행위당시 16세이상자만 동법으로 처벌	- 구타방지 목적 - 구타행위로부터 인민생명건강보호
9	허풍방지법	2022. 5.31	10. 계량·규격· 품질감독	비사 반사	-2/-2	신고의무	간부와 실무자 (기관·기업소·단체)	- 모든 단위에서 허풍보고 방지 - 인민 위한 법률

구분	법률명	일시	부문	비사·반사	척도 (방향/처벌)	신고 의무	적용대상	특징
10	평양 문화어 보호법	2023. 1.18	15. 교육·문화·체육	비사 반사	-3/-3	신고의무	모든대상 적용 (대상의 보편성)	- 비사·반사 대표법 - 총체적 강력한 통제, 사형 처벌조항
11	적지물 처리법	2023. 2.2.	4. 형·민사	비사 반사	-3/-3	신고의무 불신고죄	모든대상 적용, 북한내 외국기업·외국인과 해외동포 포함	- 총체적 강력한 통제, 사형 처벌조항 - 최고지도부의 안전·권위 보호
12	국가비밀보호법	2023. 2.2	3. 행정	비사 반사	-3/-1	신고의무	모든대상 적용 (대상의 보편성)	- 총체적 강력한 통제, 처벌수위 약함 - 모든대상 적용이나 국가비밀관리자가 주 처벌대상
13	인민반 조직운영법	2023. 12.21	3. 행정	비사 반사	-3/-1	신고의무 없음	인민반에 초점	- 총체적 강력한 통제, 처벌수위 약함 - 비사반사투쟁 거점으로 인민반조직운영

* 출처: 본 연구자가 작성함.

    이상의 분석결과를 바탕으로 비사·반사 투쟁법의 친인민적 특성 여부를 분석하면 다음의 여덟 가지와 같다. 첫째, 「반동사상문화배격법」, 「평양문화어보호법」, 「적지물처리법」은 모든 대상에게 적용되며 총체적이고 가장 강력한 금지행위와 극단적 처벌조항까지 명시한 법률로 최강의 사회통제적 성격을 지닌다. 북한에서 말하는 적대국·괴뢰들의 사상·문화와 관련한 「반동사상문화배격법」, 「평양문화어보호법」과 괴뢰들·적들의 물품과 관련한 「적지물처리법」이 가장 강력한 처벌조항을 규정한다. '김일성주의(주체사상) → 김정일주의(선군사상)'로 이어진 지도사상의 중요성을 잘 아는 김정은 정권 입장에서 사상적·문화적 대열이 침해 혹은 와해되는 것이 가장 두려운 현상일 것이므로, 이 부분에 대한 강력한 규제는 당연한 조치일 것이다. 「반동사상문화배격법」이 척결·금지해야 할 대상을 나타낸 법이라 한다면, 「평양문화어보호법」은 보호·사용해야 할 대상에 대한 법이다. 「적지물처리법」은 '적 측 오물'이라 지칭하여 남측의 삐라를 연상케 하는 용어를 사용하면서 궁극의 경계심을 보이고 있다. 상기 두 법률이 단순히 사상이나 언어만이 아닌 인쇄물, 그림, 녹화물 등의 물품에 대해서도 규제하고 있음에도 불구하고 「적지물처리법」이라는 별도의 법을 제정한 것은 그만큼 주요 척결사안이라고 인식했기 때문일 것이다. 또한 「반동사상문화배격법」과 「적지물처리법」은 불신고죄까지 명시함으로써 가장 강력한 규제, 통제를 도모하고 있다.

둘째, 「군중신고법」, 「이동통신법」, 「국가비밀보호법」은 총체적이며 강력한 통제를 하는 법이지만, 처벌수위가 최강은 아니라는 점에서 위 「반동사상문화배격법」, 「평양문화어배격법」, 「적지물처리법」과 차별된다. 또한 「군중신고법」, 「이동통신법」, 「국가비밀보호법」은 국가비밀 탐지, 군사시설 촬영, 이동통신망에 의한 비밀 누설 등 서로 국가비밀 보호라는 차원에서 연관성을 갖는다.

셋째, 「청년교양보장법」은 부분적 통제법에 해당한다. 청년이라는 특수계층에 초점을 맞춘 법률로 청년들의 교양 보장이 법의 목적이며, 청년 교양을 제대로 하지 못한 조직과 인민에 대한 포괄적인 처벌조항을 명시하고 있다.

넷째, 「세외부담방지법」, 「단위특수화, 본위주의반대법」, 「허풍방지법」은 친인민적 성격의 법률이다. 이 세 법률들은 기관, 기업소, 단체의 간부 및 책임자들이 저지르는 세도, 관료주의, 부정부패를 척결하기 위한 것이다. 각종 명목으로 인민들을 수시로 동원하고 돈과 물자를 내도록 압박하고(「세외부담방지법」), 판매와 봉사시설을 마음대로 설치하여 시장을 교란시키고, 치외법권적 행위로 단체 이익만을 위해 전횡하며(「단위특수화, 본위주의반대법」), 자기 단위의 실태를 부풀려 허위로 보고하여 인민생활을 제대로 파악하지 못하고 향상시키는데 저해가 되는(「허풍방지법」) 행위를 금지하는 법이다. 즉, 인민들의 권익에 부합하는 친인민적 법률이다. 특히 「단위특수화, 본위주의반대법」, 「허풍방지법」은 '정상이 무거운 경우' 5년 이상 10년 이하의 유기로동교화형으로 처벌할 수 있다고 규정하여 간부 개인의 부정부패보다 더 강력히 다루고 있다.

다섯째, 「마약범죄방지법」과 「구타행위방지법」은 범죄행위를 미연에 방지하여 정치적 안정과 인민의 이익(정신적·육체적 건강, 생명보호)을 보장하는 친인민적 법률이다. 1990년대 중반 경제난 이후 마약이 전사회적으로 전 계층에게 통용되는 현실, 구타행위가 범법행위인지 인식하지 못하는 사회분위기 속에서 상기 법률들은 마약과 범죄를 범죄행위로 엄중하게 제재함으로써 인민의 건강과 생명을 보호하는 성격을 띤다.

여섯째, 「군중신고법」, 「반동사상문화배격법」, 「청년교양보장법」, 「평양문화어보호법」의 공통점은 북한 사회에서 만연된 것으로 보이는 남한과 서구의 영상녹화물(영화, 드라마 등) 등을 비사회주의적이고 반사회주의적인 반동사상문화 혹은 '괴뢰말'로 된 문화로 규정하여 금지하고 있다는 점이다. 이러한 금지의 목적은 북한 사회에서 남한의 문화사조 내지 자본주의식 외래문화의 색채를 완전히 쓸어버리고 북한식의 사회주의 생활양식을 확립하는 것이다. 아울러 「적지물처리법」은 언어나 사상은 아니지만 남한의 삐라를 포함한 괴뢰들·적들의 물품을 규제하는 것으로 남측과 연관이 있다는 공통점을 갖는다.

일곱째, 「인민반조직운영법」은 인민반조직의 비사·반사 투쟁거점으로서의 역할을 강조하고 있다. 여타 비사·반사 투쟁법이 주로 금기사항(「세외부담방지법」, 「이동통신법」, 「반동사상문화배격법」, 「마약범죄방지법」, 「단위특수화, 본위주의반대법」, 「구타행위방지법」, 「허풍방지법」)이나 예방 내지는 사후처리(「군중신고법」, 「국가비밀보호법」, 「적지물처리법」), 보호사항(「청년교양보장법」, 「평양문화어보호법」)에 관한 것인데 반해 동법은 비사·반사 투쟁을 수행하는 적극적인 역할에 초점이 맞춰져 있다.

여덟째, 부문별 비중을 보면 4.형·민사부문(「세외부담방지법」, 「마약범죄방지법」, 「구타행위방지법」, 「적지물처리법」)이 4건으로 가장 높은 비중을 차지하고, 다음으로 3.행정부문(「단위특수화, 본위주의반대법」, 「국가비밀보호법」, 「인민반조직운영법」), 15.교육·문화·체육부문(「반동사상문화배격법」, 「청년교양보장법」, 「평양문화어보호법」)이 각각 3건의 법률을 포함하고 있고, 끝으로 5.재판·인민보안부문(「군중신고법」), 10.계량·규격·품질감독부문(「허풍방지법」)과 14.과학기술·지적소유권·체신부문(「이동통신법」)이 1건씩 차지한다. 13건 중 7건이 체제·사법정비 분야에 집중되어 있다. 이는 북한이 비사·반사 투쟁법을 체제·사법정비 측면에서 중요하게 여기고 있다는 것을 의미한다.

결국 북한 체제의 시각에서 보면 비사·반사 투쟁법 모두는 인민의 안위를 보호하는 친인민적 법률에 해당하나, 사회과학적 시각에서 보면 「세외부담방지법」, 「단위특수화, 본위주의반대법」, 「허풍방지법」과 「마약범죄방지법」, 「구타행위방지법」이 친인민적, 사회통합적 법률에 해당한다. 특히 「세외부담방지법」은 인민의 의사와 요구를 반영하는 원칙, 「단위특수화, 본위주의반대법」은 인민대중제일주의정치를 실현하는데 이바지하는 법의 사명, 「허풍방지법」은 인민의 이익을 보호하는 법의 사명 등 해당 조항을 해당 법률에 명시하고 있는 점에서 주목된다. 바로 친인민성을 그대로 보여주고 있는 대목이다.

또한 비사·반사 투쟁법의 척도점수가 비사·반사 투쟁법 분류와 어떤 연관성을 갖는지 보기 위해 분포도를 제시하면 다음 〈그림 Ⅴ-10〉과 같다.

<그림 Ⅴ-10> 인민대중제일주의 법제도 분포도: 비사·반사 투쟁법

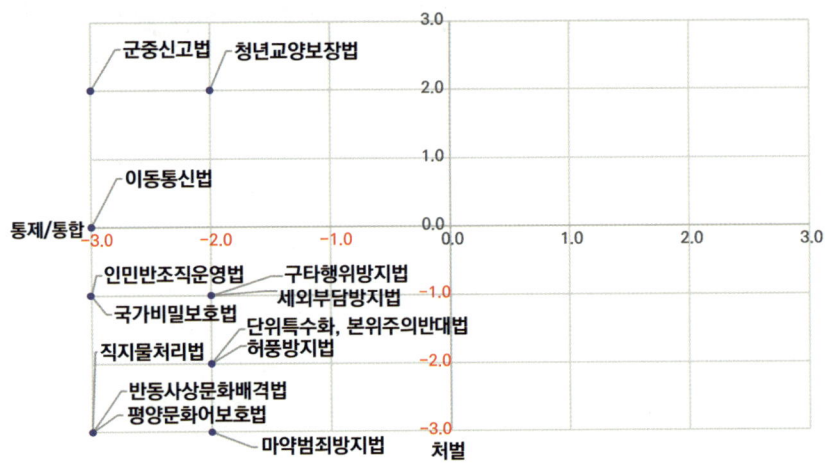

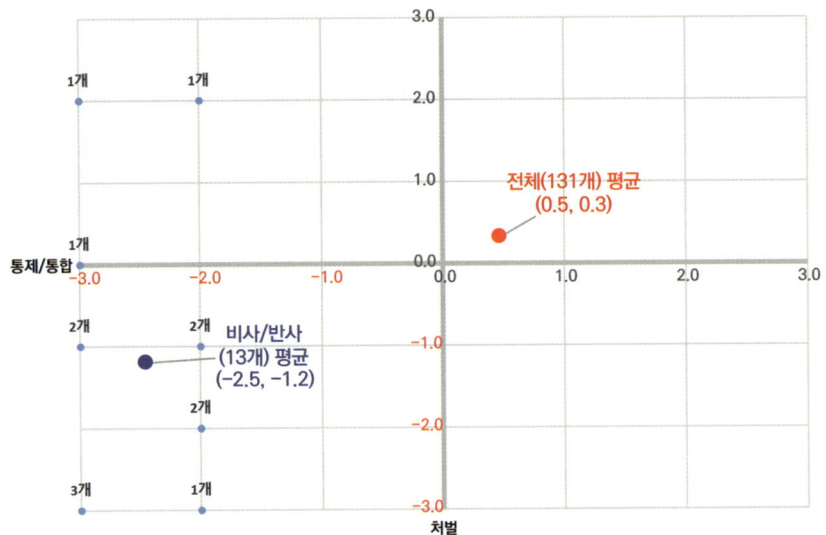

* 출처: 본 연구자가 작성함.

비사·반사 투쟁법 중 통제 방향성이 가장 높고(통제가 심하고) 처벌이 강한 순위부터 살펴보면,「반동사상문화배격법」,「평양문화어보호법」,「적지물처리법」〉「국가비밀보호법」,「인민반조직운영법」〉「이동통신법」〉「군중신고법」 순으로 나타난다. 사회과학적 시각에서 친인민성으로 분류되는 5건의 비사·반사 투쟁법인「세외부담방지법」,「단위특수화, 본위주의반대법」,「허풍방지법」과「마약범죄방지법」,「구타행위방지법」은 처벌수위는 다르지만, 모두 통합/통제 방향성 점수가 −2점대에 머무르고 있다. 단, 마약범죄는 사형까지 처벌될 수 있다. 13건의 비사·반사 투쟁법 평균점수는 〔−2.5, −1.2〕점으로 C영역에 해당한다. 전체 131개 제정법 평균점수 〔0.5, 0.3〕점을 기준으로 보면, 비사·반사 투쟁법 평균점수는 1~3단계의 각 단계별 평균, 2012~2023년의 각 연도별 평균과 비교했을 때 가장 멀리 떨어져 있어, 그만큼 통제성이 높고 처벌수위가 강하다는 것을 보여준다.

2) 비사·반사적 개념의 융합과 친인민담론의 재개념화

북한에서 비사·반사 투쟁 개념과 친인민담론을 연결시키는 논리는 다음과 같다. 본 연구의 분석개념(〈표 Ⅱ-14〉 인민대중제일주의 법제도 분석개념)에서 밝혔듯이 비사회주의 개념은 사회주의 원칙에 어긋나는 현상과 행위이며, 반사회주의는 체제에 위협을 주는 반당적, 반혁명적, 반국가적 현상과 행위이다. 이러한 비사·반사 현상은 사회주의 원칙과 체제에 위협을 주기에 당연히 투쟁의 대상이 된다. 여기서 나아가 비사·반사와의 투쟁은 궁극적으로 인민보위의 실현이다. 왜냐하면 사회주의 원칙과 사회주의 체제의 궁극적 목표는 인민의 권익 실현이기에, 사회주의 원칙과 체제를 지키는 일은 인민을 지키고 인민을 위한 일이기 때문이다. '비사·반사 투쟁

= 사회주의 체제보위 = 인민보위'의 논리로 연결된다. 바로 이 지점에서 비사·반사 투쟁이 인민을 섬기는 지배담론인 친인민담론과 연결된다. 인민대중제일주의는 김정은식 친인민담론으로 인민을 제일로 여기는 관점이자 인민에게 의거하고 인민을 위한 통치이념·정치이념이다.

이처럼 인민을 지키고 인민의 이익을 위한다는 북한식 논리에 의해 비사·반사 투쟁(법)은 친인민담론, 인민대중제일주의와 융합할 수 있다. 이 융합은 친인민담론, 인민대중제일주의 개념 속으로 비사·반사 투쟁 개념이 들어가는 것이다.

반면에 사회과학적 시각으로 비사·반사 투쟁을 형태별로 분류할 수 있다. 두 가지 기준으로 분류할 수 있는데, 하나는 대외관계 vs 내부문제로 분류하는 것이며, 다른 하나는 통합(친인민성) vs 통제로 분류하는 것이다.

첫째, 대외관계와 관련된 비사회주의, 반사회주의 행위는 적대국·괴뢰국·자본주의국가의 반동사상문화와 물질을 유입·유포·시청하는 것 등이다. 괴뢰말·글·창법사용, 적대방송 시청, 적지물 보관·이용·유포, 외국인과 위법적으로 통화·만남·교환행위, 불순출판선전물 유입·제작·복사·보관·유포·시청행위 등을 금하는 것이 비사회주의, 반사회주의적 투쟁이다. 관련법으로는 「반동사상문화배격법」과 「평양문화어보호법」이 반동사상과 문화에 가장 많이 초점이 맞춰져 있는데, 여기서 문화란 북한식으로 유형의 문화, 물질까지 포함하고 있다. 「적지물처리법」 또한 적들과 괴뢰국의 물품을 대상으로 한다. 그 외 「군중신고법」, 「이동통신법」, 「청년교양보장법」, 「국가비밀보호법」이 연관되어 있다.

둘째, 내부문제와 관련된 것으로 인민을 섬기고 인민의 이익을 가장 중요하게 생각하는 친인민담론에 위배되는 비사·반사 행위로 구체적으로 세외부담, 단위특수화와 본위주의, 허풍, 마약과 구타행위 등이다. 이와 관련한 법률은 지배층의 전횡으로부터 인민의 이익을 보장하기 위한 「세외부담방지법」, 「단위특수화, 본위주의반대법」, 「허풍방지법」이 있고, 인민의 생명과 건강을 위협하는 위법·범죄행위로부터 인민을 보호하기 위한 「마약범죄방지법」, 「구타행위방지법」이 있다.

이처럼 어떤 기준으로 보는가에 따라 비사·반사 행위와 비사·반사 투쟁법의 의미와 해석이 달라진다. 본 연구에서는 일차적으로 북한기준에 맞춰 분석하고, 이에 대한 해석은 사회과학적 기준에 의거한다.

북한이 비사·반사 행위에 대한 전면적 투쟁을 벌이는 것은 대외적으로 반동사상문화·물질의 침습을 막아 인민을 보위하고, 대내적으로 인민을 괴롭히는 세도주의·관료주의·부정부패 행태의 오랜 관습을 타파해 인민의 이익을 보장하기 위한 친인민적 통치행위이다. 다만, 그것이 법으로 구현될 때는 김정은 총비서가 '바늘끝만큼도 스며들지 못하도록' 철저히 봉쇄해야 한다고 강조한 것처럼 신고의무와 강력한 처벌조항으로 통제가 들어간다. 즉, 「이동통신법」과 「인민반조직운영법」을 제외하고는 모든 비사·반사 투쟁법에 신고의무가 명시되어 있는데, 심지어 3건은 불신고죄 혹은 불신고자 형사책임까지 규정하고 있다. 특히 반동사상문화·적지물 관련법에서는 사형까지 가능한 극단의 처벌수위로 통제한다.

결국 김정은 정권 초기부터 친인민담론을 발전시켜 인민대중제일주의를 통치이념과 통치방식으로까지 발전시켰는데, 하노이 노딜 이후 내부역량 강화에 의한 정면돌파전에 돌입하면서 2019년 「군중신고법」을 필두로 13개 비사·반사 투쟁법을 제정하기에 이른다. 이러한 비사·반사 투쟁법은 외부의 적과 내부의 폐단으로부터 인민을 지켜내고 인민을 위하는 법으로 앞서 분류한 것과 같이 다양한 성격으로 확장된다. 이러한 비사·반사 투쟁법의 다양성이 친인민담론 및 인민대중제일주의에 그대로 융합되어 친인민담론과 인민대중제일주의의 재개념화를 도출한다.

3

인민대중제일주의와 법제의 연관성 평가

1) 인민대중제일주의와 법제도 평가

　김정은시대 인민대중제일주의와 인민대중제일주의 법제도를 평가하면 다음의 여덟 가지로 집약된다. 첫째, 인민대중제일주의 단계와 법제도 단계는 조응하나 완전히 일치하지는 않는다. 당과 국가의 전략적 노선 및 정책의 공식 발표 이전에 법제도가 1년여 정도 먼저 변화된다. 이 점을 밝혀낸 것이 본 연구의 성과이기도 하다.
　둘째, 인민대중제일주의와 인민대중제일주의 법제도에서 전환점은 각각 2020년과 2019년이다. 먼저 인민대중제일주의 법제도의 전환점인 2019년을 보면 4월 12일 최고인민회의 제14기 제1차 회의에서 한 시정연설을 통해 국가의 법체계를 완비하여 '법이 인민을 지키고 인민이 법을 지키는' 가장 우월한 사회주의법치국가를 만들어야 한다는 것이 강조되고, 이후 같은 달 28일 최초의 비사·반사 투쟁법인「군중신고법」이 제정된다.
　반면 인민대중제일주의적 관점에서는 정면돌파전을 선언한 당 중앙위원회 제7기 제5차 전원회의가 전환점이 된다. 2020년부터 본격적인 김정은 정치가 시작된다고 할 정도로 정면돌파전이라는 공식적인 전략적 노선과 정책의 주요 변화가 진행된다. 친인민성의 인민대중제일주의에 비사·반사 현상과의 투쟁이 결합되면서 인민대중제일주의의 재구조화가 진행된다.

셋째, 김정은 정권은 김정일시대의 사회주의법치국가건설론을 계승하면서도 이에 인민대중제일주의 특성을 발전시키는데, 이는 '김정은식 사회주의법치국가건설론'이자 김정은 총비서의 '인민대중제일주의법건설사상'이다. 여기에서 사회주의법치국가건설론은 선대와의 공통점이지만, 인민대중제일주의적 특성을 더하고 궁극적으로 인민대중제일주의법건설사상으로 발전시킴으로써 차별화된다.

이같이 김정은 총비서가 초기에 강조한 '우리식의 사회주의법치국가건설'을 본 연구에서는 '김정은식 사회주의법치국가건설론'으로 명명했는데, 그 이유는 다음의 세 가지와 같다.

먼저, 김정은시대 초기에 김정은 총비서가 직접 사회주의법치국가를 건설하겠다고 공언하면서도 김정은식 친인민성의 의미를 덧붙였다는 점이다. 다시 말해 '법이 인민을 지키고 인민이 법을 지키는' 인민대중제일주의법건설사상이 확립되기 전까지는 사회주의법치국가건설론을 거론하면서 김정은 총비서만의 '인민을 사랑하고 인민을 위해 헌신하는' 친인민성 원칙을 강조해 나갔다. 다음으로, 김정은시대의 사회주의법치국가건설론이 인민대중제일주의정치 실현을 법적으로 담보하는 중요한 수단이 된다는 점이다. 끝으로, 사회주의법치국가건설론이 인민대중제일주의 변화단계와 완전히 일치하지는 않지만 인민대중제일주의 통치이념을 수용하면서 발전한다는 점이다. 김정은식 사회주의법치국가건설론은 인민대중제일주의정치의 중요한 구성부분으로 작용하기에 이른다. 결국 인민대중제일주의정치라는 사회주의 기본정치방식 속에서 사회주의법치국가건설론은 인민대중제일주의법건설사상으로 확립된다.

이처럼 선대 법치사상을 계승하면서도 차별화된 발전을 한 점은 김정은 총비서 친인민담론의 본질적 특성에서 찾아볼 수 있다. 김정일 위원장의 사회주의법치국가건설론이 법치를 지향했음에도 불구하고 하향식 친인민담론에 근거하여 인민의 지지를 받는데 한계가 있었음을 인식하고, 김정은 총비서는 상향식 친인민담론을 지향하는 김정은식 사회주의법치국가론을 발전시킨 것으로 평가된다.

넷째, 김정은시대 법제도와 인민대중제일주의의 관계는 인민대중제일주의를 실천하는 수단이 법제라는 것이다. 북한 스스로 김정은시대 채택·수정보충된 모든 법률에는 '인민대중제일주의 이념'이 구현되고 있다고 강조한다. 인민대중제일주의정치가 당과 국가의 기본정치방식이며 인민의 요구·이익·편의가 최우선이기에, 이를 기준으로 모든 법이 제·개정되고 있다는 것이다. 따라서 김정은시대의 모든 법은 인민대중제일주의를 기본적인 기준으로 한다는 것이다.

이와 같은 북한의 논리에 의해 인민대중제일주의 정치는 인민대중제일주의를 반영한 법제도를 통해 실현되고 이것이 바로 법에 의한 통치, 즉 '법치'가 되는 것이다. 북한의 이 논리가 과연 현실에서 그대로 실현되고 있는가, 즉 인민의 요구·이익·편의가 실천되고 있는가의 주제는 본 연구의 초점에서 벗어나는 것이다. 법제도의 성격과 본질을 밝히는 것이 본 연구의 초점이다.

다섯째, 인민대중제일주의법건설사상의 원칙은 '법이 인민을 지키고, 인민이 법을 지킨다'는 것이며, 여기서 인민은 법의 목적(법이 인민을 지키고)이자 법 집행과 준수의 주체(인민이 법을 지키는)로서의 위상을 갖는다. 부연하면 '법이 지켜야 할 대상으로서의 인민'은 법을 제·개정할 때 기준점(인민의 요구와 이익)의 원천으로 자리 잡는다. '법을 지키는 의무자로서의 인민'은 준법의무가 부과된 인민이다.

인민대중제일주의 법제도에서의 인민관을 보면 인민대중제일주의 법제도의 성격을 보다 명확히 할 수 있다. 여기서 인민은 법의 목적인 동시에 준법의무의 대상이기에 인민의 주체성은 결여된다. 인민대중제일주의 법제도에서 '인민의 요구에 따라서'는 'by the people'에, '인민의 이익을 위해서'는 'for the people'에 해당한다. 단 'of the people'이라는 국가권력이 인민에 의해 구성된다는 주체적 요소가 결여되어 있다고 평가된다.

선대 사회주의법치국가건설론과의 차별성은 '법건설'의 전면에 '인민'을 부각시킨 점이다. 북한은 준법으로 법치국가, 사회주의 정상국가를 달성할 수 있다고 여긴다. 그런데 인민대중제일주의법건설사상이 말 그대로 현실에 구현되려면, 법이 인민을 지키는 나라가 되려면 법 앞에 누구나 즉, 최고지도자에게도 일반 공민과 같이 평등한 법의 지배가 실현되어야 할 것이다. 그렇지 않고 인민이 법을 지키는 것, 다시 말해 인민의 법준수의무만 강조되면 현재 북한 법제를 보는 남한 법학자들의 다수 시각 그대로 법을 이용한 통제를 정당화하는 구호에 불과한 것이 될 것이다.

여섯째, 인민대중제일주의 법제도는 동의를 구하면서 통제하는 시스템이다. 법치에는 인민을 법적으로 규제하는 동시에 제도화를 통해 예측가능한 시스템을 구축하는 양 측면이 존재한다. 인민대중제일주의는 친인민 담론으로서 인민들의 자발적 동의를 구하는 통치이념이기도 하다. 하지만 현재 북한은 이미 시장화의 진척과 자본주의사상·문화 유입 등으로 자발적 동의를 얻어내기 어려운 상황이다. 그래서 법제도화로 통치하는 구조, 인민대중제일주의 법제도로 통제하는 법치를 구현하는 것이기도 하다.

일곱째, 국정 전반 정책의 세부적인 부분까지 법제도화를 진행하면, 법제가 없을 때와 비교하여 국가기관 일군들이 일정한 기준 없이 자의적으로 정책을 집행하던 관성이 축소될 여지가 있다. 그러나 이것이 법의 집행에서 절차의 적법성까지 담보된다는 의미는 아니다.

북한이 주장하는 사회주의법치는 법 앞에 누구나 평등한 '법의 지배'가 아니라 법을 독재의 도구로 보는 '법제주의'에 불과하다고 단정하는 것이 남한 법학자들의 일반적 견해이다. 즉 북한은 법의 지배가 실현되는 것이 아니라 법을 수단으로 하는 지배가 이루어진다는 것이다.

여덟째, 북한의 법제가 행정절차법과 행정소송법을 제정하는 단계까지 갈 수 있는지에 대해 현 단계에서는 회의적이다. 이것은 권력행사에 대한 사법적 통제를 의미하므로 현재의 권력통합적 정치구조에는 부합하지 않으며, 일당독재 실현에 장애물로 작용할 수 있기 때문에 북한 노동당이 선택하지 않을 가능성이 크다. 우선은 헌법 개정을 통해 노동당의 활동이 헌법과 법률의 테두리 내에서 수행되어야 한다고 명시된다면 진일보한 것으로 평가할 수 있다.

따라서 현재와 같이 신소청원제도가 유지되는 상태에서는 비사·반사 관련 특별법을 통해 당과 국가일군을 통제하고, 이와 병행하여 준법교양과 '사업본새'나 '사업작풍' 등을 교정해 나가는 방식으로 대처해나갈 가능성이 높다.

2) 인민대중제일주의 제·개정법 평가

김정은시대 제·개정된 법률의 양적, 질적 분석 결과에 근거하여 인민대중제일주의 법제를 평가하면 다음과 같다.

가. 제·개정법 양적 현황 평가

인민대중제일주의 제·개정 법률의 양적 현황을 보면, 3단계인 인민대중제일주의법건설사상 확립단계(2019~2024)에 354건이 제·개정되어 전체 594건의 59.6%에 달할 정도로 높은 비중을 차지한다. 제정건수로 비교하더라도 3단계가 90건으로 1단계 김정은식 사회주의법치국가건설론 토대구축단계 35건 보다 2.6배 많고, 2단계 김정은식 사회주의법치국가건설론 발전단계 6건 보다 15배 많다. 이는 3단계에 김정은 총비서가 자기 정치를 실현하기 위한 법제도 개선, 새로운 통치를 위한 제도개선에 많은 노력을 기울였음을 의미하며, 향후에도 법제도 개선이 지속될 것임을 보여준다.

나. 연도별 부문법 비중 평가

연도별 부문법 비중을 보면 2012년은 본격적인 김정은시대가 시작된 시점으로 경제발전·인민생활향상부분에 집중하는 가운데 「법제정법」을 제정하여 김정은식 사회주의법치국가건설을 위한 법적 토대를 구축한다. 2013년은 국토환경보호와 항구시설의 안전, 우주개발 제도 정립 등과 관련된 법률이 많이 제정된다. 특히 주목되는 것은 46건의 제·개정법 중 국토·환경보호부문이 10건을 차지한다는 점이다. 이는 2012년 4월 27일 김정은 총비서의 당, 국가경제기관, 근로단체 책임일군들과의 담화 "사회주의강성국가건설의 요구에 맞게 국토관리사업에서 혁명적전환을 가져올데 대하여"에서 인민들에게 훌륭한 생활터전을 마련해주는 사업을 적극 추진할 것을 요구한 것과 직접적인 연관이 있다. 이로부터 1년여 만인 2013년 5월 29일 「공원, 유원지관리법」 제정을 시작으로 7월 24일 「하천법」, 「산림법」(2회), 「도로법」(2회), 「환경보호법」, 「자연보호구법」, 「대동강오염방지법」, 「대기오염방지법」 등 국토관리와 환경보호 전반에 관한 법률이 개정되기에 이른다. 정책 제안과 법제 마련의 연관성을 보여주는 대표적 사례이다. 2012년과 2013년 제·개정법에서 김정은 정권의 정책방향, 전략적 노선이 상당 부분 조직화, 체계화되고 있음을 알 수 있다. 구체적으로 2012년과 2013년의 연이은 헌법 개정, 2012년의 「법제정법」을 비롯한 사법체계 확립 등에서 확인된다.

2014년에는 전국농업부문분조장대회에서 인민들의 식량문제 해결을 강조한 것과 관련하여 「과수법」, 「양어법」, 「수산법」 등이 개정되었고, 전년도에 이어 국토환경에 관한 입법이 지속되었으며, 5·30담화에서 제시된 우리식 경제관리방법과 연관된 「기업소법」과 「농장법」이 개정된다. 전년도에 제시된 대외무역 다각화 방침을 실현할 입법이 진행되어, 제·개정법 33건 중 7건(21.2%)이 직간접적으로 대외관계와 관련된 법률이다. 2015년에도 인민생활향상부분이 가장 높은 비중을 차지하고, 농산·축산·수산의 3대 축으로 먹는 문제 해결 과업과 관련된 입법이 진행되며, 사법제도 정비에도 관심을 기울인다. 주목할 만한 제정법은 「교원법」으로 특정 계층을 대상으로 한 김정은시대 최초의 법률이라는 위상을 갖는다. 2016년은 제7차 당대회가 개최된 해로서 사법정비, 인민생활향상, 대외경제 관련 법제도 정비에 주력한다.

2017년과 2018년에는 제·개정 법률 건수가 급격히 감소한다. 2017년 제정법은 김정은 총비서가 2016년 9월 30일 룡악산샘물공장 현지지도에서 내린 지침에 따라 2017년 10월 12일 채택된 「샘물관리법」 외에 「정보보안법」만 존재한다. 2018년에도 인삼, 기상, 직업교육과 같은 산업 분야에 제정법이 집중되었고, 대외경제부문의 법률 개정이 두드러진다. 2017년과 2018년에 남북정상회담 및 북미정상회담 등의 국제대화 준비 노력을 엿볼 수 있다.

2019년은 최초의 비사·반사 관련 특별법인 「군중신고법」이 제정되고 헌법이 2회 개정되는 등 법제도적인 전환점에 해당한다.

2020년은 김정은시대 들어 가장 많은 법이 제·개정되어 89건에 달한다. 특히 16건의 제정법 중 3건이 비사·반사 투쟁법인데 그중에서도 대표적인 비사·반사법인 「반동사상문화배격법」이 제정된다. 또한 코로나19 팬데믹 상황에서 나온 방역 관련법으로 「비상방역법」도 제정된다. 주목되는 것은 외교·대외경제부문에서 제정법이 2건, 개정법이 8건이라는 점이다. 이 해 북한은 하노이 노딜 이후 정면돌파전을 천명하고, 코로나19 팬데믹으로 인한 국경봉쇄를 단행하면서도 법제도적으로는 국제화에 대비하고 있음을 알 수 있다.

2021년은 제8차 당대회가 개최된 해인데, 4건의 비사·반사 투쟁법이 제정됨으로써 2023년도와 함께 가장 많은 관련법이 제정된 해이기도 하다. 제8차 당대회에서 제시된 금속공업과 화학공업 역량집중 정책과제와 관련해 「금속공업법」, 「화학공업법」 등이 채택되고, '시, 군 강화노선'에 따라 「시, 군발전법」이 제정된다. 이어서 2022년에도 「시, 군 건설세멘트보장법」, 「사회주의농촌발전법」, 「원림녹화법」이 제정되어 '시, 군 강화노선'이 추구하는 지역균형발전 관련 법률이 대거 채택된다. 2022년 비사·반사법으로 「허풍방지법」이 제정된다. 주목되는 법률은 「해외동포권익옹호법」으로 동법에 의해 북한국적이나 외국국적으로 타국에 사는 조선민족 모두를 대상으로 권익을 보호하는 법제를 마련한다. 이 또한 정상국가로서의 면모를 추구하는 법제에 해당한다.

2023년에는 「평양문화어보호법」을 포함하여 4건의 비사·반사 투쟁법이 제정된다. 주목되는 부분은 「공무원법」, 「수재교육법」, 「과학기술인재관리법」, 「장애자권리보장법」 등으로 교육부문 및 취약계층 지원 등에 관심을 기울이는 것이다. 또한 「관광법」을 제정하여 해외관광객 유치를 위한 법제를 정비한다. 이러한 방향과는 달리 핵무력정책을 명시하는 헌법개정이 단행된다.

2024년에는「국가법」이 제정되어 2023년의「국가상징법」과 함께 우리국가제일주의를 강조하는 흐름을 이어간다. 또한 북한이 관심을 기울이는《지방발전 20×10정책》에서 시, 군에 지방 경공업 공장을 건설하고 있는데, 이를 지원하는「경공업법」을 제정한다. 김정은시대 들어 7번째인 헌법개정이 단행되었지만 헌법상의 노동 가능 나이와 선거 나이를 높이는데 그쳤다. 무엇보다 17년만에 민법이 개정되는데, 특히 법인과 담보에 대한 조항을 신설하는 등 시장화라는 변화된 정세를 반영하여 새로운 법 제정 수준으로 전면개정된다.

연도별 부문법 제·개정의 경향을 평가하면 다섯 가지로 집약된다. 첫째, 김정은 집권 초기인 2012년과 2013년의 제·개정법에 의해 법제도의 기본방향과 기본틀이 제시된다. 또한 이 시기는 인민생활향상과 관련한 입법에 집중되는데, 특히 국토관리사업과 관련한 법 제정이 많아 인프라 구축에 공을 들인 것으로 평가된다.

둘째, 전시기에 걸쳐 인민생활향상부분이 가장 높은 비중을 차지하면서도 사법제도와 대외경제부문의 법제도 정비가 꾸준히 진행된다. 특히 하노이 노딜 이후에 자력갱생 기반의 경제건설을 추구하면서도 국제관계 개선에 대한 준비와 희망을 놓지 않는 사실이 확인된다.

셋째, 정면돌파전 시기에 꾸준히 비사·반사법을 제·개정하면서 인민과 국가기관을 관리하고 내부동력을 최대한 끌어내는 작업을 추진하고 있다.

넷째, 특정 계층에 관해 제정된 특별법을 검토하면 북한이 보호육성하려는 주요계층이 과학·교육인재, 취약계층, 공무원 등임을 확인할 수 있다. 구체적으로 사회주의문명국건설을 위한 전략으로 과학과 교육을 중시하며, "과학으로 비약하고 교육으로 미래를 담보하자"는 전략적 구호를 내세운 것과 관련해 교원, 과학기술인재, 수재에 대한 지원법을 제정하는 한편, 제대군관, 장애자, 연로자, 여성 등의 취약계층을 보호하는 법률을 제·개정한다. 또한 최근 저출산 사회문제에 직면한 북한은 「육아법」에서 당과 국가의 중대 정책이자 숙원과제를 푸는 방법을 모색한다. 특히 「공무원법」은 정면돌파전에 돌입하여 행정력을 집중하는 상황에서, 국가 일군들의 자질을 향상하여 전반적인 업무 수준을 제고하는 동시에 업무량 증가로 격무에 시달리는 이들에 대한 처우개선을 위해 나온 특별법이라 해석된다. 그 외에 특수계층으로 변호사와 선원, 해외동포, 외국인에 대한 법제 정비에도 관심을 기울이고 있음을 알 수 있다.

집권초기의 사법제도 정비, 인프라 구축을 지나 정면돌파전 시기에 비사·반사법을 집중적으로 제정하며 체제를 정비해 나가는 과정에서 특정 계층을 돌보고 관리하는 법률을 정비한 것으로 평가된다. 특정 계층 관련 제정법이 「교원법」을 제외하고는 2020년부터 집중적으로 채택된 것은 국가·지역의 균형발전과 함께 계층간 격차를 줄이고자 하는 노력을 법제도로 뒷받침하는 것으로 해석된다. 북한 체제의 통합을 저해하는 주요 요인인 도농간 격차와 계층간 격차, 빈부격차를 줄이기 위한 정책의 일환인 것이다. 이상을 정리하면 다음 〈표 Ⅴ-6〉과 같다.

〈표 Ⅴ-6〉 김정은시대 특정 계층 관련 제·개정법 현황

연도	제정법	개정법
2012	-	년로자보호법
2013	-	어린이보육교양법 장애자보호법
2014	-	아동권리보장법
2015	교원법	선원법 녀성권리보장법 외국인투자기업 및 외국인세금법
2016	-	선원법

연도	제정법	개정법
2017	-	-
2018	-	-
2019	-	선원법 교원법
2020	제대군관생활조건보장법 경제수역에서의 외국인경제활동법	외국인투자기업 및 외국인세금법
2021	청년교양보장법	공무원자격판정법 어린이보육교양법
2022	육아법 해외동포권익옹호법	변호사법 교원법 장애자보호법 외국인투자법
2023	공무원법 과학기술인재관리법 수재교육법 장애자권리보장법	공무원자격판정법 변호사법
2024	-	교원법 과학기술인재관리법

* 출처: 본 연구자가 작성함.

다섯째, 당과 국가의 전략적 노선과 관련한 큰 틀에서 보면 법제가 1년여 정도 빨리 준비되어 노선 변화에 앞서 대비하는 역할을 하지만, 정책 관련 법률은 정책 방향이 제시된 직후나 혹은 상당기간 경과 후 제·개정이 되고 있음을 확인할 수 있다. 먼저, 바로 제·개정되는 대표적 사례는 2019년 4월 12일 김정은 총비서가 시정연설에서 비사·반사 투쟁을 강조하고 나서 16일 후인 28일에 제정된 「군중신고법」이다. 다음으로, 상당기간 경과 후 제·개정된 대표적인 사례 두 건을 들면 다음과 같다. 2012년 4월 27일 김정은 총비서가 국토관리사업에서 혁명적 전환을 가져올 것을 제시하고 1년여 만인 2013년 5월 29일 「공원, 유원지관리법」이 제정되며, 두 달 후인 7월 24일에는 총 7건의 관련 법률이 개정된다. 이러한 경향은 2014년에도 지속되어 제정법 1건과 개정법 5건이 나온다.

또한 2016년 9월 30일 김정은 총비서가 룡악산샘물공장을 현지지도하면서 "인민들에게 샘물을 공급하는 문제는 단순히 인민들에게 먹는물을 보장해주는 문제가 아니라 인민성에 관한 문제"[39]라며 질 좋은 샘물 공급을 요구하는 지침을 내리는데, 그로부터 1년 12일 되는 시점인 2017년 10월 12일에「샘물관리법」이 제정된다.

이상의 평가가 연도별 부문법 비중에 대한 평가였다면, 여기서는 각 연도별 비중을 비교평가한다. 연도별 비중을 비교하면 두 가지 의미 있는 결과가 도출된다.

하나는 연도별로 최고 수치를 차지한 부문별 제·개정법을 찾아내면, 그 시기 핵심 법제도 및 법정책의 방향을 파악할 수 있다. 먼저, 13년간 12.국토·환경보호부문(2013년, 2014년, 2022년, 2024년)과 19.외교·대외경제부문(2017년, 2018년, 2020년, 2024년)이 최고빈도수에 달했던 연도가 각각 4회에 달해 가장 빈도수가 높다. 앞서 설명되었듯이 국토·환경보호부문에 법제정이 집중되었다. 주목할 부분은 외교·대외경제부문의 최고 빈도 연도이다. 즉, 2017년 2단계 법제도 발전단계가 시작되고, 2018년 경제건설 총력집중노선으로 전략적 노선이 전환되고 국제대화가 추진되며, 2020년 정면돌파전으로 김정은 정치가 본격화되며, 2024년은 2023년 말에 남북관계를 '적대적 두 국가'로 규정한 후 남북관계의 재정립과 대외관계의 재정비가 실행된다. 이로써 김정은 체제의 주요 변화 시기에 외교·대외관계 법제가 증폭하여 법제도적인 정비가 추진되었다고 평가된다. 다음으로 7.에네르기·금속·화학·기계·지하자원부문이 2017년, 2018년, 2021년에 최고빈도수를 보여 주로 집권 중후반에 에너지부문 법제화에 집중했음을 알 수 있다. 그 다음으로는 2개 연도에 걸쳐 최고빈도수를 보이는 경우

---

[39] 「샘물의 시원」, 『LiveJournal』, 2022년 9월 29일; https://willow200man. livejournal....(검색일: 2024년 3월 28일).

는 5.재판·인민보안부문, 9.농업·임업·수산부문, 10.계량·규격·품질감독부문, 11.인민봉사·건설·도시경영부문, 15.교육·문화·체육부문이 포함된다. 그 중에서도 10.계량·규격·품질감독부문도 2019년과 2020년에 최고 빈도를 보이는데 이에 관심을 가질 필요가 있다. 이 부문의 입법 강화는 김총비서가 집권 초기 담화[40]를 통해 생산과 건설에서 질 제고를 강조하고 이후 기회가 있을 때마다 지속적으로 독려한 것과 깊은 연관이 있다고 본다. 국가경제발전 5개년계획의 중심과업 중 하나인 경공업의 국산화, 현대화, 재자원화 목표를 실현하는 방안으로 '선질후량 원칙'이 제시된 것을 고려할 때, 이 부문의 입법 강화는 시사하는 바가 크다.

다른 하나는 13년 동안 제·개정법의 부문별 비중을 비교하면, 어떤 법률에 가장 많은 관심과 노력을 기울였는가를 파악할 수 있다. 비중이 높은 순서대로 12.국토·환경보호부문 57건, 11.인민봉사·건설·도시경영부문 51건, 9.농업·임업·수산부문 45건, 19.외교·대외경제부문 45건, 5.재판·인민보안부문 41건, 4.형·민사부문 40건 등 여섯 부문을 합치면 279건으로 전체 제·개정법 594건의 47.0%에 달해 거의 절반에 가까울만큼 큰 비중을 차지한다. 국토·환경, 서비스, 먹는 문제 등의 산업분야(인민생활향상 부분) 법제화가 가장 많이 이뤄지고, 다음으로 대외관계분야, 사법분야가 차지한다. 이처럼 산업, 대외관계, 사법분야가 많이 제·

---

[40] 김정은, 「강성국가 건설의 요구에 맞게 생산과 건설에서 질을 높일데 대하여 : 당, 국가경제기관 책임일군들과 한 담화(2012년 12월 15일)」, 『연합뉴스』 2013년 6월 4일 자는 북한 월간 대중잡지 '천리마' 2013년 5월호에 실린 "질 제고의 열풍을 세차게 일으키는 것은 사회주의 강성국가 건설의 절박한 요구"라는 글을 인용하여 이 담화 사실과 잡지에 실린 글의 내용을 보도하고 있다. 이 글은 김정은 총비서가 "모든 부문, 모든 단위에서 제품의 질을 최상의 수준으로 높이기 위한 강령적 지침을 마련"해 주었다고 설명하고, "생산과 건설에서 질을 높이자면 무엇보다 규격화 사업을 적극 개선해야 한다"며 국제적 규격을 적시에 파악하고 새로운 규격을 국가적으로 통일시키는 대책이 필요하다고 하면서, 제품의 질 제고를 위한 방안으로 생산의 전문화와 산업미술의 발전, 설비와 생산공정 및 제품포장의 현대화, CNC화에 힘써야 한다고 독려했다는 것이다. 「北, 김정은 '노작' 뒤늦게 소개… "제품 질 높여라"」, 『연합뉴스』, 2013년 6월 4일; https://www.yna.co.kr/view/AKR 20130603151700014(검색일: 2024년 3월 27일).

개정된 것은, 인민대중제일주의의 실현방안이 대내적으로는 직접적인 인민생활향상에 힘쓰면서 민·형사체계를 정비하는 한편 대외적으로는 국제관계를 개선하는 것임을 보여준다.

그중에서도 제정법 비중만 비교하면 15.교육·문화·체육부문이 14건으로 전체 제정법 131건의 10.7%를 차지하여 가장 높은 비중을 보이고, 다음으로 9.농업·임업·수산부문 12건, 12.국토·환경보호부문 11건이다. 교육·문화·체육부문의 법률 제정이 많다는 것은 기존 법제로는 충족되지 않을 만큼 현실적인 수요가 발생하였기에 법을 새로 만들었다는 것을 의미한다.

다. 단계별 부문법 비중 평가

법제도의 1단계 김정은식 사회주의법치국가건설론 토대구축단계, 2단계 김정은식 사회주의법치국가건설론 발전단계, 3단계 인민대중제일주의법건설사상 확립단계별 부문법 비중 비교평가는 다음의 여섯 가지로 집약된다.

첫째, 김정은시대 제·개정법 594건 중 단계별로 차지하는 절대적 양을 비교하면 3단계 확립단계 6년간 354건(59.6%) 〉 1단계 토대구축단계 5년간 206건(34.7%) 〉 2단계 발전단계 2년간 34건(5.7%) 순이다. 각 단계가 차지하는 연수가 달라 비교를 위해 연평균치로 치환하면 3단계 50.5건 〉 1단계 41.2건 〉 2단계 17.0건으로 절대양과 동일한 순서이다. 2단계는 법제적으로 정체기로 이를 제외하면, 시간이 흐를수록 법률 제·개정이 많아져 법제도화가 진전되고 있음을 알 수 있다.

둘째, 세 단계의 공통점은 제·개정법에서 인민생활향상부분이 가장 높은 비중을 보이고, 다음으로 체제·사법정비부분이 차지하는 것이다.

인민생활향상부분의 비중이 높다는 것은 김정은 정권이 줄곧 강조해 온 인민생활향상·물질생활향상이 당과 국가활동의 최고 목표, 최고원칙임을 보여주는 것이며, 사법정비부분 비중이 높은 것은 법치를 강조한 통치방식을 증명하는 것이다.

셋째, 1단계 토대구축단계와 3단계 확립단계는 부문별 비중의 순서가 동일하여 인민생활향상부분 〉 체제·사법정비부분 〉 인민복지확대부분 〉 국제화부분 순으로 나타난다. 김정은 정권의 관심사가 그대로 나타나고 있음을 확인할 수 있다.

넷째, 각 단계별로 주목할 부분을 보면, 1단계 토대구축단계에는 사법분야(형·민사 17건, 재판·인민보안 15건)의 제·개정이 타 단계보다 높은 비중을 차지한다. 이는 정권 초기부터 법제도 정비를 위해 노력하였음을 의미한다.

2단계 발전단계는 타 단계에 비해 인민생활향상부분 비중이 적은데 반해, 국제화부분(대외경제부문) 비중이 확연하게 높아 이 단계에 국제관계, 특히 대외경제 개선에 주력했음을 보여준다. 이 단계도 인민생활향상부문 법제 비중이 높은 것이 사실이나, 상대적으로 국제대화와 관련한 대외경제 개선을 위한 법제 마련에 공을 들였다는 것으로 평가된다.

3단계 확립단계에 인민생활향상 비중이 증가하고 대외관계 비중이 급격히 감소하지만, 더 중요한 메시지는 하노이 노딜과 내부동원령에도 불구하고 2019년 「대응조치법」, 2020년 「대외결제법」, 「경제수역에서의 외국인 경제활동법」, 2021년 「국제상품전람회법」, 2023년 「관광법」, 2024년 「대외경제법」과 같이 유의미한 대외경제부문의 법률을 제정함으로써 대외개방 의지를 법제도로 표현하고 있다는 것이다. 더욱 주목할 부분은 2단계 발전단계 대외경제부문 법률(「경제개발구법」, 「세관법」 2회, 「외국투자은행법」, 「무역법」)이 모두 개정법이었던데 반해, 3단계 확립단계에서 관련법 개정은 물론이고 보다 세밀한 제정법이 나왔다는 점이다.

다섯째, 헌법 개정은 1단계 토대구축단계에 3회(2012년, 2013년, 2016년), 3단계 확립단계에 4회(2019년 2회, 2023년, 2024년)로 총 7회에 걸쳐 단행된다. 북한의 전반적 법체계에서 사회주의헌법은 최상위법에 해당한다. 김일성 시대 39년 11개월 동안 7회, 김정일시대 17년 6개월 동안 3회 헌법 개정이 이뤄진데 반해, 김정은시대에는 13년간 7회로 통치기간이 4년 반 정도 더 길었던 김정일시대에 비해 두 배 이상(2.3배) 헌법을 개정한 것이다. 김정은시대에 그만큼 전략적 노선을 비롯한 주요정책 변화가 필요했다는 것을 의미한다.

여섯째, 18.북남경제협력부문 관련법은 단 한 번도 제정이나 개정된 적이 없다. 2018년 3차례의 남북정상회담을 개최했음에도 불구하고 외교나 경협 관련 법정비가 전무하다. 이에 대해 두 가지 해석이 가능하다. 하나는 북한의 주요 관심사가 남한 보다는 미국 등 국제사회와의 관계개선에 있었다는 것이며, 다른 하나는 남북정상간 회담은 했지만 후속조치를 통해 실질적인 정책변화로 이어지지 못했다는 것이다.

라. 친인민방향성과 처벌수위 척도분석 평가

제정법 131건을 대상으로 통합·친인민성/통제·비사반사성 방향성(x축, 횡적·가로축)과 처벌수위(y축, 종적·세로축) 두 축으로 척도분석하고, 그러한 척도점수(방향성점수, 처벌수위점수)를 분포도로 표시하는 작업을 했다. 통합·친인민성이 높은 순서대로 제시하면, A영역(높은 통합·친인민성, 약한 처벌) 〉 D영역(높은 통합·친인민성, 강한 처벌) 〉 B영역(높은 통제·비사반사성, 약한 처벌) 〉 C영역(높은 통제·비사반사성, 강한 처벌)으로 구분된다. 척도점수 분포도 분석결과 평가는 다음과 같다.

첫째, 131건의 제정법에 대한 척도점수 분포도를 분석하면 A영역(38건)과 D영역(38건)이 76건으로 전체의 58.0%를 차지해 사회통합·친인민성

법률의 비중이 가장 높다. 다음으로 세로축 통합제로권 0점인 법률이 34건, 26.0%로 나타나 행정, 사법, 기간산업 관련 법률로 시스템·인프라 정비 및 개선과 같은 중립적인 제도가 차지한다. 반면에 비사·반사적 성격이 가장 큰 C영역 10건 외에 B영역 6건을 합치면 16건, 12.2%로 비중이 제일 낮다. 이러한 분포도는 김정은 정권이 비사·반사 투쟁법을 제정하였으나, 주된 관심은 사회통합·친인민성 법률과 체제정비 법률의 제정이었음을 보여준다.

131건의 척도점수 평균은 〔0.5, 0.3〕점으로 통합·친인민성의 경향을 뒷받침한다. 영역별 평균점수는 A영역 〔1.2, 1.8〕점, B영역 〔-1.5, 2.5〕점, C영역〔-2.5, -2.0〕점, D영역 〔1.5, -1.1〕점, 세로축 통합제로권 〔0.0, 0.3〕점, 가로축 처벌제로권〔0.2, 0.0〕점 등이다. 전체 평균〔0.5, 0.3〕과 비교하면 비사·반사적 C영역이 가장 많이 떨어져 있는데 이는 방향성 점수와 처벌수위 점수의 -절대치가 높아 강력한 비사·반사 투쟁법이 자리잡고 있음을 보여준다.

둘째, 법제도 단계별로 보면, 통합·친인민성 방향성(A+D)의 비중을 보면 1단계 토대구축단계(A+D=68.6%) 〉 3단계 확립단계(A+D=54.4%) 〉 2단계 발전단계(A+D=50.0%) 순으로 나타난다. 가장 낮은 2단계도 통합·친인민성이 절반을 차지하고 있다. 통제·비사반사적(B+C) 법률은 3단계(14건, 10.7%)의 비중이 가장 높고, 1단계(1건, 0.8%)와 2단계(1건, 0.8%)는 동일하게 1건만 해당한다. 이는 1단계 토대구축단계가 통합·친인민성이 가장 높고, 통제·비사반사성은 가장 낮다는 것을 말하며, 곧 정권 초기에 인민대중제일주의를 형성하면서 법제도적으로도 이를 반영한 법률을 많이 제정하였다는 것을 의미한다. 2단계는 국제대화 준비에 공을 들인 시기로 중립적인 법률에 집중한 것으로 나타난다. 3단계는 비사·반사 투쟁법이 제정되어 타 단계에 비해 통제·비사반사성이 높지만, 이 단계조차도 통합·친인민성

(A+D=54.4%)이 절반이 넘는 수치를 보여 친인민성의 기조를 유지한다.

단계별 평균점수를 비교하면 1단계 [0.9, 1.2]점, 2단계 [0.3, 1.0]점, 3단계 [0.4, -0.2]점이다. 통합·친인민성 방향성 점수는 1단계 0.9점 〉 3단계 0.4점 〉 2단계 0.3점 순이며, 처벌수위 점수는 3단계가 -0.2점으로 가장 강력한 처벌을 규정하고, 다음이 2단계 1.0점이며, 1단계는 1.2점으로 가장 약한 처벌을 명시한다.

셋째, 이상 제정법 131건 각각의 척도점수와 분포도, 단계별 척도점수와 분포도를 분석한 결과 13년 동안 김정은 정권의 법제도의 큰 흐름은 통합·친인민성으로 나타났다. A, B, C, D영역별 비교나 단계별 비교 모두 친인민성을 지향하고 있다. 특히 비사·반사 투쟁법을 제정하고, 통제를 강화한 것으로 생각할 수 있는 3단계 확립단계도 통합·친인민성이 우세하다는 것이다. 이로써 김정은시대 법제는 기본적으로 인민대중제일주의의 친인민성을 지향하는 법제로 평가된다.

마. 친인민담론과 비사·반사적 법률의 관계 평가

김정은시대의 모든 법은 인민대중제일주의를 실현한 법이고, 법의 기준은 인민대중제일주의라는 것이 북한의 입장이다. 따라서 비사·반사 투쟁법 또한 인민대중제일주의를 실현한 법이 된다. 이러한 북한의 논리를 사회과학적 시각으로 평가하면 다음의 여섯 가지로 집약된다. 첫째, 비사·반사 투쟁법의 배경은 크게 세 가지로 구분된다. 먼저, 자본주의 반동 사상문화, 특히 남한의 문화적 영향력이 전체 사회에 걸쳐 모든 계층으로 확산된다면 사회주의 체제 존속 자체가 어려울 것이라는 위기감에 봉착하고, 간헐적 단속만으로는 이런 현상의 파급을 막기에 한계가 있다는 것이다. 그렇기에 강제적인 교정과 신고체계를 강화할 필요성이 제기된다.

이는 통제적 측면이 강하다. 다음으로, 기관, 기업소, 단체 등 국가의 모든 영역에서 간부 개인들이 저지르는 세도·관료주의·부정부패와 특권부문 단체가 행하는 치외법권 행위·집단이기주의(단위특수화, 본위주의)가 횡행하여 인민들의 불편과 불만이 폭증하여 더 이상 방치할 수 없는 상황이라는 것이다. 인민에게 저질러지는 특권층의 전횡을 차단해야 할 필요성이 제기된다. 끝으로 마약이 계층을 불문하고 광범위하게 보급되고, 구타행위가 범법행위인지도 모르고 공공연하게 저질러지는 현실이다. 이 또한 마약과 구타행위로부터 인민을 보호한다는 측면이 있다.

둘째, 위와 같은 배경을 반영하여 13건의 비사·반사 투쟁법을 그 지향점에 따라 세 가지로 분류할 수 있다. 먼저, 통제성이 강한 법률로 여기에는 △통제성과 처벌수위 모두 최고수위인 강력한 사회통제 법률로「반동사상문화배격법」,「평양문화어보호법」,「적지물처리법」, △통제성은 최고이나 처벌수위가 낮은 법률로「국가비밀보호법」,「이동통신법」,「군중신고법」, △기층단위 통제 법률로「인민반조직운영법」, △부분적 통제 법률로「청년교양보장법」 등으로 나뉜다. 다음으로 기득권을 척결하여 인민의 이익을 보호하기 위한 법률로「세외부담방지법」,「단위특수화, 본위주의반대법」,「허풍방지법」이 있다. 비사·반사 투쟁법을 일반적으로 사상문화적 통제 혹은 억압이라고 생각하지만, 지배층의 전횡이나 관료화된 관행을 바로잡는 법률도 포함되어 인민을 위하는 성격이 있다. 특히 여기서는 당과 국가일군들이 먼저 준법의 모범을 보일 것을 강조한다. 끝으로 범죄행위를 방지하여 인민을 보호하는 법률로「마약범죄방지법」,「구타행위방지법」이 있다.

셋째, 비사·반사 투쟁법을 법의 성격으로 분류하면 금기, 예방 및 사후처리, 역할로 분류할 수 있다. 먼저 금기사항을 주로 다루는 법률에는「반동사상문화배격법」,「이동통신법」,「세외부담방지법」,「단위특수화, 본위주의반대법」, 「허풍방지법」, 「마약범죄방지법」, 「구타행위방지법」이 포함된다. 다음으로 사전예방 관련 「군중신고법」, 「국가비밀보호법」과 사후처리 관련 「적지물처리법」이 있다. 다음으로 보호사항을 주로 다루는 「평양문화어보호법」, 「청년교양보장법」이 있다. 끝으로 비사·반사 투쟁의 거점 역할을 강조하는 「인민반조직운영법」이 있다. 이러한 맥락에서 13건의 비사·반사 투쟁법을 '사전예방-금기-사후처리-보호-역할부여'의 과정으로 연관시킬 수 있다.

넷째, 비사·반사 투쟁법에서 특이사항을 보면 대표적인 비사·반사적 특별법으로 「반동사상문화배격법」과 「평양문화어보호법」을 들 수 있다. 포괄범위나 처벌수위에서 최강의 통제성을 보이고 있다. 「적지물처리법」은 여타 비사·반사법과 달리 법의 사명이 적지물 제거사업을 통해 '반공화국모략책동'으로부터 최고지도부의 안위를 보호하고 사회주의제도를 수호하는 것이라고 명시하고 있다. 「군중신고법」은 최초의 비사·반사 투쟁법으로 거의 모든 신고범위를 포괄하고 있어, 동법은 비사·반사 범위의 기준점 역할을 한다. 동법에 기술된 신고내용들이 이후 제정되는 비사·반사법에 나누어 제시된다고 할 정도로 동법은 비사·반사 투쟁법의 기초가 된다. 「청년교양보장법」은 청년중시정책의 입장에서 청년들이 심각한 반동적 사상문화에 물들어 있다는 위기의식을 반영한 법률이다. 기득권 척결과 관련한 「세외부담방지법」은 인민의 의사와 요구를 반영하는 법의 원칙, 「단위특수화, 본위주의반대법」은 인민대중제일주의정치를 실현하는데 이바지하는 법의 사명, 「허풍방지법」은 인민의 이익을 보호하는 법의 사명을 적시하고 있다. 이는 김정은 정권이 기득권 문제를 인민대중제일주의정치 실현에 위배되는 근본적이고 심각한 문제로 인식하고 있음을 의미한다.

다섯째, 13건 중 7건이 체제·사법정비 분야(3.행정부문, 4.형·민사부문, 5.재판

인민보안부문)로 북한이 비사·반사 행위를 체제·사법적 측면에서 엄중하게 다루고 있음을 알 수 있다. 동일한 맥락에서 최초의 비사·반사 투쟁법인 「군중신고법」이 5.재판·인민보안부문인 점은 신고대상이 초래하는 문제를 체제보안이라는 맥락에서 접근하고, 그에 대한 철저한 관리감독 의지를 표현하는 것이다. 이상의 내용을 정리하면 다음 〈표 Ⅴ-7〉과 같다.

〈표 Ⅴ-7〉 김정은시대 비사·반사 투쟁법: 분류별 비교

구분	분류	법률명	일시	부문	비사·반사	척도 (방향/처벌)	신고의무	적용대상	특징
통제	최고의 총체적 사회통제, 최강의 처벌수위	반동사상문화배격법**	2020.12.4	15. 교육·문화·체육	비사반사	-3/-3	신고의무, 불신고죄	모든대상 적용(대상의 보편성)	- 비사·반사 대표법 - 총체적 강력한 금지행위, 사형처벌조항
		평양문화어보호법**	2023.1.18	15. 교육·문화·체육	비사반사	-3/-3	신고의무	모든대상 적용(대상의 보편성)	- 비사·반사 대표법 - 총체적 강력한 통제, 사형처벌조항
		적지물처리법***	2023.2.2.	4. 형·민사	비사반사	-3/-3	신고의무, 불신고죄	모든대상 적용, 북한 내 외국기업·외국인과 해외동포 포함	- 총체적 강력한 통제, 사형처벌조항 - 최고지도부의 안전·권위보호
	최고의 사회통제, 약한 처벌수위	군중신고법****	2019.4.28	5. 재판·인민보안	비사반사	-3/+2	신고의무	모든대상 적용 (대상의 보편성)	- 최초 비사·반사법, 비사반사 범위의 기준점 - 총체적강력한 통제, 처벌수위 약함
		이동통신법****	2020.12.4	14. 과학기술·지적소유권·체신	비사반사	-3/0	신고의무 없음	모든대상 적용, 북한내 외국인과 해외동포 포함	- 이동통신을 총체적 강력히 통제, 처벌수위 약함
		국가비밀보호법****	2023.2.2	3. 행정	비사반사	-3/-2	신고의무	모든대상 적용 (대상의 보편성)	- 총체적 강력한 통제, 처벌수위 약함 - 모든대상 적용이나 국가비밀 관리자가 주 처벌대상

구분	분류	법률명	일시	부문	비사·반사	척도 (방향/처벌)	신고의무	적용대상	특징
통제	기층단위 통제	인민반조직 운영법	2023. 12.21	3. 행정	비사 반사	-3/-1	신고 의무 없음	인민반에 초점 (기층단위)	- 총체적 강력한 통제, 처벌수위 약함 - 비사반사투쟁 거점으로 인민 반조직운영
	부분적 통제 청년보호	청년교양 보장법****	2021. 9.29	15. 교육·문화·체육	비사 반사	-2/+2	신고 의무	청년에 초점 (특수계층)	- 청년교양목적 - 청년교양 못한 조직, 인민에 대한 처벌
기득권 척결	관료주의 타파 인민위한 법률	세외부담 방지법	2020. 7.4	4. 형·민사	비사 반사	-2/-1	신고의무, 법적 투쟁 의무	간부 (기관,기업소, 단체)	- 간부 개인의 세도 금지 - 인민 위한 법률
		단위특수화, 본위주의 반대법	2021. 7.6.	3. 행정	비사 반사	-2/-2	신고 의무	단위특수화, 본위주의 행한자 (특권부문단체)	- 기관·기업소·단체의 본위주의 금지 - 인민 위한 법률
		허풍방지법	2022. 5.31	10. 계량·규격·품질 감독	비사 반사	-2/-2	신고 의무	간부와 실무자 (기관,·기업소·단체)	- 모든단위에서 허풍보고 방지 - 인민 위한 법률
범죄 방지	범죄행위 방지 인민이익 보호	마약범죄 방지법	2021. 7.1	4. 형·민사	비사	-2/-3	신고의무, 불신고자 형사책임	모든대상 적용, 북한내·외 외국인 중 마약범죄자 포함	- 사형처벌조항 - 마약으로부터 인민의 정신·육체적 건강 보호
		구타행위 방지법	2021. 11.30	4. 형·민사	비사	-2/-1	신고 의무	모든대상 적용, 구타행위당시 16세이상만 동법으로 처벌	- 구타방지 목적 - 구타행위로부터 인민생명건강 보호

* 출처: 본 연구자가 작성함.
** 공통적으로 자본주의 반동사상문화, 괴뢰말로 된 문화 금지에 초점이 맞춰진 법률.
*** 적지물처리법은 적들의 물품을 금지하고 있어 상기 ** 반동사상문화와 그 괘를 같이함.
**** 반동사상문화 금지와 관련이 있는 법률

여섯째, 북한의 시각에서 보면 모든 비사·반사 투쟁법이 인민의 이익과 안위를 보호하는 친인민적, 인민대중제일주의 법률에 해당한다. 북한의 논리로 보면 통제성이 강한 법률 8건도 적대국·괴뢰국·자본주의국가의 반동사상문화와 물질로부터 인민을 보위하기 위한 법률이며, 기득권을 척결하여 인민을 위한다는 법률 3건과 범죄를 방지하여 인민을 보호한다는 법률 2건 모두 당연히 인민의 이익과 관련되기에 친인민적이고 인민대중제일주의를 실현하는 법률에 해당한다.

반면에 사회과학적 시각에서 보면 기득권 척결 관련 3건의 법률과 범죄방지 법률 2건만 인민의 이익과 관련된 친인민적 특성이 있다. 혼돈하지 말아야 할 것이 척도점수를 매길 때 비사·반사적 법률의 방향성 점수는 -2점이나 -3점 중 하나에 해당되었는데, 이는 비사·반사적 법률 중 친인민적 특성이 있다 하더라도 기본적으로 통제의 틀 속에 있다고 판단했기 때문이다.

일곱째, 북한이 비사·반사 투쟁 개념과 친인민담론을 연결시키는 논리는 △비사·반사적 현상은 사회주의 원칙과 체제에 위협을 주기에 투쟁의 대상이며 △사회주의 원칙과 체제의 궁극적 목표는 인민의 이익 실현, 인민의 물질문화생활향상이기에 △비사·반사적 현상과 투쟁하는 법은 사회주의를 지키는 법인 동시에 인민의 이익을 지키는 법이라는 순환논리이다. 결국 '비사·반사 투쟁법 = 체제와 인민을 지키는 보위법 = 인민을 섬기는 친인민담론 실현법 = 인민대중제일주의 실천법'으로 연결된다.

이에 대해 사회과학적으로 해석하면, 김정은식 친인민담론으로서 인민대중제일주의의 초기 개념에 인민 이익 실현이라는 논리로 비사·반사 투쟁 개념이 융합되어 인민대중제일주의 개념이 재개념화한 것이다. 친인민담론, 인민대중제일주의 개념에 비사·반사 투쟁 개념이 들어가 인민대중제일주의 개념이 확장되는 것이다. '친인민담론의 인민대중제일주의(1단계 토대구축단계) + 비사·반사 투쟁 개념 융합(3단계 확립단계) = 인민대중제일주의 재개념화'라는 공식이 성립된다.

여기서 친인민담론과 인민대중제일주의는 단순히 인민을 하늘처럼 떠받들고 인민을 위하는 것에서, 이제는 외부의 위협요인으로부터 인민을 보호하고 내부의 일심단결을 해치는 저해요인을 제거하여 인민의 이익을 보장하는 내용으로 확장된다. 이를 본 연구에서는 친인민담론과 인민대중제일주의의 재개념화로 명명한다.

제VI장

결론

본 연구는 인민대중제일주의 통치이념과 이를 현실화하는 기제인 법제도의 조응관계를 분석하여 김정은시대 법제의 인민대중제일주의적 특성을 규명하는데 그 목적이 있다. 이는 세 개의 하위목표로 구성된다. 첫째, 인민대중제일주의 통치이념의 발전과정과 법제도의 변화과정이 조응관계에 있으나 완전한 일치는 아님을 밝히는 것이다. 이는 전략적 노선의 공식 발표와 그에 따른 인민대중제일주의의 변화보다 법제도의 변화가 앞서 있음을 분석하는 것이다. 둘째, 김정은시대에 제·개정된 부문법의 구성과 내용에서 나타나는 친인민적, 인민대중제일주의적 특성을 찾아내는 것이다. 셋째, 비사·반사 투쟁법과 인민대중제일주의와의 관계를 분석하는 것이다. 이러한 연구목적의 실현은 곧 인민대중제일주의 법제도의 성격 규명을 통해 체제의 본질을 파악하게 한다.

첫째, 인민대중제일주의와 법제도간의 조응관계를 규명하는 하위목표 수행을 위해 김정은시대 인민대중제일주의의 발전과정과 법제도의 변화과정을 단계별로 추적하였다. 대내외 환경에 따라 당과 국가의 전략적 노선이 변하고, 관련하여 인민대중제일주의와 법제도가 발전하였다. 1단계 인민대중제일주의 형성단계는 김정은식 사회주의법치국가건설론 토대구축단계와 맞물리고, 2단계인 인민대중제일주의 발전단계는 김정은식 사회주의법치국가건설론 발전단계와, 3단계인 인민대중제일주의 재구조화단계는 인민대중제일주의법건설사상 확립단계와 기본적으로 조응한다. 그런데 인민대중제일주의 변화단계보다 법제도 변화가 앞선다.

 법제도가 기본적으로 당의 전략적 노선에 구속되어 있지만 당의 노선과 정책의 공식화에 앞서 준비하는 역할도 수행하고 있는 점을 밝혀냈다. 물론 단독 법률의 경우 정책이나 교시가 나온 후 관련법이 제·개정되는 것을 간과하는 것은 아니다. 그런 속에서도 당과 국가의 노선과 정책이 공식화되기 전에 법제적으로 먼저 준비하는 특성도 있다는 것이다. 통치방식의 법제화인 법치를 강조한 김정은 정권이 법제의 역할을 강화하고 있음을 알 수 있다. 이상의 논의를 통해 인민대중제일주의 발전단계와 법제도 발전단계는 조응관계에 있지만 완전히 일치하지는 않는다는 사실이 규명되었다.

 둘째, 김정은시대 법제의 친인민적 특성을 파악하는 하위목표 달성을 위해 13년 동안 제·개정된 법률 594건을 대상으로 양적·질적 분석을 수행했다. 먼저, 연도별 부문법의 비중과 단계별 부문법의 비중을 분석하였는데, 모두 공통적으로 제·개정법에서 인민생활향상부분이 가장 많은 비중을 보이며, 그중에서도 국토·환경보호부문, 인민봉사·건설·도시경영부문, 농업·임업·수산부문의 제·개정이 많아 국토관리, 건설 등의 인프라 구축과 먹는 문제에 관심을 기울인 것으로 평가된다. 인민생활향상은 당규약에서 '인민의 물질문화생활을 높이는 것'을 당 활동의 최고원칙으로 한다고 명시하였듯이 친인민성을 그대로 보여주는 부분이다. 또한 전 시기에 걸쳐 인민생활향상부분이 가장 높은 비중을 보이면서도 사법정비와 국제화부분에서의 법제도 정비가 꾸준히 진행된다. 사법체제 정비 부분이 높은 것은 법치를 강조한 통치방식을 증명한다. 통치방식의 법제화인 법치는 자의적인 통치를 제한한다는 측면에서 그만큼 예측가능한 통치가 실현된다는 것이며, 그 궁극적인 수혜는 인민들에게 돌아가는 것이다. 대외관계분야의 경우 특히 하노이 노딜 이후에 내부동원령에 의한 자력갱생 경제건설을 추진하면서도 국제관계, 대외경제협력에 대한 준비를 지속하고 있어 북한이 개방에 대한 의지를 포기하지 않았음을 보여준다. 아울러 시장화 진전에 따른 빈부격차, 도농간 격차가 심화되는 가운데 김정은 정권은 특히 2020년부터 지역간 격차를 줄이는 균형발전 법률과 취약계층 보호 법률을 정비하고 있다. 시·군과 농촌의 건설·환경정비 등 균형발전을 추구하는 법률, 교원·공무원·과학기술인재·수재와 같은 특수계층을 보호하는 법률, 아동·여성·연로자·장애인 등의 취약계층을 지원하는 법률을 제·개정함으로써 사회통합을 모색하고 있다.

다음으로, 131건의 제정법을 대상으로 '통합·친인민성/통제·비사반사성 방향성(x축, 횡적·가로축)'과 '처벌수위(y축, 종적·세로축)'를 두 축으로 한 척도분석을 실시하여 척도점수를 도출하고, 이를 분포도로 표시하는 작업을 진행하였다. 그 결과 친인민성이 가장 높은 A영역(높은 통합·친인민성, 약한 처벌)과 다음으로 높은 D영역(높은 통합·친인민성, 강한 처벌)이 각각 38건으로 총 76건에 달해 전체 제정법 131건의 58.0%를 차지한다. 또한 131건의 척도점수 평균도 〔0.5, 0.3〕점으로 통합·친인민성의 경향을 보인다. 법제도 단계별로도 유의미한 결과가 도출되어, 모든 단계에서 통합·친인민성 방향성(A+D)의 비중이 가장 높게 나타난다. 단지 통합·친인민성 방향성의 순위가 1단계 토대구축단계(A+D=68.6%) → 3단계 확립단계(A+D=54.4%) → 2단계 발전단계(A+D=50.0%)로 구분된다. 특히, 3단계는 비사·반사 투쟁법의 제정으로 다른 단계에 비해 통제·비사반사성이 높지만, 이 단계 또한 통합·친인민성이 가장 높은 비중을 차지한다.

이와 같이 김정은시대 법제가 큰 틀에서 인민생활향상을 위한 법률에 가장 높은 비중을 할애하면서도 법치를 위한 사법제도 정비와 개방에 대비한 대외경제부문 법률을 마련하며, 지역균형 발전과 특수계층·취약계층을 보호·지원하는 다각적인 법률을 정비하고, 척도분석 결과 통합적인 법률이 다수를 차지한 점 등을 종합적으로 판단할 때 김정은시대 법제는 사회통합·친인민성을 띤 인민대중제일주의 법제도로 평가된다.

셋째, 비사·반사 투쟁법과 인민대중제일주와의 관계 규명이라는 하위목표 수행을 위해 김정은시대 정책과 법정책을 검토하고, 13건의 비사·반사 투쟁법 내용을 분석했다. 비사·반사 투쟁법에 나타나는 비사·반사 개념과 친인민담론의 인민대중제일주의를 연결시키는 북한의 논리는 다음과 같다. 비사·반사적 현상은 사회주의 체제를 위협하는 투쟁의 대상이며, 사회주의 체제의 궁극적 목표는 인민의 이익 실현이기에, 비사·반사 투쟁법은 사회주의를 지키는 동시에 사회주의 체제가 목표로 하는 인민의 이익 추구를 가능하게 만든다는 것이다.

이에 대한 사회과학적 해석은 1단계 토대구축단계의 인민을 하늘처럼 여긴다는 본래의 친인민담론 개념이 3단계 확립단계에 오면 자본주의 사상문화·물질이라는 외부 위협요인으로부터 인민을 보호하고, 관료주의라는 내부 일심단결 저해요인으로부터 인민의 이익을 보장하는 비사·반사 개념까지 포함하도록 확장되어 인민대중제일주의 재개념화, 재구조화가 이뤄진다는 것이다.

비사·반사법의 제정 배경과 특징은 동일하지 않아 세 종류로 분류된다. 먼저, '통제적 법률'로 최고의 사회통제와 최강의 처벌수위를 보이는 「반동사상문화배격법」, 「평양문화어보호법」, 「적지물처리법」외에 「군중신고법」, 「이동통신법」, 「국가비밀보호법」, 「인민반조직운영법」, 「청년교양보장법」으로 적대국의 반동사상문화·물질로부터 인민을 지키는 법률이다. 다음으로, '기득권 척결 법률'로 「세외부담방지법」, 「단위특수화, 본위주의

반대법」,「허풍방지법」은 관료주의를 타파하는 인민을 위한 법률이다. 끝으로 '범죄방지 법률'로「마약범죄방지법」과「구타행위방지법」은 사회에 만연한 범죄행위를 방지하여 인민의 이익을 보호하는 법률이다. 하지만 사회과학적 시각에서 분석하면 통제적 법률 8건은 인민의 사적인 생각이나 취미생활까지 법적으로 규제하는 법률이고, 기득권 척결 법률 3건과 범죄방지 법률 2건은 인민을 위한 친인민성의 법률에 해당한다. 이상 북한의 논리에 입각하여 비사·반사 투쟁 개념이 인민대중제일주의의 하위개념이며, 그에 따라 비사·반사 투쟁법도 인민대중제일주의 법제도에 해당한다는 것을 규명하고, 이를 사회과학적 시각으로 평가했다.

이상과 같이 본 연구는 세 가지 하위목표를 통해 김정은시대 법제의 성격이 '인민대중제일주의 통치이념이 투영된 법제,' 즉, 인민대중제일주의의 친인민성을 반영한 법제라는 점을 규명함으로써 그 목적을 달성하였다.

김정은시대 법제는 인민대중제일주의정치를 실천하는 수단이다. 그 법제의 본질은 인민대중제일주의 통치이념을 기준으로 삼아 인민의 이익과 편의를 추구하며, 체제 위협요인으로부터 인민을 보호하는 역할 수행에 있다. 인민대중제일주의가 반영된 법제는 곧 김정은식 사회주의법치국가건설 내지 인민대중제일주의법건설의 기반이 된다. 즉, 법치를 통해 한편으로는 인민을 법적으로 규제하여 체제 안정을 꾀하고, 다른 한편으로는 국가기관 책임자들의 관료주의·세도주의와 같은 자의적인 통치를 제한하여 인민들의 불만을 잠재우고 동원력을 최대한 끌어내 경제발전을 추구하는 것이다. 특히 자의적 통치를 제한하는 것은 예측가능한 시스템을 구축하는 것으로 우선은 국가기관 책임자들에게 적용되지만, 궁극적으로 최고지도자에게도 적용된다면 법치국가에 한 발짝 더 다가서는 것으로 해석할 수 있다.

상기 기술한 연구목적과 관련된 성과 외에 본 연구의 주요 연구성과를 제시하면 다음과 같다. 먼저, 인민대중제일주의와 법제도가 긴밀하게 연관되어 있다는 것이다. 제·개정법의 양, 연도별 부문법의 비중, 단계별 부문법의 비중 등에서 김정은 정권의 통치이념(인민대중제일주의), 최고원칙(인민의 이익 실현, 인민의 물질문화생활향상), 통치방식(법치)이 법제에 그대로 드러나고 있다.

다음으로 인민대중제일주의 법제도에서 '인민의 요구에 따라' 법을 만든다는 'by the people'에, '인민의 이익을 위해서'는 'for the people'에 해당하지만, 'of the people'이라는 인민에 의해 국가권력 혹은 법이 구성된다는 주체적 요소는 결여되어 있다. 법치라는 형식적 논리가 인민의 주체성까지는 담보하지 못하는 것이다.

끝으로 북한 입법이론과 관련된 논리의 변화이다. 김일성시대에 북한식 법이론 즉, '주체의 법이론'이 확립되었으나 수령의 인격적 지배가 이뤄졌다면, 김정일시대는 '사회주의법치국가건설론'이 주창되어 법제에 기반한 통치가 시작되었고, 김정은시대는 사회주의법치를 전면화하고 나아가 인민대중제일주의와 법건설이 결합하여 '인민대중제일주의법건설사상'이 확립되었다고 해석된다.

향후 김정은시대 법제의 변화를 다음의 다섯 가지로 전망할 수 있다. 첫째, 앞으로도 김정은시대 법제는 살아있는 생물처럼 대내외 환경변화를 반영하고 당·국가의 전략적 노선 및 정책을 현실화하는 동시에 전략적 노선 및 정책 변화에 앞서 이를 준비하고 실현하는 수단적 역할을 수행할 것이다.

둘째, 김정은 정권이 법치주의를 지향하고 있기에 향후에도 법제도화의 기본틀을 보완하고 발전시킬 것이며 법치 즉, 통치방식의 법제화를 통해 통치의 안정성과 예측가능성을 담보해 나갈 것이다. 이는 상세한 법조항에 의거한 내부정비를 고도화한 상태에서, 전문화·세분화된 통치로 변화될 가능성이 있다.

셋째, 김정은시대에 '김정은식 사회주의법치국가건설론'은 담론 내지 이론으로 구체화되고 있으나, 헌법이나 다른 법률에 사회주의법치국가건설을 명시하지는 않아 법적으로 공식화되지 않은 상태이다. 앞으로 이를 헌법 등 법적으로 공식화할지가 관심사이다. 향후 인민대중제일주의가 '김정은주의'로 격상된다면, 인민대중제일주의법건설사상은 '인민대중제일주의법치사상'이라는 용어로 사용될 가능성이 있다.

넷째, 김정은시대의 북한이 노동당 유일영도체제 등 현재의 정치구조와 정치지도원리를 쉽게 변경할 것으로 보이지 않는다. 북한이 노동당의 유일영도를 포기하지 않는 한 법치의 방향도 중국이나 베트남 등 사회주의국가의 시장경제 도입 경험, 여타 개발도상국의 경제건설 성과 등을 참고하여 북한식 즉 '우리식'으로 정립해 나갈 것으로 본다. 다만, 그 과정에서 북한은 관료·일군들의 행정이 적법한 절차에 따라 이뤄지는 것이 인민대중제일주의법건설 이념에 부합하며, 적법절차에 의한 행정이 인민대중제일주의정치에서 당의 영도방식이라는 논리를 형성하면서 법치논리를 진전시킬 가능성이 있다.

다섯째, 김정은시대에 인민생활향상을 물질적으로 뒷받침하기 위한 각종 정책을 추진하면서 경제 관련 법제가 지속적으로 증가되고 있는데, 만약 앞으로 대북 경제제재가 해제되어 외자를 유치할 수 있는 상황이 온다면 북한은 국제수준에 맞는 제도적 인프라를 구축해야 할 것이다. 이를 위해서는 법제 개혁이 선행되거나 병행되어야 한다. 그럴 경우 북한은 과거 중국 등 '체제전환국'이 경험한 바와 같이 법제 인프라 구축을 위한 국제적 지원이 필요할 것이다. 이미 남북한 간에 개성공업지구를 조성하고 운영하는 과정에서 각종 법제협력을 수행한 경험이 있기에 남북 간 법제협력[1]의 수준을 국제화와 병행하여 더 심화시키는 것도 한 방법일 것이다.

본 연구는 다음과 같은 의의를 가진다. 먼저, 북한의 통치이념과 법제와의 조응관계에 대한 선행연구가 없는 상태에서, 인민대중제일주의를 통치이념으로 인정하고 이를 현실화하는 기제인 법제도를 연구대상으로 삼아 북한학·법학·사회학적 입장에서 '대내외 환경－전략적 노선－통치이념－법제도' 변화로 이어지는 메커니즘을 분석했다는 점에서 이론적으로 연구방법과 연구범위의 확대에 일조하였다고 본다. 또한 북한 법제 연구에서 법제의 질적 특성을 양적 자료로 전환하여 법제를 객관적으로 측정하고 비교분석할 수 있는 측정도구 즉, 척도분석방법의 적용을 처음으로 시도했다는 점에서 의미가 있다.

다음으로, 본 연구는 '인민대중제일주의 재개념화', '인민대중제일주의 재구조화'와 '김정은식 사회주의법치국가건설론'이라는 새로운 분석개념을 제시하였다는 점에서 이론적인 의의가 있다고 본다.

끝으로, 남한의 북한 및 북한법 연구에서 통상적으로 단정하는 논의에 대한 반론을 제시하고, 사실 확인에 근거한 새로운 논제를 두 가지로 제시하였다는 점에서 이론적 의의를 찾을 수 있다. 하나는 보통 법제가 당과 국가의 전략적 노선에 구속되기만 한다고 여기지만, 김정은 정권에서는 공식적인 전략적 노선과 정책 발표 이전에 법제가 먼저 변화되어 준비하는 역할을 수행했다는 점이다. 다른 하나는 남한의 학자들이 일반적으로 비사·반사 투쟁법을 사상통제법으로만 인식하지만, 사회통합적이고 친인민적 특성이 있다는 점을 이론적으로, 객관적 자료로 규명하였다는 점이다. 대외적으로는 외부사조·괴뢰사조에 대한 방어적 측면이 있지만,

---

[1] 임을출·신종대, 「법제 개혁과 국제협력모델: 북한에의 적용과 남북협력」, 『북한연구학회보』 제12권 제1호, 2008, 173~205쪽. 이 글은 북한의 경제체제전환을 지원하기 위한 법제도적 측면의 국제 협력 모델을 모색하면서 이와 관련한 남북협력방안을 제시하고 있는 선도적인 연구 결과물로 생각한다.

내적으로는 불평등, 부조리, 불합리의 문제를 해소하여 인민들의 불만을 줄여 경제발전에 동력을 집중시키는 발전적 측면도 존재한다는 것이다. 이러한 내부 정비는 개방에 대비하여 관료·일군들에게 적법한 행정을 요구한다는 미래지향성도 내포한다.

반면에 본 연구는 2024년에 제정된 9건의 법률을 포함하여 32건의 법률전문이 입수되지 않아 해당 법률에 대한 구체적인 분석을 할 수 없었다는 자료의 제한점을 가진다. 또한 김정은시대 법제가 선대와 구체적으로 어떤 공통점과 차별성이 있는가를 연구대상으로 삼지 않았고, 나아가 여타 사회주의국가의 경우와 비교연구를 하지 않았다는 한계가 있는데, 이는 후속 연구과제로 남긴다.

참고문헌

1. 북한문헌

| 김일성 · 김정일 · 김정은 문헌 |

김일성, 「민주주의적이며 인민적인 헌법을 작성하자: 조선림시헌법위원회 제1차회의에 참가한 일군들과 한 담화(1947년 11월 20일)」, 『김일성전집』 제6권, 평양: 조선로동당출판사, 1993.
_____, 「우리 당 사법정책을 관철하기 위하여: 전국 사법, 검찰 일군대회에서 한 연설(1958년 4월 29일)」, 『김일성전집』 제21권, 평양: 조선로동당출판사, 1998.
_____, 「조선로동당창건 스무돐에 즈음하여: 조선로동당 스무돐경축대회에서 한 보고(1965년 10월 10일)」, 『김일성 저작선집 4』, 평양: 조선로동당출판사, 1968.
_____, 「인민정권을 더욱 강화하며 사회주의법무생활을 잘 지도할데 대하여: 조선로동당 중앙위원회 정치위원회에서 한 연설(1977년 2월 28일)」, 『김일성전집』 제61권, 평양: 조선로동당출판사, 2005.
_____, 「유색금속 150만t고지를 점령하며 기계공업부문에서 프레스화, 형단조화, 용접혁명, 절연물혁명을 실현할데 대하여: 조선로동당 제6기 제6차 전원회의에서 한 결론(1982년 8월 30일)」, 『김일성전집』 제76권, 평양: 조선로동당출판사, 2008.
김정일, 「사회주의사회관리에서 법과 도덕의 역할을 높일데 대하여: 김일성종합대학 학생들과 한 담화(1963년 6월 13일)」, 『김정일전집』 제6권, 평양: 조선로동당출판사, 2014.
_____, 「사회주의헌법에 기초한 법규범과 규정작성사업을 잘할데 대하여: 정무원제2사무국 일군들과 한 담화(1973년 3월 19일)」, 『김정일전집』 제19권, 평양: 조선로동당출판사, 2017.
_____, 「온 사회를 김일성주의화하기 위한 당 사상사업이 당면한 몇 가지 문제에 대하여: 전국 당선전일군강습회에서 한 결론(1974년 2월 19일)」, 『김정일선집(증보판) 6』, 평양: 조선로동당출판사, 2010.
_____, 「사회주의법무생활을 강화할데 대하여」, 『조선중앙년감』, 평양: 조선중앙통신사, 1983.

_____, 「위대한 수령님을 영원히 높이 모시고 수령님의 위업을 끝까지 완성하자: 조선로동당 중앙위원회 책임일군들과 한 담화(1994년 10월 16일)」, 『김정일선집 13』, 평양: 조선로동당출판사, 1998.

_____, 「위대한 수령님의 뜻을 받들어 내 나라, 내 조국을 더욱 부강하게 하자: 조선로동당 중앙위원회 책임일군들과 한 담화(1994년 12월 31일)」, 『김정일선집 13』, 평양: 조선로동당출판사, 1998.

김정은, 「위대한 김정일동지를 우리 당의 영원한 총비서로 높이 모시고 주체혁명위업을 빛나게 완성해나가자: 조선로동당 중앙위원회 책임일군들과 한 담화(2012년 4월 6일)」, 평양: 조선로동당출판사, 2013.

_____, 「선군의 기치를 더 높이 추켜들고 최후승리를 향하여 힘차게 싸워나가자: 위대한 수령 김일성대원수님 탄생 100돐경축 열병식에서 한 연설(2012년 4월 15일)」, 북한 '내나라' 홈페이지(http://www.naenara.com.kp).

_____, 「중등일반교육을 개선강화할데 대하여: 조선로동당 중앙위원회 책임일군들과 한 담화(2012년 6월 10일)」, 『시장통』(https://minzokjaju.wayful.com>2...).

_____, 「김정일애국주의를 구현하여 부강조국건설을 다그치자: 조선노동당 중앙위원회 책임일군들과 한 담화(2012년 7월 26일)」, 북한 '내나라' 홈페이지(http://www.naenara.com.kp).

_____, 「인민대중에 대한 멸사복무는 조선로동당의 존재방식이며 불패의 힘의 원천이다: 조선로동당창건 70돐경축 열병식 및 평양시군중시위에서 한 연설(2015년 10월 10일)」, 북한 '내나라' 홈페이지(http://www.naenara.com.kp).

_____, 「우리식 사회주의에 대한 확고한 신념을 간직할데 대하여: 조선로동당 중앙위원회 책임일군들과 한 담화(2016년 10월 10일)」, 평양: 조선로동당출판사, 2017.

_____, 「현 단계에서의 사회주의건설과 공화국정부의 대내외정책에 대하여: 조선민주주의인민공화국 최고인민회의 제14기 제1차회의에서 한 시정연설(2019년 4월 12일)」, 평양: 조선로동당출판사, 2019.

| 단행본 |

김억락·한길, 『국가와 법의 이론』, 평양: 김일성종합대학출판사, 1985.
김현환, 『인민대중제일주의에 대한 리해』, 평양: 평양출판사, 2016.
리경철, 『사회주의법제정리론』, 평양: 사회과학출판사, 2010.
법률출판사, 『조선민주주의인민공화국 법전(증보판)』, 평양: 법률출판사, 2016.
법률출판사, 『조선민주주의인민공화국 법전』제2판, 평양: 법률출판사, 2012.
법률출판사, 『조선민주주의인민공화국 법전(대중용)』제1판, 평양: 법률출판사, 2004.
백성일, 『헌법사연구』, 평양: 김일성종합대학출판사, 2015.

심형일, 『주체의 법리론』, 평양: 사회과학출판사, 1987.
최일복, 『법치사상사』, 평양: 백과사전출판사, 2016.

| 논문 |

강철남, 「사회주의법치국가의 본질」, 『사회과학원학보』 2007년 제1호, 2007, 20~22쪽.
김경현, 「사회주의법무생활을 강화하는것은 선군시대 혁명과 건설의 중요한 요구」, 『김일성종합대학학보: 력사 법학』 제55권 제2호, 2009, 104~108쪽.
림춘관, 「김일성-김정일주의는 본질에 있어서 인민대중제일주의」, 『철학연구』 2013년 4호, 2013, 4~5쪽.
오진혁, 「사회주의헌법 제정에서 수령이 차지하는 역할」, 『정치법률연구』 제2호, 2013, 42~44쪽.
조하경, 「법이 인민을 지키고 인민이 법을 지키게 하는것은 법건설의 근본원리」, 『정치법률연구』 제2호, 2017, 34~36쪽.
진유현, 「사회주의법건설의 본질」, 『정치법률연구』 제1호, 2010, 35~36쪽.
_____, 「사회주의법치국가건설에 대한 주체의 리론」, 『김일성종합대학학보 력사 법학』 제51권 제1호, 2005, 45~49쪽.
_____, 「사회주의법제사업의 본질과 기본내용」, 『김일성종합대학학보: 력사 법학』 제43권 제3호, 1997, 49~52쪽.
최일복, 「인민대중제일주의를 철저히 구현하는 것은 사회주의법무생활조직과 지도에서 틀어쥐고나가야 할 근본원칙」, 『법률연구』 제1호, 2019, 8~9쪽.
_____, 「주체의 사회주의법치국가의 본질과 특성」, 『김일성종합대학학보: 력사 법률』 제64권 제3호, 2018, 106~112쪽.
_____, 「주체의 사회주의법치국가건설사상의 독창성과 정당성」, 『김일성종합대학학보 력사, 법률』 제61권 제2호, 2015, 73~76쪽.
최홍락, 「우리나라는 법이 인민을 지키고 인민이 법을 지키는 참다운 인민의 나라」, 『사회과학원학보』 2020년 제4호, 2020, 48~49쪽.

| 기타 |

(1) 조선로동당 규약

『조선로동당 규약』, 2017년 5월 9일.
『조선로동당 규약 전문』, 2021년 1월.

(2) 사전

사회과학원 법학연구소, 『법학사전』, 평양: 사회과학출판사, 1971.
사회과학출판사 편, 『조선말대사전 2』, 평양: 사회과학출판사, 2007.
사회과학출판사 편, 『조선말대사전(증보판) 제3권』, 평양: 사회과학출판사, 2007.
과학백과사전출판사 편, 『조선말사전』, 평양: 과학백과사전출판사, 2010.

(3) 언론보도

「김정은동지의담화《위대한 김정일동지를 우리 당의 영원한 총비서로 높이 모시고 주체혁명위업을 빛나게 완성해나가자》」, 『朝鮮通信』, 2012년 4월 19일.
「절세위인의 한생의 리념」, 『로동신문』, 2012년 5월 12일.
「김정은원수님, 전국사법검찰일군열성자대회 참가자들에게 서한 전달」, 『조선신보』, 2012년 11월 27일.
「최고인민회의 제14기 제8차회의 진행」, 『조선신보』, 2013년 1월 19일.
「김정은동지 당 세포비서대회에서 연설」, 『朝鮮通信』, 2013년 1월 29일.
「경애하는 김정은동지께서 조선로동당 제4차 세포비서대회에서 하신 연설」, 『로동신문』, 2013년 1월 30일.
「김정은원수님의 서한《사회주의농촌테제의 기치를 높이 들고 농업생산에서 혁신을 일으키자》」, 『조선신보』, 2014년 2월 7일.
「김정은원수님께서 조선로동당 제8차 사상일군대회에서 하신 연설」, 『조선신보』, 2014년 2월 26일.
「경애하는 김정은동지의 불후의 고전적로작《새 세기 교육혁명을 일으켜 우리 나라를 교육의 나라, 인재강국으로 빛내이자》가 제13차 전국교육일군대회 참가자들에게 전달되였다」, 『로동신문』, 2014년 9월 6일.
「김정은원수님의 로작《세포지구 축산기지건설을 다그치며 축산업발전에서 새로운 전환을 일으키자》」, 『조선신보』, 2015년 1월 30일.
「김정은원수님께서 하신 조선로동당 제7차대회 당중앙위원회 사업총화보고」, 『조선신보』, 2016년 5월 8일.
「조선로동당 제7차대회에서《조선로동당규약》개정에 대한 결정서 채택」, 『로동신문』, 2016년 5월 10일.
「병진로선에 관한 내용을 보충: 당 제7차대회에서《조선로동당규약》개정」, 『조선신보』, 2016년 5월 10일.

「김정은위원장 김일성사회주의청년동맹 제9차 대회에서 연설」, 『朝鮮通信』, 2016년 8월 29일.
「조선로동당 제5차 세포위원장대회에서 연설」, 『朝鮮通信』, 2017년 12월 24일.
「김정은원수님께서 조선로동당 제5차 세포위원장대회에서 력사적인 연설을 하시였다」, 『조선신보』, 2017년 12월 24일.
「조선로동당 중앙위 제7기 제3차전원회의-김정은위원장 지도」, 『朝鮮通信』, 2018년 4월 21일.
「직업기술교육법이 채택되였다」, 『KCNA Watch』, 2018년 8월 4일.
「김정은위원장 최고인민회의 제14기 제1차회의 시정연설」, 『朝鮮通信』, 2019년 4월 13일.
「최고인민회의 제14기 제5차 2일회의에서 시정연설」, 『朝鮮通信』, 2019년 9월 30일.
「조선노동당 중앙위원회 제7기 제5차전원회의에 관한 보도」, 『KCNA Watch』, 2020년 1월 1일.
「조선로동당 제8차대회에서 하신 김정은원수님의 보고에 대하여」, 『조선신보』, 2021년 1월 9일.
「조선로동당 제8차대회에서 조선로동당규약개정에 대한 결정서 채택」, 『조선신보』, 2021년 1월 10일.
「김정은원수님께서 조선로동당 제6차 세포비서대회에서 결론《현시기 당세포강화에서 나서는 중요과업에 대하여》를 하시였다」, 『조선신보』, 2021년 4월 9일.
「김정은원수님께서 청년동맹 제10차대회에 보내신 서한」, 『조선신보』, 2021년 4월 30일.
「조선로동당 중앙위원회 제8기 제3차전원회의 개회/김정은원수님께서 지도」, 『조선신보』, 2021년 6월 16일.
「조선로동당 중앙위원회 제8기 제3차전원회의 3일회의 진행」, 『조선신보』, 2021년 6월 18일.
「법전을 통해 보는 조선로동당의 인민대중제일주의정치」, 『로동신문』, 2022년 7월 18일.
「조선민주주의인민공화국 최고인민회의 제14기 제7차회의 1일회의 진행」, 『로동신문』, 2022년 9월 8일.
「제7차 전국법무일군대회, 김정은 총비서 대회참가자들에 서한」, 『조선중앙통신』, 2022년 9월 16일.
「샘물의 시원」, 『LiveJournal』, 2022년 9월 29일.
「조선민주주의인민공화국 최고인민회의 상임위원회 제14기 제22차전원회의 진행」, 『로동신문』, 2022년 10월 7일.
「만경대혁명학원과 강반석혁명학원창립 75돐 기념연설」, 『朝鮮通信』, 2022년 10월 13일.
「만경대혁명학원과 강반석혁명학원은 주체위업의 억년 청정함을 담보하는 핵심육성의 원종장이 되라: 김정은원수님께서 만경대혁명학원과 강반석혁명학원 창

「립 75돐 기념행사에서 하신 연설(2022년 10월 12일)」, 『조선신보』, 2022년 10월 13일.
「조선민주주의인민공화국 최고인민회의 상임위원회 제14기 제23차전원회의 진행」, 『로동신문』, 2022년 12월 7일.
「우리식 국가특유의 우월성을 담보하는 인민의 법전」, 『로동신문』, 2022년 12월 27일.
「조선로동당 중앙위원회 제8기 제6차 전원회의 확대회의에 관한 보도」, 『조선신보』, 2023년 1월 1일.
「조선민주주의인민공화국 최고인민회의 상임위원회 제14기 제24차전원회의 진행」, 『로동신문』, 2023년 2월 3일.
「조선민주주의인민공화국 최고인민회의 상임위원회 제14기 제25차전원회의 진행」, 『로동신문』, 2023년 4월 12일.
「조선민주주의인민공화국 최고인민회의 상임위원회 제14기 제27차전원회의 진행」, 『로동신문』, 2023년 8월 31일.
「조선민주주의인민공화국 최고인민회의 상임위원회 상무회의 진행」, 『로동신문』, 2023년 9월 5일.
「조선민주주의인민공화국 최고인민회의 상임위원회 상무회의 진행」, 『로동신문』, 2023년 9월 16일.
「김정은원수님께서 최고인민회의 제14기 제9차회의에서 뜻깊은 연설을 하시였다」, 『조선신보』, 2023년 9월 28일.
「인민대중제일주의는 우리 국가의 정치풍토, 영원한 국풍이다」, 『로동신문』, 2023년 10월 11일.
「조선민주주의인민공화국 최고인민회의 상임위원회 상무회의 진행」, 『로동신문』, 2023년 11월 12일.
「경애하는 김정은동지께서 제5차 전국어머니대회에서 강령적인 연설〈가정과 사회 앞에 지닌 어머니의 본분에 대하여〉를 하시였다」, 『조선중앙통신』, 2023년 12월 5일.
「사회주의헌법은 전면적국가부흥을 담보하는 위력한 무기이다」, 『로동신문』, 2023년 12월 27일 자 사설.
「조선로동당 중앙위원회 제8기 제9차전원회의 확대회의에 관한 보도」, 『조선신보』, 2023년 12월 31일.
「조선민주주의인민공화국 최고인민회의 제14기 제10차회의 진행」, 『조선신보』, 2024년 1월 16일.
「김정은원수님께서 최고인민회의 제14기 제10차회의에서 강령적인 시정연설을 하시였다」, 『조선신보』, 2024년 1월 16일.

2. 국내문헌

| 단행본 |

국가정보원, 『北韓法令集』 上, 국가정보원, 2024.
국가정보원, 『北韓法令集』 下, 국가정보원, 2024.
국가정보원, 『北韓法令集』 上, 국가정보원, 2022.
국가정보원, 『北韓法令集』 下, 국가정보원, 2022.
박서화, 『북한법질서에서의 법치 개념』, 경남대학교 극동문제연구소, 2023.
박정원·정철·남기명, 『북한 사회주의헌법 기초 연구』, 한국법제연구원, 2019.
박학모 외, 『통일시대의 형사정책과 형사사업 통합 연구(Ⅰ): 동서독 형사사법통합 25주년의 평가와 통일시대의 형사사법통합 과제』, 한국형사정책연구원, 2015.
버틀러, W, E 저, 박홍규 역, 『자본주의법과 사회주의법』, 일월서각, 1988.
법무부, 『통일법무 기본자료 2003』, 법무부, 2002.
아담 쉐보르스키·호세 마리아 마라발 외 지음, 안규남·송호창 옮김, 『민주주의와 법의 지배』, 후마니타스, 2008.
이우영, 『전환기의 북한 사회통제체제』, 통일연구원, 1999.
이은영, 『북한의 법이론 및 법체계 고찰』, 한국법제연구원, 2018.
장명봉 편, 『2018 최신 북한법령집』, 북한법연구회, 2018.
최종고, 『북한법(증보신2판)』, 박영사, 2001.
통일부, 『2023 북한인권보고서』, 통일부, 2023.
통일부 국립통일교육원, 『북한지식사전』, 통일부 국립통일교육원, 2021.
한명섭, 『통일법제 특강(개정증보판)』, 한울, 2019.
헌법재판소 헌법재판연구원, 『사회주의 이론을 통해 본 북한 헌법』, 헌법재 판소 헌법재판연구원, 2017.
Brian Z, Tamanaha 저, 이헌환 역, 『법치주의란 무엇인가』, 박영사, 2014.
V. 치르킨·Yu. 유딘·O. 지드코프 지음, 송주명 역, 『맑스주의 국가와 법 이론』, 도서출판 새날, 1990.

| 논문 |

구갑우, 「북한의 '우리 국가제일주의' 담론의 계보학」, 『현대북한연구』 27권 1호, 2024, 9~53쪽.
김갑식, 「김정은 정권의 출범과 정치적 과제」, 『통일정책연구』 제21권 1호, 2012, 1~24쪽.
김근식, 「제1장, 김정은시대의 김일성-김정일주의: 주체사상과 선군사상의 추상화」, 북한연구학회 기획, 우승지 편저, 『김정은 시대의 정치와 외교: 선군인가 선경인가』, 한울아카데미, 2014, 25~56쪽.

김도균, 「북한 법체계에서의 법개념론과 법치(法治)론에 대한 고찰」, 『서울대학교 法學』 제46권 제1호, 2005, 446~513쪽.
강구진, 「북한법에 대한 중국과 소련의 영향」, 『북한법연구』 제7호, 2004, 53~104쪽.
강혜석, 「'사회주의법치국가'론과 김정은 시대의 통치전략: 북한식 법치의 내용과 특징」, 『국제지역연구』 제26권 제1호, 2022, 275~306쪽.
김종수·김상범, 「북한 김정은 시대 위기와 대응: '인간의 얼굴을 한 수령'과 '인민대중 중제일주의'의 소환·발전」, 『국가안보와 전략』 제21권 1호 통권81호, 2021, 193~226쪽.
김종철, 「다이시의 법사상과 정치사상: 그 상호관련성에 주목하여」, 『법철학연구』 제7권 제2호, 2004, 39~62쪽.
김효은, 「북한의 사상과 인민대중제일주의 연구」, 『통일정책연구』 제30권 제1호, 2021, 31~67쪽.
문장수, 「김정은 시대의 군중노선」, 『대한정치학회보』 26(4), 2018, 1~19쪽.
박서화, 「인민대중제일주의와 법건설」, 『북한학연구』 제19권 제1호, 2023, 175~211쪽.
박정원, 「북한의 법제정(입법) 체계의 분석 및 전망: '법제정법'을 중심으로」, 『법제연구』 제53호, 2017, 9~59쪽.
_____, 「북한의 입법이론과 체계 분석」, 『법학논총』 제26권 제2호, 2013, 211~257쪽.
박 철, 「경제발전을 위한 법치주의: 사회적 신뢰와 협조의 기초인 법과 법치주의를 중심으로」, 『저스티스』 통권 제106호, 2008, 39~79쪽.
박희진, 「비사회주의적 행위유형으로 본 북한사회 변화」, 『통일문제연구』 23(2), 2011, 69~106쪽.
선병주, 「김정은시대 법제 연구: 인민대중제일주의와의 관련성을 중심으로」, 북한대학원대학교 박사학위논문, 2024.
_____, 「김정은시대 '인민대중제일주의' 연구」, 북한대학원대학교 석사학위논문, 2018.
설용수, 「김정은 시대 통치이데올로기 연구: '인민대중제일주의'의 등장과 전개를 중심으로」, 경남대학교 대학원 박사학위논문, 2023.
양문수, 「제7차 당 대회로 본 김정은 체제의 북한: 경제 분야」, 2016 제1차 민화협 통일정책포럼 발표문(2016. 5. 13), 15~26쪽.
이우영, 「김정은 체제 북한 사회의 과제와 변화 전망」, 『통일정책연구』 제21권 제1호, 2012, 69~92쪽.
_____, 「북한의 사회정책과 인민 생활」, 『통일경제』 제47권, 2012, 24~29쪽.
_____, 「사회통합」, 체제통합연구회, 『한반도의 평화와 통일』, 백산, 2004, 261~291쪽.
_____, 「북한체제 내 사적 담론 형성의 가능성: 공적 담론 위기를 중심으로」, 『현대북한연구』 제11권 제1호, 2008, 114~152쪽.
이준식, 「북한 로동당 규약과 헌법의 관계 연구」, 북한대원대학교 박사학위논문, 2023.
_____, 「사회주의 당의 영도원칙과 헌법 준수 의무의 관계」, 『현대북한연구』 26권 3호, 2023, 50~89쪽.

임을출·신종대, 「법제 개혁과 국제협력모델: 북한에의 적용과 남북협력」, 『북한연구학회보』 제12권 제1호, 2008, 173~205쪽.
정연부, 「법치주의 기준에서 바라본 의법치국의 의미: 중국 의법치국 형성배경과 의미를 중심으로」, 『헌법학연구』 제15권 제4호, 2009, 455~486쪽.
정영철, 「북한에서의 시장 그리고 사회의 발견」, 『한국과 국제정치』 제30권 제1호, 2014, 125~148쪽.
정예슬, 「인민대중제일주의 철학적 기원과 특징 연구」, 이화여자대학교 대학원 석사학위논문, 2023.
조윤영, 「김정은 체제의 반사회주의·비사회주의 대응전략 분석」, 『국가안보와 전략』 23권 1호, 2023, 1~34쪽.
최성호·정정훈·정상원, 「질적 내용분석의 개념과 절차」, 『질적탐구』 제2권 제1호, 2016, 127~155쪽.
황의정, 「김정은 시대 북한식 사회주의법치의 의미와 한계: 법의 지배(rule of law)의 일반론적 시각을 중심으로」, 『동북아법연구』 제12권 제3호, 2019, 109~139쪽.

| 기타 |

(1) 통일연구원 자료

홍제환 외4, 「조선노동당 제8차 대회 분석(2): 사회문화 분야」, 『Online Series』, CO21-02, 2021.1.15.
통일연구원 북한연구실, 「북한의 제7기 제5차 당중앙위원회 전원회의 분석 및 향후 정세 전망」, 『Online Series』, CO20-1, 2020.1.2.

(2) 언론보도

「北 김정은, 국토관리사업과 관련한 '노작' 발표(전문)」, 『통일뉴스』, 2012년 5월 9일.
「北, 김정은 '노작' 뒤늦게 소개…"제품 질 높여라」, 『연합뉴스』, 2013년 6월 4일.
「북, 신의주 특구·13개 경제개발구 설치 공식 발표」, 『한겨레신문』, 2013년 11월 21일.
「김정은, '민족유산보호사업은 애국사업'노작발표(전문)」, 『통일뉴스』, 2014년 6월 30일.
「[전문] 북한 김정은 2015년 신년사」, 『뉴스1』, 2015년 1월 1일.
「김정은 '5.30담화'와 내각 상무조: 〈신년기획〉김정은, '북한의 덩샤오핑'될 수 있을까?①」, 『통일뉴스』, 2015년 6월 14일.
「[전문]김정은 제1비서 7차당대회 중앙위원회 사업총화보고」, 『오마이뉴스』, 2016년 5월 8일.
「北, 세계지식재산권기구 제네바협약, 싱가포르조약 가입」, 『통일뉴스』, 2016년 9월 13일.
「북 '국가장의법' 채택..전국적 일체 오락 금지」, 『통일뉴스』, 2018년 12월 11일.

「北 최고인민회의 상임위, '집짐승생가죽수매법' 채택…"경제적 수요 보장-인민생활 안정 목적"」, 『SPN 서울뉴스』, 2020년 2월 13일.
「북, 3일째 전원회의…"경제계획에 법적통제 강화"」, 『통일뉴스』, 2021년 2월 11일.
「김정은총비서, 전국비상방역총화회의에서 연설」, 『21세기민족일보』, 2022년 8월 12일.
「새 시대 우리 당건설 방향과 당 간부학교의 임무에 대하여」, 『현장언론 민플러스』, 2022년 10월 19일.
「북, 정보화법, 식료품위생법, 양정법 등 개정」, 『통일뉴스』, 2022년 12월 8일.
「"국가적 재난시 내각 총리가 지휘"…북한 위기대응법 공개」, 『연합뉴스』, 2023년 1월 30일.
「북, 최고인민회의 상임위가 채택한 대부법은?」, 『SPN 서울평양뉴스』, 2023년 2월 11일.
「'사회안전단속법' 내용 보니…법 적용 대상·단속 범위 확대」, 『데일리NK』, 2023년 6월 7일.
「북한, 국경개방 공식화 … "해외 체류 주민 귀국 승인"」, 『연합뉴스TV』, 2023년 8월 27일.
「[단독] 수정 보충된 "이동통신법" 입수…'4개 조항' 더 추가」, 『엔케이타임즈』, 2023년 9월 13일.
「[단독] 북한 "장애자권리보장법" 입수…"국제기구 등 외국 투자 노려"」, 『엔케이타임즈』, 2023년 11월 29일.
「북, 내년 1월 15일 최고인민회의 소집…국가예산 결산 및 확정」, 『통일뉴스』, 2023년 12월 22일.
「북한 헌법 수정해 노동, 선거 가능 연령 변경」, 『NK경제』, 2024년 10월 9일.
「[단독] 베일 벗은 북한 금융감독법…IT 활용한 금융감독 법에 명시」, 『NK경제』, 2024년 9월 24일.
「북, 헌법 개정…김정은 제안한 '통일 삭제' 언급 없어」, 『한겨레』, 2024년 10월 9일.
「북한, 국가법 제정…노랫말에서 '통일' 상징 뺀 듯」, 『경향신문』, 2024년 10월 25일.
「북한, 전자상업법 만들어 제도 정비…"상업 정보화 실현"」, 『연합뉴스』, 2024년 11월 16일.
「북, 최고인민회의 제14기 제12차회의 진행」, 『자주시보』, 2025년 1월 24일; https://www.jajusibo.com(검색일: 2025년 1월 30일)

(3) 기타

《외교부 보도자료: 유엔 안보리 대북한 제재 결의 2270호 채택》, 2016년 3월 3일.
KOSIS 국가통계포털; https://kosis.kr.

3. 외국문헌

| 단행본 |

Dicey, Albert V., *Introduction to the State of the Law of the Constitution*, 9th edition, London: Macmillan, 1948.
Raz, J., *The Authority of Law*, Oxford: Oxford University Press, 1983.
Lubman, Stanley B., *Bird in a Cage: Legal Reform in China After Mao*, Stanford: Stanford University Press, 1999.
Peerenboom, Randall, *China's Long March Toward Rule of Law*, New York: Cambridge University Press, 2002.
Lenin, Vladimir Ilich, "A Caricature of Maxism and Imperialist Economism." *Lenin Collected Works* 23, London: Progress Publishers, 1981.

| 논문 |

Moore, Michael S., "A Natural Law Theory of Interpretation." *Southern California Law Review*, 58, 1985, pp. 313~318.

저자소개

선병주

- 현 법무법인 명석 변호사
- 북한학 박사
- 현 북한대학원대학교 겸임교수
- 현 대한변호사협회 통일문제연구위원회 위원장
- 현 법제처 남북법제연구위원회 위원
- 현 서울중앙지방검찰청 형사조정위원